中国科学技术大学
生命科学访谈录

熊卫民 主编

中国科学技术大学出版社

内 容 简 介

从1958年建系至今,中国科学技术大学生命科学已度过60年光阴,从创建生物物理系到收缩成物理系生物物理专业,到建立生物学系,再到建立生命科学学院,逐步发展成为国内外有一定影响的生物学教研机构。

本书记录了对不同历史阶段19位历史当事人的访谈。他们饱含深情地回顾了自己所了解的与院系有关的人和事,给生命科学学院院史研究、中国科学技术大学校史研究,乃至中国现代科学技术史研究留下了鲜活的史料,对学院、学校当前的工作与未来的发展也有一定的参考价值。

图书在版编目(CIP)数据

中国科学技术大学生命科学访谈录/熊卫民主编. —合肥:中国科学技术大学出版社,2018.9

ISBN 978-7-312-04558-5

Ⅰ.中⋯　Ⅱ.熊⋯　Ⅲ.中国科学技术大学—校史—史料　Ⅳ.G649.285.41

中国版本图书馆CIP数据核字(2018)第198683号

出版	中国科学技术大学出版社 安徽省合肥市金寨路96号,230026 http://press.ustc.edu.cn https://zgkxjsdxcbs.tmall.com
印刷	合肥华苑印刷包装有限公司
发行	中国科学技术大学出版社
经销	全国新华书店
开本	787 mm×1092 mm　1/16
印张	21.5
字数	421千
版次	2018年9月第1版
印次	2018年9月第1次印刷
定价	201.80元

前　言

2015年，中国科学技术大学（以下简称"中科大"）生命科学学院有关领导开始和我商量院史编研之事。最初的想法是写一本正史——《中国科学技术大学生命科学六十年》。做现代史研究，离不开档案和访谈。于是，在查阅档案资料的同时，我们也开展了一些口述史的整理工作。

在进行一段时间后，我们发现这些访谈有集结起来单独成书的价值，因为它们有独到的视角、鲜活的细节。事实上，机构史本来就有多种写法。既可从机构的视角，用编年、纪事本末、典志等体裁，写其发生、发展、波折、兴盛、变化的过程，也可从当事人的视角，通过他们的经历、见闻、感受、认识来展示机构不同历史时期的往事、特点、精神、风貌等。而从个人视角来书写历史，数千年来一直是中国历史书写的主要传统。我们曾考虑过将系友、院友的回忆文章集结成书，它们也是个人视角，也很鲜活。但比较而言，还是口述史质量更高、更适合不同年龄段的大众阅读。因为口述史多为年轻的历史学者与年长的历史当事人合作的产物，既能发挥当事人深谙时代氛围、熟悉历史细节、精通专业知识的长处，又能发挥历史学者熟悉历史大背景、文字功底较好、精力充沛的长处，避免常有的当事人文史功底不足、历史学者科技功底不高的短处。年龄差别较大的受访人和访谈人，在谈论同一段历史时，往往会有不同的视角，这不仅能碰撞出新的观念，还能让读者既可进入历史场景，又不沉湎于那个时代。

于是，2016年12月签订"生命科学学院院史编研项目任务书"时，任务变成了写两本书：一本基于机构视角的正史，一本基于个人视角的副史。两者相互补充、相互印证。这里呈现在读者面前的，就是作为副史的访谈录。

既要体现个人视角，又要比较全面地反映中科大生命科学的历史，唯一的办法是访谈不同时期、不同类型的当事人。其中，既有领导，又有教职员工，还有学生，且每个时代均须有其代表。于是，我们前后访谈了二三十人，而收入本

书的有 19 份访谈稿。排序的依据是受访人来中科大的年份；同一年来中科大的，则按年龄大小来排。唯一例外的是对施蕴渝院士的访谈，因为她先是学生，后是老师，再后来又成为领导，与中科大生命科学关系密切，几乎经历了其 60 年的完整历程，而她的访谈稿内容也比较全面、深入，适合作为全书的总论。所以，她的访谈被特地抽了出来，放到了全书之首。

我们试图抓住每位受访人的特点，让他从自己的位置、身份出发，讲述他与中科大生命科学有关的见闻和思考，以此来反映几十年来中科大生命科学的变迁、中科大的变迁，乃至中国科学、教育的变迁。尽管在实际操作中，总会时而偏离这个总主题，但是我们在整理文稿时所保留下来的这些偏离也是有趣味的或有价值的。

从这些访谈可以看出，迄今为止，中科大的生命科学经历了三个 20 年，与国家的大局、中科大的发展始终息息相关。

最初的 20 年（1958～1977 年），是中科大生命科学作为生物物理专业而存在的 20 年，也是随学校变迁而经历大起大落的 20 年。1955 年年底，中央决定研制核武器。作为推进措施，国家于 1956 年召开了知识分子会议，号召人们"向科学进军"，并制定了 12 年科学技术发展远景规划，把中国科学院（以下简称"中科院"）定位为国家科技事业的"火车头"。1958 年，国家要求进一步提高发展科学技术的速度。为了培养更多、更好的人才，在党中央的支持下，中科院决定以北京各研究所的研究人员为主要师资，创办中科大。在中科院一大批优秀科学家的主持下，中科大在教学方面锐意革新，十分重视基础教育，强调科学与技术相结合、教学与研究相结合，吸引了众多优秀的学生，刚成立不久，即获得了显赫的名声，也培养了众多优秀的人才。然后中科大经历了"文革"、南迁，器材、教师队伍损失多半。在极困难的情况下，南迁到合肥的中科大仍招收了几届工农兵学员。生物物理专业先是设在生物物理系中，后来设在物理系中，也经历了这些过程：最初几年，把"不要命"的、有效的教学传统建立了起来，培养了一批基础扎实、后劲足、闯劲大的学生（后来当选为院士的就有王大成、陈润生、王志珍、施蕴渝数人）；然后历经政治运动，南迁，招收 1973、1975 两届工农兵学员，在较为系统的教学和学习过程中，年轻教师和工农兵学员均得到了锻炼，后来各出了一位中科院院士（陈霖和饶子和）。

随后的 20 年（1978～1997 年），是中科大的生命科学作为生物学系而存在的 20 年，她与学校共同经历了 80 年代的辉煌和 90 年代的落寂。1978 年，党中央决定实施改革开放政策,召开全国科学大会,重新号召大家"向科学技术进军",开始新的征程。在这个新的征程中,中科大成了教育改革的先头兵,通过办少年班、办"00班"、办研究生院、允许学生自由转专业转系、允许学生"自费"留学、实行学分制、实行"4+2+3"贯通培养、大量派遣教师出国进修等方式,中科大取得了优异的教学成绩(如中科大学生在CUSPEA①、CUSBEA②等出国留学考试中大放异彩),成了全国青少年所向往的"向科学技术进军"的典范。1986年后,有相当长的一段时间内,中科大沉寂了下来。作为新独立的系,生物学系本来相对比较薄弱,但在生物学是新的带头学科、"21世纪是生物学的世纪"这类流行语的影响下,还是有很多十分优秀的学生被吸引过来,其中包括多位少年班学员、省高考状元等。他们相互竞争,以解题为乐,得到了良好的教育,在CUSBEA等出国留学考试中取得优异成绩,绝大部分都得以出国留学,在海外成为教授、院士的不在少数。作为师长,以前基本没有研究经验的年轻教师也竭力提升自己。在中科院和中科大的支持下,他们纷纷获得了出国进修或攻读更高学位的机会,不仅知识体系得到更新,研究能力也得到大幅提升。回国之后,他们脚踏实地开展研究,虽然囿于资金的匮乏和设备的落后,未能充分地展示自己的研究才华,但还是把研究传统给建立了起来。其中,施蕴渝和徐洵主要因为在这一时段所取得的研究成果而先后当选院士。

最近的20年(1998年以来),是作为生命科学学院而存在的20年,中科大生命科学在教学和科研方面获得了快速而巨大的发展,成为国内众多生命科学学院中的出类拔萃者。90年代中后期以来,随着国民生产总值"翻两番"目标的提前实现,国家先后启动了"211工程""973计划""985工程""知识创新工程"等,加大了对教育和科研的投入力度;先后实施了"百人计划""杰青计划""长江学者计划""千人计划""万人计划"等人才计划,加大了人才引进的力度。在这些工程、计划的支持下,20世纪八九十年代以来在海外的优秀科研人才得以大量归国。他们把最新的科学知识、最先进的科研理念带回国,推动了国家科研能力的大提升,带动了国家经济的大发展。沉寂多年、人才流失一度相当

---

① 中美联合招考物理研究生项目(China-United States Physics Examination and Application),简称CUSPEA,1979年由著名华裔物理学家李政道先生发起。

② 中美联合招考生物化学研究生项目(China-United States Biochemistry Examination and Application),简称CUSBEA,是我国改革开放后生命科学领域最早的国家公派留学项目,1981年由华裔分子生物学家、美国康奈尔大学的吴瑞教授发起。

严重的中科大也得以重振旗鼓,在大量引回人才的同时,屡次在科研方面创造出令世人瞩目的佳绩。1998年才成立的中科大生命科学学院敏锐地抓住新的机遇,盖起超前的生物大楼,建起多个公共实验平台,实行独立研究员(PI)制,在继续加强结构生物学、神经生物学学科建设的同时,引进细胞生物学、免疫学、神经病理学、遗传学与生殖生物学、植物分子生物学等方向的"凤凰"。这些新、老名师带领研究生、博士后等瞄准国际前沿课题开展研究,产出了大量高水平的成果,同时培养出了很多高水平的本科生、研究生,令中科大生命科学学院如黑马一般,在数年内即声名鹊起,成了国内一流的生命科学学院。

整理历史是为了更好地发展未来。希望通过我们和众多系友、院友对中科大生命科学发展历程的梳理,能更清晰地将其教学传统、研究传统、精神风貌展示出来,在凝聚人心的同时,达成更多共识,对生命科学学院自身的发展,尤其是文化建设工作,起到一定的促进作用。

中科大生命科学学院院史不但是中科大校史的一个重要组成部分,还是中国当代科学发展史的一个案例。系统梳理和研究这段历史,无疑会增强人们对中科大60年来发展历程的了解和认识,并为国家的科技体制、教育体制改革提供有益的历史借鉴。

熊卫民

目 录

前言 ··· (i)

1 从生物物理系到生命科学学院——施蕴渝院士访谈录 ············ (001)

2 "重、紧、深":值得重视的教学原则——庄鼎研究员访谈录 ········ (023)

3 校歌精神影响我一生——王大成院士访谈录 ························ (032)

4 难忘科大5912级——王溪松先生访谈录 ····························· (043)

5 不断开拓新领域——陈润生院士访谈录 ······························ (057)

6 做一个不忘初心的科大人——王志珍院士访谈录 ··················· (072)

7 多次充当"先遣队员"——寿天德教授访谈录 ························ (094)

8 生物物理专业连队——陈惠然教授访谈录 ···························· (110)

9 机遇会光顾有准备的人——王贵海研究员访谈录 ··················· (122)

10 从工农兵学员到教授——滕脉坤教授访谈录 ························ (137)

11 主政生命科学学院的那些年——牛立文教授访谈录 ··············· (157)

12 在生科院圆科学家之梦——周逸峰研究员访谈录 ·················· (194)

13 科大:一座能够潜心科研的港湾——徐洵院士访谈录 ……………(213)

14 中国科研的瓶颈——朱学良研究员访谈录 ………………………(225)

15 "清华子弟"的科大生活——蒋澄宇教授访谈录 …………………(249)

16 80年代的生物系学子——胡兵教授访谈录 ………………………(270)

17 守正和创新——周丛照教授访谈录 ………………………………(284)

18 一代应胜过一代——姚雪彪教授访谈录 …………………………(298)

19 从生命科学学院到生命科学与医学部——田志刚院士访谈录 ……(314)

后记 ……………………………………………………………………(333)

1 从生物物理系到生命科学学院
——施蕴渝院士访谈录

受访人:施蕴渝
访谈人:熊卫民
整理人:姚琴、熊卫民
访谈时间:2017年1月6日下午
访谈地点:中国科学技术大学"所系结合"专家楼

受访人简介

施蕴渝院士
(2012年11月拍摄)

施蕴渝,女,生物物理学与结构生物学家,1942年生于重庆,1960年考入中国科学技术大学生物物理系,1965年毕业,被分配到卫生部中医研究院(现中国中医科学院)工作,自1970年至今在科大任教。1979～1981年,在意大利罗马大学化学系及意大利CNRS结构化学实验室进修。后来还曾作为访问学者,先后在荷兰格罗宁根大学物理化学系、法国CNRS酶学与结构生物学实验室、法国理论化学实验室进修或开展合作研究。早年主要从事生物大分子分子动力学模拟和与蛋白质分子设计、药物设计有关的基础理论和方法学的研究,近年来,主要用结构生物学方法(核磁共振波谱学和结晶学)研究基因表达调控(特别是表观遗传调控)与细胞命运决定的分子机理,取得诸多创新性成就,于1997年当选为中国科学院院士。1998～2002年,她担任了科大生命科学学院首任院长。可以说,她见证了科大生命科学几乎全部的发展历程。

相比南京大学、北京大学、武汉大学、浙江大学、复旦大学等高校在20世纪20年代即已成立生物系,中国科学技术大学(以下简称"科大")生命科学的发展要晚得多,长期以来,其规模也小得多,甚至一度失去了独立建制。但是,它克服种种困难,发展了多个新兴学科,培养了众多优秀人才,形成了自己的特色,在国内外产生了较大的影响。它为什么能够如此?这里面有哪些经验、教训值得总结?带着这些疑惑,我们访谈了科大生命科学学院施蕴渝院士。

在这次访谈中,施院士对科大生命科学的历史进行了回顾和总结:它可分为在北京创业、随科大南迁合肥、独立建系、建立生命科学学院四个阶段。在每个阶段,专业、系或学院的老师,尤其是负责人均有其发展思路,均遇到了不小的困难,甚至因不可抗外力,机构濒临解体,但在科大创业之初形成并传承下来的高度的责任感、使命感和不屈不挠、精诚团结精神的支持下,科大生命科学人艰苦奋斗咬牙坚持了下来,在出人才、出成果方面取得佳绩,并终于在20世纪末随着国家经济形势的好转,苦尽甘来,走上了健康发展的道路。

熊卫民(以下简称"熊"):施院士,您是中国科学技术大学生物物理系建系初期的学生,然后又长期在系里从事教学、科研与管理工作,可以说,您几乎见证了系里以及后来的生命科学学院(以下简称"生科院")的每一次重大事件。我们今天过来拜访您,是想请您为我们梳理一下生科院的发展脉络。

第一阶段(1958~1969):在北京创业

1. 生物物理系的创办

施蕴渝(以下简称"施"):好的。需要先说明一下,我是1960年入学,1965年大学毕业,那时我还是学生,对生物物理系的早期情况没有早年在科大生物物理系工作的老师们,如庄鼎老师了解得深刻。庄鼎老师1958年从北大生物系毕业后就被分配到了科大生物物理系,所以,关于建系时的情况你们可以详细询问庄鼎及其他老师。另外,我在1965年毕业后被分配到中医研究院经络研究所,直到1970年才回到科大工作。在1965年至1970年系里发生的事情你们可以向庄鼎、蔡志旭、雷少琼、余明琨、寿天德、陈惠然、刘兢、孔宪惠等人求证。

接下来,我就按照时间顺序梳理一下这段历史。科大生物物理系与中科院生物物理所几乎同时创办。事实上,生物物理系的创办比生物物理所的创办还要略早一点点①。这是贝时璋②先生 2003 年对我与时任中科院副院长的陈竺说的。当时贝老已百岁高龄,虽然身体依然健朗,但听力很差,几乎听不清我们的问话,另外他吐字也不清晰。于是,我们便与他用纸笔交谈。贝老说,科大在国内率先建立起生物物理系③,并且能够肯定的是,这个系的建立早于生物物理所的建立。在国际上,科大生物物理系的成立也是相当早的。

建校以后,根据"全院办校,所系结合"的办学方针,由中科院各所所长兼任科大各系主任,贝老被任命为生物物理系主任。

熊:这个方针是学校层面上的。对生物物理系来说,它是否形成了自己的办系理念?

施:应当说生物物理系确实形成了自己的办系理念。贝老的理念是瞄准学科前沿,打牢数理基础。这是有别于其他高校的生物系的。当时全国已经有很多院校开办了生物系,北大、浙大、南大、武大、北师大的生物系均实力雄厚。

熊:关于贝老的办系理念,还望您能详细介绍一下。

施:一是瞄准学科前沿。当时全国各高校的生物系已经在传统生物学方面做了很多工作,如果科大再设立类似的生物系就没有多少新意,也不一定能开创出新的学科方向。20 世纪 50 年代末,国际上也在讲生物学与其他学科的交叉发展。贝老带领大家建立起生物物理系,这就是瞄准前沿,开展近现代生物学的教学和研究。所里与系里的很多老师推动了结构生物学、酶学、神经生物学、宇宙生物学、放射生物学等新兴生物学分支学科、前沿学科的创立和发展。我们系有很多同学毕业后被分配到了生物物理所,后来都在各自的领域做出了重要成果。例如,1959 级的陈润生,现在是生物信息学的学科带头人;1964 级的陈霖④,是脑与认知科学的学科带头人。他们在毕业后始终瞄准学科前沿,

---

① 1958 年 7 月 29 日,中国科学院院务常务会议通过决议,将北京实验生物研究所改为生物物理研究所;9 月 26 日获国务院科学规划委员会批准;9 月 30 日正式发布通知。1958 年 6 月 21 日,中国科学院院务常务会议通过决议,成立中国科学技术大学;9 月 20 日,正式召开中国科学技术大学成立大会。参见:宋振能. 中国科学院院史拾零[M]. 北京:科学出版社,2011.

② 贝时璋(1903—2009),生物学家,中国细胞学、胚胎学的创始人之一,中国生物物理学的奠基人。历任浙江大学生物系主任、中国科学院生物物理所所长、中国科学技术大学生物物理系主任。

③ 北京大学生物系于 1957 年设立生物物理专业。

④ 陈霖(1945—),认知科学家,中国科学院生物物理研究所研究员。1970 年毕业于中国科学技术大学,2003 年当选为中国科学院院士。

开拓出我国重要的学科新领域。

贝时璋先生
（1953年拍摄）

二是打牢数理化基础。贝老提出，生物物理系的学生不仅要学好生物学知识，还要打牢数学、物理、化学等学科的基础。那时我们还没有计算机，所以没学计算机课程，但我们还是学了无线电电子学。不仅要学数理化课程，还要和数学系、物理系、化学系的学生一块学。最终我们的专业课被压缩得很少，而基础课占的比例很大，以至于我们的课程设置被笑称为"四不像"。课程量大、时间紧、任务重，学生时代的我们还是比较辛苦的。

熊：科大毕业生的理科基础扎实是有口皆碑的。

施：是的。生物物理学是交叉学科，仅靠传统的生物学知识是远远不够的。贝老很有远见，他认为科学的发展日新月异，生物学更甚，而科学的发展变化又始终建立在数学、物理、化学、生物学等学科的基础上，学生们在校期间打牢数理化基础，将来不论科学怎么发展变化，他们都能够很快地融会贯通。立足根本才能把握大局。贝老派生物物理所沈淑敏研究员具体管理科大生物物理系的教学工作。从教学计划、课程设置、教师安排到学生毕业实习，沈淑敏先生做了大量的工作，她功不可没。

5912 级同学在科大校园

（摘自《中国科学技术大学 5912 图文集》）

2. "胖王"与"瘦王"

施：关于生物物理系还有很多事情值得说。以结构生物学为例，生物物理所成立后与物理所展开合作，那时候清华大学还没有生物系[①]，北京大学生物

---

① 在1952年的院系调整中，原清华大学生物学系并入北大，成为北大生物系的一部分。

系也没有结构生物学，物理所的几位先生，如梁栋材[①]、林政炯等将结构生物学创建了起来。林政炯是物理所的还是生物物理所的？

熊：是生物物理所的。他到物理所进修。

施：是的，林政炯是去进修的，他主要从事蛋白质晶体学研究。毋庸置疑，梁栋材先生、林政炯先生起到了奠基人的作用。梁先生起初在物理所工作，由于他从中山大学毕业以后前往英国学习了蛋白质晶体学，因此两所合作后，他也一直在做这方面的研究。在胰岛素三维结构解析研究中，有两人——王家槐[②]和王大成发挥了骨干作用，他们都是科大生物物理系1958级，即第一届的学生。王家槐，我认为是我们"老三届"[③]学生里最优秀的学生，他从学生时代起就很优秀，后来在胰岛素晶体结构测定的工作中发挥了重要作用。

1983年在上海

（左起：王家槐、陈逸诗、王志珍、华庆新，摘自《中国科学技术大学5912图文集》）

熊：他后来去了哈佛大学。

施：他在哈佛医学院当教授。王大成毕业后也一直从事这方面工作，出了很多成果。到了20世纪80年代，我们逐渐开展国际交流，当我们与国际上的专家谈到胰岛素时，他们就能想到二王——"瘦王"王家槐与"胖王"王大成，他

---

① 梁栋材（1932— ），分子生物物理学家，中国科学院生物物理研究所研究员，中国科学院学部委员（1980）。1955年毕业于中山大学，1956年被选派去苏联留学，1960年获苏联科学院元素有机化合物研究所副博士学位，1965年再次被国家选派，到英国牛津大学进修。

② 王家槐（1951— ），1963年毕业于中国科学技术大学生物物理专业，现为哈佛大学医学院副教授。

③ 老三届是指1958、1959、1960级科大学生。

们在其中做了重要工作。

他们之所以能获得这样的认可,当然一方面离不开梁先生与林先生的指导、他们自身的努力和机遇,另一方面也得归功于他们所接受的教育。刚刚我提到贝老的办系理念是"瞄准学科前沿,打牢数理化基础",王家槐与王大成从1958年入学直到1963年毕业,在这5年时间里他们并没有学过晶体学,况且那时候晶体学的学科体系尚不成熟,也不能拿来授课,但他们在大学期间已经练就了扎实的基本功,毕业后只要进一步学习,就能快速地进入状态并开展这方面的研究工作。

3. 从生物物理系走出的其他院士

施:生物物理学必不可少的基础是物理学,学生打下良好的数理基础有助于他今后的科研工作。生物物理系毕业的学生中,很多人被分配到了生物物理所,有五人在所里工作并先后当选为中科院院士。例如,1959级的陈润生,他是生物信息学的学科带头人。在传统生物学里是没有生物信息学的,陈润生毕业后把RNA研究与生物信息学结合了起来,在生物信息学和理论生物学方面多有建树。他的研究对象是蛋白质、RNA,他的研究方法涉及数学、物理,甚至还得用计算机编程。当时国内的科研工作者,单纯学物理或生物的人很多,但同时精通物理、生物的人就不多了,因此他在这方面就占了优势。还有1959级的王志珍在国内开辟了分子伴侣和折叠酶研究的新方向,提出"蛋白质二硫键异构酶既是酶又是分子伴侣"的假说,并为此假说提供了实验支持,建立了较全面的折叠酶帮助蛋白质折叠的作用模式。她曾任全国政协副主席。

"老五届"[①]的陈霖,他于1964年入学,1965年学习了一年,在"文革"开始前他还没有毕业。

熊:只上了两年课吗?

施:算到1966年5月16日"文革"开始,应该是两年。他基本学完了基础课,然后,学校教学受到了严重影响。陈霖在学校多待了一年,于1970年毕业。他1973年回到科大后开始脑与认知科学的研究,改革开放后,他率先在《Science》上发表了论文,他是国内认知科学的学科带头人。

再以我本人的经历做点补充说明。我们学生时代所学的知识与我们毕业之后所做的工作不能画等号。我毕业后才接触到核磁共振波谱,这是结构生物学的研究方法之一。结构生物学主要采用物理手段,用X射线晶体衍射分析、核磁共振技术、冷冻电镜技术等来研究生物大分子的功能和结构。核磁共振波

---

① 老五届是指1961、1962、1963、1964、1965级科大学生。

谱的诞生时间晚于晶体学。20世纪30年代,晶体学开始发展;40年代,物理学家发现核磁共振现象;50年代,有机化学家利用核磁共振做小分子研究;直到1976年,瑞士的恩斯特(R. Ernst)教授用密度算符演化理论把核磁技术从一维谱发展成二维谱直至多维谱,生物学才真正使用核磁共振波谱作为一种生物大分子结构生物学研究的手段。1991年,恩斯特教授也因这一重要贡献获得了诺贝尔化学奖。

与他同在苏黎世高工的乌特里希(Kurt Wuthrich)教授受到启发,将该理论和实验方法拿来研究生物大分子,实际上它的发展目的也正是为了研究生物大分子问题(生物小分子问题在20世纪50年代就解决了),80年代初他发表了相关文章。当时国内结构生物学领域都是用蛋白质晶体学方法,我出国后学习了生物核磁共振方法,90年代中期我便开始在国内用多维核磁共振波谱方法研究生物大分子的结构与功能,成为国内该领域的先行者。

我研究的另一个领域是生物大分子的分子动力学模拟,我也是国内该领域的先行者。20世纪40年代,国际上因为要研究原子弹爆炸而开始做计算机模拟,后来这个方法被用于研究液相中的化学分子——因为液相分子环境比气相分子环境复杂得多,生物大分子在溶液中就更为复杂。1976年,哈佛大学化学系的卡普拉斯(Martin Karplus)开始做生物大分子的分子动力学模拟。2013年,他与莱维特(Michael Levitt)及瓦谢尔(Arieh Warshel)共同获得了诺贝尔化学奖。

熊:你们在大学时不可能学到这些新学科。

施:是的,你说得没错。和现在大多数的科研工作者不一样,我们那个年代的毕业生大多是工作或出国后才接触到自己的研究课题。不能说我们是国际上的学科带头人,但是我们确实是国内这方面的学科带头人。为这些新的学科领域在中国的发展做出了贡献。

熊:生物物理系的建立是不是与"两弹一星"有关?

施:确实和"两弹一星"有关。中国科学技术大学在建立初期是为"两弹一星"服务的,几乎每个系都与它有关。生物物理系也不例外,原子弹爆炸需要放射生物学,载人航天进入太空需要宇宙生物学。当年的"小狗飞天"就是由生物物理所负责的。我们系的一批毕业生后来长期在五院(国防科工委第五研究院)从事宇航员的选拔、培训工作,为我国载人航天事业做出了重要贡献。

4. 老三届毕业生

熊:生物物理系老三届毕业生的分配情况是怎样的?

施:1958级和1959级的学生大都被分到了生物物理所,还有一部分被分到了五院。我们是1960级学生,毕业的时间是1965年,情况有些特殊,国内政治形势有了一些变化。

熊:从旧报纸中可以看出,在1964年前后批判的调门就已经很高了。

施:有一部分学生被分到了生物物理所,但人数不是很多。另有一二十位被分到湖北省作为"接班人"培养。那一年,不管我们被分到哪个单位,首先都要去农村参加"四清"运动。"四清"运动还没结束,"文革"就开始了,除少数几人因家庭出身问题没回北京外,其余去湖北的十多人都回到北京并进入了生物物理所。这是1960级的情况。

生物物理所于1958年成立,那几年急需扩充人才队伍,除了从其他高校招收了少量毕业生外,其余均为科大生物物理系1958、1959、1960级的学生,后来这批毕业生陆续成为所里的骨干。例如,1959级的王书荣,他研究视觉生理,曾担任生物物理所所长及中国生物物理学会理事长多年;1959级的沈钧贤,他研究听觉生理,曾担任中国生物物理学会秘书长多年,他们都为中国生物物理事业做出了重要贡献。又如1960级的王贵海,他在生物物理所工作期间参加了酵母丙氨酸tRNA人工全合成工作,曾担任中国科学院生命科学与生物技术局局长多年。这就是说,生物物理所通过"所系结合"哺育了科大生物物理系,系里的学生毕业后又反哺了生物物理所。

这是科大生物物理系的第一阶段,第一阶段就是从贝先生的学术思想到实际的课程设置,从他的办学理念,再到实际的效果。1964年学校进行改革,生物物理系并入物理系,成为物理系生物物理专业。

第二阶段(1970～1977):随科大南迁合肥

5. 南迁合肥

施:从1970年至1977年是第二阶段。众所周知,1970年科大南迁,随后开始了第二次创业。关于南迁,我觉得还有个归属问题值得说一下。科大在北京建校的时候是中央举全国、全中科院的力量来支持的。当时分管国防科委的聂荣臻副总理很重视科大,所以科大多个系里的总支书记、行政干事等都是从军队调来的,中科院也安排了许多人过来做兼职教师。科大创立之初,我们一入

校就被要求学习"抗大"①精神。

熊：抗大的精神？

施：是的，抗大精神。音乐家吕骥曾为抗大校歌作曲。1958年，他也为科大校歌《永恒的东风》谱了曲。科大未搬迁时仍直属于中国科学院。科大南迁合肥后，情况发生了变化。此时全北京只剩下了六所高校，其他高校均撤离了北京。南迁后的某段时间里，科大不仅失去了首都的地利，甚至一度失去了中科院的支持——被分配给了三机部。好在1976年"文革"结束后，中科院召开工作会议，科大重新归属中科院②。

在回迁北京的问题上，科大不得不抱有遗憾了。"文革"结束后，除地质学院（现中国地质大学）的一小部分驻扎矿区没有回迁北京外，当年迁出北京的高校都陆续回迁了。但是科大的原址——在玉泉路的校区已划归高能所，科大搬回去不易，自此便扎根合肥了。

南迁先遣部队曾去过安庆市（1952年，安徽省省会从安庆迁到合肥）。1970年初，先遣部队向安徽省主要负责人李德生汇报在安庆地委党校办学不合适，他同意了科大师生的要求，决定把科大安排在合肥原合肥师范学院的旧址。这次搬家很彻底，1970年夏秋时节，绿皮火车将所有师生与书籍、仪器拉来了合肥。1970年的合肥给我的印象是：即便是作为市中心的三孝口、四牌楼，也只零星地坐落着几栋破败的木头房。我心想，这省会城市——合肥怎么都比不上我们江苏的一个县城？科大在原合肥师范学院的校园安定了下来。校园内，有农民在放牛；校园外，东门外遍布农田与水塘，与农村无异。如今的合肥已今非昔比了，不论是高新区、政务新区、经济技术开发区，还是滨湖新区，都在日新月异地发展，即使是老城区也已旧貌换新颜。

科大南迁时，绝大部分老师留在了北京，只有一小部分老师随迁过来。这一小部分迁来的老师也分成两拨，部分老师家人在北京，于是他们陆续离开科大回到了北京，最终只有极少数老师真正留在了合肥，生物物理这边有蔡志旭、雷少琼、钟龙云、孙家美、王贤舜等老师。物理系（这里应理解为物理方向）一直是科大的大系，师资更为雄厚，随迁的队伍中有钱临照、张裕恒等这些业务能力很强的老师。此时生物物理系已经并入物理系成为生物物理专业，同物理系的物理专业相比，我们这边的人才流失情况更为严重，庄鼎老师、赵昆老师、范宝

---

① 中国人民抗日军政大学，简称"抗大"，是在抗日战争时期，由中国共产党创办的培养军事和政治干部的学校。

② 1971年9月，科大改由安徽省与三机部双重领导，以安徽省为主；1973年3月，科大领导体制改由安徽省与中科院双重领导，以安徽省为主；1975年9月，科大领导体制再次改为由安徽省与中科院双重领导，以中科院为主。

荣老师、杨天麟老师、李振坤老师、赵文老师、包承远老师、余明琨老师等陆续回了北京,剩余的老师都十分年轻,资历较浅。以生物物理系来论,1958、1959、1960级的这几批学生迅速成为了骨干教师。

20世纪70年代中期,学校面临重重困难,当时的校党委书记刘达[①]做出一项创举——办"回炉班",用以补充师资。他把科大因"文革"被耽误的未毕业的几届学生以及其他高校的1961~1965级学生召回科大(以科大的学生为主),集中学习,并安排全校最好的教师对这些学生进行强化训练。就是这批人与1958、1959、1960级的学生以及留在合肥的年轻老师们完成了二次创业,使科大得以在困境中重新崛起。这里面包含的精神因素值得一说。前面已经提过,我们一入校后就被要求学习抗大精神,所以同学们的使命感非常强,大家普遍自觉地认为我们应该为国家的科技事业做出贡献。70年代后期,曾经风光的科大回迁无望、濒临解体,我们这一辈人的危机感自然加强,决心以高标准、严要求来办一所瞄准国际前沿的少而精的高水平大学,像是憋了一股子劲,决心做出最好的东西,不甘心让它成为一所普通的地方大学。

6. 招收工农兵学员

熊:科大的工农兵学员也有自己的特色。

施:培养出素质过硬的学生是一所好大学的立足之本。1972年,科大开始招收工农兵学员,采用三年制学制。部分学员的底子薄弱、基础不扎实,我们便从中学的课程开始授课、夯实基础,随后再实施大学的教学计划,丝毫不曾懈怠。对学员们来说,在校学习的时间紧、任务重,但他们并没有太大抱怨,确实做到了刻苦学习。生物物理专业的饶子和[②](1973级)、滕脉坤(1975级)等人毕业后都在各自的岗位上做得很好。推及整个物理系,那几年培养的工农兵学员后来出了两名院士,分别是沈保根[③](1973级)与饶子和。科研圈里的沈保根、饶子和、滕脉坤、张荣光(1973级),企业界的李西廷(1973级)、崔涛(1975级)等都发展得很好。大家对沈保根和饶子和比较熟悉,今天就不加赘述了。滕脉坤毕业后留校,他在行政和科研方面都做得不错,曾任生命科学学院党总支书记、副院长,关于学院方面的事情你们可以去问问他;崔涛目前是美国普洛麦格

---

① 刘达(1911—1994),著名教育家,1963年5月至1975年11月任中国科学技术大学党委书记。

② 饶子和(1950—),分子生物物理与结构生物学家,1977年毕业于中国科学技术大学生物物理系,2003年当选为中国科学院院士。

③ 沈保根(1952—),磁性材料专家,中国科学院物理研究所研究员。1976年毕业于中国科学技术大学物理系,2011年当选为中国科学院院士。

(Promega)公司在中国地区的总负责人;李西廷在深圳创办了迈瑞生物医疗电子股份有限公司,之前曾向校医院捐了许多医疗器械。张荣光与饶子和同班,在我的印象中,1973级的生物物理专业只招收了十多名学员。张荣光学习成绩好,是班上的第一名,他毕业后被分到了上海生化所(上海生物化学研究所)。该所所长是曹天钦院士①。曹先生非常有远见,他认为生化所已将生物化学做得很好,但缺少结构生物学课题组,便将张荣光、严有为等人派往北京,到生物物理所梁栋材先生那儿学习蛋白质晶体学。后来张荣光出国深造,他最先去了美国芝加哥大学,在不到两年的时间里就在《Science》上发表了一篇文章。在耶鲁大学完成博士后工作后,他在美国阿贡国家实验室任职。"千人计划"开展后不久,饶子和就把他引进回国,由他负责上海光源生物大分子"5线6站"建设。那时国内尚不了解这套全自动化的数据收集模式,应当说张荣光的这项工作对我国蛋白质晶体学的发展做出了重要贡献。

熊:想不到工农兵学员也出了这么多人才。

施:我们南迁到合肥以后,度过了最困难的一段时间,师资短缺、学生稀少,跟物理系(指当时物理系的其他专业)或者化学系相比,我们的工农兵学员的人数比他们少得多,但学员的成才比例却一点儿也不小。

熊:这是为什么?是你们把严谨的精神灌注到工农兵学员的头脑里面去了?

施:在科研方面,他们毕业后基本上都在做学科新方向。他们出国留学或者做访问学者,回国后所做的领域在当时并不成熟,这也算是抓住了机遇。

熊:我一直在思考,一个人的成才有诸多因素,学校教育并不见得是最重要的因素,但不可否认,学校打下的基础还是有其重要性的。

施:我的看法是学校基础很重要。学校对外宣传的口号是"千生一院士",但若是计算各个系的院士产出率,生物物理系的这个比率则会高得惊人。从1958级学生到工农兵学员们全部毕业,我们总共培养了250多人,已有6人当选为院士了。

熊:这是千生二十四院士啊,比"千生一院士"高多了!

施:虽然这只是一个统计数字,但生物物理系学生的成才比例高还是有迹可循的。我觉得最关键的因素是同学们被科大具有的奋斗精神所感染,且这种精神被传承了下来。自1958级开始,每一届的学生在入校后都自觉地给自己赋予了高度的责任感和使命感。当年我们本科一毕业就被分配了工作,大部分人并未受过正规的研究生教育,但当我们走上教学岗位后,在教学之余,我们一

---

① 曹天钦(1920—1995),生物化学家,中国科学院学部委员(1980),曾任中国科学院上海生物化学研究所副所长。

点点地摸索着开始了科学研究。后来我们也把这样刻苦钻研的精神传给了学生们。还有两个重要的因素是:我们培养的学生在前沿交叉学科有优势;我们与生物物理所进行了"所系结合"。

7. 年轻教师的机遇

施:以我们班(生物物理系1960级)为例,我与刘兢①等一大批人在毕业的前半年就被派往北京香山参加"四清"运动,半年后我被分到中医研究院,又接着参加了一年的"四清"运动。1966~1970年,我在中医研究院做实习研究员,也没有接触到更多的科研工作。1970年学校开始南迁,我回到母校,从助教开始做起。"文革"结束后,教师们向中科院反映要迁回北京的时候,方毅副总理做出批示:"立足合肥、办好科大。"中科院给予科大两大优惠政策:一是拨款建房,二是送年轻教员出国深造。年轻教师们包括我在内便着手准备出国考试——教育部外语考试,之后便顺利出国了。

熊:您是哪一年出去的?

施:1979年5月份走的,1981年5月份回来。1979年元旦之前,学校让我参加教育部外语考试,在我通过后决定派我公费出国。

熊:前期准备了很久?

施:我们要准备考试,之后联系国家、单位,有许多杂事。

熊:我想插入一个问题,我最近正好在写一篇关于留学史的文章,心中有一些困惑,像你们这批很早就出国的是不是属于国家公派?

施:都是国家公派。

熊:当时去美国,国家给每人每月发多少钱?

施:我获得出国资格时,咱们国家还没有与美国建交,所以我没去美国,而是去了意大利。我在意大利的情况是:刚开始没拨钱,后来每个月拨给我们很少一部分钱。

熊:刚开始是报销制?

施:对,实报实销。当时包括我在内,共有四人被公派到意大利罗马大学。使馆工作人员将我们四人安排在一间小旅馆里,我们周一至周五在学生食堂吃饭,实报实销。在学生食堂吃饭价格便宜,在我的印象中,一顿饭只要300里拉。但是有几种情况会改变我们的吃饭方式:一是罗马大学食堂每周末关门两天,遇到漫长的寒暑假,大多数当地人都去海滨度假,食堂也关门;二是意大利

---

① 刘兢(1942—   ),女,中国科学技术大学生命科学学院教授。1965年毕业于中国科学技术大学生物物理系,后留校工作至今,曾任生命科学学院总支书记、副院长。

工人经常闹罢工,每逢这些情况,食堂关门,旅馆也不让自己做饭,我们只得去街上的饭店吃饭,然后打出条子,凭此条再去报销。国家给我们每人每月的生活费(相当于零花钱)很少——仅相当于100元人民币。印象中有一年暑假,罗马人正在度假,实验室关门,我们几人无处可去,只能在广场上随处转转。大家非常想吃冰激凌,但都犹豫不决,最后终于狠了狠心每人买了一个蛋卷冰激凌。那个时候我们的固有思维是省钱,然后用结余的钱至少往家里带回"三大件"——冰箱、洗衣机、电视。

熊:当时是不是有一个政策,若在国外获得奖学金,需要将其上缴给使馆?

施:我不清楚,至少在意大利这边没有听说。我只知道我们的生活费要比获得奖学金的那些人少。实报实销的方式可能持续了一年,后来就变成每月拨款,自己去领。

熊:比过去是不是好了一些?

施:确实好一点了。后来我找到了一个由教会创办、出租给外国留学生的公寓,那里有一间公共厨房。除中午仍在学校食堂吃饭外,其余时间我们都选择自己买菜做饭。大家省吃俭用,生活上基本没有困难。第一次的留学生活大致就是这样。

我们是公派出国,做访问学者,国家支持我们两年的出国经费。1981年前后,除极个别人外,其他人都如期回国。80年代中期以后,形势慢慢改变,出国方式也变得多样,普通人只要拿到国外的资助便可以出国,也有许多人通过自费留学实现了出国梦。形势改变、思想改变、出国方式改变,人们对待回国问题也变得更开明了。

科大人在这般际遇下否极泰来,在改革开放前夕就获得了出国学习的机会。尽管如此,纵观20世纪整个八九十年代,中国的科学和教育在整体上仍旧十分困难。

熊:投入很少?

施:国家投入很少。科大扎根合肥后,各个系的教师少,得到所里的支持力度小,与当年在北京时完全不能相提并论。申请经费也是一个难题。那时我的同班同学大都在生物物理所工作,在梁栋材、邹承鲁①等老一辈科学家的带领下,他们的经费比较宽裕,只要安心做研究就好。科大这边的情况嘛,拿我们生物物理专业来说,教师很年轻,大都是没有接受过研究生教育的本科毕业生,想要做的课题又是在国内无人知晓的新兴学科,回国后很难申请到经费,在很多时候我们都要自己想办法争取。现在,国家已经有了"青年千人""百人"等计

---

① 邹承鲁(1923—2006),生物化学家,中国科学院生物物理所研究员,中国科学院学部委员(1980),曾任中国科学院生物学部主任。

划,引进人才能够使用启动费等资金快速开展研究。80年代可不是这样。我1981年回国,直到1985年才申请到第一笔经费——5万元的国家自然科学基金。

自然科学基金委成立已逾30年,近日邀请我们撰写一些文章,我便提了一个建议,希望基金委能够加大力度支持有想法的年轻人,尤其是中西部地区的年轻人,而不应当过于集中投放给北上广的高校和科研机构。之所以提出这些建议,还是基于我自身的经历。我们出国的时候完全遵从政府指派,有一种"两眼一抹黑"就出国了的感觉。也许当时接触的并不是国际上最好的实验室,与现在站在高起点、从国际一流实验室学成回国的"杰青"们不可同日而语,但我们确实开阔了眼界,了解了国际前沿知识,熟悉了仪器的操作。在学生时代我们都是认真读书的好学生,虽然毕业后不再有老师手把手地指导,但我们反而在独立的科研工作中摸索出了很多经验。

8. 引进教学骨干

施:既然是写院史,我觉得你们不能只关注产生了几位院士,在教学方面也有诸多事情值得探讨。"文革"中后期,生物物理专业的教师由三批人构成:一批人是建校后就被招聘过来的老教师;一批人是1958、1959、1960级的毕业生;还有一批人是由老五届学生组成的年轻教师。当时还引进了一批分散在全国各地的外校老五届的学生以补充师资,可惜的是他们中的大多数人在80年代出国后就没有回科大,只有孔令芳老师留在生物系直至退休。

为了扩充教师队伍,我们引进了多名骨干教师,如徐洵、孙玉温、李振刚、申维民、潘仁瑞、康莲娣、鲁润龙、顾月华等。徐洵老师毕业于中国医科大学,负责生化课程,曾于1990年被国务院学位委员会批准为科大生物系第一位博士生导师,她于90年代回到福建厦门,1999年当选为中国工程院院士。孙玉温老师是华西医学院(现四川大学医学院)的研究生,负责生理课程,曾任科大生物系教授,如今已是80多岁高龄,身体状况不太好。李振刚老师是北师大的学生,他负责分子遗传学的教学,曾任科大生物系教授、博士生导师,前几年去世了。潘仁瑞老师北大毕业,他也承担生物化学课的教学。康莲娣是生物物理系1959级的学生,她回校后承担生物学课的教学。鲁润龙毕业于北京师范大学,顾月华毕业于东北师范大学,他们承担了我们学院早期的细胞生物学课程。这些老师永远值得我们铭记在心。

熊:李振刚老师是不是经历了很多坎坷?

施:李振刚老师比我们年长许多。他在北京师范大学生物学本科毕业后留校继续攻读研究生。他学习好、能力强、为人热忱,在班级担任团支部书记,若

能顺利毕业,本是前途光明,不料却在1957年被打成"右派",并被发配到内蒙古,他那时的女朋友、后来的爱人吴秋英则被调去了新疆。他的经历很像一部老电影——《天云山传奇》,后来他们全家曾特地去观看了这部电影。

熊:他是怎么来科大的呢?

施:在实行老五届"回炉"政策时,生物物理系1963级学生徐耀忠闻讯归来。在进修班里,他跟我们说起他在内蒙古五原河套地区当中学老师的经历,也说起了李振刚的事。虽然经历坎坷,李振刚在内蒙古依旧保持着极好的业务习惯——他一直用手头结余的钱订阅《遗传学报》,"文革"结束前夕还在《遗传学报》上发表了一篇文章[①]。那时候我们既不会做科研又不会发表文章,如此一比较,大家也都认定了李振刚老师有较好的业务能力。此时"文革"虽已结束,但国家还未给"右派"平反,好在科大思想解放,而生物系又急于扩充师资队伍,就把他和吴秋英老师调来了。应当说,这些"文革"中后期调来的教师们为1977年之后的教学工作做出了重要贡献。

第三阶段(1978~1997):独立建系

9. 老一辈教师的坚守

施:1978年,生物物理专业撤出物理系,建立生物系,这是第三个阶段。这一年,生物系迈进了新的时期。

建系时正值改革开放,科大在各个方面仍然十分困难,各系均如此,生物系也不例外。多亏教师们同舟共济,我们才艰难地走了过来。这是当时所有教师的功劳,学生、生物系、学校都不能忘记他们。如今,有的人已经去世,还健在者也已是耄耋之年,他们从年轻时就住在科大东区的老房子里,老房子没有电梯,他们的子女往往又不在身边,生活上有许多困难。希望学校多多关心他们的晚年生活。

---

① 李振刚.试论染色体在遗传发育中的活动规律[J].遗传学报,1976(4):14-22.

10. 培养出来的优秀人才

施:这一阶段,科大培养了许多优秀人才,庄小威①绝对是其中出类拔萃的一个。她于 2012 年当选为美国科学院院士,2015 年当选为中国科学院外籍院士,也是最年轻的中科院外籍院士。

生物系培养的学生里也出了很多人才。同庄小威一样,骆利群②也是少年班学生,也当选为美国科学院院士。他曾在生物系就读,有意思的是,虽然庄小威从科大物理系毕业,但是她和骆利群一样,目前也在从事生物方向的研究。CUSBEA 考试也值得一提。众所周知,在由李政道发起的 CUSPEA 考试中,科大学生独占鳌头,在稍后由吴瑞发起的 CUSBEA 计划中,科大的学生依然表现出色。不论是学物理还是学生物,这批人都陆续成才。在国外,学物理的人很多后来选择了转行——他们去了华尔街从事金融工作或转到了 IT 行业,而学生物的人大多坚持科研,有很多人在美国著名大学当了教授,如 1978 级的管俊林、王洲,1980 级的程临钊,1981 级的何生、周强、刘奋勇,1982 级的罗坤忻,1984 级的杨丹洲,1986 级的任兵,1987 级的赵惠明,1991 级的可爱龙等。1980 级的卓敏是加拿大多伦多大学教授、加拿大皇家科学院院士。

另外,还有一大批人成为国内各行各业的佼佼者,如马红入选"千人计划",曾任复旦大学生命科学学院院长;蒋澄宇是"长江学者",还是中国医学科学院基础医学研究所所长、协和医学院基础医学院副院长;1977 级的牛立文,曾担任科大生命科学学院院长,目前担任安徽省政协副主席;1980 级的朱学良,现在是中国科学院上海生命科学院生物化学与细胞生物学研究所研究员、中科院分子细胞生物学重点实验室主任,等等。这样的杰出人才还有很多,在企业界的有 1985 级的吴亦兵、曹涵、周代星等。近年来一批海外留学生入选中组部"青年千人计划"回国任职,科大生命科学学院的毕业生中有很多人入选。周逸峰是 1978 级少年班学生,也在生物系就读,目前是科大生命科学学院研究员,他记忆力好,脑袋里有份名单,你不妨去问问他。尽管学校的宣传部、校友会对我们的毕业生进行了一定的宣传,但生命科学学院自身的宣传力度不够,大家往往看不到生物系学生的成才情况。

---

① 庄小威(1972—),女,生物物理学家,美国科学院院士(2012),2015 年当选中国科学院外籍院士。1991 年本科毕业于中国科学技术大学物理学专业,1997 年获得美国加州大学伯克利分校物理学博士学位。现任哈佛大学化学与化学生物、物理学双聘教授,创办有庄小威实验室,同时也是霍华德·休斯医学研究所的研究员,中国科学技术大学"大师讲席"教授。

② 骆利群(1966—),1985 年本科毕业于中国科学技术大学分子生物学专业,1992 年获得美国布兰代斯大学生物学博士学位,美国科学院院士(2012),现为斯坦福大学教授。

熊：您随口就说出了这么多的优秀人才出来，是不是建立生物系后，科大的生命学科获得了很大发展？

施：早期，由于国家的改革开放刚刚起步，百废待兴，纵观国内的高校和科研机构，包括北大、清华和生物物理所在内都存在经费短缺等困难。但科大与它们相比，这种困难相差的不是一个数量级。

熊：直到90年代末，"知识创新工程"启动后，情况才得以好转？

施：90年代的科大生物系经历了一段艰难时期，不但基础设施依旧落后，骨干教师也在流失。先是徐洵老师因不适应合肥气候而回到了福建（1990年），然后，系主任寿天德因家庭原因回到了上海（1997年）。与此同时，不少资深教师也陆续到了退休年龄。最终，系里只剩下了一些资历相对较浅的教师。

——第四阶段（1998年至今）：建立生命科学学院——

11. 搭建公共仪器平台，引进优秀人才

施：90年代后期，国家经济形势好转，对科学、教育的投资加大，包括科大在内的多所高校加快了发展步伐。科大生命学科也抓住了这个机会。1998年，科大生命科学学院正式成立，由我担任第一任院长。

在此前后，科大先后入围教育部的"211工程""985工程"和中科院的"知识创新工程"，得到的经费支持上升了一个较大的台阶。令我们受益最多的是学校搭建起来的公共仪器平台。

熊：此前科大难道没有？

施：此前，中科院每年都给各研究所配备最好的仪器设备，而同属于中科院系统的科大却没能享受到，令科大深受影响。

2000年前后，教育界与科学界在引进人才方面展现出一些新气象：中科院推出"百人计划"，教育部设立"长江学者"计划。迫于生命科学学院成立初期教师队伍凋零的现状，我们比其他学院更早地引进了人才——姚雪彪、吴缅、田志刚、史庆华、周江宁、向成斌、孙宝林、刘海燕等，姚雪彪、田志刚、史庆华、刘海燕获得国家自然科学基金委"国家杰出青年科学基金"资助，田志刚于2017年当选为中国工程院院士。

随着国家经济实力的迅速增长，合肥的城市面貌也日新月异，原来不愿意回国的学生回国了，有一些到了科大，到了生命科学学院。不仅如此，若他们在国外没能做出较好的科研成果，即使回国也无法获得一个较好的位置。这里面也体现了人才引进与国家发展之间的密切联系。

12. 不同阶段的特点

熊：您对科大生命科学几十年的发展做了梳理，并对第一个阶段的特点做了很好的总结。请您对后面几个阶段也做些总结。

施：第二个阶段，生物物理系并入物理系成为生物物理专业。系里的老师们大多是留校的1959、1960级毕业生。此时我们已迁入合肥，大家在一起商量学科发展方向，最终达成了"坚持办学、瞄准前沿、紧抓教学"的一致意见。

第一个特点依旧是瞄准前沿。陈霖是老五届"回炉生"，他在科大任教时就开始研究认知科学，属国际上较早的一批研究者，他逐渐培养出一批做认知科学的学生。寿天德研究神经生物学，他读书期间也没有受过很专业的训练，后来到中国科学院生理所进修视觉生理学，再后来在视觉学科里做出了成绩。

第二个特点是团结。生物系致力于发展前沿学科，当时并不被国内的同行看好，老师们年轻、资历浅，在申请经费与国内重大科研项目时困难重重。生物系老师的凝聚力极强，最终想出了由一位老师牵头申请课题、其余老师提供最大帮助的办法，由此争取到了多个课题。徐洵、王培之与我分别申请到了"863计划"的课题[①]。

第三个特点是加强"所系结合"。徐洵老师主讲生化课，几乎每年都邀请生化所的研究员来给科大的学生上课。生化所的老师使用国外原版教材授课，这让1977～1981级的学生受益颇多，在CUSBEA考试中屡获佳绩。我们还连续五六年邀请梁栋材先生过来教蛋白质晶体学，每次梁先生都会在学校住一个多月，给大家上课。后来我们把牛立文、滕脉坤送到梁先生实验室进修，在之前派往所里进修的学生明确表示无法建立起蛋白晶体学的情况下，他们俩硬是一点一滴地建立起了蛋白晶体学。在梁先生的严格要求下，牛立文学得很好，在四年硕士毕业后便回到生物系，接替梁先生讲授蛋白质晶体学，讲得非常好，在国内是很有特色的一门课程。

熊：你们主要与生化所还是生物物理所进行"所系结合"？

施：与生化所和生物物理所都有较多交流。

[①] 三个课题为：施蕴渝，蛋白质分子设计中新技术的研究（863-103-20-12）；徐洵，葡萄糖异构酶的蛋白质工程（863-103-19-09）；王培之，枯草杆菌蛋白酶的蛋白质工程（863-103-19-05）。

熊：邹承鲁先生是不是较少来合肥讲课？

施：虽然兼任过一段时间的系副主任，但邹先生与科大的关系并不密切。梁先生与生物系的联系更紧密一些。

第三个阶段是生物物理专业从物理系分出，成立生物系。这时我们的眼界宽阔了一些，不再局限于生物物理，而是把专业扩展为三个：生物化学与分子生物学、细胞生物学、生物物理学与神经生物学。

熊：学科是不断变化和拓展的。最初生物物理系主要研究宇宙生物学、放射生物学，到后来成立生物系时，你们就没把它们当成主要学科了吧？

施：没有。我再补充一点，早年毕业的学生（包括1958、1959、1960级），有一批被分到了生物物理所，另一批被分到了五院，后者为中国早期的载人航天事业做出了重要贡献。虽然在杨利伟乘神舟五号上天时他们中的大部分人都已退休，但他们实际参与了这批宇航员的选拔和培训，并搭建起基础框架，我这里有一张我们班同学在五院聚会时与杨利伟的合照。

部分科大6012级同学和杨利伟合影

（2008年10月15日拍摄）

熊：我接触过507所的人。有点可惜的是，做放射生物学和宇宙生物学的，有不少人没怎么发表过文章。

施：那个时候做这些项目不容易发文章，而且宇宙生物学是大科学项目的一部分，有别于一般的科研。

熊：我接触过生物物理所做放射生物学的研究人员。他们追踪生物接受辐射之后的生理变化，追踪时间长达10年、20年。因为涉及机密，他们一直都不能发文章，他们自己对此也感觉很遗憾。

施：我们科大这边后来没人做这方面工作，一没条件，二没相关性。

熊：你们当年还是有很多人学这两个专业。

施：我们学的专业课比较简单，没涉及多少精深的知识。当时的宇宙生物学等并不是一个成熟的学科。

熊：对当时的生物物理所来说，放射生物学非常重要。它有专门的研究室吗？

施：对，有个研究室。

熊：但是对学校来说它并不算一门学科？

施：在当年没有。生物系开设了生物化学与分子生物学、细胞生物学、生物物理学与神经生物学三个专业方向后，我们的强项依旧与生物物理相关，如结构生物学、神经生物学，其他领域就不太强。成立生命科学学院的时候，我们重点引进了从事细胞生物学研究的人才，如吴缅、姚雪彪等；在神经生物学方面，寿天德仅限于电生理研究；周江宁及后来引进的"千人计划"入选者申勇研究神经退行性疾病；在免疫学方面，引进了田志刚、魏海明；在遗传学与生殖生物学方面引进了史庆华；在植物学方面引进了向成斌。自此，学科方向开始变得多样化。

13. 发展思路

熊：学院建立之初，还是一个规模很小、面很窄的机构，仅仅经过10来年的发展，你们即成果迭出，变得全国知名。这应当说是比较成功的。我很想了解你们的发展思路，以及具体的做法。

施：我只当了一届共五年的院长。然后牛立文当了一届，田志刚当了一届，再下面就是薛天——现在的院长。当然我们有自己的发展思路，但我认为，生科院的发展，首先应归功于整个形势。如果没有"211工程""985工程""知识创新工程"等保证公共实验平台的建设，没有中科院的"百人计划"、教育部的"长江学者计划"、中组部的"千人计划"等保证人才的引进，很难想象生科院的后续发展。甚至国际形势也很重要。我们前面培养了那么多的学生，请都请不回来。2008年，美国、欧洲发生金融危机，科研经费申请困难，而我国的经济发展了，对教育、科研投入加大了，愿意回来的人也就越来越多了。这些外在的形势，我觉得是最主要的，学校、学院的发展与国家的发展是密不可分的。

下面我谈谈自己的发展理念。科大不比北大、清华有那么多的经费。我认为，要办好学院，引进好的人才是第一要务。有了人你才可能申请到经费，对不对？然后才可能发展新的学科方向。

第二，要注意拓展新的学科生长点。我们原来只有生物物理专业，且主要为宇宙生物学、放射生物学方向；在成立生物系后，把方向转变为结构生物学、细胞生物学、神经生物学（尤其是电生理学）；在生命学院成立后，又把方向往细胞生物学、免疫学、遗传与生殖生物学、生物化学与分子生物学方向拓展。为了发展新的学科生长点，我们着重引进了相关方面的人才。譬如，姚雪彪、吴缅等就是细胞生物学方面的人才，田志刚是免疫学方面的人才，史庆华是遗传与生殖生物学方面的人才，向成斌是植物学的人才。再后来，我们又引进了更多领域的学科带头人，于是学院的研究面也就越来越广泛了。

在建设公共实验平台、引进人才方面，领导班子的作风很重要。作为领导，一定不能有私心，不能只是扩张我自己的方向、扩张我自己的实验室，不能只是考虑我这个专业和我个人的发展。必须考虑大家的发展和整个学院的发展，只有这样才能服众，才能避免冲突。应当说，生科院的几届领导班子总的说来还是不错的，因而学院在大部分时候都比较和谐。

熊： 外在形势、国家发展的大背景当然重要，可很多机构都面对着同样的背景，而发展状况却迥异，恐怕更多的还是取决于各自的理念和措施。

施： 我只干了一届院长，2002年我60岁就不干了。这段时间，我的观点是：第一，在其位必须谋其政。就我个人而言，我的本职工作原本只是做好自己的教学和科研。做了院长后，就必须考虑大家的利益，就必须考虑学院的发展。譬如，要争取资源盖生物楼、建公共实验平台、引进人才等。若在其位不谋其政，就必然会耽误大家的事。第二，在位时，你不能为自己谋利。第三，许多事情都要提前做准备。很多的事情，要么不来，要么突然来。譬如，突然叫你申报什么项目或者写一个报告或规划，只给你一两个星期的时间。你要是事先没准备、没计划，这个机会很可能就丢掉了。

2 "重、紧、深"：值得重视的教学原则
——庄鼎研究员访谈录

受访人：庄鼎
访谈人：刘锐、姚琴
整理人：姚琴、熊卫民
访谈时间：2016 年 1 月 14 日
访谈地点：北京市七天连锁酒店北沙滩店

受访人简介

庄鼎研究员
（2012 年 11 月拍摄）

庄鼎，男，1934 生于山东烟台，1958 年毕业于北京大学生物系，1958~1973 年在中国科学技术大学生物物理系从事行政、教学工作，1973 年调入中国中医研究院（现中国中医科学院）针灸研究所，长期从事针刺麻醉原理研究，后任该所研究员、博士生导师。

庄鼎研究员是中国科学技术大学最早的教师之一，见证了科大的创建。在这次访谈中，他回顾了建校初期，中国科学院的著名科学家关于科大课程设置方面的讨论，生物物理系的组织机构和课程体系，最早几届学生的学习和生活，并对生物物理专业为什么能出人才做出了自己的回答。

刘锐（以下简称"刘"）：庄老师，关于来访目的，我向您做个简单介绍。2018年是科大建校60周年，也是生命科学学院及其前身成立60周年。施蕴渝院士希望出版生科院院史，并委托我们做研究。她嘱咐我们一定要拜访您和王大成、王志珍、寿天德、刘兢、周逸峰等人。目前我们已对科大校内的老师们进行了访谈，还搜集了一些档案，发现建校初生物物理系的资料比较少，想必您知道很多，希望您能给我们多讲一讲。

庄鼎（以下简称"庄"）：能够回忆起来的我尽量说。今年我已经82岁，记忆力不如以前了。我算是生物物理系最早的员工之一，1958年我大学毕业，科大建校时我就在了。

1. 从北大毕业后被分到新创立的科大

姚琴（以下简称"姚"）：您是从哪所大学毕业的？

庄：北大。从北大生物系毕业后，直接分配到了科大。

姚：当时北大生物系是五年制还是四年制？

庄：我那一年是五年制。20世纪50年代初，我们国家向苏联学习，各高校学制与苏联保持同步，我1954年入学时，学制上的规定是五年。但等我们念到大三时学校发出通知，将学制改成四年。就这样，我于1958年毕业。在我之前的那一届是五年制，在我之后的那一届是六年制，而我这一届则是四年制，挺有意思的。

刘：毕业后您就被分配到了科大？

庄：对。8月中下旬开始毕业分配工作：个人先填志愿，经系里研究之后于8月底公布分配方案。比如说张三到哪个所，李四去什么地方。在轮到我时，系里给分配的是科大。我有点疑惑，因为我对这所学校缺乏印象，只是在报纸上见过要成立科大的消息。几天后，中科院人事局的负责人过来跟我们讲了一些报到的事情，然后我就到科大报到了。

记得先是让我去西苑报到。西苑那边有一个大院，中科院原本打算把科大安在那儿。后来，科大校址定在了玉泉路。于是，又通知我改去玉泉路报到。1958年9月我到那之后，发现院内杂草有一人高，所以我们到后的头一件事就是除草。院内的大多数房子都比较矮，比围墙高不了多少。

到科大以后，我从1958年夏天一直工作到1973年12月底。然后，我调到中国中医研究院。屠呦呦就是我们院的，她在中药研究所，我在针灸研究所。为什么到这呢？因为当时还在搞"文革"，国家很多科研项目都下马了，但中药所、针灸所仍在正常运作。中药所那边，屠呦呦等人在研究当时急需的治疗疟疾的药物青蒿素，而针灸所更是在"文革"期间得到了扩大，因为当时周总理在重点抓针刺麻醉原理研究等少数几个科研项目。我的本科专业是人体动物生理，到科大后从事电生理教学工作，研究人体各部分的电活动是我的本行，所以就调到针灸所来了。然后我一直从事针刺麻醉原理研究并培养研究生，直到2002年我的最后一个研究生毕业、我承担的国家任务结束后，我才退休。我的简历就是这样。

2. 生物物理系的组织结构

刘：也就是说，您只在两个地方工作过，刚开始是科大，后来是针灸所。

庄：对，我这一辈子只换过一次单位。从1958年开始，我在科大工作了15年，这15年我一直都在生物物理系。当时系里只有一个专业，就是生物物理专业，我一直在那儿教生理学。

科大最初是13个系，系主任都是由中科院相应研究所的所长、副所长担任。贝时璋贝老是我们的系主任，也是生物物理所的所长。在行政机构上，全校各系均设党总支书记兼系副主任一人，系助理一人，下设系办公室，系办公室设干事四人。当时生物物理系的党总支书记兼系副主任何曼秋是一位经历过长征的女干部。除我之外，系助理和系办公室的干事都是从部队转业来的军官。

刘：我在查档案时看到了这方面的记录，但里面对干事的介绍很少。请您给我们详细介绍一下。

庄：好的。四个干事分别为政治干事、行政干事、勤工俭学干事和教学干事。政治干事负责政治方面的事情，行政干事负责学生日常生活方面的事情，勤工俭学干事安排学生的劳动生产。因为那时候强调"教育与生产劳动相结合"，所以各系都安排学生做些课外劳动工作——主要是在学校做些简单的科研。我是教学干事，我的任务是给学生排课、搜集学生对教学的反映、联系老师、记录会议等。我只干了两年的教学干事。等到1958级学生升大三，有了专业基础课后，由于之前我也旁听过有关课程，所以系里安排我教专业基础课，主要是教生理学。1959年，中科院办的科学情报大学"下马"，并入科大成为第14个系——科学情报系，其中有生物情报学专业，我也在该系教过生理学。

我刚来生物物理系时，系办公室只有两间房：一间供系领导用，另一间由四个干事共用，其他如实验室等还都没有建起来。不久贝老就召集大家开会，讨论教学目标、要开设的课程、课程所需学时、教师分配等。这些会议我都参与了。因为我刚参加工作，年轻且是教学干事，所以由我来做记录。令我印象最深的是科大当时确立的教学原则——"重、紧、深"。你们知不知道？

3. 重、紧、深

刘:不知道。它们分别指什么?

庄:它们的意思是:课程要重,安排要紧,深度要深。在学校的要求下,各系均执行"重、紧、深"的教学原则。比如说数学、物理、化学这几门公共课程,根据要求高低分为甲型、乙型、丙型,其课时数也是甲型多于乙型,乙型多于丙型。若各系都想建立甲型数理化课程,那么总学时就会特别长,专业基础课就无法排了。所以有的系就将公共课安排为甲型数学、乙型物理、丙型化学。在开学前,生物物理系也曾打算将公共课设置为甲型数学、甲型物理、乙型化学,但由于排不开,后来做了改变,具体改成什么我记不清楚了①。公共课排下来以后,再排政治、体育、外语这类校公选课,剩下的学时就用来安排本系的专业基础课和专业课。由于公共课太重,生物物理系的生物类课程的学时被压缩得非常少。

刘:学生适应既重又深且安排得非常紧凑的课程吗?

庄:虽然我已经不是学生,但作为教学干事,我还是会经常跟一些学生接触,比如说1958级的王大成、1959级的王志珍,在入学报到时我就和他们有接触。我感觉到,他们的学习负担非常重,作业很多,礼拜天基本都不休息,而是在自习教室里度过。虽然学生比较累,但从另外一个角度来看,也正是因为有"重、紧、深"的教学原则,学生们的基础才打得扎实。

刘:现在生科院的课程压力也很大。有句流行的话是"不要命的上科大",而在科大内部,则又有"不要命的上生物系"之说。

庄:印象中,同学们花时间最多的是做生物统计学的作业。他们往往会在完成其他作业之后,把生物统计学作业放在礼拜天来做。生物统计里有大量的计算题,步骤繁琐,当时没有计算机和计算器,完全靠手算,计算量很大,现在可以使用许多软件,做起来就比较容易了。

4. 师资与教学

刘:课程排出来后,师资是如何解决的呢?

庄:学校的公共课由中科院的知名科学家来讲,比如甲型数学课由华罗庚等人来讲。创校初期,中科院派了研究员、副研究员来兼课,只要有课他们就会过来。在办学的过程中,科大也逐渐培养了一些专职教师,并陆续调来了一些

---

① 最终在公共课的安排上,生物物理系将物理、化学设置为甲型,数学设置为乙型。

专职教师。拿我们生物物理系来说,最高调来了讲师级的专职教师,拥有副高及以上职称的全是兼职教师,隶属于中科院生物物理所或动物所。

姚:您当时是什么职称?工资收入如何?

庄:我是助教,直到1978年才得以提职。这是普遍现象。在那个年代,提职工作中断了很多年,转正和涨工资也都需要经历很长时间。在我们之前毕业的大学生,一毕业月工资就是62块钱。1957年后,知识分子的待遇全面下降。1958年我刚工作时,月工资仅为46块钱;一年后转正,提到56块钱;直到1962年,我的月工资才涨到62块钱,才达到规定的高校教师最低工资等级。然后便一直是这个数,直到1978年提职后才得以涨薪。

姚:专业基础课、专业课是不是也按照"重、紧、深"的原则来教学?

庄:"重、紧、深"主要体现在公共课上。在五年制体系中,生物物理系的公共课学时排得很满,占整个学时的2/5,另外还要保证公选课等,所以专业基础课、专业课就做不到"重、紧、深"了。我们的专业基础课包括生理学、生物化学、胚胎学、微生物学、动物学、植物学、遗传学等七八门课程,课时遭到压缩,反而谈不上"重、紧、深"了。

5. 实验室建设

庄:1959年后,各系开始筹建专业基础课和专业课实验室。记得生物物理系在玉泉路筹建了教专业基础课的生物学教研室和生理学实验室、生物化学实验室、动物学实验室、组织胚胎微生物实验室等四个专业基础课实验室。科大还在中关村建了一分部,在那建了生物物理学专业教研室和专业实验室。专业课的教师是各所的研究员、副研究员。学生去中关村一分部上课,可以用到当时十分先进的科学仪器。公共基础课也有实验室。1959年前后,学校开始建设科大的主楼。这栋楼有一两万平方米,中间是教室,东侧楼是化学实验室,西侧楼是物理实验室。

刘:为什么1961、1962、1963年生物物理系没有招生,1964、1965年的招生规模也很小?

庄:这个我就不清楚了。因为从1961年起,我就没再参加过招生会议了。我开始给同学们上专业课,不再做教学干事。我开的是生理学课,要忙备课、上课、建实验室、买器材等工作。当时买器材要去上海,所以科大成立了一个采购团——由各实验室派出的老师组成,我是成员之一。在学校器材处负责人的带领下,我们一起去上海采购各自实验室的器材、药品等。

姚:学校先拨款给你们,然后你们自己付钱?

庄:我们不管付款,只负责下单和提货。比如说,我们去上海模型教学厂,

看中一些教学模型后,我们就将看中的模型写在单子上交给器材处的负责人,由他去付钱。这些物品提出来后,会被送到上海北站的货运站,我们连夜装车,将其运回学校。

姚:采购活动是一次性的,还是常年都有?

庄: 常年都有,学校的器材处专门负责这项工作。当时学校让我们这些年轻老师负责教学实验室的建设。生物物理系在主楼西侧一至四层要分别建四个大的专业基础课实验室,每个实验室都开出很多的购物单子。拿生理实验室来说,我们要买全套的手术器械。

6. 课余生活

姚:我对同学们的课余活动比较关心。在课业很忙、学习任务很重的情况下,学校是否还会挪出时间举办一些课外活动呢?

庄: 会。每逢校庆,学校都会在大礼堂搞汇演,各个系的同学都要准备节目。我感觉同学们还是比较活跃的。在组织活动方面,同学们能力很强,给我留下了很深的印象。我还想提一下玉泉路的礼堂,它不算太大,但很有意思。它曾是军方某重要机构所在地,可以实现六国语言同声传译。两排椅子之间也非常宽敞。那里有很正规的剧场舞台,能够实现非常棒的演出效果。

在每年的五一劳动节、十一国庆节时,学校还会组织师生去天安门游行。大家在鼓楼东大街集合,然后排着队、举着牌、拿着松枝和花,经交道口、美术馆,一直走到天安门,过了天安门后,到南长安街解散。通常走这条路线,我是带队的。之所以选我,一个重要的原因是我算半个北京人,对北京比较熟。我祖籍山东,1950年随家人到了北京。从1950年至今,除了在合肥待过一段时间外,我一直都住在北京。

姚:游行时可要喊口号?

庄: 我不太记得了。若有口号,也是报纸上登的那些。记得1958年科大第一次游行,就唱了校歌《永恒的东风》,别的学校没有,这是科大的特色。

学校还举办一些体育比赛。除校运会外,我们还开过系运会。郭庶英的跳高成绩非常好;王志珍擅长体操,表现很突出,当时她就已经是国家级体操运动员了。对其他学生的运动项目,我没什么印象了。

7. 围绕"两弹一星"的研制开展工作

刘: 我们从档案中看到,生物物理系于1964年并入了物理系。后来,物理系又开设了一个放射生物学专业。这是不是跟"两弹一星"的研制有关系?

庄：应当有关。1958年学校正式开学之前，我作为教学干事，旁听过很多有中科院著名科学家参加的会议和讨论。在这些筹备会议中，他们关注的中心问题是要不要分专业和应该怎么分专业。有相当一部分大专家认为可以建立"00专业"，即没有专业的专业。他们的想法是，"00专业"的学生主要把数理化念好，再辅助教一些新兴学科的知识。在大学阶段把这些东西学好就行了，无需给他传授很多的专业知识。这是当时叫得很响的一个说法，但最后也仅限于讨论而已。最终的结果大体是：各个系均建立适合自己的专业，大部分专业要与"两弹一星"紧密结合，培养出的学生要具备扎实的理科基础。

关于建放射生物学专业这件事，我了解得不多。因为我一直在玉泉路这边做生理方面的教学和研究，没有到中关村的专业课实验室那边去。我只是听说，生物物理系创建之初，科大曾讨论过"生物物理系要不要建立放射生物学专业"这个问题，但好像没有结论。与北大这种综合性大学不一样，科大比较单一。当时科大属04口单位，归新技术局领导。

姚：您之前提到，生物物理系同学的勤工俭学是做一些简单的科研。这些科研是否与"两弹一星"有关？

庄：此事我现在可以说了。那时我还是教学干事，和勤工俭学干事常有配合。当时生物物理所交给我们一些中药材，让我们抽提里面的物质，看是否能找到抗放射性的成分。我们也不清楚具体是什么药，都是保密的，只知道是1号、2号、3号药。

刘：当时有明确的保密要求？

庄：我们这边是04口单位，保密要求很高。生物物理所也是，那些药物在所里也被确定为保密物品。他们将中药送来后，我们建立了几个化学提取实验室。然后组织同学按照所里专家提出的方案进行操作。比如1号药用酒精提取，2号药用乙醚提取。我们先提取出半成品，再将其交到所里去做进一步的检测。同学们参加这项科研，既算实验课，也算勤工俭学。

8. "教育革命"调查

刘：在建立之初，生物物理系完全依托于生物物理所，后来呢？

庄：上专业课时，学生们到中关村一分部去。我是专业基础课老师，始终待在玉泉路，对一分部的情况不是太了解。

刘：1970年科大迁到合肥以后，与生物物理所的关系是不是就不那么紧密了？

庄：我真正在合肥待的时间并不多。1970～1973年，我主要待在微生物所和北大。系里招工农兵学员时，我就调到针灸所来了。所以，我对这方面的情

况也不太了解。

刘:科大南迁时,您有没有跟大部队一起到合肥?

庄:1970年南迁时我到了合肥。当时正值"文革",大家对前途比较茫然,不知道要做什么,就根据上面的要求,搞"教育革命"外调。大家分成几路,我和一些老师去了安徽的很多地方,还去了湖北武汉。在安徽,我们主要考察了细菌采矿和血吸虫。

姚:细菌采矿?

庄:我们到安徽铜陵,了解到铜陵在进行细菌采矿试验。细菌采矿是利用具有"嗜食"某种金属特性的细菌,从矿石渣里提取该金属的一种采矿方法。铜陵矿区的废铁矿石很多,都堆成了山,我们在那里看到,矿区在培养嗜铁性细菌。工人们在铁矿渣山顶上往底下喷淋含嗜铁性细菌的细菌液,然后又从底下收集细菌液,再进行处理,试图提取出铁来。

当时安徽的血吸虫危害较重,我们去了多个村庄调查血吸虫。在武汉,我们主要考察针刺麻醉。我就是从那时起知道针刺麻醉的,从此对它非常感兴趣,我后来进针灸所也与此有关。

那几年我们主要在搞"教育革命"。1971年9月,我们系正在与中科院微生物所联系合作事宜。然后,系里派了包括我在内的五六个人到微生物所参加研究工作。我在那儿工作了半年多,之后,我又到了北大生物系,参与生物物理专业举办的生物医学电子学短训班的教学工作,直到1973年10月回到合肥,拿着中医研究院的调令,办理各项回京的手续。

9. 为什么生物物理专业能出人才

刘:科大有"千生一院士"之说,意思是1000个毕业生里大概能出一位院士,这已经算是相当高的比例了。对生物物理系而言,它的成才比例就更高了。1958、1959、1960级这三届学生,出了王大成、王志珍、施蕴渝、陈润生四位院士,1964级出了陈霖院士,1973级出了饶子和院士。改革开放前一共培养了约600名毕业生,结果出了六位院士。这不是"千生一院士",而是"百生一院士"了。为什么生物物理系成才率高?这是个值得探讨的问题。除了全校性的"重、紧、深"教学原则外,生物物理系是不是还有别的独特的培养方案?

庄:在我的印象里,生物物理系并没有什么其他独特的培养方案。科大其他系的教学工作也基本都是按照"重、紧、深"的教学原则来执行的。为什么生物方面出的院士会比较多呢?我想,恐怕主要有两个原因。一是他们个人很优秀,在科研工作上有非常高的天赋;二是整个学科大气候的促进作用。这些年来,生命科学在所有学科领域里算是发展得最快的一个学科。王大成、王志珍、陈润生、陈霖等人，都非常聪明。他们所从事的科研项目是世界级的，所发表的文章也都是高水平的，所以他们能成为院士。

我建议你们重视"重、紧、深"这三个字。可以采访一些早期的毕业生或教师，问他们是怎么体会"重、紧、深"的。从这里头，你们可以挖掘出科大的特点。你前面提到的院士，都拥有数理基础打得好的优势。应该说，他们的数理基础要比北大、复旦等高校生物系毕业生打得牢靠。而现代的高水平生物学研究，离不开数理方面的知识。抓住"重、紧、深"深入研究，你们会有收获的。

姚：庄老师，您是北大毕业的。您能比较一下当年北大生物系与科大生物物理系之间的课程吗？

庄：北大生物系更注重实验，同学们的动手能力很强，这方面更有优点。而科大生物物理系更注重数理，这方面的基础课特别重，所以数理基础也就比较牢。你们可以调阅一下不同学校生物类专业的教学计划，同期不同高校的学时安排大概差不多，但公共基础课、专业基础课、专业课所占的比重有明显的差别。

3 校歌精神影响我一生
——王大成院士访谈录

受访人：王大成
访谈人：刘锐、姚琴
整理人：姚琴
访谈时间：2016年1月15日下午
访谈地点：中国科学院生物物理研究所王大成院士办公室

受访人简介

王大成院士
（姚琴拍摄）

王大成，男，1940年生于四川成都。1958年成为中国科学技术大学首届学生，进入生物物理系学习。1963年毕业后进入中国科学院生物物理所工作至今，期间曾担任过贝时璋所长的行政助理。20世纪六七十年代，作为主要成员参加猪胰岛素晶体结构测定研究，成果在国内外产生重要影响。曾任中国科学院生物物理研究所副所长、分子生物学研究中心主任。现任中国科学院生物物理所研究员、博士生导师。2005年当选为中国科学院院士。

王大成青年时期的梦想是成为一名科学家。在通往梦想的道路上，他跨出了重要的两步：第一步，被一流科学家吸引，报考科大生物物理系并被录取；第二步，在行政岗位上不放弃科研追求，最终成功加入"691连队"，做出国际瞩目的成就。回顾往事，这是一段简单却不平凡的经历，他说，是母校的校歌精神影响了他的一生。

刘锐（以下简称"刘"）：王先生您好，很高兴您能接受我们的访谈。您是科大招收的首届学生，是什么原因让您选择报考这所新成立的学校？

王大成（以下简称"王"）：1958年我从四川成都第七中学考进科大。我当时选择这所学校的原因很简单，主要是因为招生简章里有钱三强、钱学森、贝时璋等大科学家，对我来说，他们的吸引力是巨大的。从招生简章里还可以看出，科大非常特别，实行的是"全院办校，所系结合"的办学模式，学校背后有科学院多个研究所在支撑，是一所由科学家创办的大学。我想，在这里上学，我们肯定能够潜心于科研。在这样的背景下，我选择了报考科大。

1. 两件印象深刻的事

刘：进校后，您对学校与生物物理系的初步印象如何？

王：1958年贝老在建立生物物理研究所的同时，在科大创办了这个生物物理系。当时全国其他高校尚没有开办这样的系。在国际上，生物物理也是一门新兴学科。我记得生物物理系的招生简章上写道："生物物理学是一门用物理理念和方法研究生物学和生命活动的学科，这门学科有着很强的国际前沿性。"作为首届学生，我觉得我能进入这所学校是挺幸运的。学校的创办具有特殊的时代背景，学生成分多样，高干、富商、工农兵的子女都在学校就读。郭沫若女儿郭庶英就在我们系就读。我们班上还有一位比我大十几岁的退伍军人，他叫吴良。

姚琴（以下简称"姚"）：上学期间，您经历了哪些让您印象深刻的事情？

王：有两件事情我还记得很清楚：第一件事是吃饭问题。1958年刚上大学时，食堂烧大锅饭，我们可以敞开肚皮随便吃。当时我们年轻，不懂得珍惜粮食，有时候只吃包子、饺子馅儿，扔掉它们的皮儿。学校发现后召开大会，对我们进行教育，很严厉地批评了我们。

到1959年、1960年的时候，我们吃饭开始分级、定量。因为我当时比较瘦弱，学校给我定的分量比较低，每月只有28斤①粮票。我们从南方来的学生有边吃饭边喝汤的习惯，刚开始学校还能给我们提供汤和稀饭。汤或稀饭容易撑肚子，但不扛饿。很快，汤或稀饭供应得越来越少。我们整天都饿肚子，肚子咕噜噜叫，身体还出现了浮肿。冬天尤其令人难受。首先是风沙大，出门若不戴口罩，一吸气就会把沙子吸进去。其次是寒冷异常，我们上课的房子暖气供应不足，我的两只手都长了冻疮。在这种环境下，真的很难专心学习。好在学校做了很多安排部署，最后使得我们的每一门课程都没有落下。在这种艰难的条

---

① 1斤等于0.5千克。

件下,大家仍能继续锤炼、不断提升,这种场景令我终生难忘。

姚:听庄鼎老师说男同学们住在解放军政治学院,是吗?

王:是的,中央党校在玉泉路的二部给我们提供了几栋楼用作教学楼,但我们没宿舍,后来解放军政治学院给我们提供了宿舍,就在我们学校旁边。我是南方人,一开始不适应北京的气候。北京的冬天风大、雪也大,从宿舍到学院只能沿着墙根走。如今北京的秋冬天不再刮那么大的风了。

第二件事与高干子弟有关。学校有省长、部长、将军家的子弟。新生入学后不久,他们中大概有三四个人想学军工专业,就私自跑去了哈尔滨工大,这是一起重大事件,他们很快就被学校全部接回来,先是接受了严厉的批评教育,然后做了检讨。

刘:王老师,这是不是发生在生物物理系的一起事件?

王:不是生物物理系的,是学校层面的事情。我想说的是,学校在管理与教育学生时一视同仁,高干子弟没有享受特殊化待遇。他们与我们这些工农兵子弟同吃同住同学习,相处得很融洽。事实上,他们本身也不看重自己的身份背景。

2.《永恒的东风》

刘:您将校歌誊抄在笔记本上,对您来说校歌有什么特殊的意义吗?

王:准确地说,科大教育影响了我一生。这种影响得从我们的校歌说起。学生时代,校歌精神激励我努力学习;工作之后,校歌精神指引我去攀登科学高峰。一直以来,它都是我的座右铭,我将它写在笔记本上,时常拿出来翻一翻。

在新生开学典礼上,我们被教唱校歌《永恒的东风》。我对"高峰高到无穷,红旗红过九重"的印象最深刻。由此我认识到,社会的进步离不开科学,而科学的边界则是无止境的,这便督促着我要时刻努力,开拓创新,这样才能为社会做点贡献,这是科研工作者奋斗的方向,也是我的中国梦。

3. 学校为学生的科研铺路

刘:庄鼎老师认为,生物物理系课程设置的特点是"重、紧、深",任务重、安排紧、内容深。作为当时的一名学生,您对此可有体会?

王:学校的确注重夯实我们的理化基础。生物物理系这边,贝老对我们的要求是:既要学好生物方面的专业课,又要学好数理化基础课。于是我们与物理专业的同学一起上技术物理课,与物理化学专业的同学一起上物理化学课,至于作业与考试,我们也是与他们同等待遇。可想而知,当时我们的学习任务有多重。

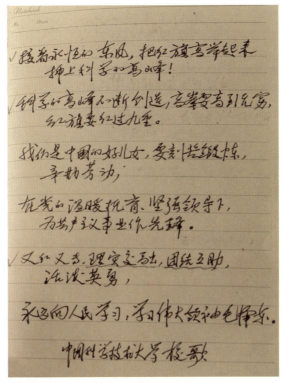

誊抄在笔记本上的校歌歌词
（姚琴拍摄）

关于授课教师，我们有些特殊性。学校与科学院的各个研究所无缝对接，聘请了研究所的研究员来兼职授课。对我们来说，上课意味着与科学家直接接触和交流，这就不是随便听听的事情了。

刘：这13个所的所长大多都在学校里担任系主任。

王：对，是这样的。与清华、北大的学生相比，我们与科学家接触的机会更多，因此我们对科研的向往更强烈。与此同时，学校为我们的科研事业积极地铺路，除了能在研究所做毕业设计外，我们毕业后还能被分配到研究所工作，从而成为一名科研工作者。清华、北大的学生基数大，佼佼者众多，但他们的学生毕业后却多往政界、商界发展，其中一个原因，与这两所学校对学生在科研上的培养力度不够有关。

刘：生物物理系有多名学生当选为院士，您是否认为主要原因是学生们在校学习期间打下了非常扎实的理化基础？您认为还有哪些原因？

王：你所提及的为其一，另外一个方面则体现在学校对学生的思想教育上。大学阶段青年学子的思想慢慢走向成熟，学校将"红专并进，理实交融"的思想

贯彻到平时的教学中,令我们许多人都立志去攀登科学的高峰。

4. 从行政工作转向科研工作

王:其实我本来觉得没什么好谈的,但是谈一谈就能回想起来许多事情,一方面是对学校生活的回顾,另一方面是对学校致谢。

刚才我大致回顾了在校期间的事情,现在我想讲讲工作上的二三事。毕业后我被分配到生物物理所工作至今。我的工作经历看似简单,但也有段不被大家熟知的行政工作经历。

我于1963年夏天毕业,随后就被分配到生物物理所的行政部门——计划处(业务处)工作。这让我始料未及,我一心想做科研,对行政工作不感兴趣,况且我不是党员,为什么会被分配到行政岗位呢?后来我才得知,原来贝老曾看过我的毕业论文,他认为我的文字功底尚可,可以作为工作助理,便把我安排到行政部门工作。虽然我对行政事务兴味索然,但是也正如我之前所言,校歌精神始终影响着我,使我在为难的时刻做出决定:在做好行政工作的同时,决不放弃自己真正喜欢和追求的科学与技术,就这样一直坚持了五年时光。

从1963年到1965年,我主要为贝老服务,做与学术有关的文字工作。同时我还关注着科学技术领域,尽管我没有机会动手做实验,但我想出了替代方案。利用当时出现新兴学科的契机,我与贝老联名在《新建设》上发表了一篇理论文章[①],这也是我的第一篇被刊发的论文。

刘:有关仿生学方面的?

王:是的,这在当时是一门新兴学科,曾在全国引发过热议,贝老希望我们往这个方向努力。后来多家报纸相继转载了这篇文章。同时,我利用业余时间翻译出版了一本书——《生物材料的电子显微镜研究》(17万字,1965年由科学出版社出版)。

刘:您是一边做行政工作一边坚持学术研究吗?

王:是的,都是工作之余抽时间做的。我很庆幸,在行政岗位上,我始终没有放弃我的追求。

刘:您的俄语是什么时候学的?

王:俄语是在大学期间学的。我的俄语比较差,很多东西都是慢慢钻研的。

姚:1965年之后,您做了哪些行政工作?

王:后来我分管所里的宇宙生物学、放射生物学与仿生技术领域的工作。当时生物物理所虽然由中科院管理,但隶属于军工系统,我们所负有特定任务。

---

① 贝时璋,王大成. 仿生学:一门崭新的重要科学[J]. 新建设,1965(201):69-73.

我国第一个小狗上天实验,就是由生物物理所与上海航空航天中心合作完成的,当时我正好分管这块工作,并且主笔了相关简报呈送给国务院。相关情况当时是保密的,不过现在已经可以谈论了。

这段行政工作经历令我产生了一个切身体会:当我们进退为难时,千万不要轻言放弃,也许得舍弃一些基本追求,也许得花多倍精力来弥补遗憾,坚持下去,最终我们仍能走向正确的方向。

王大成在构建胰岛素晶体原子结构模型
(摘自《胰岛素晶体结构研究40年回眸》)

1969年,我有幸参加了研究蛋白质立体结构的协作组。它的成立背景是这样的:1965年,我国成功完成世界首例人工合成胰岛素的实验。为深入拓展该领域的研究,次年,一批科研工作者提出课题"测定胰岛素晶体结构"。受"文革"影响,该课题一度停顿下来,直到1969年我国组建了胰岛素晶体结构研究协作组,集体挂靠在物理所,时称"691连队"[①]。测定蛋白质晶体结构是当时的科学难题,国际上只有少数几个国家能够开展这类研究。1962年,两名英国科学家因测定了肌红蛋白和血红蛋白的立体结构而获得诺贝尔化学奖,由此引起世界各国的高度重视。

---

① 之后被正式定名为"北京胰岛素结构研究组"。关于此研究的具体过程,可以参见:熊卫民.胰岛素晶体结构测定研究的历程(1965—1972年)[J].中国科技史杂志,2008,29(3):211-227.

从方法上来说，他们的实验所涉及的各种原理与方法不复杂。简单讲，就是利用 X 射线衍射仪解析制定出蛋白质晶体的衍射图谱，接着将图谱串联起来，最后使用大型计算机解析出晶体中构成蛋白质分子的原子的准确空间位置，构成特定的三维立体结构。

这时我在科大打下的数理基础派上了用处。我曾学习过 X 射线晶体衍射、散射、傅里叶变换等基本知识，制备衍生物时涉及化学知识，研究用的猪胰岛素制剂是生物学材料。我在学习与实践中，融合运用数学、物理、化学与生物知识，于是进入小组后我能较快地融入到各项工作中。

在实践中遇到的困难远比我们想象的多得多。刚开始，协作组没有自动化衍射仪器，我们只能用手工照相，需要花费很多的时间和精力。随后物理所订购了一台线性衍射仪并拨归协作组使用，只是这台仪器只能进行单点测定，测完一套数据常耗时数月。

刘：当时有计算机辅助吗？

王：没有，除国家航天中心有大型计算机——主要用于处理气象卫星的数据外，其余各单位都没有大型计算机。我们先后使用过计算尺、手摇计算机、电动计算机，直到后来才借用到大型通用计算机。

刘：没有大型计算机的时候，你们手工计算了哪些数据？

王：我们用手工还原电子密度图，这是为了透视晶胞的空间。国外采用的是图像法，我们想到了一个土办法：先由计算机算出电子密度值，再将这些数据填到用硫黄熏制而成的格子图中，接着借用地图上的等高线方法绘制出电子密度图，然后我们将电子密度图烙入玻璃，这样的玻璃有近 10 层，最后我们将玻璃按其对应于晶体中的位置顺序叠合，就构成了一个可透视的立体晶胞。

姚：这个方法的工作量非常大，协作组的人手够吗？

王：那时候有社会主义大协作，北大派了二三十个学生前来协助我们工作。学生们每天下午上完课后排着队、唱着《打靶归来》这首军训名歌，浩浩荡荡地来到实验室，然后就帮助我们构建工作量极大的蛋白质立体晶胞。

在这种条件下，我们一步步地攻克了技术方法上的困难，最后搭建出准确的胰岛素立体结构模型。这是亚洲地区的第一个蛋白质晶体结构，在国际上也是继肌红蛋白和血红蛋白之后的全新蛋白质晶体结构。

姚：当时有不少国家的科研条件比我们优越，为什么他们没做出来呢？

王：尽管世界各国的科学家都知晓相应的原理和方法，但当时要真正做起来却缺少优质的设施、技术条件和经验。我们公布成果后，其他国家很是震动，他们没想到中国竟然能做出这种成就，从技术、设备等各方面来看，中国都不具备这种实力。但我们潜心学习、极力创新、因地制宜、克服疑难，取得了胜利与成功。以后有时间我可以显示更具体的实例给你们看。

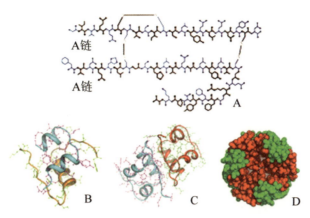

猪胰岛素分子的多层次结构

A. 一级结构（氨基酸序列）；B. 单体结构（三级结构：通过二级结构组装而成的完整单分子，生物活性单位）；C. 二聚体（四级结构：溶液中的基本单位）；D. 六聚体（四级结构：体内储存单位）

诺贝尔奖获得者 D. Hodgkin 在北京胰岛素结构研究组参观交流

（右二为 D. Hodgkin；中为日本名古屋大学教授 N. Sakabe；左一为梁栋材；左二为王大成）

英国牛津大学教授、诺贝尔奖获得者 D. Hodgkin 闻悉后，要求造访我们研究组，1972 年她带着资料到访北京，和我们的成果进行对比研究。应该说，这是一次高水平的严格鉴定。在随后召开的第九届国际晶体学大会上，她做题为"Standards There As High As Achieved Elsewhere"的会议报告，对我们的研究予以高度评价。

刘：这是一项令国际瞩目的成就，您参加完这个课题后有哪些感想？

王：我参加的这项工作，从大的方向来讲，是为国家做出一点贡献。于我个

人而言,这个阶段我全身心投入,非常努力。1969年我的第一个孩子不到3岁,我每天都要骑着自行车带着孩子奔波于实验室与家之间,实验室在芜湖路,其间要骑车半个多小时,但我的内心却非常高兴,每天来来去去,乐此不疲。

5. 跳出传统思维理念

姚:胰岛素的研究工作结束后,您曾对蝎毒做过系统研究,当时选择这个课题的依据是什么?

王:做完胰岛素工作后,我想继续从事结构生物学的研究,当时国内比较封闭,开展科研还是挺困难的。要想做好研究,首先得选择好的研究对象。在学校受到的教育让我产生了灵感。我跳出传统思维,寻找出一种具有中国特色的材料——东亚钳蝎。外国人单纯地认为这种蝎子有毒,而中国人却会使用蝎毒入药,我觉得若能成功揭示这种双向生物蛋白质的结构基础和作用机理,也许就能获知更多的医药应用价值。于是接下来的几年,我对东亚钳蝎的神经毒素做了系统研究。

在研究中我发现了它的特点:对昆虫、哺乳动物表现出专一性。在慢慢的积淀中我逐渐提出了一些专业问题:什么原因使蝎毒拥有副作用?什么原因让某些蝎毒只对昆虫有专一性作用?又是什么原因让另一些蝎毒只对哺乳动物专一却不对昆虫起作用?最后,问题直指神经毒素的结构,而我也对结构与功能的关系有了更透彻的理解。这是一类非常有意义的研究,也许在当时看来是小问题,有别于国际上的主流研究,但它具有一定的社会意义。

姚:除此之外,您在工作上是否遇到其他困难?

王:得益于学校的教育,我打下了扎实的理化基础,在工作中我没有遇到大的问题。当初上学时我还纳闷呢,生物学的学生有必要连续几个学期都学数理化课程吗?尽管很疑惑,但我还是坚持学了下去,工作后我才有了切身体会:生物学知识在日新月异地变化着,但所有的变化都脱离不了这些基本知识,学会基础知识能让我们去创造新知识。

6. 对母校的感想

刘:您对母校有哪些感想?

王:我对科大的感情很深深,她教会我正确的人生观与科学观:一是在科研的道路上持之以恒地奋斗,二是利用自己的知识和能力去做对社会有价值的事情。这也是我选择研究病原结构生物学的原因。

另外,科大发生的一件事让我十分感动。"文革"期间,北京的许多高校都搬迁到了外地。"文革"过后,这些高校陆续回到了北京,而科大却永久留在了合肥。在南迁时,许多老师都已成家立业,他们拖家带口地随科大搬到了合肥,自此扎根合肥。如今的合肥发展得很好,但在那个条件艰苦的年代,他们能做出这种选择,实在是令人敬佩。在科大二次创业的日子里,很多科大人挑起了大梁,把科大办得有模有样。在20世纪80年代,她的势头甚至盖过了北大、清华。

刘:对,科大在国外的口碑也很好。

王:科大刚迁到合肥的时候,和中科院的距离拉得那么远。我知道有一段时间,学校的发展很困难。好在她现在度过了苦难期。20世纪70年代,施蕴渝放弃了北京的工作随科大迁到合肥,一心投入到生物系的建设中,她和同事们一起将生物系发展成生命科学学院,这让我们引以为豪。

王大成(中)与访谈人合影
(姚琴拍摄)

刘:现在科大是省部共建、"所系结合",迄今为止已有五个校区。

王:这与科大所有师生的努力和勤奋分不开,真的很不容易。从科大走出来一大批佼佼者,你们可以去做个统计。我对此很有感触。当然我自己也要做科大的好校友。

刘:您已经是科大的好校友了。

王:至少不给科大丢脸。我也只是谈谈我的感受,对于以前的事情,有些我

还能记得,有些已经不记得了。

永恒的东风

迎接着永恒的东风,把红旗高举起来,插上科学的高峰!
科学的高峰在不断创造,高峰要高到无穷,红旗要红过九重。
我们是中国的好儿女,要刻苦锻炼,辛勤劳动,
在党的温暖抚育、坚强领导下,为共产主义事业作先锋。
又红又专,理实交融,团结互助,活泼英勇,
永远向人民学习,学习伟大领袖毛泽东。

4 难忘科大5912级
——王溪松先生访谈录

受访人：王溪松
访谈人：刘锐、姚琴
整理人：姚琴、刘锐、熊卫民
访谈时间：2016年3月9日上午
访谈地点：福建省厦门市湖里区受访人家中

受访人简介

王溪松近照

王溪松，男，1937年出生于福建漳州，曾任中国科学技术大学校秘书长。1959年从漳州一中考入中国科学技术大学生物物理系，1964年本科毕业后留校工作。曾先后在校党委宣传部、招生办公室、师资处、计算机系、人事处、校办等部门工作。1997年退休，现定居厦门市。

作为第二届学生和留校工作人员，王溪松与中国科学技术大学结下了终身缘分。他既是科大历史的亲历者，又是热心的研究者。在这次访谈中，他既介绍了自己是如何考入科大，并靠助学金完成5年学业的经历，又介绍了5912级同学们的学习、生活和工作情况，还介绍了科大在南迁合肥后面临的危机及努力克服危机的举措。他认为，数十年来，中国科学技术大学和中国科学院关系密切，科大既由后者所孕育和扶植，也为后者带来丰厚的回报。

刘锐（以下简称"刘"）：王老师，您好！生科院即将迎来60周年华诞，您作为生物物理系老三届学生中的一员，毕业后又长期留校工作，想必对生科院的前身——生物物理系、生物系的情况有着深入的了解，所以我们今天特地前来拜访您。

王溪松（以下简称"王"）：你们好！我是科大第二届学生（1959级），毕业后一直在校内的机关单位工作，相对来说，我对校级层面的情况了解得更多。关于生物物理系和生物系的情况，我会尽量回忆，将我所知道的情况告诉你们。

刘：好的，首先请您简单地介绍一下自己。

王：行。1937年，我出生于福建省漳州市。1959年，我考取科大生物物理系。1964年大学毕业后，我被分配到校党委宣传部。实际上我还未上岗就去了北京农村参加"四清"运动，两年后才回到学校。随后"文革"开始，我亲历了学校南迁、校园重建和改革发展工作。学校招收工农兵学员的时候，我被安排到学校的招生办公室工作过一段时间，之后我先后到师资处、人事处、计算机系和校长办公室工作，直到1997年退休。

刘：从1959年到1997年，您在科大学习工作了整整38年？

王：是的。我现在是科大退休职工，可以说我与科大结下了终身缘分。我是闽南人，退休后我来到厦门定居，一晃快20年了。

1. 中国科大5912级

姚琴（以下简称"姚"）：您能不能介绍一下你们5912级的情况？

王：由于生物物理系的在校序号是12，所以我们班又被称为"中国科大5912级"。关于5912级，我有许多话要说。2013年，为迎接5912级毕业50周年，我们班的同学撰写了《中国科学技术大学5912级图文集》，以此作为纪念。其实我还想写一篇回忆文章呢。

姚：读书期间，有没有发生过一些让您印象深刻的事情？

王：1959年9月3日，我入校报到。我们的学号是按照入学报到的先后顺序排序的。我是第43位，故我的学号是5912043。我曾从学校的档案馆查得入学时的基本情况：我们班共有48人（男生30人、女生18人），其中11人是在征得本人同意后由原子核物理和原子核工程系（1系）调剂来的；年龄为17至22岁；预备党员2人，共青团员36人；高干、高级知识分子子女9人，工人子女7人，农民子女14人，工农子女共21人，占44%。多数同学来自各地重点中学，大家的思想品德高尚，学习成绩优秀。

姚：科大作为一所新成立的学校，当年的高中学生对它应该比较陌生，你们是怎么得知这所学校的?

王:科大虽是1958年创办的高校,但建校第二年便名列首批全国重点高校。科学院创办科大,实施"全院办校,所系结合"的办学方针;学校倡导"勤奋学习,红专并进,理实交融"的学风,设置新兴、边缘、交叉学科。这些鲜明的办学特色,深深地吸引着高中毕业生。我们对科大不陌生!许多中学校长和老师也十分看好科大,并动员优秀学生报考。许多同学都是由中学校长或班主任亲自动员而来的。如我们漳州一中,那年有三个理科毕业班,包括我在内共有四人考取科大,学生里的两名预备党员也都到了科大。

5912级是个温馨的大家庭。同学中,郭沫若校长的女儿郭庶英等来自高干家庭;华罗庚教授的儿子华陵等来自高级知识分子家庭;更多的人来自工农家庭,靠助学金才能上大学。我是班上最穷的学生,享受最高助学金,五年里不曾花过家里一分钱。虽然同学们的家庭环境相差悬殊,但同学之间的关系十分融洽,大家互相关心爱护,团结互助。在当时的科大校园里,有人穿着土布衣服,有人光着脚丫行走在校园的小径上,大家都习以为常,高干子弟们也不以此为奇。在那个年代,大家不论拥有何种家庭背景,都能做到平等和睦相处。这就是那个年代科大校园的真实氛围和5912级的相处模式,我们至今仍十分怀念!每当老同学们相聚时,大家莫不对此津津乐道。这也是科大建校初期的校园特色。

姚:学校除助学金外,还发放奖学金吗?

王:我们只有助学金,没有奖学金。学校按照学生的家庭困难情况将助学金划分为几个等级。我是班里的特困生,拿到了一等助学金,其等级最高。在刚入学时,我们的伙食费是12.5元/月,后来提高到15.5元/月,我的助学金是17元/月。除去伙食费,我每月能攒下1~2块钱作为零用钱。

3岁那年我的父母双亡,我与奶奶艰苦度日。新中国成立前我读完初小四年级,后辍学干活挣钱。新中国成立后我靠助学金读完中学,毕业时奶奶已是70岁高龄,靠工人退休金维持个人生活,十分艰难。考虑到我的家庭条件十分困难,学校提前征得我的同意,决定在我毕业后让我留校工作。可没过多久,校长(他是"南下干部")再次找我谈话,大意是说:根据上级指示精神,要选送一批优秀学生上重点大学,中国科大是我们党创办的重点大学,建议你报考中国科大,若有困难党组织会帮你解决。随后班主任亲自到我家中给我奶奶做思想工作。就这样我考进了科大。至今,赴京前发生的事情仍历历在目。学校给我特批了20元补助费,校长送我一件上衣,副校长送我一条裤子。一条麻袋装棉被,一个箱子装衣物,我用一根扁担挑着上了火车。为省钱我选择乘慢车,多次转车,历时五天五夜才到达北京。

到了科大后,学校给我的助学金是每月15元(伙食费12.5元),后来提至

17元(伙食费15.5元),书籍讲义费全免,还发给我一套全新军用棉衣裤和一床棉褥垫,我就是靠这些度过了五年的大学生活。万分感激党和学校对我的关怀和照顾,我是党和人民培养的大学生!

姚:当年你们除读书外,课外活动多不多?

王:我们的课外活动相当多。学习之余,我们每年都要到乡下去劳动一两次,每次持续一个星期。一般在北京郊区,离学校不远。我们去刨地瓜、收花生、割麦子。那个星期我们就住在农村,同学们同住、同吃、同劳动,接触农民,了解农村,劳动锻炼,接受教育。

中国科学技术大学生物物理系第二届毕业生留念

姚:高干子弟和你们一起去劳动吗?

王:是的,一起劳动。干活时大家都很主动积极。除此之外,我们的政治学习和活动也很多。大家学习毛主席著作,学习雷锋精神等。得益于北京的地缘优势,我们还能经常聆听领导和专家的报告。我们班曾荣幸地邀请到华罗庚副校长与我们座谈,会后华老为我们班题写了"锲而不舍"四个大字,并署名。不仅如此,每年国庆节,我们都会去参加天安门游行活动。

姚:您的求学之路真是辛苦!

王:是的。新中国成立前,我因家庭贫穷而失学。新中国成立后,我受益于助学金读完中学。然后,我免交书籍讲义费,未花家里一分钱,完全靠着助学金读完了大学。我的上学史简直都可以写成一本书了!

姚:王老师,您是班长吗?

王:不是,我们的班长是徐国林。有多位同学在中学时就递交了入党申请书,但获得批准的不多。大一时我是班上仅有的两名预备党员之一;大二时又有一位同学入党;大四时,我们班的党员发展到一定人数,成立了班级党支部,我当选为班级党支部书记。科大注重培养"又红又专"的人才,对我们政治上的要求很高。班级成立了党章学习小组,许多同学递交了入党申请书,到毕业时,我们班的党员发展到了16名。

1959级生物物理系部分同学在北京颐和园留影
(摘自《中国科学技术大学5912级图文集》)

刘:您算是被调剂到生物物理系的?

王:是的。当时我们国家要搞原子弹,急需这方面的人才,而我校1系最对口,于是有许多同学都选报这个系,其中光我们班就有11人,我也是其中之一。我到1系报到时,接待老师查了名册后,带我到办公室。另一接待老师向我说明情况,要求将我调剂到生物物理系。我同意了,然后就到12系报到,成为我们班第43位报到者,我的学号为5912043。

我们班有50个学号,第50号是王志珍,而班级实际人数只有48人,何故?后来我才得知,大家报到后仍有包括闫沐霖①在内的两人坚持到原选定的系就读,经学校同意后系里也放行了。闫沐霖在我的宿舍住了几天后就不见了,后

---

① 闫沐霖(1940—2017),山东青岛人,1959~1964年在中国科学技术大学近代物理系学习,毕业后留校任教,曾任近代物理系教授、博士生导师。研究方向为广义相对论、粒子物理、统计力学。

来他成为1系的教授。我们当时并未被告知这些情况,也许是为了稳定人心吧。

刘:为什么毕业时只有46人?

王:有4位同学因病被送到亚非疗养院疗养,因疗养时间较长,病愈后他们就转入6012级了。另有2位5812级的学生也是因为身体原因转到我们班,和我们一起毕业。1964年7月,我们班毕业了46人(含原5812级2位),除沈钧贤考上研究生外,其余45人均奔赴工作岗位。杜国铨等4位因病疗养的同学于1965年夏毕业。

2. 毕业分配

王:1964年8月27日,中国科大举行第二届学生毕业典礼,谭震林副总理、郭沫若校长到会讲话并和全体毕业生合影。临近毕业,同学们纷纷表示要到祖国最需要的地方去!我从校档案馆查得的分配情况如下:

中国科学院生物物理所17人,中国科学院生物实验中心7人,中国科学院院部机关9人,中国科学技术大学5人,中国科学院上海实验生物研究所2人,中国科学院微生物研究所1人,中国科学院长春应用化学研究所1人,中共中央宣传部1人,解放军装甲兵部队1人,解放军总后勤部1人。

1997年相聚在学校

(左起:康莲娣、陈逸诗、王溪松、寿天德,摘自《中国科学技术大学5912图文集》)

很明显,绝大多数(93%)人被分配到中国科学院系统(含科大)工作,这也是中国科大的一大特色。

我们这一届有5个人留在学校工作:除我之外,还有郭庶英、寿天德、包承远、余明琨。康莲娣后来才调回科大生物系工作。如今,郭庶英和余明琨在北京,寿天德在上海,包承远在美国,只有康莲娣仍留在学校。

5912级优秀人才辈出。王志珍是第十一届全国政协副主席、中国科学院院士,陈润生是中国科学院院士,王书荣是中国科学院生物物理所第三任所长,寿天德是中国科大生物物理系主任,还有多位研究员、教授、机关党委书记等。我们班诞生了两位院士,也许这是科大之最。

3.《中国科学技术大学5912图文集》

刘:王老师,这本书(《中国科学技术大学5912图文集》)您是什么时候拿到的?

王:这是聚会时老同学带给我的,我们班人手一本。五年大学生活,5912级的同学们结下了深厚友谊,毕业后同班同学结成六对伉俪,这也许又创下科大之最!毕业多年后,同学们仍十分怀念5912级这个温馨集体。为纪念毕业50周年,2013年由沈钧贤、徐智敏伉俪编辑了《中国科学技术大学5912级图文集》(以下简称《图文集》),郭庶英书写封面。《图文集》收录了大学期间的珍贵照片、毕业后20多次同学聚会的照片及简报,还有33位同学撰写的35篇回忆文章,以下是部分回忆文章的题目:《回忆校园往事感谢母校培养》《您好母校》《科大师长随想》《我爱5912》《老同学的启示与帮助》《永远的记忆》《感谢同学们》《感念恩师和益友》。这些忆文深情地表达了5912级同学对母校和班集体的热爱、感恩和怀念!

《图文集》记载了我们班同学半个多世纪的历程:五年学校同窗;毕业之后,1988年老同学首次聚会于北京;1993年21位同学在老校长郭沫若故居聚会;2006年惠虎雄、魏西平夫妇从美国回北京,25位同学在生物物理所欢聚。至2016年年底,同学相聚近30次。资料极其珍贵,同学们收到文集后都爱不释手,如获珍宝。我们已将《图文集》送到母校档案馆,你们能在校史馆或档案馆看到该《图文集》。

刘:有多少老三届的孩子们是从科大毕业的?

王:有不少,我的儿子、余明琨的儿子都从科大毕业。这在科大很常见,大家称呼他们为"科二代",如今已有"科三代"了。

刘:方便介绍一下您的孩子的信息吗?

王:他叫王东杰,1986年考入我校物理系,后来物理系和化学系抽调几个专业组建成材料科学系,他就去了该系,于1991年毕业。同年考取美国加州大学圣地亚哥分校(UCSD)研究生。

刘:他现在哪里?

王:他现在在美国的圣地亚哥市。2013年,我去美国看儿子,意外发现我

们班有三对家庭在圣地亚哥,我与其中两家人见了面。

4. 科学院与科大

王:在退休前,我对校史做过一些研究。从档案馆的材料得知,创办科大之前,科学院已与北大和清华签订合作协议,也从两校和其他高校的毕业生中招收过科学工作者,但数量和素质均不能满足科学院的需求。在"向科学进军"的时代背景下,一批科学家倡议借助科学院的人才和设备优势办大学,培养数理基础扎实、素质过硬的科技人才,科大由此诞生。对于中国科学院创办中国科大,《人民日报》曾评论说:"这是我国教育史和科学史上的一项重大事件[①]。"科大之所以能够办好,得益于科学院施行"全院办校,所系结合"的办校方针。科大为国家培养了大批优秀人才,这是科学院以另一形式为国家做出新的贡献。

科大受益于中国科学院,科大师生员工深有体会,铭记在心!除了人、财、物的大力支持外,科学院具有的"勇于探索、严谨执着、一丝不苟"的科学精神也始终指引着科大人!

科大为国家培养大批德才兼备的高层次人才,为科学院输送基础扎实、适应性强、后劲十足的科技人才,这也是当初科学院创办科大的初衷。我认为科学院创办科大,既有付出,也有收获,而科学院是"近水楼台先得月",以下事实可以证明。

(1) 在校期间研究校史时,我曾对科大前三届(1963届、1964届、1965届)4700多名毕业生的分配去向进行过统计分析,其中近2/3的毕业生被分配到科学院系统(含科大,下同),我们班(5912级)的毕业生绝大多数(93%)被分配到科学院。在20世纪八九十年代,他们中的许多人成为各研究所的骨干或领导。生物物理所原所长和原党委书记、两位院士,还有科大生物系原系主任,均是我们班的同学。

(2) 在20世纪80年代,科学院人事局曾到科大,从应届毕业生中招聘人才,学校默认科学院有优先挑选的权利,当时挑选了50多人。那个年代,我校许多优秀本科毕业生考取科学院各个研究所的研究生,我校1982届本科毕业生738名,66%的毕业生考取国内外研究生,其中中国科学院所属19个单位的第一名皆被科大本科生包揽,这是很厉害的。

(3) 1980年前后,科学院选派大批人员出国访问学习,科大承接外语培训任务。

① 评论员.我国教育史和科学史上的重大事件:中国科学技术大学开学:主要培养具有共产主义觉悟的尖端科学研究人才[N].人民日报,1958-09-21.

（4）科学院各研究所招收研究生，科大研究生院（北京）承接研究生基础课教学任务。

很明显，科学院从科大得到了回报，这是应该的，也是客观事实。只是这方面似乎被遗忘了，谈论不多。我在校时很想在这方面做些调查研究，本想到若干研究所做些调查研究，后因退休而未果，实感遗憾。这应是校史研究的重要部分之一，希望有人加以研究。

刘：您也知道，关于科大的人才，从校级层面来看，有"千生一院士"的说法，不过从生物物理系的层面来看，老三届毕业生中共走出了五位院士，院士当选率远远高于校级比例。另外，我曾听寿天德老师谈道，被分配到生物物理所的这部分科大人勤于科研，虽然没有当选为院士，但是有一些人的科研能力已接近院士水平。

王：科大的"千生一院士"的比例，据说在国内高校中名列第一。生物物理系的老三届毕业生中有五位院士，比例远高于全校。5912级则走出了两位院士，比例高达1/25，不知能否算得上全国之最？寿天德说得没错，我们班还有三位同学曾被提名为中国科学院院士候选人。

5. 南迁合肥

姚：关于科大南迁合肥的这段历史，您能不能和我们详细地说一说？

王：将整个学校都搬迁过来，谈何容易？当时我们听说要和苏联打仗了，北京多所高校都在忙着搬迁，但是我们学校却是搬迁得最彻底的。

刘：听说最早的选址是安庆。

王：更早想到的是河南驻马店，我们的"先遣队"忙着去选址，当时河南没有接收。李德生当时是安徽省主要负责人，他同意科大到安徽。最先到安庆，许多困难难以解决，最终定到合肥。

搬迁历时10个月，学校共动用510多节火车车厢，装运了35000箱仪器、器材、图书和档案、实验台、桌椅、床等物品。

科大迁到合肥后，就在原合肥师范学院旧址办学，地处合肥郊区，周边是水田和菜地。校内仅有一幢破烂不堪的教学楼和一个小图书馆，放眼望去，都是泥土路、池塘和丛生的杂草，有人还在此放牛呢！

因无实验室，许多实验台、桌、椅等只能堆放在简陋的竹篷里，后来被一场大火烧了个精光。教学科研仪器设备损失严重，教师散失大半，仅有746人随迁合肥。全校师生员工分散到淮南、马鞍山、铜陵、白湖农场和合肥校部进行"斗、批、改"，学校面临解体危险。

6. 赶上好时机

王：在学校面临解体的极端困难情况下，科大人并未因此而灰心。在中央的关怀和中科院、安徽省、合肥市领导的大力支持下，全校师生员工百折不挠、自强不息。通过艰苦奋斗，进行第二次创业，重建校园，学校在新的环境下获得新生和迅速发展。

1977年9月，党中央和国务院批准了中国科学院《关于中国科学技术大学几个问题的报告》。这实际上是中央"拨乱反正"战略部署中的一个重要环节，给我校的发展注入了生机，也为全国科学教育战线"拨乱反正"树立了一面旗帜，在全国产生了重要影响。

科大牢牢抓住这一有利时机，解放思想、锐意改革，采取了一系列具有创新精神和超前意识的教育改革新举措，包括在全国率先提出并创办少年班、首建研究生院、建设国家大科学工程、面向世界开放办学，等等。

学校开办少年班的时候，我在招生办公室工作，每天非常忙碌。为什么呢？宁铂的事迹一经报道，在社会上引发热议，我们的办公室每天都能收到几十封社会各界的询问信。青少年要读书，而不是去"斗、批、改"，如果你有真本事，科大就能不拘一格地吸纳人才，在这种社会思潮中，科大将少年班办了起来。教育系统拨乱反正，人民群众渴望学习，科大的少年班办得轰轰烈烈。

刘：当时还有许多高考状元报考科大。

王：是的。20世纪80年代初，科大的风头一时无两，报上常有科大的新闻。1980年学校招收了557名本科生，其中竟有16个省市的高考理科状元！呵，真牛！

我校1982届738名本科毕业生中，66％考取了国内外研究生，其中中科院所属19个单位的第一名均为科大毕业生。1985届本科毕业生中，77.6％考取了国内外研究生。

科大毕业生基础扎实、质优、后劲足，这是社会上公认的。20世纪80年代，华为公司曾多次来我校招收毕业生，当时我在校办，曾接待过他们。记得有次我跟着校长等人去深圳参观华为，负责接待的副总曾是华中理工大学的老师，我便问他：每年都有来自各高校的毕业生到你们这里工作，对科大毕业生，你有何评价？我记得他的说法是：科大本科毕业生（当时我校仍施行本科五年制）的质量是很高的，不少学生的水平甚至能媲美别的学校的硕士生。

刘：现在社会上对科大毕业生的评价也是这样的。

王：科大本科生的质量好，但科大的研究生的生源难以和北京、上海的著名高校比。我想这是科大的弱项。

刘：生源方面,科大本科生的生源是明显好于研究生的。

王：是的。科大的吸引力,主要体现在学风好,有良好的学习环境、高素质的教师队伍和完善的科研实验设备。另外一个吸引力或诱惑力也许是出国机会多。改革开放初期,科大打响了出国的"重炮"。第一炮是CUSPEA,美国人不太愿意学物理,正好我们有优秀的愿意学物理的学生。科大的学生们一鸣惊人,让大家刮目相看!美国多所著名大学都欢迎科大学生。在美国,科大的教师和学生人数多,表现也非常突出,美国人给予一致好评。有人这样评价:科大在国外的声誉明显高于国内。香港科技大学曾来我们学校访问,他们非常羡慕我们有高质量的学生。

现在清华、北大独占优势,在生源质量上,科大可能比不上从前了。

20世纪70年代后期,科大少年班学生在实验室
（中国科大校友总会供图）

刘：偶尔还有一两个高考状元报考科大。

王：那也许是安徽的高考状元。

姚：学校曾选派许多老师出国访问学习,您能否介绍相关情况?

王：科大领导极为重视教师的进修工作,积极支持并选派教师出国。国家教委和科学院每年都给我校相当可观的出国名额。学校和系认真选拔,制订计划,组织外语培训。许多老师很早就被公派出国,当然交流结束时他们都按期回来了,不少老师曾多次出国。出国进修是为了提高老师们的素质,他们回国后陆续成为学校教学和科研的主力军。

我记得一件有趣的事情。回国的时候他们带回了"八大件"①：冰箱、电视、洗衣机等。那时这几大件在多数老师家里还是没有的。那些年学校盖了不少宿舍，我们常搬家，从这个窝挪到那个窝，每到搬家的时候，哪位老师出过国，八大件就搬出来了，没出过国的，只能从家里搬出一台黑白小电视机，差别非常显眼，所以那时候出国是件很时髦的事情。出国访问学习，不但能了解世界科研前沿，提高业务水平，还能改善生活质量。

关于出国，有件事我想再谈谈。1982年我在人事处，这一年毕业的学生是恢复高考后的首届毕业生，素质很好。在他们毕业之前，我们近水楼台想挑选一些优秀毕业生留校。各个院系执行得非常认真，挑选的学生都在各自的院系排名前5%，在我的印象中大概挑选了60人。我们给他们承诺的留校条件是：留校后保证会送你出国深造，但是念完后要回母校工作。遗憾的是，这些学生出国后，极少按时回校。

7. 骨干教师流失

刘：徐洵老师曾提到，她是福建人，20世纪90年代初她想调回福建工作。刚开始学校不同意她的申请，后来学校表示让她先工作两年再调，之后学校却很快将她放行，徐老师不知道内部原因，您对这个事件是否了解？那段时间学校有十多名骨干教师申请外调，学校基于什么样的考虑一下子都放行了？

王：当时我在人事处工作，所以我对这个事情比较清楚。说实话，同意他们外调也是不得已而为之，他们都是各学科的骨干教师，学校相当舍不得。不说他们对学校的重要贡献，仅就这么多年大家同事一场的情分而言，我们也是舍不得的。

徐洵申请调单位的时候，曾到我办公室聊了很长时间。据我了解，当时她在系里的工作比较顺利，科研上没有太大的困难。她的科研做得好，学校肯定不愿意放行。但从她的个人利益来讲，她难以适应合肥的气候。她去厦门后，工作得很好，当选为院士，在厦门分配到的房子也比合肥的好。当年她做出了对自己最优的选择，其他人恐怕也是如此。

寿天德离开科大比徐洵迟。当时他是生物系的系主任，而我还在人事处工作。我们对寿天德做了很多思想工作，还把他的夫人从上海调到科大来，他的夫人曾在保密单位做过翻译工作，把她调来，费了我们不少功夫。但是寿天德工作一段时间之后还是执意要走，最后就去复旦大学了。

① 八大件一般指彩电、冰箱、洗衣机、音响、照相机、计算机、电动打字机、电子琴等电器或电子产品。

那段时期,像徐洵、寿天德这一层次的科研骨干因为气候不适应或者孩子上学等问题,陆续调离科大。其最主要原因还是科大地处合肥。刚开始,学校自然是对他们做思想工作。我们把他们请到人事处交谈,但没能说服他们。他们一而再、再而三来访,后来他们直接和书记、校长谈,校长等人只好给出折中的法子,提出一个两年过渡期,让他们两年之后再走。但是实际上这个法子执行起来很困难,因为有些人已经到别的单位工作了,很难让他们再回到科大。比方说,其中有一位老师,他已经去上海交大工作了,当时他表示可以再回来工作一段时间,但实际上却没能兑现,因为他的家在那儿、工作在那儿。学校万般无奈,最后终于松了口。不过他们最终的去留问题都要交给校务委员会来定夺,人事处没有这个权力。若校务委员会经过讨论后批准通过,他们就正式调离。大多数人调到上海的交大和复旦、北京的北大和清华及科学院等单位。当年科大在合肥的办学情况就是这样。学校建设刚有点起色,结果又遇到这种状况,流失了一批骨干力量。不得不说,学校能有今天的成就确实很不容易。好在现在的海外人才逐渐回流,学校的发展会越来越好。

姚:站在旁观者的角度,您对这件事情怎么看?

王:回看二三十年前,科大地处合肥,不具有地缘优势。在人才正常流动的大环境下,地处合肥的科大,部分骨干教师流向北京、上海的重点高校,属于正常现象。我们这些从北京随迁过来的人都有北京户口,回到北京或到上海及其他地方工作也是人之常情。

20世纪80年代我就想调回福建工作,厦门市主动发来商调函,但是学校不放行,鉴于科大对我有恩,我也只好作罢,一直在科大工作到退休。从个人收入来讲,我损失不少。如果我于80年代到厦门工作,至少我的退休金比合肥高很多,更不要说我的房屋的价值。我在科大花园的一套房子大概是8000元/平方米,厦门这个小区的房屋均价是3万多元/平方米,合肥与厦门的房价相比,差价不是一星半点。其实当时学校应该放我走,能接替我工作的人不在少数。

8. 老科大人的期望

刘:王老师,作为生物物理系的杰出校友,在60周年校庆即将到来之际,您对学院有哪些寄语?

王:算不上杰出。说实在的,现在我与学校联系很少了,更不用说生科院。我觉得要办好这个学院,学院就得有特色。我所认为的特色是这样的:一方面,既然是科大的一分子,就得给学生们打好数理化基础,这是科大的传统优势。相比别的高校的生物系,我们有明显的数理化优势。研究现代生物,决不能忽视扎实的数理化基础。另一方面,在生物学科前沿领域,根据现有情况,选择几

个方向进行深入研究,做出成果。据悉,学院现在正向生物医学方面拓展,我想这是很好的方向,有特色。

刘:科学院、教育部、安徽省人民政府提出了"三方共建"科大,这几年科大在逐步发展壮大。

王:"三方共建"科大,非常重要。这是科大发展壮大的重要保证。在我退休之前,科大还比较穷,校领导经常为经费不足而发愁。听说十几年来科大有很大的发展,不仅面积扩大了许多,而且财力也逐渐变得雄厚,目前学生数猛增,真为科大的发展壮大而高兴!

刘:现在省、市政府都给了一定的支持。例如,科大在高新区成立了先进技术研究院,这是由合肥市政府与科大共同筹办的。老合肥联大全部划归科大,用于建设科大中校区,这块区域用来建设理化中心和学生公寓,目前正在修地下通道。

王:这是打算连接几个主校区,看来有地方的支持确实会不一样。很想在校庆时回科大,看看科大的新面貌!

刘:最初生物物理所和生物物理系的联系是否密切?

王:非常密切。从生物物理系的课程设置到所里的研究员给我们授课,再到我们进所里做毕业论文,生物物理系的创建和发展全靠生物物理所的大力支持。生物物理系前几届毕业生大多分配到生物物理所,后来成长为所领导和业务骨干,充分显现"全院办校,所系结合"的巨大威力,所与系紧密结合,共同发展。

"红专并进一甲子,科教报国六十年"。今年是母校60华诞,母校创建60年来实现了跨越式发展,成为新中国创办高等教育的成功典范,在国内外享有较高声誉,被誉为"科技英才的摇篮"。中国科学技术大学的创建及迅速发展,称得上是"我国教育史和科学史的一项重大事件"!

我们怀念那些为创建中国科大立下不朽业绩的老领导、老科学家,感谢母校对我们的培养教育。我们要感谢母校的建设者,正是由于他们的努力,才换来了科大的今天。当前,在以习近平总书记为核心的党中央坚强领导下,国家繁荣昌盛,科学技术日新月异,祝愿中国科大在新的征途中取得更加辉煌的成绩!我们坚信"创寰宇学府,育天下英才"的宏伟目标定能达成!

5 不断开拓新领域
——陈润生院士访谈录

受访人：陈润生
访谈人：熊卫民、任安波
整理人：任安波、熊卫民
访谈时间：2018年3月11日
访谈地点：中国科学院生物物理研究所

受访人简介

陈润生院士
（熊卫民拍摄）

陈润生，男，1941年生于天津，1959年考入中国科学技术大学生物物理系，1964年毕业，被分配到中国科学院生物物理研究所，一直工作至今。1978～1980年，在吉林大学理论化学进修班学习。1985～1987年，获洪堡奖学金在德国纽伦堡大学从事量子生物学研究。2007年当选为中国科学院院士。

在这次谈话中，陈润生院士从自己的成长经历出发，介绍了20世纪五六十年代科大生物物理系学生受教育的情况和整个学校的精神风貌。"敢为天下先"的精神一直贯穿于他的科研生涯，令他先后开拓了理论生物学、生物信息学、非编码RNA等新的研究领域。

熊卫民（以下简称"熊"）：陈老师，我们正在从事科大生命科学学院院史的研究和编撰工作。您是科大生物物理系培养出来的杰出人才，因此我们很想拜访您。我们主要想了解您的科研生涯，尤其想请您谈谈您和科大的生命科学。我们从您的生平开始谈起，好不好？

陈润生（以下简称"陈"）：好的。我的祖籍在浙江上虞，我的上一辈就从南方迁到北方来了。我于1941年生于天津，从小在天津生活。

1. 在老师鼓励下考进科大

熊：您的小学、中学都是在天津上的？

陈：是的，我在天津上的两个学校都不错，小学叫中营小学，中学叫天津师大二附中。我于1959年参加全国统考，考到了科大。

熊：当时您填报了哪些学校的什么系？

陈：第一志愿就是科大生物物理系，第二志愿是科大数学系。之后的第三、第四志愿，我填的是北大、清华。

任安波（以下简称"任"）：那您当时为什么要报考科大生物物理系呢？

陈：因为1959年全国统一招考的简章里面有科大生物物理系。我们的老师对此比较敏感。他们说，科大是中国科学院办的学校，面向前沿的，而生物物理是一个以前从来没听说过的专业，你成绩好，去考吧。我刚高中毕业，对大学和专业情况并不了解，老师鼓励我报考，我就报了。我考得不错，被第一志愿录取了。

任：您那一届科大生物物理系共录取了多少人？

陈：大约50人，先分成两个班，后来合并成一个班。系主任是贝时璋先生兼的，具体负责教学工作的是沈淑敏先生。

2. 倾全科学院之力办科大

陈：我们1959级是科大正式面向全国招生的第一届学生，给我们上课的都是科学院的著名科学家，譬如华罗庚先生、关肇直先生、钱临照先生、严济慈先生等。龚昇先生、王元先生他们相对年轻，就给我们做辅导。我还清楚地记得华罗庚先生的话，"你们要想做出成绩来，就要把书从薄读厚，再把它从厚读薄，需要经过这样一个凝练的过程。"专业课方面，贝先生给我们讲过生物物理绪论，还给我们做过一些报告。我记得他有浙江口音，很多人听不懂，我听起来还可以。当时我有一个强烈的感觉：整个科学院"倾巢而出"，所有的知名科学家都在为培养我们这些年轻人而做贡献。

我们生物物理系的同学,数学是跟数学系的同学一块上、一块考的。在统考时,我还考了前几名。而我们的物理是跟物理系的同学一块上的。应当说,老一辈科学家为把我们这些年轻人培养成交叉学科的人才,有很好的思考,也做了很仔细的安排。我觉得,当时科大就有很明确的培养目标,就是要培养一些从事尖端科研的人才。生物物理系也有很明确的目标,要培养一些交叉学科的研究人员。即使现在搞生物物理的,像我们那样去学数学、物理的也很少。我非常感谢母校,她的培养使我能胜任交叉学科的研究工作。虽然我是生物物理所的人,但我在(国家自然科学)基金委已当了约30年的数理方面的专家,当了五届基金委数理学部咨询专家组成员;我在理论物理所也当了30多年的学术委员;我还在数学与系统科学研究院当了几年的学术委员。如果没有在大学打下良好的数理基础,一个搞生物的是不可能去数理机构做专家,是不会得到他们承认的。

我觉得上科大对我的整个科研生涯有根本性的、至关重要的意义。要是没有这样一个综合的锤炼过程,我是不可能将生物信息学研究做起来的。生物信息学是一个高度融合的学科,没有这样一些资本,你很难开展这方面的工作。

熊:课程方面,除了您刚才讲的数学和物理,化学是不是也和化学系的同学一起修?

陈:化学好像是我们单独修的。生物物理系的课程很多,数、理、化、天、地、生都学。当时科大的学术氛围很好,彻夜灯火通明,大家都自觉学习,当然客观来讲与课程比较多也有关。

熊:当时开了哪些生物方面的专业基础课、专业课?来上课的是哪些老师?

陈:专业方面的课程也挺多,胚胎、细胞、遗传、植物都学过。在我的印象中,后来工作时没有遇到过毫不了解的学科。至少学过一点,有些是学校教的,有些可能是我自己平时自学的。生物物理系的课程设置应当说是比较全的,大概传统的生物分类方面的课程少一点。

专业方面的课程都是贝时璋先生、沈淑敏先生组织的。生物物理所全所动员,很多专家都来给我们上过课。有的课是每人讲一段。外所也有专家来,记得胚胎学是动物所叶毓芬老师来讲的,她是童第周先生的夫人,给我们讲胚层怎么翻转、外胚层怎么转到内胚层去。总而言之,当时把科学院北京地区最强的班子组织了起来,给我们这些学生讲课。我现在也到中国科学院大学讲课,我觉得我们跟当年的老师相比,还是有差距的。

任:您在国科大讲哪门课?

陈:讲生物信息学。这是个精品课程,我讲了30年,现在每年有600到800人来听课。学生太多,只能在礼堂里讲。不只有生物方面的学生,学数学、化学、物理的学生也来听。

熊：您在科大上学时，除了课程，平时讲座多不多？

陈：讲座也有，但没有现在多。有些是科学知识方面的，也有些就是个人成长方面的，不是很频繁。

熊：您有没有感觉课程压力太大？

陈：说老实话，我一点压力都没有。在考试之前，我还给班上其他同学做辅导。刚开始我并不清楚自己的学习排名情况，第一年考完后，我们年级"全5分"的同学就三个，分别是王志珍、沈钧贤和我。从那以后，大家就都知道是谁名列前茅了。在五年的大学生涯中，我们三个的成绩一直都非常优秀。

3. 出身特别，奋发图强

熊：学校当时有没有给你们提供助学金、奖学金？

陈：助学金应当是可以申请的，没听说过科大有哪一个同学因为家庭困难而上不了学。反正自己交得起学费，生活费就自己交，交不起的话就可以申请助学金。我没有申请过，虽然我的家庭不是很富裕，但交学费并没有困难。我们这一级有很多同学来自高级知识分子家庭或高级干部家庭。比如，郭沫若的闺女郭庶英跟我同班，同仁医院著名眼科专家张晓楼的女儿也在我们班。我当时在政治上其实是有些压力的，现在我可以告诉大家了。在抗日战争时，我父亲参加过国民政府派往缅甸的远征军。现在这当然是一段很光荣的历史啦，我还特意去过云南腾冲，在远征军的烈士碑中找过他的名字。

中国远征军名录墙

熊：您父亲在远征时牺牲了？

陈：很可能。30万人远征，最后回来的就几万人。云南腾冲有一个国殇墓园，一整面墙上刻了10万远征军将士的名字，还有十几万人连名字都没留下。还好，我父亲的名字在里面。我到腾冲去找过几次，以前都没有找到。前年我去的时候，正好碰见一个讲解员。我说我父亲是远征军，他说："现在墓碑上10万人的名字都录入计算机了。"我就把名字写给他，他很快就告诉我，我父亲的名字在第25区的第几块墓碑上。我到那儿一找，马上就找到了，他的名字是：陈文仲。

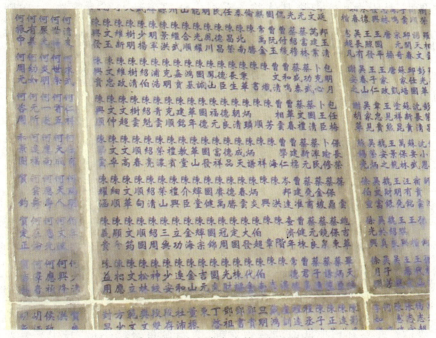
有陈润生院士父亲名字的那部分墙体

熊：这碑是近些年才建起来的吗？

陈：应当在40年代就建了。我讲这些，不是要为自己宣扬什么，只是想说，现在能正面看待这些远征军将士，我们作为后代就已经满足了。现在大家都非常清楚，远征军毫无疑问是抗日的。

熊：对，他们是抗日英雄！您父亲是抗日英烈！

陈：他是在南开上学的。他们年轻人有抗日热情，冒着生命危险从日本占领区跑出去。在参加中国远征军后，不知道是牺牲在云南还是缅甸。因为父亲的关系，60年代我读书时还是有点压力的，所以我更倾向于把学习搞好。我的学习非常之好。

我们班里的同学大多出身较好，很少有像我这样的。有可能是我多心，但当时多少感到了一些异样的目光。

任：所以您很少在学校提起父亲？

陈：是的，我很少说。但同学里有个别人是知道的。

任：您对父亲有印象吗？

陈：没有。因为他走的时候我才1岁。当时天津已经沦陷，他和其他一些热血青年冒着生命危险冲过封锁线偷渡出去，先到西安，后来加入远征军，在孙立人的部下做一个小军官。我父亲牺牲的时候也就20多岁，我母亲也是20多岁，带着我这么一个小孩子她怎么生活？所以后来改嫁给了一个工人。估计科大录取我，是因为我学习极其优秀。系副主任沈淑敏老师很欣赏我，向别人介绍时总说我是才子。我的家庭出身现在当然没问题了，不但没问题，还是很光荣的了，但当时，却给了我一些压力。我将压力变成了动力。因为一个人，如果不想堕落，你就得奋起。我当时觉得，哎呀，怎么办？我的出路就在于把自己能做的事做得好上加好。学习对我来说其实不算什么，我觉得很容易。

熊：在你们上学时，国家已经进入困难时期了，这方面您有体会吗？

陈：哎呀，体会太多了。我们在玉泉路食堂吃饭时，八个人就一盆饭，然后均等地划成八份。班里的高干子女在学校时也在食堂和我们吃一样的饭。

熊：有没有浮肿的？

陈：同学中有浮肿的，我还好。那时候年轻，我没太理会这方面的事。

熊：那段时间还锻炼身体吗？

陈：我一向不太注意锻炼身体，到现在还是一不养生、二不锻炼，顺其自然。学校里组织的那些体育活动我都参加，除此之外，我没有刻意锻炼过。

熊：一有空余时间您就学习去了？

陈：在上课、写作业之外，我还会有一些空余的时间。那当然不能无所事事地浪费掉。我会利用那些时间读点东西，有时候也看些小说，我很爱看福尔摩斯系列小说。

熊：是看中文版还是英文版？

陈：以中文版为主，偶尔也看点英文版。我们这代人中学阶段学的都是俄语，到科大之后学第二外语，我才学英语。

熊：大学里面还学俄语吗？

陈：我们第一外语还是俄语，第二是英语。"文革"过后我获得洪堡奖学金留学德国，到那儿后又学了德语。

熊：当时科大图书馆的书多吗？

陈：多。我经常到图书馆借书看。

熊：在高年级时，你们是不是改到中关村这边来上课呢？

陈：对，在一分部上课，就住在中关村。那时以上专业课为主，有时会去所里参观，与研究室的研究人员交流。

熊：去什么研究所参观？除了生物物理所，还去别的所，比如动物所、植物所吗？

陈：以生物物理所为主，很少去别的研究所。后来，我的毕业论文也是在生物物理所做的。

熊：您在哪个实验室跟哪位老师做论文呢？

陈：我在放射生物学研究室做的论文，研究放射线对酶的活性的影响。当时并没有明确地定哪个导师，基本是跟研究室搞辐射的老师一起做。

熊：你们那时候发表过文章吗？

陈：没有。因为马上就"文革"，就不再发表什么东西了。那段时期的工作有结果，但是没发表。

熊：当时生物物理所主要从事哪些研究？

陈：生物物理所属于04单位，接受科学院下达的国防任务，主要围绕核爆炸和航天这两个任务来开展工作，一摊是研究核辐射的生物效应，另一摊是研究宇宙生物学。当然，现在生物物理所的研究方向发生了极大的变化。

4. 毕业生的去向

熊：您1964年毕业，然后就被分到生物物理所来了？

陈：对，我们年级大概有16个人被分到了所里。生物物理系1959级总共有约50个同学，中间因生病等原因，有几个掉队的，所以1964年只有40多个毕业，大概有1/3的人分到生物物理所。

熊：另外2/3的毕业生分到了什么地方呢？

陈：去高校、部队、医科院、科学院的其他机构，等等。基本都分到了中央部门。

熊：当时有没有同学考研究生？

陈：有，但很少。沈钧贤考了。前面说过，我们班有3个学习很好的同学，其中，沈钧贤考了研究生，而我和王志珍没考。

熊：当时您想做研究吗？

陈：想，但我并不认为考研究生是做好研究工作的唯一出路。我更倾向于做一些全新的东西，虽然我并没有表现出来什么骄傲的情绪，但我多少还是有些自信的，我想自己做一些新的探索。

5. 参加了两期"四清"运动

熊：在你们毕业前后，"四清"运动开始。您有没有参加？

陈：我参加了。毕业之后参加的。我非常完整地上完了五年大学，其间基本没有什么大的运动。因为受运动冲击相对较小，接受了严格的基础科学训练，所以我们这一级的学科基础还是打得蛮牢的。

熊：您是哪一年参加"四清"运动的？

陈：从1965年年初到1966年年底。我参加了两期"四清"运动。刚毕业就参加，当时几乎所有毕业的大学生都要参加"四清"运动。第一期大约进行了10个月，我们到山西洪洞县，和农民同吃、同住、同劳动。

熊：第二期是在哪里进行的呢？

陈：还是在山西，换到了运城县。记得那时候我的毛衣的每一个眼里都长了虱子，还有很多跳蚤，这是我从来都没有经历过的。当时大家都一样，不管是来自高干家庭的、高级知识分子家庭的，还是来自工人家庭的，都变得跟农民一样。现在回想起来，受点苦也没什么不好，至少让我们得到了锻炼。经历过这些之后，我们的抗压能力增强了。

熊：那个时候主张知识分子劳动化、知识分子工农化。

陈：是的，当时郭庶英也跟我们在一起，我们到农村去宣讲中央政策什么的。参加完第一期"四清"运动后，科学院又把其中的骨干挑出来放到第二批，我就这样被选了出来，所以又参加了第二批。

6. 从仿生学开始科研生涯

熊：1964年您被分到了生物物理所的哪个研究室工作？

陈：仿生研究室。贝先生一贯主张面向前沿、学科交叉，除搞辐射、宇航外，还抽调人成立了理论（生物学研究）室，后来这个室的一部分变成了仿生研究室。为什么要研究仿生呢？因为国防需要一些非常创新的东西。比如说壁虎仅靠吸盘，就能支撑它那么重的身体；再比如说海里的鱼能游得那么快，阻力那么小。为什么？能不能模仿并加以应用？要探究生物的优点，发展这些东西，就需要不断地去创新。以贝先生为首的生物物理所老一辈科学家于是决定建立一个专门的仿生室。当时仿生室的主任是郑竺英先生，她是一个非常严谨、很受大家尊敬的人。研究室分给我的任务是研究鱼是如何在水中减少阻力的，希望能建立模型，改变我们的潜艇、改变我们的船的动力学特征。

可我们还没怎么开展工作，就下去"四清"了。然后又是"文革"。由于环境很不正常，那些年做科研非常困难。我只是抑制不住地读了一些书，写了一点理论文章。

1976年年末到1977年年初，出现了一些新动向，看似"文革"要结束了。此时沈淑敏先生把我和王家槐找了过去，说："科研工作可能要开始了，纯理论工作不需要什么条件,现在就可以开展。你们俩谁乐意去做理论工作?现在有一个机会,吉林大学的唐敖庆先生要办一个量子化学学习班,所里准备派一个数理基础好的人去学习,为以后开展理论工作做准备。"王家槐和我方向不同,我偏向于仿生学,而他在搞晶体学。由于他是胰岛素晶体测定工作的骨干,且这项研究正在出成果,后来沈先生决定让我去。

就这样,从1978年到1980年,大约有一年半的时间,我在吉林大学系统地学习了量子理论。课程全部由唐先生和他的八大弟子来讲,讲了好多我在大学没学过的内容。唐先生给我留下了很深的印象。这位老先生戴着3000度的近视眼镜,根本就看不见我们。他拿着一支粉笔,从上课到下课,一直在黑板上给我们推公式。他给我们讲了将近50个学时的量子力学,一次讲半天、三个多小时,全部都是现场一步一步地推导公式,所有的公式都印在他的脑子里,基本功之好,令我十分佩服。他的八大弟子给我们讲群论等,后来他们大部分都当了院士。

1980年我回到所里,开始做生物大分子的理论计算①。先搞蛋白质结构的理论计算,既包括空间结构也包括电子结构。后来又扩展到遗传密码的序列分析,对遗传密码的序列特征做了一些独立的探讨。记不清是1982年还是1983年,在一个学术会议上,我遇到了内蒙古大学的罗辽复教授,发现他也在做遗传密码分析。我和他是国内最早做DNA序列分析的两个人。他比我年长,是北京大学胡宁院士的高足,为支边而到了内蒙古。

7. 毛遂自荐加入人类基因组计划

陈:80年代末美国人在讨论所谓遗传密码,并提出了人类基因组计划。我判断这一定是人类生物医学史上的一件大事,所以很关心相关动态,尤其关心我国是否有人想做此事。后来我知道,1990年国际人类基因组计划一启动,吴旻先生就在想办法推动这个事。吴先生是科学院生物学部副主任、基金委生命科学部主任。他找了两位年轻人:一位是陈竺,另一位是强伯勤,和他们俩讨论如何在中国实施人类基因组计划。获知这个消息后,我就主动去跟吴先生接触。他不认得我,他和他组织的这批人都是医学界的。

熊:吴旻当时是在协和医院?

陈:吴旻在协和肿瘤医院,强伯勤在医学科学院基础所,陈竺在瑞金医院。我向吴先生表示,如果咱们国家要开展人类遗传密码研究,希望能把我也吸纳进来。我在"文革"期间就写了一些论文,比周围的人论文发表得要多,在1983

---

① 例如,陈润生.蛋白质合成(翻译)过程的动力学模型[J].中国科学,1982(7):55-61.

年就当了副研,1989年当了正研。

熊:80年代升高级职称可不容易。在同龄人中,您升得是很早、很快的。

陈:是的,但跟吴旻相比,我还是小学生。为了打动吴先生,我讲了三方面的内容。第一,谈谈我对遗传密码和人类基因组研究的认识,向他展示我对我想参与的这个事情的高度理解。第二,我讲了自己的学术经历,并告诉他我的特长是搞理论分析。据我所知,吴先生正在组织的这个队伍全都是医学专家,都是第一线搞实验的,没有任何一位是做理论分析的。我说,若让我参加,我也许能做一些跟别人不一样的工作。第三,我知道当时研究经费非常紧张,我说我不要任何钱,无需考虑给我任何资助,只要让我做事就好了。

吴先生当时没有表态,只是说:"我跟他们商量一下。"后来,他们就让我参加了。我非常感谢吴先生,要没有他给我的这个研究机会,我后来未必能搞生物信息学研究。

1993年,基金委给中国的第一个人类基因组计划拨了300万元。在当时,300万可是一大笔钱啦!第一次会是在上海召开的,通知我去参加,分了一部分工作给我,并给了我一笔经费。做得好是可以追加经费的,后来又给我追加了经费。从这项工作起,我就开始了生物信息学研究。不谦虚地说,当时国内从事狭义的生物信息学研究的就我一个人。那些搞理论的人,不是把它作为遗传密码,而是只作为物理的一条数据带来分析。而在国际人类基因组计划中是将其作为生物信息学来研究的。后来我的研究方向就全部转到生物信息学领域了,直至当下。我觉得这比从理论上去算蛋白质的电子结构和空间结构要更加落实,因为测结构有很多实验的办法,理论研究在其中不能起主导作用,而且,遗传密码是客观的,不会像结构模拟与预测那样出现误差。

8. 开创生物信息学

熊:您前面提到给学生上了30年的生物信息学课程。那就是说,从1988年就开始上了?

陈:对。1985年到1987年我在德国,回来以后他们就让我去上课。记得刚开始我既讲蛋白结构的理论计算,又讲DNA序列分析,后来,遗传密码方面的分量越来越大,而蛋白方面的分量越来越小。在1995年以后,就基本上都讲狭义的生物信息学了。课堂上学生的人数越来越多,从最初的20多人,变成了现在的800多人。之所以学生越来越多,我觉得主要是因为遗传密码越来越受人们的关注。当然啦,在这30年当中,我也积累了一些讲课经验,不断更新自己的讲课内容。我一节课至少讲五六个笑话,让他们既听了知识,也不觉得乏味。这是一门选修课(近几年已经成为学位课了),不选是可以的,不听我其实也没办法,但还是有越来越多的人选,而且课上很少有人开小差。

熊:那您在德国是不是学过生物信息学?

陈:我在德国搞的是生物大分子,包括核酸和蛋白的电子结构和空间结构的理论计算。我的德国导师是专门研究理论生物学的。

熊:生物物理所很早也设了理论生物学研究室?

陈:对,我再说一下这段历史。60年代,贝先生就在所里成立了理论室。"文革"开始后,这个室就中断了,直到1979年左右才重新建立。

熊:您前面不是说过理论室变成仿生室了吗?

陈:专门做仿生,那就不再是理论室了。整个改成为军工服务,理论室就没有了。大约1979年,贝先生找到了徐京华先生。徐先生是位红色科学家,在西南联大念书时就是地下党的支部书记,新中国成立后不再做政治工作,而是从事业务研究。80年代后期,昆明方面邀请徐先生去访问,他带了我跟丁达夫去。记得是由当时云南省人大常委会主任招待的,一路上的接待规格都很高。那位主任也曾是西南联大地下党的成员,他说徐先生是他的老领导。徐先生还带我们去看西南联大学生从军纪念碑,在那里我们看到了邹先生的名字。

熊:邹承鲁先生?

陈:对呀。徐先生给我们讲了不少西南联大的轶事。他说,他在联大当党支部书记时,邹承鲁在一个小铺打工,一边学习一边卖东西。跟徐先生接触后,我发现他有很多哲学思考,像哲学家。我估计这跟他在西南联大做过党的书记有关。他没有从事过任何实验研究,一辈子都在做理论工作。大约在1979年,贝先生把徐先生请来,说我们还是要建立理论生物学研究室,请他来做室主任,做一个跨所的室主任,兼管上海生化所和北京生物物理所的理论生物学研究。徐先生是室主任,下面有三个骨干,一个是丁达夫,一个是王宝翰,还有一个是我。他们两位都是搞数学的,而我是科班的生物物理,徐先生带着我们三个开展理论生物学研究。所以说,并不是我一个人单枪匹马地做理论研究,实际上这是出于所里的安排。所里安排我去吉林大学学习,不久后又在北京成立了理论生物学研究室,我回来后就加入了这样一个非常好的团队。不要管它是人多还是人少,因为搞理论本来就不需要多少人。

那个时候徐先生两边跑,差不多一半时间在北京,一半时间在上海。在80年代,贝先生还跟理论物理所所长彭桓武先生谈过在学术上如何才能交叉,同时把徐京华先生引荐给彭桓武。彭先生也非常注意学科交叉。在那之后,我们就经常去理论物理所讨论问题。从1993年起,我跟郝柏林先生接触得很频繁。他那时候就对生物学感兴趣了,1997年后他把精力主要投到理论生物学上,后来到复旦大学做教授去了。这也是我们融合的结果。

熊:也就是说,贝先生先组织了北京、上海的一些生物学家来研究理论生物

学,然后你们又跟理论物理学家经常在一起讨论,让他们也加入到了理论生物学的探讨中来?

陈:对。理论生物学的第一个问题当然是遗传密码了,再大也大不过遗传密码,所以我那时候就去搞遗传密码的分析,后来更是一个人挤到了吴旻先生组织的人类基因组研究队伍中,搞实打实的训练。当时队伍里就我一个是搞理论的,我的任务是从测定出的DNA序列中找基因。用传统的办法总找不到,这就促使我们发展出一些原创性的方法。90年代初,有几位中国学者独立地提出了三种分析基因组序列的方法。一个是内蒙古大学罗辽复教授的遗传密码分析的信息理论,用信息论的方法来挖掘遗传密码中的内涵。一个是南开大学张春霆教授的几何学理论。他建立了一个几何学的表示法,按照一定的规则,把一维的DNA序列折叠成空间构象,使其生物规律的表达更为突出、明确。还有一个是我提出的密码学理论,就是用破译军事或商业密码的一些基本参数和思路去解析DNA。

1993年,我把我们的想法讲给郝柏林先生听。他是搞理论物理的,比我们功底深,觉得这个东西很有味道,也就越来越对生物信息学感兴趣了。还有清华大学的李衍达院士,也于90年代中期加入到生物信息学研究中。由于他们这些著名科学家的加入,中国生物信息学的研究队伍壮大了,所研究的范围也是越来越广。

即使用了几何学的方法、信息论的方法以及我自己建立的密码学的方法,在分析实打实的遗传密码时,仍然很难找到基因。这令我非常迷茫,觉得自己太落后、太笨了。好在这是一个由六国科学家共同参与的大项目。后来交流的时候,我们惊奇地发现,在找基因方面,美国人发现得也很少,欧洲人发现得也很少,日本人发现得也很少。慢慢地,大家就形成了猜测:是不是人的遗传密码中真正用于编码蛋白的序列很少?这也就是非编码的设想:认为人类基因组中绝大部分序列都不是用来编码蛋白质的,是非编码序列。

我自己的课题组从1993年起全力转到非编码基因组(以下简称"非编码")的研究上,这在国内是第一家。我当时做了一个选择:与其搞大家都知道的事,还不如搞不知道的事。1993年,我就在理论物理所做过非编码方面的报告,引起了彭桓武先生和郝柏林先生很大的兴趣。在大家忙着搞蛋白、发现新基因的时候,我就在搞非编码了,这比国内的一般的研究组早了至少十年。刚开始时,这方面的工作不被大家认可,我还感到了一些压力,现在当然没压力了,因为大家都已经知道了非编码非常重要。一个人的遗传密码,只有3%用来编码蛋白,你干吗不研究另外的97%啊?那里该有多少新东西啊!

要在这个领域里有些影响,就一定得有一个恒久性的东西记录在那儿。基于这种考虑,我当时就建立了一个收集非编码所有元件的数据库——NON-

CODE。这是迄今为止国际上相关资料最全的数据库,用户很多,点击率很高。我去澳大利亚、美国参加国际会议,他们总是最先提到这个数据库,说他们也在用我们建立的这个数据库。

熊:你们当年做人类基因组计划时,是不是几个国家的科学家经常在一起交流?

陈:对,经常交流。我们从中学起就学中心法则。DNA复制出信使RNA,信使RNA再翻译成蛋白质,这个生命活动的中心法则已经深深地镶嵌在每个人的知识结构之中。一般都是这么认为的,所以我们当初并没有怀疑,测出遗传密码后就想找到编码蛋白的基因在哪儿。经过一两年的研究,在DNA链的很多地方都找不到基因,大家才开始从另一个角度来考虑,是不是基因就是少?在某种意义上,这是跟中心法则抗争的结果。后来,就得到了占97%的绝大部分DNA链其实都不编码蛋白质和多肽的结论。得到这个结论后,我没想别的,也不再发展找基因的方法了,而是把我组里的人全部转来研究那97%的非编码。我们一点都不比美国斯坦福大学的后来获得诺贝尔奖的安德鲁·法尔(Andrew Fire)的工作晚,因为他那篇文章是1996年发表的,而我们1993年就开始搞了。换句话说,我们跟他都是各自独立同时起步的。遗传密码的绝大部分其实并不编码蛋白,这个事实明确以后,一部分敏感的人肯定会转到这方面的研究上来。当时国内以真实的遗传密码序列为研究材料的人很少,所以自己把非编码研究作为研究课题转向的对象,这个判断是正确的。

熊:我学的生物学知识比较浅,只知道中心法则。非编码到底能起哪些作用,您能给我们介绍一下吗?

陈:现在知道蛋白质参与几乎所有的生命过程,非编码序列及其表达产物也都参与。这97%的非编码虽然不是基因,但它也会转录,转录出来的RNA就叫非编码RNA。既然也从DNA双股链上复制出来了,它就一定会有作用。这个东西也折叠,折叠成跟蛋白质一样有空间结构的分子。现在我们知道,它参与生物体内所有重要的生物学过程,它的突变也能导致肿瘤,比如说白血病。现在的医院不会去检查这97%的非编码,所以大部分的肿瘤分子标记物都还不能成功检测,能检测出来的只是极少的一部分。大部分东西因为没有检测出来,所以你也不知道它的分子背景是什么,当然也就不能进行有效的治疗。现在肿瘤的分子诊断实际上还处在早期阶段,大部分信息没有利用。其他的生物学过程,譬如生长发育也离不开这97%的非编码。换句话说,这97%跟3%是相辅相成的,缺了谁都不能形成完整、正常的个体,所以非编码的重要性是非常清楚的。

熊:非编码RNA不经过核糖体,不表达成蛋白质,就作为RNA直接参与生理功能?

陈：对，RNA直接起作用。蛋白质起作用的机制是什么？就是因为在核糖体产生的氨基酸序列被折叠成固定的空间结构，然后这个空间结构通过电磁力跟其他分子产生了相互作用。非编码RNA不在核糖体上进一步翻译蛋白，但它自己是可以折叠的，也折叠出一个结构来，这个结构也是大分子，跟蛋白质没有多少区别，也会产生电磁力，它碰上蛋白质就跟蛋白质作用，碰上另外的核酸就跟另外的核酸作用。过去我们的脑子里没有核酸，只是研究蛋白质与蛋白质的相互作用。其实很多的生理功能，是蛋白质跟核酸相互作用的结果。这方面的研究将会越来越丰富。

熊：我对生物物理所也比较关注。成立之初，生物物理所主要做宇宙生物学、放射生物学，后来其研究方向是怎么变化的？

陈：对，刚开始主要搞放射生物学和宇宙生物学，后来增加了仿生学。"文革"以来，因为参与胰岛素晶体结构测定项目和酵母丙氨酸转移核糖核酸项目，又带动了对生物大分子的研究。全国科学大会后，基础研究得到重视，研究所又开展了理论生物学研究，其中一些人做理论建模用到了神经科学。20世纪80年代以来，主要研究生物大分子和神经科学，在这两个方向都建了国家重点实验室，而以前那些面向国防的研究则越来越弱了。应当说，在"文革"结束以后没有几年就完成了这个转型。

我在生物物理所是个特立独行的人，我的方向跟绝大部分人都不一样。这并不是说我在体制外一个人瞎闯，我得到了所里的允许和支持，一直在做一些全新的事。所里给了我创新的空间，这是我很感激的。在这个宽松的环境中，我没有受到什么干预，我想做生物信息学就做生物信息学，想做非编码就做非编码。当然我自己觉得我的抉择是科学的，我也认真在做，我并没有辜负贝先生、沈先生等人对我的信任。

熊：贝先生本人也在做一些理论生物学的研究吧？他也领导了一群人做细胞重建研究，对不对？

陈：对，但他的理论研究与我们的不一样。他提出一些生物方面的理论假设、理论框架，用不到数学和物理，而我们在很大程度上要建模，要建立一些数学模型。我们经常跟郝柏林、郑伟谋、欧阳钟灿等人讨论，我们的工作语言就是一大堆公式，他不是这样的。

熊：您怎么看待贝先生的细胞重建研究？这个工作在生物学界是有争议的。

陈：争议主要在于：细胞是高度复杂、高度有序的生命体，在一个很短的时间尺度里，在一堆涣散的分子中重建这个序，从计算和形成的复杂度来讲，恐怕是不太可能的。我个人从来没有参与过这方面的研究。我是个搞理论的人，脑子里多少有一些定量的概念。我觉得，直接从分子层面来建构细胞的信息体系,恐怕是很困难的。我接触过的搞理论生物学的这些人,都是这样的想法,但大家很少说这个事。因为贝先生是我们很尊敬的人,对中国生物物理学的发展起了关键的作用,他毕竟提出了一个全新的想法,对他的想法你可以存疑,也可以保留自己的看法。

熊:您现在跟科大生命科学学院联系得多吗?

陈:我现在每年都去讲一次课,基本上是讲两个半天。礼拜六上午去,下午做一个生物学前沿讲座,然后礼拜天上午再给贝时璋班做一个讲座,讲完我再回来。

6 做一个不忘初心的科大人
——王志珍院士访谈录

受访人：王志珍
访谈人：刘锐、姚琴
整理人：姚琴、熊卫民
访谈时间：2016年12月31日
访谈地点：中国科学院生物物理研究所王志珍院士办公室

受访人简介

王志珍院士
（姚琴拍摄）

王志珍，女，1942年出生于上海，生物化学与分子生物学家。1959年考入中国科学技术大学生物物理系，1964年毕业，被分配到中国科学院生物物理研究所，一直工作至今。2001年当选为中国科学院院士，2005年当选为发展中国家科学院院士。曾任第十一届全国政协副主席，九三学社第十一、十二届中央委员会副主席。

王志珍说，她是时代的幸运儿，但她始终怀揣着一份忐忑不安的心情。机会到来的时候，仿佛如最后一班火车在她面前呼啸而过，她在不知情的情况下赶紧向它奔去，用力向上攀爬，最后总算爬上了火车。这些火车不会停留在站台静静等她，而她的贵人，为她赢得了一次次机遇。她的贵人是改革开放的伟大时代，是从小到大的求学经历，是中国科学院生物物理所生物大分子国家重点实验室大好的研究环境，还有许多帮助过她的领导和同事以及和她一起工作过的学生们。

1. 求知的经历

刘锐（以下简称"刘"）：王老师，咱们先从您从小到大的读书经历说起，可以吗？

王志珍（以下简称"王"）：好的。我的运气比较好，从小学到大学，我上的都是颇有知名度的学校。1947年，我5岁就步入了学堂。起初在一所离家很近且不需要穿过马路的小学，这所学校不是好学校，所以第二年我就转学到一所所谓的好学校——上海工部局小学（新中国成立后更名为上海榆林区中心小学）。1951年，父亲去世，我们举家迁回老家苏州，我便在景海小学（新中国成立后，东吴大学更名为江苏师范学院，所以附小也随之改名为江苏师范学院附小）上五、六年级。小学时候的我，用懵懵懂懂甚至稀里糊涂来形容是比较确切的。除了成绩名列前茅外，有两件事情让我记忆深刻：一是成为新中国第一批中国少年儿童队（后改成中国少年先锋队）队员。我是新中国第一批"红领巾"，刚开始被任命为"二条杠"的"中队副"，后因在班上年龄太小没有号召力而被免去职务。第二件事是参加全区小学生演讲比赛。我校共有两个名额：一名是被推荐的，我记得是班上一位湖南籍饶姓女生；还有一名是抽签的，我就是那个"倒霉"地被抽中成为普通学生代表参加演讲的人。演讲的题目好像与"猫的脚爪""火中取栗"有关。我就这样经历了人生中的第一次"演讲"。后来到苏州，当时学生基本只讲本地方言，由于我在上海学过"国语"，所以还被选中在全市六一儿童节文艺汇演中担任角色。

新中国成立前，我国各地结核病猖獗，我的家人几乎都被染上结核。小学升初中时，我哥哥考虑到我年龄小、抵抗力差，不适宜与家人一起生活，就让我报考上海市的上海中学。上海中学历史悠久，新中国成立前是省立高中①，新中国成立后是上海市示范性高中，教学质量高。对我而言，更重要的是它是寄宿制中学。那时中学都是全国统招，上海中学的入学竞争相当激烈，女生尤其如此，因为学校每年不多不少只招收72名女生，这个数字是由宿舍的床位数决定的。幸运的是，我在稀里糊涂中考上了。再后来，在初中升高中时，每个毕业班有两个直升高中部的保送名额，我在稀里糊涂中不仅获得了保送名额，还获得了一个在杭州参加夏令营的奖励，这于我而言真是天大的"升学礼物"。

刘：是按照成绩排名，选取前两名的学生来保送的吗？

王：不知道，大概吧。从上学起我始终是班上年龄最小的学生，尤其在初中阶段，班上同学的年龄差距非常大。我入初中11岁，但同学中有的已经十六七

---

① 新中国成立前使用过江苏省立第二师范学校、江苏省立上海中学等校名。

岁了！后来才知道，这些大龄同学多半是在新中国成立前因家境贫穷而中断了学业，新中国成立后只要他们能通过考试，就可以在上海中学学习。这个政策好！他们能获得在著名中学继续学习的机会，体现了共产党让穷人在新社会翻了身。

初中时代的我，个头还没长起来，始终坐在教室第一排，直到毕业我都没认全坐在后排的同学。也因为这样，我一直没有当学生干部的份儿。

父亲的过世让我们在一段时间内失去了经济来源。我没有新衣服，常穿用家里旧衣服改的衣服；我没有零花钱，便不吃零食。但有一点，我从来不羡慕富裕家庭同学的生活，而是沉浸在学习中。

20世纪80年代，王志珍（右）与哥哥王志勤和姐姐王志美在美国费城合影

(摘自：2011年05月23日《人民日报(海外版)》)

姚琴(以下简称"姚")：您的成绩很好，选择学校的空间很大，什么原因让您最终报考了科大？

王：与我的哥哥、姐姐有关。我上大学前，我的姐姐已进入北大生物系，她是新中国第一批生物化学专业的学生。受她的影响，高考时我一心报考北京大学，在志愿栏中也填了清华大学的几个系。我哥哥在中国科学院上海有机化学所工作(他在我上大学的第二年被科学院越级提拔为副研究员)。1958年，科学院举全院之力创办了中国科学技术大学。这是一所具有鲜明时代特色的大学，是在党中央发出"向科学进军"号召的背景下成立的。中国最顶尖的一批科学家亲自担当设计师和园丁：钱学森、郭永怀、华罗庚、贝时璋等先生不仅担任各系的主任,还亲自为学生授课,为新中国培养新兴、边缘、交叉学科的尖端科技人才。我哥哥希望我未来能像他一样从事科研工作,建议我报考科大。最后我把第一志愿改为科大生物物理系。

2. 科大的奖学金

刘:你们班的王溪松老师曾提到过,当年在科大,贫困生可以申请奖学金。您申请过奖学金吗?

王:不是奖学金,是助学金,分甲等、乙等,我没有申请过。那时我的哥哥已经在有机所工作了,他从每个月几十元的工资中分出十几元给我,用于支付必要的生活费,当然我还是没有零花钱的。我记得在我们班,有多位同学获得助学金。王溪松是我们班的党支部书记,他写过一篇讲述他完全靠助学金完成大学学习的文章,非常感人。

刘:听闻您班上有几位高干子弟,他们与大家相处得很好,是这样的吗?

王:是的,有好几位。郭庶英与我是同班、同组、同宿舍。入学时恰逢三年困难时期,他们与大家同吃、同住、同学习,同甘共苦齐奋斗。他们没有受到特殊待遇,而且严于律己,和大家相处得很融洽。

3. 北大姐姐与科大妹妹

姚:您和您姐姐的专业相近吗?两所学校在学科设置上有什么区别?

王:相近,她学的是生物化学,我学的是生物物理。新中国成立后不久,在50年代末期,北京大学生物系率先在国内设立生物化学专业,我的姐姐是北大生物化学专业的首届毕业生。科大则于1958年在国内最早成立生物物理系,十分注重数理化基础教学,相对来说,这三门基础课的内容比北大生物系开得要多。科大的数理化课程分三个等级:A类、B类、C类,我们和高分子专业的学生一起学习B类数学和B类物理。这种配置非常好,不仅为我们打下了扎实的数理基础,更为我们之后的科研工作提供了广阔的发展空间。我们班50位同学,后来在神经生物学、细胞生物学、生物化学、结构生物学、分子生物学、航天医学、生物信息学、大型仪器、科学管理等领域都做得很好,这得益于扎实的数理化基础。

刘:您是受您姐姐的影响而选择的生物物理学,还是在报考时就心仪于生物物理学?

王:高三时,我对自己未来的规划并不清晰,尽管我有当科学家的梦想,但是不知道该念什么专业,因为我对数学、物理、化学都感兴趣,而且每门课的成

绩尚可,所以我很难在这几个学科之间做取舍。我曾跟着班上几位参加数学竞赛的同学一起做竞赛题,自我感觉良好,这还一度让我产生念数学专业的冲动呢!但我哥哥认为我的思维能力还没有达到学数学的层次,便告诫我不要读数学系。关于这一点,后来我的同班同学华陵与我聊天时也谈到,他的爸爸华罗庚先生曾说数学是最艰苦的脑力劳动,对此我是绝对相信的,犹如攀爬珠峰,连6000米大本营都到不了又何谈冲刺珠峰峰顶呢?于是哥哥建议我读生物物理系。生物物理系的招生手册中介绍道,生物物理学是一门交叉学科,要以数学、物理、化学、生物学等知识来揭示生命的基本规律。我觉得这门学科果真适合我,就欣然接受了哥哥的提议。

姐姐也赞成我读生物物理专业。我的姐姐在北大生物系读书,到决定专业方向时,她选了刚成立且非常时髦的生物化学专业,我俩的专业都是当时生物学领域的新兴专业,算是"姐妹学科"吧!

刘:从你姐姐入学后,沈同①和王镜岩②先生是不是就开始教生物化学了?

王:对,沈先生和王先生是我姐姐的老师,王先生也是我姐姐的好朋友,沈先生还是邹承鲁③先生当年在西南联大读书时的化学老师。沈同先生是出名的好先生。邹先生告诉我们,当年昆明的物质条件很差,他们考完试,惊喜地受到沈同先生的热腾腾的包子的犒劳。北大是新中国最早开设生物化学专业的,现在中国大学的生物化学教材基本上都是沈先生和王先生编的,已经出了好几版,成为经典教科书。

我姐姐北大毕业后留校,教酶学,所以现在有些北大毕业生遇见我时会说:"呵,原来你是王老师的妹妹。"在北大生命科学学院成立国家重点实验室时,我曾有幸被翟中和先生邀去做学术报告。翟先生介绍我的时候说:"从今天起,咱们就称呼她王志珍了,不叫她王志美的妹妹了。"

刘:您姐姐毕业后一直在北大工作吗?

王:她毕业后留校任教,直到1978年成为中国改革开放后第一批赴美访问学者,她还是这批访问学者的副团长。这是由时任北大校长的周培源先生在和美国有关方面达成协议后促成并组织的。周先生深爱祖国,对中华民族有大担当,敢说敢做,在"文革"后期发表了要重视基础研究的意见,这需要何等的勇气和远见!他是改革开放政策最坚定的执行者,促成了中国首批访问学者成功赴美,这种强烈的民族责任心令我敬佩不已。1978年圣诞节前夕,我去机场送我

---

① 沈同(1911—1992),江苏吴江人,生物化学与分子生物学家、教育家,北京大学教授。
② 王镜岩(1928—),北京大学生命科学学院教授,曾主编《生物化学》。
③ 邹承鲁(1923—2006),山东青岛人,生物化学家,中国科学院院士,近代中国生物化学的奠基人之一。

姐姐,见到了专程来为访问学者送机的周培源先生的夫人王蒂徵女士。我至今仍清楚地记得她和我姐姐在谈到这次公派赴美访问学者成行时说的一句话,"That's too good to be true",这也是我学会的一句以后经常说的英语。

刘:您1979年出国,时间上也是非常早的。您当时去的是美国哪一家研究所?

王:我第一次出国是1979年2月到德国,比我姐姐晚了两个月。我们可能是改革开放以后第二批由政府派赴德国的。第一批应该是应丁肇中先生邀请、经邓小平同志同意,从科学院高能所和科大选派10位年轻人,于1978年初到德国汉堡丁肇中先生的德国电子同步加速器研究中心工作。10位中有5位毕业于科大的原子核物理系,其中的朱永生是我中学同届同学,郁忠强和我是李佩先生教的同一个英语班的同学,他们对后来中国高能物理的发展起到了骨干作用。

我到查恩(1916—2004)教授任所长的联邦德国羊毛研究所工作,这是世界上成功完成人工全合成胰岛素的三个实验室之一。"文革"后期,我很幸运地被安排到我们所胰岛素晶体结构小组工作,主要做蛋白质纯化和生物化学性质研究。"文革"后,德国洪堡基金会主动提供奖学金邀请中国学者到德国做科研。当时有一种说法"不能拿帝国主义的钱"。科学院思想开放,富有改革精神,认为德国出资培养我国人才,是件互惠互利的事情,欣然接受了洪堡基金会的邀请。对自己有信心,就不怕资本主义对我们的"腐蚀"。

洪堡基金会是半政府半民间的基金会,是欧洲最好的基金会之一,资助额度高于德国政府DAAD的奖学金①。科学院与洪堡基金会达成共识后,从14个研究所选派了首批24名学者,后来高教部也参与其中,清华有4名、浙大3名、北大1名,还有一位来自二机部401所,最后总共33位,其中32人都是男同志。我和绝大多数同志一样从来没有学过德文,所以到德国后进入歌德学院从a、bei、cei、dei……开始,但清华的过增元②的德文当时就比我们好得多。歌德学院的老师只讲德文,我的德文是零,英文也不好,可以想象这开始的日子确实不好过,但4个月后(有几位同学学6个月)就奔赴实验室,投入到德国人中间去过科研生活了。

---

① 德意志学术交流中心(DAAD)为中国的学生学者提供赴德国学习或研究的长期和短期奖学金项目。

② 过增元(1936—),江苏无锡人,工程热物理学家,中国科学院院士,清华大学工程力学系教授。

4. 调干生与"一帮一,一对红"

刘:您在科大读书期间,哪些人或事令你印象深刻?

王:对我来说,印象深的是我们的课程多,安排得非常紧。除数学、物理、化学、生物学这四大门(每门又包括好几门相关学科)占比最大的课程外,甚至还学习了机械工程类的课程,当然还有体育课。听说第一届(1958级)学生入校后就有一场摸底考试,有多人不及格。王家槐的成绩最突出,他来自以数学好出名的上海格致中学,是非常聪明的学生,后来他先后在生物物理研究所、哈佛大学做蛋白质结构分析,工作非常出色。

刘:摸底考试非常难吗?

王:1958级有个特殊情况,学生中有一定比例的调干生,他们部分来自工农速中,文化程度参差不齐,需要进行摸底考试。1959级基本没有调干生了。你对工农速中了解吗?

刘:不了解,愿闻其详。

王:工农速中即工农速成中学。新中国成立前参加革命的一些同志在战争年代得不到充分的教育,为适应新中国的建设任务,国家需要迅速培养有一定文化和技术素养的干部,于是开办了一批工农速成中学,选择一批对党的事业忠诚且有一定文化基础的、较年轻的干部进行快速教育培养。其中有些人经过工农速中的培养,被推荐上大学,还有一些人已经参加工作了,但他们较年轻且具备一定的文化水平,也被推荐上大学。这两种类型的就是我所讲的调干生。

刘:他们在学习上能跟上大家吗?

王:有的同学可能有一定困难,但他们学习十分努力。

刘:我曾听沈钧贤[①]老师提到这件事。

王:沈钧贤、陈润生是我们班上成绩优秀的同学。我们班组织过一个"一帮一,一对红"的活动。我和我们的班长于世文结成"一帮一,一对红"。班长是一位特别好的同学,那时已经是一名共产党员,帮助我这个比较幼稚的同学提高思想,我们一起讨论功课,相处得十分融洽。

毕业时,他作为一名受过高等教育又具备良好政治素养的毕业生,被分配到中宣部工作。"文革"中他进入干校,改革开放后被挑选去香港华润公司。我曾和他开玩笑,说:"你现在当红色'资本家'了。"他说他是工人家庭出身,哪里会做生意,一切不过是从头学起罢了。后来我去香港出差,受到班长和他当高

---

① 沈钧贤,江苏江阴人,中国科学技术大学生物物理系1959级学生,中国科学院生物物理研究所研究员、博士生导师,主要从事脑功能成像研究。

级记者的夫人的热情接待。

1958、1959级都有一批像于世文这样的同学,毕业后进入政府部门或科学院的各个机关工作,其中有相当一部分同学进入科学院系统做管理工作。我相信有过科学思维训练的人做管理工作肯定效率更高。

刘:我曾联系过王溪松老师,向他询问大家毕业后的工作情况,他对此比较熟悉。

王:没错,王溪松是学生干部,毕业后留校做行政工作,对这些情况如数家珍。

5. 科大的恩师

姚:王老师,资料上显示,在学校创立之初,各个系的系主任给大家亲自上课,当年确实是科学家们亲自为你们上基础课吗?

王:在科大,系主任都由相应学科的研究所的所长担任。一级教授、学术大师亲自给学生上课是正常的,如华罗庚、郭永怀、钱学森、赵忠尧先生等。贝时璋先生亲自给我们生物物理系的同学上课。贝先生讲话带有浓重的宁波口音,很多同学听不懂,我便为他们做翻译。童第周先生的夫人叶毓芬教授也是宁波人,她给我们讲授胚胎学。叶老师上课时的气度我至今印象深刻,她穿着浆洗过的雪白笔挺的白大褂,胸前别着一枚漂亮的胸针。叶老师说的一口宁波话,许多同学听不明白,我却很享受。数学课(微积分)是大课,我们与高分子专业的同学一起上,老师讲得特别好,而且颇有谦谦君子风度。有关生物学的基础课并不多,生物化学和生物物理则由所里来的老师主讲。林治焕老师当年30多岁,是一位十分优雅的女士,她用带有上海口音的普通话讲生物化学,极其清楚。她是王绶琯先生(中国现代天体物理学的主要奠基者之一,南仁东先生的博士生导师)的夫人。后来王绶琯先生为培养青少年中的科学苗子,创办了"大手拉小手"活动,我也积极参加了其中的活动。讲物理化学课的是鲁阳老师,毕业于复旦大学,好像在"反右"中受到一点冲击,但科学院仍聘请他来科大教书。事实上,在"反右"运动中,科学院被打成"右派"的人最少,听说这得益于张劲夫书记向中央建言,科学院的一大批专家因此得到了保护。张劲夫书记的女儿张佩华也是我们上海中学和中国科大的学生。

刘:张佩华也是科大1959级的学生?

王:她是1959级1系(原子核物理系)的学生。张劲夫同志是我特别尊敬的一位领导。至今我仍记得"文革"期间,他被造反派强制在我所在的动物所扫楼道。我看在眼里,痛在心里。这样一位受人尊敬、经历过革命的血与火考验、为发展中国的科学技术事业做出重大贡献的领导,又十分理解并帮助知识分子

的领导,能找出几位呢?现在……2015年夏天,我去参加张劲夫书记的遗体告别仪式,我对张佩华说,我们永远忘不了我们科学院的张劲夫书记,这是我的肺腑之言。

刚才说到鲁阳老师,有些同学不喜欢听他教的物理化学课,常有人在这门课中考试不及格,为此系里还做过调查,也曾认为是老师的教学有问题。我觉得鲁阳老师课讲得好,且有趣。他有一套灵活出题的方法,一部分是必答题,一部分是自由题,对后者,我们可以自由发挥对该问题的看法,我喜欢这种出题模式,也喜欢物理化学这门课。

之前我曾提到过,1958级的同学有入学摸底考试,到了我们1959级这一考试就取消了,但在我们入学后的第一次数学考试中,由于有的同学还没有适应大学学习,成绩差距也较大。我和另一位上海女生黄芬得到了"5-"。那个时候要求"一个都不拉下""齐步走""全5分",等等,现在看来是不必提倡的,不是真正的启发式教育和个性化教育。"全5分"不说明问题,"齐步走"也没有必要,每个人都有各自的兴趣和优势可以发展。

姚:老师们普遍提到科大紧抓学生们的理化基础,大学五年,你们确实上了三年数理基础课吗?是不是每个学期都要上?

王:是的,科大狠抓学生的数理化基础。前三年的每个学期,我们都学习不同的数理化课程。

6. 三年困难时期

姚:徐洵院士说,20世纪80年代,科大的学生上课是较为自主的,如果一位老师所讲的课枯燥乏味,大家就会拒绝听课并在课下自学,期末仍能考出高分。老三届的学生有这种做法吗?

王:我们60年代的同学都很守规矩,基本不会无故翘课。在当时的环境下,学校有些军事化管理的味道,学生们是绝对遵守纪律的。现在的大学生有必修课与选修课,可以自主选择。我们当年上相同的课程,即使不喜欢也没有人会翘课,我们基本上都是很听话的好孩子。有一门解剖课由江振生老师讲授。他写过一本《狗的解剖》,所以以狗的解剖为主线授课。他有口音,把"狗"发音成"giu",我们虽然是听话的好孩子,也难免忍俊不禁。我不太喜欢解剖课,但觉得解剖学是从事生物学研究的基础,还是要学好的。

事实上,我们不但不会逃课,而且在困难环境中仍坚持上好课。在三年困难时期,冬天我们在101教室上课,暖气供应不足,我们穿的老棉袄不保暖(那个年代没有羽绒服)。女生每月定量24斤粮食,男生30斤,副食品缺乏,每到上午11点我们就开始感到饿了,但我们的老师极其负责地认真讲课,这段记忆十分深刻。

刘：一个月定量 24 斤？

王：是的。早上二两，半个窝头一碗粥。中午和晚上各三两，一个半窝头或馒头，少有米饭。那时大家与党和国家一条心，一起克服困难，没有任何怨言。其实，这已经是党中央出于长远考虑对大学生给予特殊照顾了。工人、农民生产出了全国人民的必需生活品，国家却首先保证我们。除了感谢他们，我们必须坚持完成学习任务。

现在副食丰富，女孩们肯定吃不了 24 斤粮食。大学时我是体操队队员，有一次走平衡木，头晕从平衡木上掉下来。医院检查报告显示我的血色素只有 7.5g/L，为此我还在医院住了几天，医生批评我血色素过低怎么还敢剧烈运动。那时不懂事嘛！后来学校规定不做剧烈的锻炼活动，体育课上太极拳。

姚：学习任务重，作业多，学生是否经常在自习室通宵学习？

王：当时确实有很多人"开夜车"学习。我没有"开夜车"的习惯，为了避免给人造成不用功的印象，我也开过一次夜车，结果第二天精神很不好，影响听课，之后我就再不干这种得不偿失的事了。总的来说，我的作息较规律。回国后的 20 多年里，我通常早上 8 点半到实验室，带着前一天自己准备的中饭和晚饭。一天分三段时间工作，直到晚上 10 点半回家，12 点睡觉。基本上一周工作 7 天，节假日也基本都在实验室。但我也抽时间打打网球、羽毛球，爬山，练瑜伽。最近几年，工作时间减少了，工作节奏放慢了，运动也只有走路了。

姚：那时候你们在学习之余还要参加生产劳动，这些劳动占据了你们多长时间？功课紧张吗？

王：我记得一年得外出两次参与劳动，我们的足迹几乎遍及北京周边的所有县。我刚从美国回来的时候，听人说要去延庆、密云、怀柔旅游，很是惊讶，因为这些地方对我来说都是劳动过的农村。印象深的是延庆，当时的伙食只有玉米贴饼和咸疙瘩。没法想象这些村庄或县城如今已发展成旅游胜地，近年来还都已发展成"区"。延庆发展得很好，将要承办 2022 年的冬奥会，而怀柔将成为中国最大的高科技城。

7. "重、紧、深"与"填鸭式"教育

刘：我们曾拜访庄鼎老师，他说科大令他印象最深的是教学特色，可以概括为"重、紧、深"。您对这三个字有哪些感悟？

王：我们的课程中，基础课程如数学、物理、化学所占的比重大、难度深。我们还学习了许多其他课程，因此学时就被排得很紧。庄鼎老师对我们科大的学习状态描述得很确切。新中国成立后"一边倒"，新中国采用苏联的教育模式，

我认为我接受的基本上还是"填鸭式"教育,不知我的同学们是否有不同看法?老师们高度敬业,往往一堂课要准备几十个小时,向学生教授或灌输尽可能多的知识。我记得我的笔记密密麻麻,还"创造"了自己的速写方法,整理后的笔记似乎完整地记录了老师的讲课内容。应该说我们打下了扎实的理化基础,但基本上还是灌输式教育。有人说"提出问题、发现问题比解决问题更重要",我想是对的。我们那时还是较多地关注已解决的问题,即答案,而忽略了问题是如何发现的,问题是如何解决的。我最近在看马斯克(Elon Musk)的书,我想我属于"冒险精神没有,创新能力极差"的人。

施一公①、潘建伟②、陈十一③、饶毅④等人接受了西方的研究生教育,对西方教育系统有较深入的了解和思考。他们现在在办一所由社会力量捐资的新型高等学校——西湖大学⑤,这是一种新的尝试,希望为解决多年来困扰高等教育创新发展的深层次体制机制问题蹚路,为建设更多具有中国特色的现代大学提供借鉴和参考,是值得鼓励和支持的。

我没有受过专业、系统的研究生科研训练,大学毕业时想报考上海生化所的研究生。当年生化所是中国生命科学领域最有名的研究所,所长是王应睐先生,还有"四大金刚"。

刘:我也曾听过"四大金刚"这种说法。

王:"四大金刚"指钮经义⑥、邹承鲁、曹天钦⑦、王德宝⑧四位先生,用现在的话来说叫"大腕儿"。他们从英美留学归国,学习了西方最先进的生命科学知

---

① 施一公(1967——),河南人,清华大学教授,结构生物学家,中国科学院院士(2013)。
② 潘建伟(1970——),浙江人,1995年毕业于中国科学技术大学近代物理系,物理学家,中国科学院院士(2011),现任中国科学技术大学常务副校长。
③ 陈十一(1956——),浙江人,力学家,中国科学院院士(2013),现任南方科技大学校长。
④ 饶毅(1962——),江西人,神经生物学家,北京大学教授、理学部主任。
⑤ 2018年2月14日,教育部正式批复同意浙江省设立西湖大学。4月4日,西湖大学正式面向海内外招募各类人才。
⑥ 钮经义(1920——1995),江苏兴化人,生物化学家,中国科学院院士(1980),人工合成结晶牛胰岛素项目的负责人之一。
⑦ 曹天钦(1920——1995),北京人,生物化学家,中国科学院院士(1980),中国现代蛋白质研究的奠基人。
⑧ 王德宝(1918——2002),江苏泰兴人,生物化学家,中国科学院院士(1980),人工合成酵母丙氨酸转移核糖核酸项目的主要负责人之一。

识,是中国生化界有影响力的人物。龚岳亭①、许根俊②、杜雨苍③等较年轻的一批人在合成胰岛素的工作中也做出了优秀成果,所以生化所有非常强的人才实力。生物物理所1958年才成立,贝老早年留学德国,杨福愉先生留学苏联,除他们之外似乎没有太多在国内有影响的科学家。那个年代,生化所的科研实力比生物物理所强,但在改革开放后的30年间,生物物理所成为中国生命科学界科研实力最强的研究所之一。最近十年,高校的发展势头使全国科研教育形势产生了新的变化。我们的老师沈淑敏④是陈芳允先生的夫人,是我们系副主任,她当年跟着贝先生从上海来到北京参与筹建生物物理所,是一位非常好的老师,但她不支持我们报考其他单位的研究生,劝说我们留在生物物理所,显然她希望为生物物理所留下科大毕业的好学生。我们班只有沈钧贤考了植物所汤佩松先生的研究生,其他人都放弃了读研计划。

8. 差一点要上体育学院

刘:很多老师都提到,您擅长体操,关于体操的事,您是否可以与我们分享一下?

王:高三毕业我差点就去读体育学院了。1958年我读高三。上海中学将我们体操校队的部分队员送到上海师范学院体育系进行攻坚培训(印象中有同学去射击队参加训练,后来成为国家队的队员)。高三是大学备考的一年,我不愿意脱产半年去训练体操,这无疑将影响我的大学入学考试。我的哥哥倒是安慰我说没关系,只要我能坚持白天训练,晚上自学,高考我准行。我的哥哥是一位共产党员,他始终觉得服从组织安排是第一要务。我听从了哥哥的建议,白天与体操专业学生一起接受正规训练,晚上坚持自学。半年后我参加了一级运动员考试,我们去上海师范学院体育系的这批学生中好像只有我获得了体操一级运动员证书。也正因此,在填报大学志愿时我被学校要求报考体育学院。我从小喜欢数理化,一心想要报考著名大学的理科专业,对这个安排我十分抵触,也十分害怕。在全校的一次活动中,我们班还出演了一个《帮助王志珍服从分配》的节目。但后来,我又突然被通知允许报考一类(理工科)大学。我毫不知

---

① 龚岳亭(1928—2014),上海人,生物化学家,中国科学院院士(1993),人工合成结晶牛胰岛素项目的主要完成人之一。
② 许根俊(1935—2008),安徽歙县人,生物化学家,中国科学院院士(1991),人工合成结晶牛胰岛素项目的重要骨干。
③ 杜雨苍(1932—2006),江苏江阴人,人工合成结晶牛胰岛素项目的主要完成人之一。
④ 沈淑敏(1915—1996),曾任中国科学技术大学生物物理系副主任,中国科学院生物物理研究所研究员。

情学校改变主意的原因。几十年后,我见到中学班主任白宰理老师,和他谈起这件事情,他只说了一句:"你是三好学生嘛。"白宰理老师于上海中学高中毕业,随后被留校工作。留校通常是被组织所信任、培养和期望,但也失去了读大学的机会。他后来担任学校的领导,是一位受学生尊敬和佩服的好老师。

刘:几位老先生还曾提到,您来科大上学后,一直没中断体操训练。

王:体操校队是要每天训练的。还有一件事,也与体操有关。我入学未满两个月的时候,清华体操队来科大向我们介绍清华的运动队,并欢迎我转去清华。其实,清华每年会在上海做招生宣传,我在上海交大就看过清华的大型文艺演出,他们表演朗诵、雕塑剧、独唱、合唱、舞蹈等,内容精彩,水平颇高,非常吸引中学生。他们的运动队是高校中最有实力的,而科大才建一年,连宿舍都是借住的,哪有像样的运动队和运动设备?小姑娘爱体操,人家又上门来请了,当然会心动。我就向学校提出了转学申请,随即遭到坚决拒绝,于是也就不再吭声了。那几年,国家提出"向科学进军"的号召,有关原子物理的系都定为1系,至少清华和科大是这样,也是最受追捧的热门系。我们系的闫沐霖同学入学后坚决要求转念原子物理系,最后如愿转到了1系。多年后我见到他,他做得很好,是业务骨干。后来科大成为全国高校中最早允许学生在入学第二年转系或转专业的大学。这种充分发挥学生的兴趣和特长的做法,其实是培养人才的好办法。

9. "不听话",争取到做科研的机会

王:我没有接受过正规、系统的研究生科研训练,说来不无遗憾。1964年毕业到生物物理所工作的第一年,我是研究实习员,这时全国开展了"四清"运动,我要求参加但未被批准,被分配在二室,我被安排的事情是标定移液管刻度。那时候的移液管使用嘴或者橡皮吸球来吸液,玻璃制作的移液管因温度的变化可能会导致体积上出现细微变化,但室内温度未必有剧烈变动,体积是否一定要标定还要视实验的具体要求,我感到无趣,这一年时光悄悄地溜走。第二年我如愿参加了在山西运城的"四清"运动。一年后"文革"开始了,每天都是开会、学习,学习、开会。后期"抓革命、促生产"了,我思忖着再也不能这样无所事事下去了。这一次我的态度异常坚决,天天去找研究室的李书记,向他表达的唯一请求就是:我不愿意没事干,我只要求到一个能让我干活的地方。当时生物物理所只有胰岛素结构小组在做科研。衷心感谢李书记和科技处韩兆桂处长的理解和帮助,把我调到了胰岛素组去工作。我和雷克健、郭尧君等几个年轻人一块儿学习、讨论、做实验,总算是向着科学研究迈出了第一步。

李书记是转业军人,他是后来调到生物物理所的。当时科学院系统的处级

干部多由转业军人担任。李书记是一位心眼好、态度温和的人。我每天都去打扰他,他也从未批评过我或拒绝我的请求。若不是领导给了我去胰岛素组工作的机会,我也不可能有今天这样难得的科研经历。我这个人在单位基本都是听话的,这次的"不听话"反而换来了宝贵的工作机会,我满怀感激。

姚:您说您被选派出国是幸运之事,是否有些故事能与我们分享?

王:我喜欢学人说话,学说方言。20 世纪 70 年代,北京外国语学院的吴青①教授便在电视上教授英语口语②,我喜欢跟着节目练习英语口语。科大的李佩先生是科学院的"铿锵玫瑰",早在 1974 年前后,她就组织另外几位老师一起在科学院开办了英语口语培训班,为科学院在改革开放后开展国际交流准备人才。这是一个有前瞻性的创举!我在 1975 年获得了到合肥参加一年制英语口语培训班的机会,现在已记不清这个名额是报的还是完全由组织分配的。我们这批研究人员都在 35 岁上下,以前多半学过俄文,但大多没有英语基础,大家极其珍视这次学习机会。我们跟着李佩先生学习了整整一年的英语口语,有了明显进步。李佩老师极其敬业,对学习上存在较大困难的学生给予小灶补习。期间我们在李佩老师的精心导演下,用英语演出了一个以"赤脚医生"为主题的独幕剧,真是寓教于乐、寓学于乐,这也是我平生唯一一次用英语演剧的经历。我在合肥的那一年,除了周末去附近的七里站农贸市场买一次鸡蛋外,几乎不出校门,可谓极度用功。这是我这辈子最幸运的事情之一,也影响了我一辈子。学期结束,我和李老师买好了火车票,准备一起去游黄山,不幸的是出发前一天黄山不明原因突然封山。太遗憾了!我失去了与我敬爱的李佩老师共游祖国大好河山的机会。1982 年我在回国途中路经斯坦福大学看我哥哥时,意外遇到了正在美国访问的李佩老师,好高兴!哥哥为我们俩照了相。近 20 年来,我常去看望她,她虽然高龄,但仍坚持为科学院的退休人员组织各种活动。凡她要我们做的事,我们都毫不犹豫、老老实实地坚决照办。

我学了英语口语后,就经历了一些有趣的事情。科学院开放得较早,国际交流较多,不时有外宾参观研究所。我所国际合作处的亢宏处长便抓我的壮丁去当翻译,他的理由是我至少已经学习过口语了。我 30 多岁才张口学讲英语,时间也不过一年,能好到哪儿去?所以只能被"赶鸭子上架"前去充数。记得有一张照片,王大成(1958 级生物物理系同学)给外宾讲解胰岛素结构,而我在一旁当他的翻译官。后来我还曾被梁栋材先生指派去为他的恩师——诺奖获得者多萝西·霍奇金教授(Dorothy Hodgkin)以及他的好友 Guy Dodson 教授在

---

① 吴青(1937—),原名吴宗黎,北京人,冰心和吴文藻的幼女,北京外国语学院教授。
② 1977 年,中央电视台开播了由主持人陈琳和吴青制作的《电视英语》教育栏目,是外语教学通过电视传媒进行传播的先例。

访问北京期间做联络和服务工作,其中的故事我已在梁栋材先生指派我写的《Dorothy and Insulin Crystallographic Research in China》一文①中讲述过。

  1978年,德国洪堡基金会和科学院达成协议,向到德国做研究工作的中国学者提供奖学金。我被研究所推荐作为科学院派遣的第一批接受洪堡奖学金的访问学者。当时研究室的党支书是徐秀璋,他是我们科大生物物理系1960级同学。洪堡基金会的秘书长Pfeifer教授来所里面试,我坦白地告诉他自己只会说简单的英语,完全不会德语。他马上说:"Never mind!",这是另一句我学会并永远记住的英语。我幸运地接到了通知书。在胰岛素研究室,我当时主要做胰岛素衍生物的设计、制备、纯化、生化性质的鉴定以及溶液构象和生物活性测定,进行胰岛素的结构与功能关系研究。中国科学家在20世纪60年代中期首先人工全合成了结晶牛胰岛素,当时国际上另有两个实验室也分别在做同样的工作,其中一个是查恩教授担任所长的联邦德国羊毛研究所。查恩教授对中国十分友好,曾经访问过中国。基于以上两点原因,在考虑去德国工作的单位时,羊毛研究所成了我的首选。

  查恩教授每周六一定会在办公室工作。他聘请了一位女大学生做周末秘书。当时我和上海生化所的朱尚权一起在那里工作,我们一周7天都在实验室,有时周六会去查恩教授办公室聊天喝咖啡。查恩教授告诉我,他在中国受到像"国王"一样的接待,令他很是受宠若惊。他总常对德国学生说,看中国人工作多勤奋。那里有一个德国女学生也和我们一样,一周7天在实验室,查恩教授也喜欢她,后来她提前毕业去了美国。查恩教授信任我,在他们全家去法国度假期间,请我住到他家照顾他年迈的岳母。记得我还为这位俄裔贵族老太太招待朋友做了一席饭菜,他们赞不绝口,其实这对中国人,特别是对中国的生化学家来说,不就是小菜一碟嘛!正如查恩教授一样,他从来都把在实验室做化学实验称为"Cooking"。

10. 开启科研新篇章

  刘:您从德国羊毛所回国后开展了哪些工作?

  王:我在羊毛所时,美国国立健康研究院(NIH)做糖尿病研究的Ron Kahn博士访德,他对羊毛所的光活性交联胰岛素感兴趣,有意与之合作。我不久将结束在德国的工作(洪堡基金会最长提供两年资助),所以他们都推荐我去美国承担这项合作研究。1981年初我去NIH的关节炎糖尿病肾脏病研究所,研究

① Dong-cai Liang, Chih-chen Wang. Dorothy and Insulin Crystallographic Research in China[J]. Current Science. 1997(10):463-465.

大鼠脂肪细胞中光活性胰岛素的光交联标记和生物活性。1982年我从美国回国,仍回到胰岛素研究室。这一年我已经40岁了,既不满足于只是制备蛋白样品,也没有兴趣再从头学习晶体结构分析。当时邹承鲁先生在做酶学研究,于是我申请到邹先生的实验室做蛋白质的生化研究。得到邹、梁两位先生的批准后,我进入了新的研究阶段。那时王志新①等年轻人正在邹先生门下攻读博士学位。

刘:施蕴渝与牛立文都从事结构生物学的研究。

王:牛立文是梁栋材先生的学生。施蕴渝是我同系低一级的同学,她主要做蛋白质的核磁共振分析研究。施蕴渝的父亲施士元先生是居里夫人的博士生,著名的物理学家②,施蕴渝继承了她父亲做科学研究的基因。她毕业时被分配到中医研究院,值得高兴的是,她调回科大后对科大生命科学学院的建立和发展做出了重要贡献。

刘:邹承鲁先生对您的学术生涯有怎样的影响?

王:我没有研究生的经历,我是邹先生实验室的工作人员。在人工合成牛胰岛素的工作中,邹先生在中国科学院上海生物化学所领导许根俊、杜雨苍等大学毕业不久的年轻人承担胰岛素拆合工作,1959年就获得成功,由此解决了胰岛素合成的路线问题,即分别合成A链和B链然后使其在溶液中氧化得到活性胰岛素,并且保证了化学合成的A链和B链以高产率重组成活性胰岛素分子。他们当时就提出了"天然胰岛素的结构是所有可能结构中最稳定的结构之一"的重要结论,所以对蛋白质折叠问题他们也做出了重大贡献,这一点以往可能被人们忽视,我现在讲这方面的事情就是要强调这一点,这些在我其他的文章中已有详述。胰岛素何以拆合成功的基础研究于改革开放后才得以在北京的中科院生物物理所开展,即"胰岛素A、B链相互作用的研究",当时被戏谑为"老题新做"。我有幸参与了这项工作。我们运用各种生物物理方法研究溶液中胰岛素A、B链和各种化学修饰的A、B链在不同的溶液条件下的相互作用。我还研究蛋白质二硫键异构酶对A、B链生成天然胰岛素催化。通过十年的工作总结出胰岛素分子折叠的观点:"胰岛素A、B链本身已经具有一定的结构,含有形成天然胰岛素正确结构的全部信息,能在溶液中相互识别和相互作用,从而导致三个二硫键(二个链间二硫键和一个链内二硫键)正确配对,形成结构最稳定的天然胰岛素分子。"这阐明了人工化学合成的胰岛素A链和B链生成天然胰岛素分子的蛋白质折叠规律,揭示了人工合成胰岛素中A、B链重

---

① 王志新(1953—),北京人。生物化学家、生物物理学家,中国科学院院士(1997)。

② 施士元(1908—2007),上海人,物理学家,我国唯一一位师从诺贝尔奖获得者居里夫人的物理学博士。

组成功的理论基础。后来我独立领导实验室的工作就是基于这个阶段的蛋白质二硫键异构酶的研究,所以我一直说,我是从胰岛素走来的,我的科学之路的起点是邹承鲁先生合成胰岛素工作中的蛋白质折叠问题。

刘:这与在科大培养出的扎实的数理基础有关系吗?

王:当然有关系,研究蛋白质折叠问题需运用多种生物物理学的方法,特别是现在的研究更是涉及结构生物学、分子生物学、细胞生物学。扎实的数理基础有利于学习新的知识和技术。

刘:您回国加入邹先生实验室后就做这项研究?

王:是的。德国羊毛所主要从事多肽化学合成研究,我在那里做的主要是胰岛素化学,回国后我加入邹先生的实验室做胰岛素的A、B链相互作用的研究。分子生物学是新学科,由于"文革",直到80年代还未在中国普及。我非常清楚,要进一步地发展,必须运用分子生物学知识和技术,于是我又第二次去美国专门学习分子生物学。从美国回来以后,我们组在室里开展分子生物学实验,当时做晶体结构分析的学生,如现在清华的王新泉教授、浙大的叶升教授,都来过我组做基因克隆、蛋白表达和纯化。

11. 社会事务和坚守科学家本心

刘:您何时加入了九三学社?

王:我当选院士后由邹先生、王志新介绍加入了九三学社。当时韩启德①院士是九三学社中央主席。

九三学社的主体是科技界人士。她是院士最多的民主党派,先后荟萃了近200位两院院士。周培源、邓稼先、王淦昌、茅以升、严济慈、陈芳允、师昌绪等我敬重的老一辈科学家都是九三学社成员。再说邹先生和他的几位院士学生许根俊、王志新、王恩多也都是九三学社社员。九三学社的宗旨是"科学与民主",这与我的理念是一致的,所以能加入九三学社我感到很荣幸。

刘:是不是只有高级知识分子才能加入九三学社?

王:九三学社里科学技术领域的人较多,但是现在这个边界已经模糊了,一般要求中高级职称以上。

姚:您当选政协副主席后,政协与实验室的工作如何安排?

王:我在加入九三学社三年后被选为九三学社中央副主席,2008年当选为第十一届全国政协副主席。老实说,我对此没有丝毫思想准备。有的全国政协

---

① 韩启德(1945—),浙江慈溪人,中国科学院院士(1997)。曾任九三学社中央主席、第十一届全国人大常委会副委员长、第十二届全国政协副主席。

副主席曾经任职过省委书记、政府部长等,他们资历深厚、经验丰富,具有治国理政经历。我是一名一线的普通科研工作者,用现在的话说就是"草根"。

"在其位谋其政,任其职尽其责",我深刻意识到这是一件严肃的政治任务。我毫无资历和经验,但是我爱国、爱党、爱社会主义,我不为当官,不为发财。我竭力加强自己的政治意识、提高自己的政治水平,坚持以一个科学家的严格、严谨的精神,实事求是的态度,认真负责的作风来参政议政。我不喜欢讲空话套话,也不善于吹捧,力求实事求是地讲出自己的观点。我不为自己谋求什么,也没有把自己当成一个"大官",但我全力以赴做好党和人民交给我的每一件工作。许多朋友见到我说:"没变,和以前一样。"这是对我的褒奖。

那五年非常辛苦。我在政协、九三学社、实验室这三处转,当然以政协工作为先,保证政协和九三学社的工作,节假日则用于实验室工作。出差回来飞机一落地,我通常便立刻赶回实验室,坚持和学生们一起讨论工作,并两周开一次组会。艰难的五年,我坚持下来了,我的学生们也做出了优秀的科研成果。所以从政协、九三学社退下来后,我现在还能在我的实验室继续科研工作,当然我现在的主要任务是努力培养年轻同志,让他们挑大梁、上前线。我们坚持每周开一次组会。

刘:王老师,您现在的主要研究方向是什么?

王:如今我已经快76岁了,精力有限,不能再同年轻时相比。近20多年我一直做蛋白质折叠,主要是分子伴侣和折叠酶。现在我尽量扶持年轻的副研,他们已经将课题延伸到细胞内的蛋白质折叠通路和网络,在生化基础上扩展到细胞生物学、结构生物学等领域,并涉及线虫、老鼠等动物。这些对我来说都是新的知识和技术,我已成了学习上的困难户,但我的助手和学生们学得很快,做得很好,并且开展广泛的国内外合作,把我们的研究与人类健康问题联系了起来。

12. "千生一院士"背后的思考

刘:自从您当选为院士以来,您一共回科大做过几次学术交流或演讲活动?

王:施蕴渝在生命科学学院当院长的时候,我曾回去过两次。参加过两次科大国家实验室(筹)理事会的会议。参加了科大校史馆周年庆典,见到了路甬祥院长和彭珮云[①]副委员长,她曾在科大担任过党委书记。还参加了一次学生毕业典礼,与侯建国校长等一起为毕业生拨穗。每次回去都能发现许多变化,与1975~1976年我跟李佩先生学英语时的科大相比,真是有天壤之别,那时的

---

① 彭珮云(1929—),湖南浏阳人。曾任全国人大常委会副委员长,全国妇联主席。

校园里还不时地见到牛、羊、鸡、鸭呢!

刘:2018年将会有60周年校庆活动,生命科学学院也将会举办各类庆祝活动。

王:2018年学校的确应当举办一些精彩的活动。我们这些人十分愿意借此契机回去看望母校,与老同学相聚。关于科大,我听到一种说法——"千生一院士"。科大总共诞生了多少院士?这句话该如何理解?

刘:"千生一院士"的说法是这样得来的:通过统计科大历年的本科毕业生人数与当选为院士的人数发现,一千个人中就诞生一位院士。我没做过具体统计,不能给出准确数字[①]。现在科大师资中的两院院士是50位[②],前段时间张家铝院士去世了。

王:这个比例很高了,对于学校来说这也是很不容易的事情。

刘:生命科学学院的前身生物物理系,从约300位毕业生中走出了6位院士,除陈霖和饶子和入学较迟外,其余4人均是科大的老三届学生。学院也很想探究一下院士高产率背后的原因,除了大家普遍提到的以"重、紧、深"打造扎实的理科基础和所系结合的办学模式给予学生们宽厚的科研条件外,还有哪些值得思考的原因?

王:毕业时很多学生被分配到科学院,在科学院的高水平科研大环境中,做出科研成果的概率会高一些。还有一部分学生被分到国防口的研究所,承担了重要的国防科研任务,成为了研究所的骨干。另外,我们从大学本科起就能接触到许多科学家,能与科学家直接对话,耳濡目染了科学家的风范,这些对我们的成长起到潜移默化的作用。中国的大学有许多知名教授,但中国当年的科研力量集中在科学院,高校缺少开展科学研究的机会和条件,这与社会大背景有关。人常说,时势造英雄,科学家是在科学研究的实践中造就的。

刘:创立之初,科大13个系的首任系主任如钱学森、郭永怀等人均是一流的科学家。

王:没错,他们不单是一流的科学家,也是一流的教育家。很多科学家的子女也在科大就读,我们班就有华罗庚先生的儿子华陵、郭沫若校长的女儿郭庶英,还有赵忠尧先生的女儿赵维勤等。

刘:他们都是1959年入学的?

王:没错。赵维勤曾主演过一部电影,你们知道吗?

刘:这个不曾了解。

[①] 截至2018年4月,从中国科学技术大学本科毕业生中诞生的院士人数为51人。
[②] 刘有成、张家铝、俞昌旋已逝世。2017年窦贤康当选为中国科学院院士、田志刚当选为中国工程院院士。截至2017年12月,中国科学技术大学师资中的两院院士人数为49人。

王：《祖国的花朵》，电影反映的就是我们这一代人的生活。电影中有一首非常有名的歌曲——《让我们荡起双桨》，流传至今。赵维勤的丈夫鞠长生是我的中学校友，是科大11系（数学系）的学生。他们夫妇俩也获洪堡奖学金在德国工作过，我们曾在一起谈过洪堡的事。1959年，上海中学有30位同学考取了科大，北京师大女附中同样有30人考取了科大。这是1959年考取科大人数最多的两所中学。

13. 毕业印象

刘：王老师，以学生的视角，您感觉科大与其他学校的最大不同点主要表现在哪里？

王：校风。学校成立之际就树立抗大的校风。北大与清华的创立有各自的历史背景，在长期的办学中形成了他们各自的校风。我们科大是一所新中国创办的崭新的学校，受到了解放军的大力支持，如转业军人担任行政管理的老师，政治学院还提供部分房屋作为学生的宿舍等。学校设立了很多系或专业为国防军事服务，别的系有许多学生被分配到军队的相关研究所，生物物理系偏向基础科研，我们班只有一位同学被分到军事医学科学院。从我们的校歌《永恒的东风》里也能感受到这种抗大精神，但是实际上，这所新学校受到的政治影响反而比清华、北大少，科大的学风淳朴，学生们的思想单纯，大家将更多的时间和精力投入到学习中。

刘：您还记得自己的毕业论文吗？

王：大学最后一年我们班都集中到中关村。前段时间我去中关村开会，路过自动化所的时候突然勾起了这些回忆。大五那一年，我们在自动化所旁边的一栋楼里上课，在计算机所的一栋楼里住宿，最深的印象是在大房间里住了很多人。最后几个月是到生物物理所的不同实验室做毕业设计。我的毕业设计很简单，与现在学生们的毕业设计无法比拟。我被分配在杨福愉先生实验室的一个小组。这个组需要培养噬菌体，安排给我的工作是提高噬菌体的浓度。我做的实验就是将噬菌体培养液装进透析袋，再放入聚乙二醇中，依靠聚乙二醇吸水的特性吸收噬菌体培养液中的水分，以此提高噬菌体的浓度，随后测定噬菌体效价。这只是一个小实验，我对我的毕业论文就只有这点印象。现在我们对学生的毕业设计提出的要求较高，从选题、实验设计、技术学习到结果分析，要求学生应对科学问题有较全面的理解，尽管只是做其中的几个实验。

刘：毕业论文举办了答辩会吗？

王：应该是有的吧，只是我对此印象不深了。

刘：寿天德老师也表示对答辩会没有特别大的印象，但他提到杨纪珂老师的生物统计学计算量大,纯手工演算,印象十分深刻。

王:寿天德的为人和性格非常好,学生时代他是团支部委员。虽然我在校期间打下了扎实的数理化基础,但我认为我做实验的功底很不够,加上毕业后的十多年里也没有机会做实验,后来在德国的实验室、美国的实验室,特别是在邹先生的实验室才真正做了研究。与如今这些从20岁就开始做实验的博士生相比,我在实验上的训练是很薄弱的。为了弥补那丢失的十多年,自从我获得做实验的机会起,我便每天都泡在实验室,日复一日、早出晚归、雷打不动。有一次为了不失去两周才轮到一次的荧光实验机会,我坚持在大风大雨中从家骑车一个多小时赶到实验室,顾不得全身被淋湿,便立即着手做实验。

14. 挨了两次批评

刘:科大的生活除了紧张学习外还有什么?

王:科大其实也有丰富的课外活动。郭校长提倡"寓教于乐",主张"学校应当有适当的文娱活动和弦歌之声,以陶冶情操"。我每次都积极参加学校的田径比赛、篮球比赛、文艺比赛。我们班请物理系的陈伟力同学教我们排练锡兰(斯里兰卡)的《罐舞》,用各色床单裹在身上当纱丽,我们还排演了东北的《小拜年》、广西的《刘三姐》,演出极其成功,演员和观众都无比高兴。我们有幸观看了郭校长创作的戏剧,如《蔡文姬》。他还请我们看豫剧《杨门女将》。郭庶英告诉我,他爸爸说中国的地方剧具有极其高深的艺术价值,应该好好挖掘、保护和发展。我一直记得在一场周末的篮球比赛后去隔壁的政治学院看电影《青春之歌》,感觉生活好阳光、好灿烂、好充实、好幸福!但我也曾因看电影、看演出挨过两次批评。

有一次学校礼堂播放一部我非常想看的电影,但我没有票,于是我与我们班的一位同学(好像是丁荣源)做了一个爬进去的决定。礼堂外面有一个楼梯与舞台旁边的灯柱相近,我们爬上楼梯后顺着灯柱下溜到场内看电影。后来系里知道了我们爬进去看电影的事情,将我批评了一顿,其实老师是关心我们的安全。

我特别喜欢舞蹈,有一次听闻东方歌舞团有演出便激动不已,于是大家请庶英帮我们买票。庶英虽然是高干子弟,但她个性豁达、乐于助人,严格要求自己,从不搞特殊化。我与郭庶英同班、同小组、同宿舍五年,现在想来我们的缘分真不浅。那些年城市交通很差,为及时赶到剧场,我们赶不上吃学校的晚饭,就空着肚子兴高采烈地去看演出了。演出结束后我们很饿,就在西单买了点吃的,直到深夜才回到宿舍,紧接着迎来了第二天的考试,系里得知后将我们集体批评了一顿。

15. 寄语母校，期盼老友再相聚

刘：学校与学院都将迎来60周年华诞，您对学校与学院有哪些寄语？

王：如果说西南联大在中国的教育史上占有非常特殊的地位，有人称其为"西南联大现象"，那么我认为"科大现象"也值得深入研究，历史会证明科大是一所因创新而屹立的大学。国家正在开展"双一流"建设，科大与科大生命科学学院都在其中有上乘的表现。最重要的是应当在国际上争取更高的地位，为我们国家和中华民族的伟大复兴做出贡献。

随着中国交通运输业的大发展，合肥的地缘劣势被逐渐淡化。这是一处能够摆下一张安静书桌的求学殿堂，希望科大永远保持这一份纯粹性。2008年我曾在人大礼堂召开的"庆祝中国科学技术大学建校五十周年、中国科学院研究生院建院三十周年"大会上发言，讲到科大是"向科学进军"年代里的新抗大，现在应该是中国特色社会主义新时代的新抗大。目前潘建伟团队所做的研究是我们的骄傲，他是我们九三学社的中央副主席。王选先生慧眼识英才，2003年就看中了潘建伟这颗苗子，将他发展为九三学社社员。潘建伟现在还很年轻，就已经培养出了好多位出色人才，如陆朝阳、陈宇翱等，造就了一个强大的团队，他们将目光一直瞄准在世界科技最前沿。

另外科大在少年班的办学上也值得赞赏。这么多年来，科大能不受外界质疑声的困扰，持之以恒开办少年班，精神可嘉！对待这些有特殊才能的少年，我们应当赠予他们一副踏板，为他们提供快速奔跑的动力。科大从来不跟风、不盲从、不左顾右盼，表现出难得的对科学原则和科学精神的执着和坚守，从而让她拥有了与众不同的气质和魅力。

刘：2018年学校将会举办一系列校庆活动，我们想邀请您莅临指导。

王：谈不到指导，参加母校的活动我们开心还来不及。我们已经七八十岁了，你们要把这些分布在全国各地的老同学尽可能都邀请回去，能与老同学们相聚，再谈谈读书时的趣事真是令人高兴！

7 多次充当"先遣队员"
——寿天德教授访谈录

受访人：寿天德
访谈人：刘锐
整理人：姚琴、刘锐、熊卫民
访谈时间：2015年12月3日上午
访谈地点：复旦大学立人生物楼

受访人简介

寿天德教授
（李晓兵拍摄）

寿天德，男，神经生物学家。1941年出生于陕西西安，1959年进入中国科学技术大学生物物理系学习，1964年毕业留校任教。历任讲师、副教授、教授、博士生导师。在科大工作期间，曾四度赴美学习或开展合作研究。1984~1996年，曾任中国科学技术大学生物学系常务副主任、主任。1997年调入复旦大学生命科学学院生理学和生物物理系工作，任教授、博士生导师。2008年在复旦大学退休之后被返聘。

1959年，寿天德是科大第二批入学的学生之一；1969年，他是科大南迁时的"先遣队员"之一；"文革"后期，他是生物物理系最早开展科学研究的教师之一；1980年，他是生物物理系最早出国的人员之一；从1984年起，他开始主持生物学系的工作，是承担此工作的第一位科大毕业生。风风雨雨、坎坎坷坷，他与科大相伴了38年，从北京到安徽的南迁，从生物物理系到生物系的变迁……他始终都是一名"先遣队员"，且听其讲述"第一时间"的故事。

7 多次充当"先遣队员"
——寿天德教授访谈录

刘锐(以下简称"刘"):寿老师,您好!生命科学学院委托我们编写院史。过来拜访您之前,刘兢老师曾给我看过一份文件,是您所编写的生科院院史框架。

寿天德(以下简称"寿"):是的,它只是一个框架。你们应结合学校的大背景去研究生科院的历史。所以,当你们查阅档案时,别忘了学校几次重大活动时的纪念材料。

刘:对,查阅校史档案能找到一些重要的时间节点。读了相关档案后,我们认识到,仅仅依靠档案进行研究是不够的,亲历者的口述会让这段历史更加鲜活。今日我们特来拜访您,是想听您谈谈与生科院的前身——生物物理系、生物系有关的往事。

寿:我觉得你们做的事情很有意义,所以我会尽最大努力协助你们做好这项工作。生科院的事业已历经了几代人,几十年前的往事恐怕是学院的现任领导所没能亲历的。历史总要继续前进,事业终须代代传承,所以我们很看重学院历史,尤其重视与院史有关的文字和影像资料。国内外的一些著名学府也很看重历史传承。在他们的校长办公室,墙壁上悬挂着一幅幅校史油画,一届届校长照片,这些都是重要历史,值得后人继承下去。

1. 崭新的大学,崭新的系

刘:请您介绍一下建校建系初期的情况。

寿:1958年中科院积极要求办大学,最主要的原因有两点。

第一点是内在因素,表现在生源上。当年高教部和中科院之间配合得不太好,每到毕业季,中科院都不能招收到优质毕业生。按道理说,高校应该尽量向国家的科研机构提供好学生,以便国家开展科学研究。但各地基于本位主义,全都把最好的毕业生留在自己的学校里。所以在外界看来是"国家队"水准的中科院,却面临着实际难以招收优质毕业生的困境。

第二点是外在因素,表现在科学家的诉求上。在1958年,中科院在北京地区有30几家研究所,所里的许多研究员是从欧美留学归国的,大家思想解放,积极性很高,希望由中科院来办一所大学,专门培养当时国家急需的尖端科学人才,认为由这么多的科学家来办,学校一定会实力超群。他们希望把学校办成麻省理工学院式的高等学府,培养出既有较高的科学素养,又有较好的技术能力,能为国家的科学技术和国防事业做贡献的人才。在这种想法下,学校被命名为"中国科学技术大学"。科学家们热情高涨,华罗庚、严济慈①、钱学森、贝

---
① 曾担任技术物理系副主任,未担任主任一职。

时璋等人亲自担任各系主任或任教。

刘：贝老（贝时璋）同时在生物物理所担任所长，我们可以说科大的生物物理系是依托生物物理所建立起来的吗？

寿：可以。中科院生物物理所与科大生物物理系都于1958年成立，前者算是一个很新的机构，它的成立时间可能比后者早几个月①。

新中国成立前国家战乱频繁，真正的科研机构不多，中科院的前身——中央研究院是科研机构，但研究人员实际上并不多，那时贝老还在浙江大学担任理学院的院长。1949年10月1日以后国家成立中科院，中科院的各个研究机构大举招揽全国各地的科学家，于是贝老被调到上海实验生物学研究所（以下简称"实生所"）工作并任第一任所长，朱洗②等人同在该所工作。"文革"后实生所改名为"上海细胞生物学研究所"（以下简称"细胞所"）。现在，细胞所已跟生化所合并，叫做"上海生命科学研究院生物化学与细胞生物学研究所"（简称"生化细胞研究所"）。

20世纪二三十年代，贝老曾在德国获得两个学位，回国后一直从事细胞学研究，他在当时是国内资格较老的科学家之一。中科院考虑到北京在生物学上的研究力量薄弱，就把他调到北京。贝老带着研究组从上海迁往北京，成立了"实验生物所北京工作组"，主要从事实验生物学研究。这个工作组力量逐渐加强，于1958年被改建为生物物理研究所。

贝老是位长寿老人，活到了107岁。从他的身上我们能看到很多优点。第一是脾气好，为人平和，与人和睦相处；第二是有高瞻远瞩的目光。20世纪二三十年代他留学欧洲时，学习的是作为当时前沿科学的经典生物学，如用显微镜观察细胞或者胚胎发育。大约在1950年，数学、物理、化学渗透进生物学，对新一代生物学家提出了更高要求。贝老认为，今后研究生物学，必须兼具扎实的数理基础与熟练的实验技术能力，只有跨学科的人才有希望接下这道"接力棒"，我认为这是高屋建瓴的看法。但也有老科学家不以为然，甚至说贝先生是在"抢时髦"。我觉得这种说法有失偏颇。科学是不断创新的，就是要有新思想、新观点、新方法，这不是时髦不时髦的问题。他认为科大要建立一个生物学方面的系，而且既然要建，就应该建生物物理系。

---

① 中科院生物物理所的前身为中科院北京实验生物研究所，于1958年7月正式更名为生物物理所。

② 朱洗（1900—1962），实验生物学家，中国科学院学部委员（1955），中国细胞生物学和实验生物学的创始人之一。

2. 改革开放前的招生情况

刘：您是较早进入生物物理系就读的学生之一，请回忆一下当时学校和系里的情况。

寿：我觉得当时的学习氛围很好，考到科大来的同学学习都很认真。成立之初，我们系每一个年级通常只有一个班。生物物理系是12系，我是1959级的，因此我们班通常被称为5912级，我们上一届是5812级，下一届是6012级，以此类推。

我记得5912级的实际成员是48人，入学时被分成两个班，每班24人，后来又合并成了一个班。6012级招收的60多人都在一个班，他们班的施蕴渝、陈惠然、刘兢、阮迪云目前都在学校。而我们班只有康莲娣仍留在学校，她现在已经退休了，事实上我们毕业那年她被分配到校外的单位，"文革"后才调回学校工作。5812级的招生人数也比我们多，有60多人。

刘：生物物理系1958年、1959年、1960年入学，5年后按期毕业的学生被称为老三届学生。1964年以后，生物物理系就并入了物理系。

寿：事实上，"文革"前，生物物理系只完整地招了这三届学生。1960年以后，学校缩编，招生人数骤减了大半。所以从1961到1963年，12系没招生，直到1964年，我们系才又招收了20几名学生①。

刘：1963年也招收了学生，我们查到了人数。

寿：那应该是1963年和1964年都招收了学生，每一级大约只有二三十人。

刘：1964年，生物物理系合并到物理系，变成生物物理专业。之后这个专业的招生情况是怎样的？

寿：从1965年到1972年，这个专业8年都没招生。全校1961~1965级的学生们全部留在校内搞"文革"。1970年学校搬到合肥。1973年和1975年，生物物理专业招收了一些工农兵学员，多数都是在农村"上山下乡"的知识青年。我们到南京郊外的农村里招收学生，结果发现许多知青都接受过完整的高中教育，包括饶子和。他是1973级还是1975级的？

刘：他是1973级的。

寿：南京市的教学水平还是很高的，但是这些知青高三毕业后就"上山下乡"插队当农民，平时都在做农活，以前学过的知识忘了不少。他们的质量参差不齐，教学上比较困难。好在他们的求知欲望很强，来学校后一直很努力地学习。

---

① 1963年生物物理系招生24人。

3. 冷门专业出人才

刘：20世纪50年代到80年代，在大众眼中，生物学是冷门专业吧？

寿：是的，80年代还是这样的，更不用说50年代了。我们读高中时，国家正在建设"两弹一星"工程，从高中老师到学生与家长，他们普遍重视数学、物理、化学而忽视生物。事实上，我到大学报到后我才知道，同届学生里很多人都是奔着原子物理系而来的，学校不得不将部分同学调剂到生物物理系。

我记得报到后不久，班上有一位叫闫沐霖的同学闹情绪，他报的是原子核物理专业，坚决不愿意学生物物理专业，于是白天就睡在宿舍上铺不下来。他最喜欢的专业是理论物理，认为学成后可以为祖国的国防事业做贡献，最后他如愿去了原子核物理系——毕竟还是要尊重个人的意愿。他后来成为了理论物理学家。

当然也有少数人一心报考这个专业。受我父亲的影响，我把生物物理系作为第一志愿。我父亲是一名医生，他说生物学本来就是看看显微镜、做做切片、看看组织，可一旦它和物理相结合，就厉害了。他要我报考生物物理专业，因为我的数理基础还是可以的。

刘：我们在档案中查阅到，最初生物物理系只有生物物理专业，其中包含放射生物学方向[①]。为什么会有这个研究方向？

寿：新中国成立以后实行"一边倒"的外交方针。国际上，美国最早造出原子弹，很快苏联也有了。美苏两大集团对峙，核战争的威胁很大。我国迫切需要研究放射性对人的影响以及相关的防护问题。1958年生物物理所成立后，贝老等人组建了所里最大的研究室——放射生物学研究室，主要研究X射线、钴射线、γ射线对动物体的损伤，继而针对不同的射线损伤研究有效的防护措施。科大成立生物物理系后，应国家需求，将放射生物学设为其中一个方向。这是国家第一需求，所以有这样的方向。其实复旦大学的生物物理系成立得也很早，放射生物学也是其重要方向。全国都是这样，都是这个目的。放射性损伤先是物理反应，二级反应是化学反应，然后才是一系列细胞的损失。

我的毕业论文与放射生物学有关，题目叫做《电离辐射对胰蛋白酶的辐射效应》。我跟陈润生都做这个课题，我俩一起做实验，所以我们的实验数据是一样的，但论文是各自独立撰写的。陈润生做化学实验时非常有条理，动手能力很强，我从他身上学到不少东西，总之合作过程相当愉快。

刘：12系的老五届毕业生里，王大成（5812）、王志珍（5912）、陈润生

[①] 另一个方向是宇宙生物学方向。

(5912)、施蕴渝(6012)、陈霖(6412)当选为院士。生物物理系并入物理系成为生物物理专业后,1973级的饶子和当选为院士,这几届学生总人数不到260人,却培养出6位院士,院士当选率高达2%,远高于校级层面的"千生一院士"的比例。您怎么看待这个现象?

寿:20世纪下半叶,自然科学中的物理、化学学科日渐发展到成熟阶段,而大量的生命科学之谜还有待揭示,这时候人们常使用数理化知识来研究生命现象。科大生物物理系的学生具有扎实的数理化基础,他们多数毕业后将毕生的精力投入到生命科学研究中,当然会在各自领域做出一定成就。大概这就是所谓的"时势造英雄"吧!

5912级三位同学合影

(左起:沈均贤、王志珍、寿天德,2013年拍摄于中科院生物物理所)

刘:成才率高与生物物理系的教学理念、培养模式、课程设置等因素有关吗?

寿:肯定有。我们系在这几个因素上很有特点,与北大生物系有很大差别。我一看北大生物系的课程就觉得老旧,他们主要上经典生物学,学习老一代生物学家们做的那一套东西,这样的话就不容易跟上时代的发展。我们念书的时候学制是五年制,短短五年,我们不仅要学(生物学方面的)专业课,还得花大精力学(数学、物理、化学等)基础课。基础课由学校安排,专业课由生物物理所安排,贝老委任沈淑敏先生负责全系的教学工作,委派了研究所的研究员、副研究员或助理研究员过来给我们上课。专业课配了助教,这些年轻的助教大多毕业于北大,少数几位毕业于南大、复旦。不过他们的数理基础较弱,真正厉害的人并不多。

刘：这些助教都是研究生吗？

寿：不是，他们都是本科生。

刘：生物物理所派过来上课的老师是否都是年轻人？

寿：有很多年轻的助理研究员，也有一些年长的高级研究人员，如徐凤早①、马秀权②、叶毓芬③等。所里的老师坐班车过来上一下课，然后就回去了。叶毓芬是童第周的夫人，她教胚胎学，热情极高，将这门课讲得透彻。只不过她那一口宁波话，让好多学生不明所以，北方同学更是完全听不懂。

数学、物理、化学这些基础课是我们的主要课程，例如高等数学，我们就念了整整六个学期，我们同原子核物理专业的学生在300多人的大教室里一起上大课。由中科院数学所派人来讲授，其中有留美归国的人。我们和物理系的学生同等待遇，做相同的作业，考相同的试卷。当然是否有必要学这么多高等数学是可以商榷的。化学呢，我们和化学系的学生一起上。别的系的同学可能只要学单科，我们却必须学三科，真是苦死了！

升上三年级后，我们要上电子学课、生物专业课等。每门课都有实验课，于是周末就没时间玩了，尽是预习、做实验、赶写实验报告。

4. 参加"四清"运动

刘：大学毕业后，您一直留在系里工作吗？

寿：按当时的政策，我们从大学毕业还不算毕业，因为我们没有经过社会的磨炼，所以我们得参加社会主义教育运动，也即"四清"运动④。当时全国各地都在开展这个运动，从城市各个机关、学校、工厂、部队（人数较少）中抽调干部，混编组成"四清"工作队，派往各个村庄去做"四清"工作，每个村派十几个人。

我的经历是，大学一毕业就留校，报到完就下乡参加"四清"运动，1964～1966年，我一直待在农村。

刘：您在哪里参加"四清"运动？

寿：在北京东郊。我被安排到北京市委农村"四清"工作团，我所在的四合

---

① 徐凤早(1904—1987)，昆虫学、放射生物学家。1937年获比利时卢汶大学理学博士学位。1949年后历任中国科学院昆虫研究所、实验生物研究所、生物物理研究所研究员。当时为科大学生讲细胞学。

② 马秀权(1916—1970)，神经组织学家。1949年获得华盛顿大学博士学位，1950年回国后在中国科学院生物物理所任研究员。当时为科大学生讲放射生物学。

③ 叶毓芬(1906—1976)，实验胚胎学家，中国科学院动物研究所副研究员。

④ 一开始在农村中是"清工分、清账目、清仓库和清财物"，后期在城乡"四清"中称为"清思想、清政治、清组织和清经济"。

庄工作队里有参加过抗美援朝的老干部,有解放战争时期的营长,有大工厂里的保卫科科长。他们都有一些工作经验,而我刚毕业,还是一个初出茅庐的小伙子。虽然耽误了专业工作,但对"四清"运动也可以一分为二地看:我们从小学一路念到大学,的确不了解社会,跟着工作队去农村,跟当地老乡同吃、同住、同劳动,也是蛮有收获的。当时条件非常艰苦,我们和农民一起出工干活,白天就已经很累,可晚上在农民家中吃完晚饭后,还去各家串门。这样一弄,我们就跟农民打成了一片,可以了解到具体情况。

春节期间,工作队的其他人都回去了,就留我一个人在村子里。为了守卫"四清"工作队队部,上头还发给我一支步枪加五发子弹。

我总共参加了两期"四清"运动。第一期在通县中古友好公社(中国、古巴人民友好人民公社),第二期在顺义县,快要结束的时候"文革"开始了。尽管干了各种农活,自身得到很多锻炼,但毕业后整整两年我都没有接触过业务工作。

刘:第二期"四清"运动结束,您就回学校了吗?

寿:严格地说,"四清"没有正式结束,工作队就撤回来了。1966年,"文革"开始后我回到学校,学校各项事业荒废,一直荒废到1973年生物物理专业招生。我们毕业后没教过书,这时候却要给学生们上课,没办法,只能自己编教材。

5. 作为"先遣队"成员南迁

刘:您是哪一年到的合肥?

寿:1970年。1969年12月我南迁到到安庆,然后在安庆市无线电元件厂搞了半年多的可控硅器件的研制工作,直到次年8月才到合肥。

1969年3月,中国和苏联在珍宝岛发生了武装冲突,形势变得越来越紧张。

1969年10月,中央要求北京所有大学在3个月内全员撤出,不管搬不搬家,先把人撤走。北京有几十所高校,各自找地方躲避!科大的规模虽不算大,但师生加起来也有5000人。这么大一个单位搬迁,可不像一个家庭搬家那么简单,所以学校派了一些工作队去各地找疏散地点。我属"先遣队"成员,1969年12月,我就去了安徽,是最先到达安徽的人之一。次年,科大整体搬迁到合肥。

刘:请详谈一下相关情况。

寿:那时科大只有6个大系了[①],我们系已经并到2系——物理系。这个新

---

① 建校之初科大有13个系,1964年合并成6个系。

的2系由原技术物理系、地球物理系、生物物理系和物理教研室合并组成。学校这6大系都要抽调人员去当"先遣队员",分摊下来就由每个教研室出人,生物物理这边派了刘兢、余明琨和我,两女一男。1969年12月,我们和其他系的老师以及后勤部门的人员一道组成"先遣队",根据学校的指示去安庆。当时安庆只有公路和长江水路,连铁路都没有,交通不便利。那从北京如何去呢?我们先坐火车到汉口,然后沿长江坐轮船下行到安庆港上岸。当时李德生是安徽省主要负责人,他还没到安庆看一眼呢,我们就已经抵达了。分给我们的"安家"之处叫马山党校,是一幢三层教学楼,由于长期没人管,早被破坏得面目全非了。窗户上不但没有玻璃,就连窗框都被人拿回去当作柴火烧掉了,电线全部被拆走,房间被破坏得根本就没法住人。刚开始我们以为这就是最终落脚点,只能想法子解决困难。好在"先遣队"里还有几位能力比较强的学生,我们带着他们一起干活。我们先在当地找工人修好窗户,安上玻璃,又着手解决室内电路问题。其实我也没学过电工,只懂最基础的欧姆定理,不过线路连接都有工艺规范,我就到街上买了本电工手册,然后带着两名学生,花了一个多星期装好了整栋楼的灯。

原生物物理专业教研室三人"先遣队"成员合影
(左起:刘兢、俞明琨、寿天德,2018年2月拍摄于海南琼海)

刘:动手能力真强!

寿:那个时候大家年纪轻,都是单身,工作热情真的很高。安顿下来后,我们通知北京本部,说可以来一些人了。一个月后,即1970年1月,1000多名学生集体过来,到半夜才摸到我们的安置点。正值隆冬,南方阴雨,十分寒冷。房间里没有床,我们买了稻草铺在地上打通铺。在此之前,我们也一直睡地铺。当时我把全部家当都带来了,其实也没啥东西,就是一卷铺盖加几本书。各方面真的很困难。

  刘:后来情况变得怎样?

  寿:变得更糟糕了。大队人马来了之后,天降大雪,积雪多日不化。北京有暖气,可南方没有啊!党校位于长江边上,江风凛冽,房间里奇冷无比。我们买回木炭、炭盆,在房间里升着炭火取暖,学生们都缩在被窝里出不来。

  刘:你们是怎么从安庆迁到合肥的?

  寿:后来情况变得越来越糟糕。北京本部的人要过来却不能过来,毕竟这么小一个地方,根本就无法容纳更多的师生。学生们觉得这样耗下去不是办法,就有一些人跑去合肥。学校有自己的卡车,他们冒着寒冷坐在卡车上,一卡车人浩浩荡荡地开往合肥。他们找到安徽省革委会,向他们反映了科大的情况,这就把事情闹大了。李德生和宋佩璋清楚科大的分量,经商量后同意把科大迁到合肥。

  当时合肥师范学院正在进行"斗、批、改",它的各个系被取消、分掉,即所谓"拆并"。就这样,我们再次搬家,最终迁到合肥,使用了原合肥师范学院的校址。合肥师范学院的建制不完整,没有理科类专业,只有历史、文学、音乐、体育等文科类专业,所以学校被一分为二:一部分被分到安徽大学,另一部分被分到芜湖的安徽师范大学。

  刘:你们刚搬迁到合肥时,学校的校园面积有多大?和现在金寨路校区的校园面积一样吗?

  寿:是的,面积一样。但当时教学设施很少,只有几栋房子,教1楼、老图书馆及图书馆后面两栋黄色小楼(它们原先叫做艺术楼,学生在那里学钢琴、学绘画)。除此之外,还有几栋师生宿舍楼。

  刘:老图书馆背后西侧曾有一栋小楼,它是不是生物系最早的办公楼?

  寿:它是原合肥师范学院的学生宿舍。当时工(军)宣队①的2系队部驻扎在那里,学校的一切事务由他们说了算,他们撤走后,我们重建生物系,办公室设在它的底层。

  到合肥后,我们还是搞"运动"。学校住不下5000人,就把我们分到三四个地方去劳动。

  刘:你们被分到哪些地方?

---

  ① 工宣队是"工人毛泽东思想宣传队"的简称,军宣队是"解放军毛泽东思想宣传队"的简称,合称为工(军)宣队或工、军宣队。

寿：有的去淮南煤矿跟着矿工挖煤，有的去巢湖的白湖劳改农场，有的去铜陵铜矿，还有小部分留在合肥①。科大在北京时受北京的工(军)宣队领导，到合肥后，领导关系发生了变化，受合肥这边的工(军)宣队领导。

刘：这种局面持续了多长时间？

寿：一直持续到1976年年末。"文革"后期，学校恢复了招生，但政治运动还在继续。

6. 生物系最早做科研的人之一

刘：生物物理专业是1973年恢复招生的吧？

寿：对。就招了1973级、1975级这两级工农兵学员。招生开始后，我们觉得，这样整天开会搞运动不行，得抓紧搞点业务了。我们五年的大学学习，国家培养我们，不收学费。从良心上讲，我们应当为人民、为国家做点事，而不应该再让时间一天天荒废掉。而且，我们的岁数也在一年年变大，所以我们很想做点业务工作。可以说，我是系里最早开始做科研的人。

"文革"十年，几乎所有的科研项目都被叫停了，大概只有国防军工方面的科研或极个别领导人关注的项目能够开展起来。有一个跟生物学有关的项目——针刺麻醉原理的研究。这个项目不受限制，我们就想尽办法做点这方面的研究。

刘：这项工作始于哪一年？

寿：1972年或1973年，我们跟6系(无线电系)张作生老师合作。遗憾的是，张老师现在已经过世了。

回想起来，当年大家一起工作，合作得很愉快。第一步工作中，我们开始学习如何扎针。先在自己身上试穴位，然后去当地医院"取经"，我们同安医附院(安徽医科大学第一附属医院)、安徽省立医院、合肥市第二人民医院均有合作或密切联系。我跟医生们逐渐熟悉起来，关系越来越密切。他们还让我在手术室待了十天。他们做手术时，我就在旁边观看。从北京搬来的设备里有一台脑电图仪器，是电子管的，搬迁时竟然没有坏。我们心痒难耐地想试试看，没想到还能做点事，唯一的缺点就是很耗电。

用现在的眼光来看，那些尝试都是很初级的，但是好歹开始行动了。在研究工作的推进过程中，我意识到自己缺乏电生理的相关知识和实验技能。当时中科院上海生理研究所也在做针刺麻醉的电生理研究，他们的研究成果在全国稳执牛耳。所以1974年10月，我去上海生理研究所进修，为期半年。1975年

---

① 另有两部分人分别去了马鞍山、寿县农场。

4月,我回到科大,正式开展研究工作。实验对象是兔子,针刺兔子后,它的耐痛阈值提高了40%～50%,这可能与脑内基底神经节的尾核有关。当时这项研究成果以集体名义发表在1976年《中国科学技术大学学报》上①,它算是我们系里的第一篇科学论文。

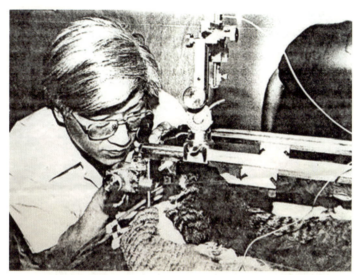

寿天德做视觉神经生理实验——为猫验光、矫正视力
(1990年拍摄)

刘:您还保存着这份原件吗?

寿:有。论文发表时毛主席逝世,所以那一期用第一页的版面悼念毛主席,还加了黑框。虽然这是我们的第一篇论文,但文章却是以集体——针刺麻醉小组的名义发表的。那时国内的情况都一样,发表研究成果时不署作者的名字。

刘:您是研究小组的牵头人吗?

寿:我和孙玉温老师②一起负责,在这个项目中她起了很大的作用。

刘:她现在还在科大吗?

寿:是的,在科大。但她身体不太好,患有高血压。

刘:您在学校哪里做实验?

寿:教1楼三楼,西面朝南的第二间房间。

---

① 中国科学技术大学生物物理专业针刺麻醉研究小组.尾核在耳根环麻醉中可能作用的初步探讨[J].中国科学技术大学学报,1976(Z1):196-202.

② 孙玉温(1933—),科大生物学系教授。1957年毕业于四川华西医科大学,然后一直从事生理学教学工作,1976年开始耳根环麻醉原理研究。参见:庄毅.中华人民共和国享受政府特殊津贴专家、学者、技术人员名录(1992年卷):第三分册[M].北京:中国国际广播出版社,1996.

刘：您记得可真清楚啊！

寿：的确，因为这间屋子是我从事神经科学研究的起源地。1978年，党中央在北京召开全国科学大会，号召全体科学技术人员向科学进军，郭沫若在会议闭幕式上发表讲话，宣布"科学的春天到来了"。由于此前大家普遍没搞科研，而我们已经出了研究成果，所以我们占了较大先机。学校和安徽省把我们这项研究以科大的名义报上去，在中科院得了一个"重大科技成果奖"。另外，我们还在安徽省获得了同样的荣誉。所有这些材料都是由我整理上报的。

7. "所系结合"与"回炉再造"

刘：1977年，学校召开教学管理会，改革院系建制，建立生物系（8系）。在生物系独立建系的过程中，您是亲历者，能否给我们详细介绍一下相关情况？

寿：1977年改名的？

刘：对，1977年科大进行机构改革，生物物理专业从物理系独立出来，成立生物系[①]。

寿：难道是我的记忆不准确？在我的印象中，生物系是1978年在合肥召开落实"全院办校，所系结合"的工作会议后成立的。新任命的系主任是中科院上海细胞生物学研究所所长庄孝僡先生（兼任）。当时有许多中科院的研究所的领导和专家到合肥来，具体指导各系的规划和建设。那时期在北京的确召开了重要的会议，是中科院关于中科大的工作会议，也许是1977年开的。

生物系自身做了很多努力工作。科大迁到合肥后离北京较远，生物系虽仍和生物物理所进行"所系结合"，但从业务角度上看，从那时候起，我们系变得跟上海的六七个生物类研究所的联系更加密切，尤其是生理所、生化所、细胞所、药物所。

我们都知道，办好一所大学、一个系，师资最重要。我们师资比较年轻，核心部分是老三届，也即1958、1959、1960级的留校生，全校共留了200多个。这些人是科大的根子，是永久的，是不会调到北京去的，基本上与科大共命运。科大搞好了，我们也好，科大搞糟了，我们也没什么前途，一荣俱荣，一损俱损，所以这就是一个比较稳定的因素。这批人受了五年的严格训练，是一流科学家和他们的助手们培养出来的，虽然业务荒废多年，但基础不会丢，就像干细胞一样，只要条件满足，就能实现分化，往哪个方向发展都可以，这点很关键。

---

① 1977年12月23日，科大向中科院提交了《关于我校教学科研机构设置方案的请示报告》，其中包括增设生物系。1978年3月15日，该报告获中科院批复同意。参见：朱清时.中国科学技术大学编年史稿[M].合肥：中国科学技术大学出版社，2008.

科大南迁后大批教师流失。为了迅速补充并提升师资力量,我们做了两项重要工作。一是把老师们送到所里去进修,提高他们的业务能力;二是大量招募人才。招募对象分两种:第一种是1958~1965级的科大学生,其中1961~1965级的学生毕业后大都被分配到全国各地,很多人在农村中学里当老师。我们给他们发信,大意是:母校现在需要你们,我们欢迎你们回来建设母校。陈霖、张达人①就是这时候回来的。陈霖最早是到物理教研室当基础课老师,后来调回生物系。张达人目前还在系里工作,他的夫人杨培芳曾在生物系工作,现在是物理系的博导。当然也有人因为当地不放人或其他种种原因没法回来。召回来后,科大认真对待,给他们"回炉再造"。尽管业务已荒废多年,但本科期间受到的严格训练在关键时刻仍能发挥作用,他们迅速上手。第二种是面向社会广泛地招募人才。有些人在"文革"前就已经做过若干年的工作。例如,徐洵从中国医科大学过来,她有一定的科研经历,业务能力很强。之前她丈夫在北京,她在沈阳,两人分居多年,他们俩一起调到科大来后,才解决两地分居问题。那时候,夫妻俩同为知识分子,结婚后十多年仍分居两地的现象还不少。我跟我夫人结婚以后一直分居两地工作,12年后才在一起。

寿天德与研究生一起分析讨论实验结果

(约1992年拍摄)

刘:竟然长达12年?

寿:是啊,你们现在或许无法想象,但那时候这种现象比比皆是。

---

① 张达人(1945—),科大生命科学学院教授,1970年毕业于中国科学技术大学生物物理专业。

刘：您夫人在北京工作吗？

寿：她先在北京，中苏发生边界冲突后，她随单位辗转去了云南，后来又到上海待了6年。我第一次从美国回来后，考虑到我们在上海没地方住，小孩的教育问题也要提上日程，她放弃上海优越的工作随我回合肥，全面支持我的工作，这才结束我们长达12年的两地分居状况。

8. 四度留美

刘：您刚提到从美国回国的事。您是何时去美国进修的？能不能和我们分享一下相关情况？

寿：1980年3月，春节刚过我就动身前往美国西北大学（Northwestern University），这是一所私立大学，坐落于芝加哥市，北大的饶毅曾在这所大学任教授。我本该于1982年3月回国，但由于工作没结束，就比预期延长了两个月，于5月回国。施蕴渝是生物系第一个出国的教师，1979年上半年，她被派去罗马大学。我是我们系第二个出国的。我们拿的都是中科院的出国指标，以访问学者的身份公派出国。

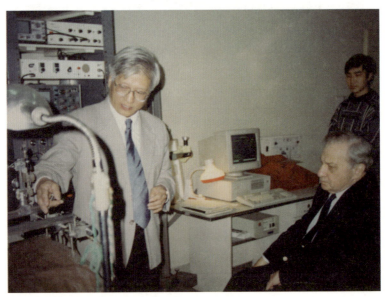

寿天德在科大生物系向美国加州理工学院诺贝尔奖得主R. Marcus教授介绍视觉研究工作

（约1995年拍摄）

1983年，我就开始担任系副主任职务。1984年11月，我任常务副主任（主任缺）。当时我还只是一名讲师，但是生物系由我全面负责行政事务。1989年我晋升为教授后,被正式任命为系主任。

1987年11月,我再次前往美国,到犹他大学(The University of Utah)医学院开展合作研究。这次是对方出钱,不需要国家提供费用。大约1989年3月,我第二次从美国回来。

1992年,我第三次前往犹他大学,前后大概待了9个月。

1996年,我第四次也是最后一次前往犹他大学做研究,共计4个月,随后又到休斯敦大学(University of Houston)学习了3个月,总共历时7个月。在这几段出国经历中,我基本上是围绕视觉脑机制的课题开展学习、交流和合作研究的。有意思的是,我出国学习、做研究工作的时间是逐次递减的。

从1984年11月到1996年11月,在当了整整三届系主任之后,我提出辞职。我对学校说:"这个系主任我不能一直这么当下去了。虽然我热爱科大,我整个生命中精力最旺盛的时期都是在科大度过的,我付出极大努力建立的国内著名的视觉研究实验室和研究队伍也在科大,但现在我不得不离开亲爱的科大了。"

我离开科大,完全是因为家庭的原因。我和妻子都年老了,她想回上海度晚年。她说,我们的年纪越来越大了,两个子女都在上海,晚年怎么办?这很现实。为了支持我的工作,她离开了工作多年的部队,放弃了上海的外贸工作,离别了父老兄弟,来合肥陪伴我14年。她坚持要退休回上海,这点要求我没法拒绝,因为原先我已经几次放弃了调回上海的机会。最后一次,56岁的我搭了末班车依依不舍地离开了科大,去了复旦大学,开始了在很困难的条件下,只身艰苦奋斗,创建新的视觉脑研究实验室和研究队伍,开展教学和科学研究的新生涯。当时,我还情不自禁地赋了一首诗:

科大创业历艰辛,两代园丁献身心。
再绘宏图迎世纪,寰宇学府呈雏形。
三十八年夜与昼,昔日少年今白头。
而今东去事复旦,同育英才震五洲。

8 生物物理专业连队
——陈惠然教授访谈录

受访人：陈惠然教授
访谈人：熊卫民
整理人：贺崧智、熊卫民
访谈时间：2018 年 3 月 6 日
访谈地点：中国科学技术大学东区陈惠然教授家中

受访人简介

陈惠然教授
（贺崧智拍摄）

陈惠然，男，教授级高级工程师。1937 年生于广东汕头，1960 年考入中国科学技术大学生物物理系，1965 年毕业留校，长期从事生物电子学的教学和科研，1972~1977 年曾任生物物理专业连队主任。主要研究生物弱信号检测与处理、生物医学智能仪器开发。1978 年获得中国科学院重大科研成果奖，1982~1992 年获省校级奖三次，所主持的测听仪项目获安徽省科技进步二等奖。

在这次访谈中，陈老师从自身的经历出发，介绍了 20 世纪 60 年代科大生物物理系的教学工作，以及 1969~1970 年科大南迁，1970 年后老师们去煤矿、农场接受工农兵再教育，1972 年后他主持生物物理专业连队培养工农兵学员、引进专业课教师、开展耳根环麻醉研究等诸多情况，许多内容新颖而权威，而他对科大精神、传统的思考，也有独到之处。

熊卫民(以下简称"熊"):陈老师,我们这次拜访您,主要是想向您了解您的教学与科研的生涯。听说科大南迁到合肥后,您曾担任过生物物理专业的主持人。关于这段时间科大生命科学的发展历程,您是最有发言权的。

陈惠然(以下简称"陈"):好的。

1. 在"文革"前,生物物理专业只招了五届学生

熊:先从您的个人生平开始谈起吧。您是哪一年生于什么地方?

陈:我是广东汕头人,生于1937年。1960年,我考到了科大生物物理系。科大是1958年建立的,生物物理系招了1958、1959、1960三级之后,因为国家进入困难时期缩减高等教育规模而停止招生。所以,我们没有1961级,也没有1962级。然后恢复招生,有了1963、1964级。1965年后,又没有招生。所以,从建立到"文革"开始,科大生物物理系就招了五届学生。

1964年,由于学校进行机构改革,生物物理系被并入物理系,成为物理系的一个专业。而物理系则变得很大,包含技术物理、地球物理、生物物理和学校的物理教学中心。等到1965年毕业的时候,我们已经不是生物系的学生,而是物理系生物物理专业的学生。

一毕业我们就被安排去农村锻炼一年,参加社会主义教育运动,也即"四清"运动。施蕴渝没有做毕业论文,被学校直接送到北京农村去搞了一年的"四清",毕业后她又立即被单位送去山西搞了一年"四清",所以她参加了两次"四清"。

我们这一届就业形势不好。在当时那个环境,没有多少地方要生物物理专业的人才。正因为这个原因,1961、1962年生物物理系没有招生,1965年再次停止招生。

2. 科大南迁"先遣队"

陈:然后就是"文革"。1969年夏天,科大派人在全国各地跑,联络南迁的地方,结果江西、湖南、河南等省都说无法接收科大。后来,安徽省主要负责人李德生说要,并把科大安排到安庆。

然后就从各单位抽调人员组成"先遣队"。1969年年底,作为科大"先遣队"第一批队员,我们到了安庆。到那里之后,我们被安排住到安庆地委招待所,三层的一栋小楼,没门没窗,什么都没有。我们密密麻麻地排成两排,睡在房间地上的草垫上。当时我是什么头衔,跟着谁去的,我都记不清楚了。我只

记得那是 12 月底,因为第二天早上,我们在那里听了中央人民广播电台播放的 1970 年元旦社论。

有一些学生也在"先遣队"中,他们当时就闹了起来:"这种条件,怎么办大学呢!"他们就跑到合肥找李德生。作为安徽省主要负责人和 12 军军长,他的军部就设在合肥师范学院,即我们现在的科大东区内,合肥师范学院的师生已被迁往皖南,与其他学校合并成安徽工农大学(1972 年改名为安徽师范大学)。学生一闹,他就松口了,决定把自己的地方拿出来给我们,而把他的军部撤到九七医院——金寨路上的一个军队医院。有了落脚的地方之后,后面的人就陆续来了。

熊:现在想来,科大南迁是不是太匆忙了?这么大一个单位,去什么地方都没定,就要搬迁。

陈:科大南迁,直接原因是珍宝岛冲突之后,苏联在中苏边境陈兵百万,形势非常危急。

当时科学院负责人叫刘西尧,是他决定让科大南迁的,去哪里你们自己去找。当时,地质大学、矿业大学等也都搬迁,也是自己去联系的搬迁地点。

3. 到淮南煤矿挖煤

陈:到合肥之后,科大很多学生对"文革"失去了兴趣,就去鼓捣半导体收音机……他们不是理科学生嘛,能利用简单元件制作出收音机。其他老师和没分配的学生则到外地去接受工农兵再教育。只剩了一个系留守合肥。我们物理系改造的地点是淮南煤矿和马鞍山钢铁公司。

我和施蕴渝的第一个孩子叫陈思泉(现在在美国,老二叫陈为真,1971 年 11 月生的,现在在北京生物物理所)是 1969 年 10 月出生的,科大南迁合肥时她还没满 4 个月。我和施蕴渝的工资都是每月 46 块,请不起保姆。当时我姐姐的女儿 14 岁,她没书念了,我们就把她从汕头接到北京来帮我们带孩子。我到合肥后,心里想,这个家分两地可怎么过啊,得把施蕴渝从卫生部中医研究院调来,那点钱才能凑合着过。我就跟当时的领导说想调她过来。领导说那就调吧。当时这都无所谓的,进北京很难,出北京很容易。

我就请假一个星期,跑到北京把她们三人——我外甥女、我小孩和施蕴渝接了过来。那时真穷啊,我们的全部家当用一个一米多见方的木头箱子就装来了。我在学校搞到了一间住房。我想,我下去工作之后,老婆孩子怎么办?为了安全起见,我就把房间的前后窗都钉上了铁条,有玻璃窗可以看到外面,但外面的人进不来。不然打开玻璃窗,坏人进来了怎么办?

然后我就去淮南煤矿,春天去的,一直干到那一年——1970 年的 10 月份才回来。我们的工作是挖煤。先一个个在更衣室脱得光光的,把衣服捆成一捆放在那儿,然后穿上工作服,下到200米深的矿井中。每次都是上午下去,下午四五点钟才回来。中午没人去底下送饭,所以没中饭可吃,得饿几个小时。下去几次后,我们就知道早饭得吃饱一点,否则挨不过来。出来的时候,大家全身黑乎乎的,都是煤黑子,你不认识我,我不认识你。更衣室旁边有个池子,就在那里洗一下再穿衣服。洗完后,池子里的水黑如墨汁,还漂着一层黑油。洗不干净的,也没个地方给你冲一冲,根本没这条件。

4. 亲姐妹对面不相识

陈:我去淮南煤矿挖煤时,施蕴渝她们留在合肥。我们的小孩在刚出生时有八斤二两,等我回来时,已经1岁多了,她瘦得像个猴子。施蕴渝更是被饿得不成样子。说个笑话给你们听。施蕴渝的妹妹当时下乡到了内蒙古,有牛奶喝,长得胖乎乎的。那年她回南京,就顺道来合肥看她姐。两人约在现在的科大东区见面。走得很近了,施蕴渝只见到前面来了一个胖姑娘,而她妹妹则只见前面来了一个瘦得不成样子的妇女,心想这个人怎么这么瘦啊。亲姐妹都不认识了!

熊:您去淮南煤矿后,施老师留在学校干些什么呢?

陈:北京那边留了一些老师拆学校那些瓶瓶罐罐、试验设备,包装完之后,先用火车拉到合肥,再用汽车拉到东区,最后让各个系的人去领。施蕴渝和其他留在合肥的老师负责把那些设备搬到教1楼的三楼。她一直干这个事,直到我回来。然后,她又被派到科大附小去当老师。她不太会教孩子,有一个男孩子顽皮,不好好上课,觉得施蕴渝好欺负,跳起来捣乱,她被那学生气哭了。现在那孩子长大了,觉得以前对不起老师。再后来学校招收工农兵学员开课了,她就给刘涛等当助教。

5. 成立生物物理专业连队,培养工农兵学员

陈:1972年,刘达复出,科大开始招工农兵学员。这时候的建制,变成了专业连队。生物物理专业连队的领导机构叫专业委员会。我被任命为专业委员会主任,包承远是副主任,孔宪惠是书记,我们三人组成生物物理专业连队的领导班子。

专业连队是怎么组成的呢?① 我们生物物理教研室的老师,负责上专业课;② 数、理、化、电等基础课教师,记得物理教研室来了张玉民、电工电子学教研室来了张作生、化学是陆明刚和黄复华。这些我都记得,但是数学是谁我记

不住了。滕脉坤说教他们数学的是陈霖,可在我的印象中好像不是陈霖。

熊:滕脉坤是1975级的。我听陈霖说,他确实教过他们。但1973年时陈霖还在"回炉班"进修,不可能来专业连队做数学教师。

陈:对。我记不清数学老师了。只记得其他几个人。现在张玉民退休了;张作生已经去世;化学分为无机和有机,教无机的是陆明刚,教物化是黄复华。

在我负责的这段时间,我做的第一件事情是设计工农兵学员的培养方案。工农兵学员的学制只有三年共六学期,该怎么来培养呢?我们是这么安排的:第一个学期补齐高中的课。学生连函数、三角、级数这些概念都不知道,你上来就讲微积分,他们怎么听得懂?不懂微积分,他们又怎么能学普通物理?所以这学期老师们自己编讲义,把他们的数理化补到能衔接大学课程的程度。接下来用三个学期学数、理、化、电——我们生物物理专业的四大基础课。我们当年数、理、化、电要学三年,第四年才进入专业课,现在没办法,只能在三个学期内,让他们学完过去我们在北京学三年的东西。第五个学期就学专业课。咱们过去的传统是最后一年去科学院的研究所做毕业论文,但是那时候哪还能去科学院?所以第六学期我们就"开门办学",到社会上去找实习单位。施蕴渝曾带他们去蚌埠肉联厂及蚌埠果糖厂实习,让他们看怎么从内脏中提取胰岛素制药,和怎样从白薯干发酵得到葡萄糖,又如何通过酶催化生产果糖。

熊:有人回忆说科大的工农兵学员学了三年半?

陈:没这个可能。你去查一下档案,里面有工农兵学员的教学计划。1972年我们没敢招生。招了1973级之后,我们又不敢招1974级。后来招了1975级。我们就招了两届工农兵学员,每届只10多人,总共30多人。

熊:工农兵学员的素质如何?

陈:他们的文化程度不齐,有以前上完了高中的,也有只上完初中的。"文革"停办大学那么多年,他们好不容易得到了上大学的机会,还是很珍惜的,所以学习态度普遍较好。

熊:政治运动对学习的冲击大不大?

陈:刚南迁时有运动,招工农兵学员后就没有了。在学生里头不搞这些东西。吃"压缩饼干",学那么多课程,学生都累了,也不大管这些事。

熊:工农兵学员做研究、写论文吗?

陈:谈不上,就是半年的"开门办学",带他们出去实习一下,谈不上做研究。实习回来之后,谈点体会,写一个毕业总结,也谈不上写论文。

熊:1975级是不是就有一些学生能够到研究所去实习了?

陈:他们大三时为1978年,对,那就有可能了。但我记不清了。我想,我们当年给他们打下的基础还是可以的。为什么这么说?他们中间出了院士,饶子和就是1973级的工农兵学员。另外,张荣光等也还是挺能干的。1975级的滕脉坤、崔涛等也都不错。他们能够成才，当然更多的是因为他们自身的努力和后来的机遇，但也不能说跟我们当年给他们打的基础无关。

熊：你们特别重视数、理、化、电等基础课。

陈：本来我报考科大是报的近代物理，施蕴渝也是报的近代物理，因为我们数理好，对物理非常感兴趣。可我们都被调剂到生物物理系。进科大后，我们是先学数、理、化、电，再学生物。刚开始不理解，后来我才知道贝时璋的这个思想是对的。他想用数、理、化这类现代的精密科学来研究生物学。生物学原本是个描述性的科学，医学和生物学根本就没有定量化和公式化，而数、理、化是用一个个的公式来表达的。贝先生想用定量的方法和现代科学的语言来研究复杂的生命过程。事实上，我们只起一个传承作用，这不是我们的思想，是贝时璋那一辈科学家办生物物理系的思想。他们培养了我们，我们体验了他们那一套东西，觉得好，又将其传承下去。

熊：您参加"回炉班"的工作了吗？

陈：没有。"回炉班"是学校办的，与专业连队无关。

熊：当时是不是同时搞了两种教育制度，一种是"回炉班"，另一种是工农兵学员？

陈：不能这么说。"回炉班"是刘达的创意，是临时性的，学员是科大老五届的学生，临时培训一阵就结束了。这个事情你可以问徐耀忠和陈霖，他们俩都是"回炉班"的。工农兵学员是正式的统一本科招生，学员不用考试，都是直接保送来的。

熊：1973年那一级没考，也是保送的？

陈：是的，1972、1973、1975级都是保送的，没有考试。就是公社拿一个名单出来让我们接收。

熊：1973年发生了张铁生交白卷，进而被树为"白卷英雄"的事件，这对你们的招生有影响吗？

陈：张铁生事件对科大没什么影响。在有些人的眼中，似乎工农兵学员全都整天瞎闹，搞"斗、批、改"之类活动。我们这儿可不是那样。课堂就是课堂，很严肃，很认真。我们专业的这些工农兵学员挺厉害的，我们让他们吃"压缩饼干"，将三年的学习内容压成三个学期教给他们。所以工农兵学员也是吃了很多苦的。如果他们消化得了，后面就受益无穷。

6. 恢复教学科研队伍

熊：你们给工农兵学员开的专业课似乎不多。

陈：这是因为南迁对生物物理专业破坏得非常严重。严重到什么地步？

1973年开始招生时,我们原来的老师变得屈指可数:王贤舜、蔡志旭、钟龙云、雷少琼,孙家美,就这五个人了,教生理的庄鼎已经走了,他南迁到合肥,然后又调回了北京。所以到我们招生时,只有我们的老师孙家美在,教动物解剖的蔡志旭在,搞同位素的雷少琼在,就这几个老师,教生化的都没人了。当时南迁的时候大家都来了,不敢不来,来了之后,合肥又湿又热,受不了,也没人做主,然后就都走掉了。本来有20几个老师,但是最后跟我们一起招工农兵学员的没剩几个。

然后,留校的科大毕业生也陆续走了。1958级,除了孔宪惠后来当书记没走,黄婉治出国,蒋巧云出国,李钦走了,一共四人走了三个。1959级,后来余明琨和包承远也到北京去了。招工农兵学员时余明琨还在,她当时开了生化课程,后来才走的。他俩走都是因为夫妻异地分居问题。包承远的妻子是生物物理所的,余明琨的丈夫是生物物理所的。

在我负责的这段时间,我做的第二件事情是重新规划,恢复教学科研队伍。我知道我们这些人教基础课不行,所以我找来了孙玉温。她从华西医科大学研究生毕业后任教皖南医学院。我让她接替庄鼎。还有徐洵,她丈夫罗邦煦于1978年调到科大物理教学中心来工作,而她还在东北。我去查档案,发现她长期在中国医科大学生化教研室工作,背景也蛮好,就设法把她也调了过来。生理、生化两个台柱子都有了,我心里也就踏实了。调来的第三个人是李振刚。1973年,刘达把老五届的毕业生找回来"回炉"。陈霖、徐耀忠都是"回炉生"。陈霖是从四川找回来的,徐耀忠则是从内蒙古找回来的。徐耀忠跟我说,他在内蒙古认识一个叫李振刚的,遗传学搞得不错。就这样,我把这三个台柱子给调了过来。这些人都是我们老师级的。还有何景就、苏代荣、王培之、韦安之、严有为、金用九、龚建中、孔令方、张培仁、燕坤元等骨干。

当时施蕴渝跟我在一起。我说咱俩就别搞一个方向了,否则就成夫妻店了,你在生化分子水平上去搞分子生物学,我在整体宏观水平上去搞神经生理和仿生学。后来,我觉得生物学中细胞这一级没人搞,我们过去学过,但学得不够好,所以我就一度让李振刚来主持细胞组。再后来鲁润龙、顾月华也被我们调了过来,他们两个都是搞植物细胞的。

7. 耳根环麻醉的临床研究

熊:在教学的同时,你们是不是也开展了一些科研工作?

陈:我做了耳根环麻醉的临床研究。你知道这个主意是从哪来的吗?

熊:是不是从上海生理所那边传出来的?

陈:不是。耳根环麻醉是70年代的科研成果。当时要"开门办学",我是搞生物电子学的，就到医院去找课题，合肥市第三人民医院以前是工农兵医院，那里麻醉科的医生姓洪，名字我不记得了。他跟我讲，现在国内搞针刺麻醉，虽然有效果，但针扎下去，患者还是觉得疼，如果在耳朵套一个环，然后给一些电刺激，不知道这样能不能产生麻醉效果？所以，耳根环麻醉不是咱们科大的主意，而是这位姓洪的临床医生提出来的。也未必是他首创，好像是他听人说在耳朵上套个环，不用扎针就可以做手术。我听了后说：咱们倒是可以试试。从电生理的角度看，针刺麻醉是给人以电刺激，由一根针变成一个环，只是改变了一下电极而已，还不要插进皮肤，套在耳朵上就行，这对我们搞生物电子学的人而言，并不是一个很难的问题。

然后我就跟他合作了。我搞了一个电刺激器，他搞了一个金属环，还用纱布把它包了起来。我们把电刺激器和金属环连上，电脉冲就开始了。患者躺在手术台上，先给他注射 100 毫升的杜冷丁（哌替啶），这是镇静剂，不是麻醉药。然后把耳根环套到患者耳朵上，给患者以电脉冲刺激。开刀的时候，医生一上来就拿镊子夹患者的皮肤，问他疼不疼，若患者没反应，他的手术刀就下去了。每次做手术时，洪医生都叫我去给他保驾护航，他怕手术中间突然仪器出问题，而他不会修理。所以，每次手术我都去看管仪器，负责给耳根环提供电刺激。

耳根环确实有麻醉效果，所以他们就做了下去，而且还推广到别的医院。我记得自己曾去过安庆的医院推广这个技术，那阵子我在病房真是胆战心惊……

熊：用耳根环麻醉做这么大的手术？

陈：它被应用到各种手术上，妇科手术、剖肚子的手术，各种手术都有，于是得以推广，并产生了很大的影响。后来我就想，为什么套耳朵会有效果？因为咱们中医理论说，耳朵上的穴位和全身的穴位是对应的，所以套上后一刺激，全身不管哪里都会受到刺激，而手术部位的痛感就被电刺激分散或者减弱了。后来我还带了包承远去看。他头一次进手术房，感觉好惊奇，很新鲜，同时也吓得够呛。

这个仪器搞完之后，我也不懂要写成论文登在期刊上——咱们做出了成果，这不就行了嘛。后来孙玉温、寿天德他们又接着做了一些实验工作，我也没细问。再后来（1978年），中国科学院给我们的耳根环麻醉发了一个中国科学院重大科技成果奖。奖励的是集体，没写具体发给哪个人。虽然是我先张罗的，但我并没有把自己的名字排在前头的想法。所以，这个奖状挂在了孙玉温老师负责的生理教研室的墙上，没挂在我负责的电子学组的墙上。那个时候强调集体，不强调个人。后来为了查清此项目的进行过程，我特意去科大档案馆查了半天，我后来三个科研项目的材料都在，就这个项目找不着，也找不到耳根环麻醉的奖状。然后我就问档案馆馆员。他说："我们学校的科研档案基本都

保存在这,只不过80年代之前的项目并没有都存档。"80年代之后,分类、整理、保存档案的制度才慢慢正规起来。我提副高时说不定就是靠这个项目,因为我记不得那时还做出什么别的成果出来。

熊:您是哪一年提的副高?

陈:我记不准了,只记得我是1992年提的正高。

熊:通常任副高五年后才能提正高。您是不是1987年提的副高?

陈:对,很可能是1987年。

熊:提副高时也要做汇报和答辩吧?

陈:不记得了。我论文写得不多,我后来的三个成果都是鉴定会通过的,参加鉴定的都是国内顶尖专家,他们签字通过。

8. 20世纪60年代的学习情况

熊:今天您介绍了不少我闻所未闻的重要往事。来之前,我也准备了一些想向您请教的问题。我再补充问问吧。您在1960年考到科大的时候,科大的录取线是不是就已经不低于北大、清华的录取线了?

陈:那当然。我当时考了汕头市的第一名,从理论上讲,可以考上任何大学。但我不愿意填北大、清华,因为我对理工科感兴趣,而北大、清华的理工类专业好像挺传统,而科大的专业要新得多。当时有个说法:"穷清华,富北大,不要命的考科大。"我属于"不要命的",填志愿时,我怕被其他学校录取,三张表,我只填了第一张,第一、第二、第三志愿我填的是科大、科大、科大。然后,我就被录到科大来了。

熊:您是什么家庭背景,怎么学习这么好?

陈:我爸是工人,家里穷,交不起学费,所以我上学晚。虽然我在初中阶段学习很好,被评为"社会主义建设积极分子",当上了学校的团委书记,且于19岁加入了共产党,但因经济困难,家里不再能供我上学。校长对我说:"给你助学金,让你念高中。"然后,我得以继续上学,并于1959年高中毕业。本该保送留苏的,可在体检时我被查出有肺结核,所以就没去。然后我当代课老师,第二年作为社会青年参加高考。如果平均分没有80分,科大是不会看上你的。那年我的平均分是82分以上吧。其中语文最差,只得了61分,把平均分数给拉下去了。

熊:您是怎么到科大来的呢?

陈:因为家里穷,我的裤子上有三四层补丁。上大学没钱,我来北京的路费是政府补贴的。政府补贴了我30几块钱,我坐了一天的海轮船,两天两夜的火车,才到达北京。我两手空空到校,来了就申请助学金。学长们待我们新生很好,把宿舍床上的草垫子都给我们铺好了。不是褥子,是草垫。

熊:当时你们在生物物理系主要学了哪些课程?

陈:一、二、三年级学的都是数、理、化等基础课,第四年才进入到专业课学习阶段,才接触到生物学。

熊:开了哪些专业课?

陈:专业课不多。记得开了普通生物学、生理、生化这三门专业基础课。生物物理方面,给我们开了宇宙生物学、放射生物学这两门课。神经生理、细胞生物学这些课程当时都没有开。当时科学院主要在研究"两弹一星",而整个科大都在为"两弹一星"研究培养人才。生物物理所主要搞与原子弹有关的放射生物学,以及与上天有关的宇宙生物学,所以系里也开了这两门课程。

熊:教专业课的老师是从哪里来的?

陈:主讲都是所里来的专家,然后由来自北大、复旦等高校的年轻教师来做助教,后者刚毕业,比我们大不了多少。

熊:给你们上放射生物学和宇宙生物学的专家分别是谁?

陈:我不记得了。我只记得他们带了讲义过来。对中国而言,放射生物学、宇宙生物学都是很新的专业,他们一边在生物物理所工作,一边编讲义给我们上课,内容很新。

熊:你们有没有上遗传学课,有没有学所谓的米丘林遗传学?

陈:有。遗传学也是一门主课。在印象中,摩尔根遗传学、米丘林遗传学都讲了。还学过胚胎学,由童第周先生的夫人叶毓芬老师给我们讲的。

熊:当时科大在玉泉路,离中关村科学院各研究所以及北大、清华等高校都比较远。这个地理位置对你们可有影响? 我想,如果学校之间挨得很近,你们还可以去别的学校旁听其他课程。

陈:当时科大的课程是紧凑得不得了,很多内容被塞入课程之中,我们自己的课都学不过来,哪有闲暇去听其他学校的课程。记得学校教学主楼为六层,上有八个大字——"努力攀登科学高峰",我们每天都看着这个字,在这栋大楼里加班加点。大楼整夜灯光不灭,有一种说法:晚班的还没走,早班的已来接班啦!

我们科大人脑袋里都很清楚,来读科大就是要一辈子为国家奉献。那时我们再忙也会去看乒乓球赛,看到庄则栋等夺得世界冠军,心里很高兴,很受鼓舞,心想我们将来也一定要在科学上给国家争光。那时候天没亮我们就开始锻炼身体,吃不饱也要锻炼身体。早上起来要么是去早读做功课,要么在学校里跑圈,操场上的人都在跑。

熊:当时吃不饱?

陈:1960年是困难时期,虽然政府很照顾大学生,每月供应我们男生31斤

粮食,但我们还是吃不饱。早上我们去食堂排队打饭,得到的都是一勺玉米面稀饭加一个窝头,还有一点咸菜。在回宿舍的路上粥就喝完了,啃完那个窝头,就去教室上课,才到10点半肚子就叫了起来,想方设法忍到11点多,然后去吃中午饭。尽管吃不饱,但我们还是在操场跑圈,因为我们将来要为国家科技发展做贡献,如果不锻炼,身体是坚持不了的。当时我们科大的人都是这种思想。当时领导跟我们讲,一百个农民才能养你们一个大学生。我们得珍惜这么难得的机会。

熊:1964年生物物理系并到物理系去。此事老师同意吗?你们学生乐意吗?

陈:合并是学校的规定,学生能有什么反应?我们根本就不管那个事,只是好好念书。有人给你上课,还给了你一个课本,你去就完了。

熊:并入物理系对"所系结合"可有影响?

陈:我不知道。我们1965年毕业,1964年是上专业课和做毕业论文的时候,在做毕业论文时,该到所里去的还是照样去。我没有去所里,而是跟系里的李钦和钟龙云老师做毕业实习。他们有电子学实验室,让我做生物电测量的前置放大器,我后来也就成了生物电子学的教学和研究者。

熊:你们这一级的毕业分配是由谁来定的?

陈:毕业分配,都是上面定的。记得我们班的指导员是包承远,生物物理教研室的负责人是孔宪惠,他们更知情一些。我们这批同学嘛,分去什么地方的都有。相比而言,我留在了科大,算是分得比较好的。留下的三个学生,我出身于工人家庭,刘兢是干部子弟,刘迪云属贫下中农。我们三个出身好,所以留了下来。凭良心讲,尽管我是以汕头第一名的身份来科大,但进校时在班上也就排在30到35名之间。等到1965年我们毕业的时候,我排在10名之后,根本进不了前三。施蕴渝是前三,但她被分到了卫生部中医研究院。我比她分配得要好。

9. 科大优秀传统的传承

陈:建校之初,科大的口号就是"红专并进,理实交融",这是很正确的。"红专并进"的意思是说,你不光要做专家,还要对社会,对国家负有很大的责任。你们到科大来很不容易,百里挑一,来这儿后就得好好学习,将来给国家做贡献。"理实交融"的意思是说,理论和实践结合。在北京办学时,确实能做到这点。当时过去给我们上课的老师都是研究所的,高年级时,我们又到研究所去实习。后来学校迁到了合肥,人员和物资受损特别大,研究所的人根本就没法来上课,而学生也不易去研究所实习,就难以做到"理实交融"。但是理论联系实际是原则,永远要坚持!

我们过去老说科大经历过三次创业:在北京的时候,科学院的老一辈科学家第一次创业,那时候就定了一个方向,非常好;南迁合肥后,又由我们这批人再次创业,当时被破坏得太严重,第二次创业等于是重生;1978年以后,逐步走上正轨,算是第三次创业。

为什么科大能进行第二次创业,并把之前形成的传统和精神留了下来?就是靠科大早年培养的这批优秀毕业生。刘达书记曾在科大的大礼堂给我们这些留校学生做报告。他明确地说:你们将是科大的头一批教授,你们的任务就是给我当科大教授,办好科大。这让我们非常意外,当时的报纸、广播经常批判名利思想,我们根本就没想过要当教授什么的。可刘达说得很对,后来科大的教授、系里的负责人、学校里的负责人,包括党委书记大都是科大的留校生。大家很平等,谁都没官架子。我们都是同学,你在学校里负责,他在系里负责,我在组里负责,只是岗位不同而已,哪能摆什么官架子!学校由这帮人管理,所以能把传统继承下来。

咱们回顾科大生命科学60年,一个重要目的是要把好的传统传承下去。我们学院现在的执行院长薛天也是我们系培养出来的,他了解借助数、理、化、电等精密科学研究生命科学的重要性。我很希望现在的年轻人能把我们的好传统传承下去。

科大生物物理系前三届的学生合起来还没有200个,结果出了4个院士。后来培养工农兵学员,成绩也比较突出。此外,还从"回炉班"中出了1个院士。科大总体来说是"千生一院士",而我们生物物理系是50个学生出1个院士——改革开放前有差不多300个毕业生,已经出了五六个院士!为什么成才比例这么高?一个重要原因是当初定的专业方向尖端、交叉、边缘,来探索的人少,竞争对手少。为什么改革开放以来又没能按同样比例出院士呢?可能是因为现在的学生多了。当年只我们系有生物物理专业,北大、清华和复旦都没有。贝时璋在建生物物理所的同时建了生物物理系,这步棋走得早。

9 机遇会光顾有准备的人
——王贵海研究员访谈录

受访人：王贵海
访谈人：熊卫民、高习习
整理人：高习习、熊卫民
访谈时间：2017年9月19日
访谈地点：合肥翡翠湖宾馆

受访人简介

王贵海
（高习习拍摄）

王贵海，男，1941年6月出生于辽宁铁岭。1960年考入中国科学技术大学生物物理系，1965年毕业，被分配到中国科学院生物物理研究所工作。1969~1981年参加人工合成酵母丙氨酸转移核糖核酸研究，曾任拆合组组长、总装组成员。1982年获得洪堡基金的资助，到德国哥廷根马普实验医学研究所留学，1984年10月归国回到生物物理所。1986年任生物物理所科研处处长，1987年任中国科学院生命科学与生物技术局副局长，1991年任生物物理所副所长，兼国家"863计划"专家委员会委员，1993年任中国科学院基础科学局副局长，1997~2001任中国科学院生命科学与生物技术局局长。

在这次访谈中，王贵海研究员主要介绍了他是如何通过努力学习，抓住科大和中国科学院生物物理所给予的机遇而改变命运、成为中国生命科学和生物技术领域的领导人之一的。他还应访谈人的强烈要求，介绍和评价了贝时璋团队的细胞重建工作，并对生命起源、细胞起源等研究谈了自己的看法。

1. 青少年时代

熊卫民(以下简称"熊")：很高兴能与您在合肥重逢。今天，我们主要想请您介绍您在科大上学的经历以及这段经历对您人生的影响。先从您的生平讲起，好不好？

王贵海(以下简称"王")：好的。我是苦孩子出身，1941年6月22日生于辽宁省铁岭市西丰县。我还不到8岁，父亲就因肺病去世了。在那之后，家里就由比我大13岁的大哥主事。大哥在本溪钢铁公司工作，所以我家搬到了本溪。我在本溪从小学六年级一直读到初中三年级上学期。后来他因负责公司的材料供应，必须常驻北京，以便联系冶金部，所以我们又于1956年举家搬至北京。到北京后，我转到北京21中插班读初三，毕业后考到了北京五中。当时北京最好的高中是北京四中，而北京五中也是一所非常好的学校。现在北京五中已变成了教育集团，把不少一般的学校变成了它的分校，今年将迎来80年校庆。

当时我们全家8口人只靠大哥一人的工资生活，家里比较穷，所以我懂事早，很珍惜读书的机会，学习比较勤奋、自觉。由于家里很拥挤，每天放学以后，我不直接回家，而是先去离家不太远的首都图书馆温习功课，温习完功课再看一阵感兴趣的小说——多是当时流行的苏联名著，还有法国儒勒·凡尔纳的科幻小说等。周末我常到北海公园学习，考前总会去地坛公园找个僻静地方复习。总而言之，我学习很自觉，从未把学习看作是一种负担。

当时我最大的兴趣是解数学难题，只要是高考数学题我都拿回去做，所以我数学成绩很好。但语文是我的弱项。为了提升语文成绩，我开始读两本杂志，一本是《青年文摘》，一本是《读者文摘》①。在读了很多散文后，我的作文得分慢慢提高，语文成绩也就上去了。直到现在，我仍喜欢阅读《读者》。

北京五中有很好的教学育人的优良传统和校风，教学质量很好，对我的身心健康成长影响很大。总的来说，当时的教育教学环境为我以后的发展奠定了很好的基础。

2. 听老师的话改高考志愿

熊：高考时您为何选择科大生物物理系？是自愿的吗？

王：不是，这是件非常偶然的事。我记得报考时我填了四个志愿：第一志愿是北京大学生物物理专业，第二志愿是北京理工大学，第三志愿是哈尔滨工业

---

① 自1993年第七期起，《读者文摘》更名为《读者》。

大学,最后是大连海运学院①,根本就没填科大。后来,北京五中的教导主任马常慧找我单独谈话,要我报考科大。马老师个子不高,胖胖的,钢琴弹得非常好,和蔼慈祥。她曾经是地下工作者,后来做过五中的校长。尽管我对科大毫无印象,但由于那时我非常内向,也很听老师的话,就把第一志愿改成了科大技术物理系,北大生物物理专业则变成了我的第二志愿。

后来,我就收到了科大的录取通知书。可以想象母亲和我有多么的高兴。我妈特意花三毛钱买了鸳鸯牛奶冰棍,我妈一个,我一个,算是对我考上大学的庆祝。但直到这时,我对科大仍然不了解,也没啥印象。入学后,我才慢慢知道,科大是国家为了搞"两弹一星"、为了搞尖端科学而建立起来的一所高校。

3. 出身不好,被调剂到生物物理系

王:我于1960年入学,是科大的第三届学生,施蕴渝、刘兢等都是我的同学。同学们来自全国各地,入学时每人都有专门的学长负责接待。记得是1958级的李诚志负责接待我。他帮我把行李搬到宿舍、帮我办入学手续、带我到食堂买饭票,等等,让我感到非常温暖。

但后来我并没能进技术物理系,而是被调剂到了12系——生物物理系。这当然是报考技术物理的人过多,而报考生物物理的人过少,所以学校需要作些调配。但为什么我会进入调剂名单?我猜一是他们看到我第二志愿报了北大生物物理专业;二是我出身不好,是地主家庭,而科大,尤其是其直接面向武器研制的技术物理系,是很讲究家庭出身和个人成分的,相比而言,北大、清华不是很看重这些东西。

生物物理系1960级有两个班共60余人,大都出身于革命干部家庭和工人、农民家庭,也有来自于知识分子家庭的,极少有剥削阶级出身的。这就给我带来了一定的压力。其实我家的成分在土改时定的是中农。在我念高中时,我大哥申请入党,他们单位到我老家去调查,发现我家在新中国成立前曾经有100多亩地,就把我家改成了地主成分。我这么一个幼年失父、相当贫穷的苦孩子变成了地主出身。

大学毕业后我分到了生物物理所,很快就下去搞"四清"。直到此时我才搞清成分是怎么划的,才发现我家的地主成分其实是被冤枉的。新中国成立前东北地广人稀,一个大家庭,有一百几十亩地是常有的事情。另外,是否剥削,主要是看户主自己参不参加劳动,而我的长辈是自己下地干活的。"文革"结束后,我写了报告给所党委。所党委派了人去我老家复查,将我的成分改回中农。

---

① 1994年更名为大连海事大学。

只是此时已经不太讲成分论了。

　　熊：那您是团员吗？

　　王：是，初中二年级时，我就加入了共青团。在科大，我们团员活动还挺多的。因为我成绩不错，经常积极主动地参加党支部组织的活动，所以学校对我还是蛮重视的。相对而言，科大的政治氛围还可以。我们班大多数同学都穷，都拿助学金，只有个别家庭情况好的不拿。虽然我是地主出身，我仍一直享受最高的助学金——每月12块5毛钱的伙食费和3块钱的零用钱（零花钱分三等，一等3块、二等2块、三等1块），总共15块5毛钱。我生活节俭，这些钱足够我日常花销了。自上大学以来，我基本上没花过家里的钱。记得有个周末回家，我哥给了我两块钱，这是大学期间家里给我钱最多的一次，这笔钱我花了好久。所以，我一直认定自己是国家培养出来的，我吃的是国家的粮食，受的是党的教育。校领导时常提醒我们学生，六个农民养一个大学生。所以，不光我是这个想法，很多同学都是这个想法。不好的家庭出身给了我压力，但我并没有背负太大的包袱，反而更加认真、更加努力地学习。

4. 埋头念书

　　熊：因为出身不好感受到了压力，您想用学习来证明自己？

　　王：没想那么复杂。一方面是我本人好学，既然进了大学，那当然要用功读书；另一方面，我觉得我家里很不容易，本来高中毕业我就该参加工作帮大哥分一些负担，可我大哥很支持我读书，所以我非常感激大哥，很珍惜这个机会。就这么简单。

　　科大的学生学习都非常努力。当时我们宿舍一共7个人（现在已有4位过世了），7张桌子、8个床铺（留一张床放东西）。每天晚上，大家多是到教学楼晚自习到9点半，然后回宿舍洗漱休息。而我呢，在晚自习结束后还会去操场跑10圈、4000米，然后洗洗睡觉。第二天早上7点钟起床，做做体操、背背外语，然后吃饭、上课。

　　熊：上大学时，您的成绩如何？

　　王：当时考试不排名次，只知道分数。我的数学成绩一直很好，还是班上的数学课代表呢。虽然大家都很努力，但成绩差距还是比较大。这主要是因为原先的基础不一样，一般来说，北京、上海的同学的基础要好一些。

　　我那时候很喜欢打篮球、长跑。你知道吗？刚从东北转学到北京时，我15岁，身高才一米五三，北京的孩子长得都高，比我小1岁的还比我高。我老站在排头，再加上说一口东北话，所以很有些自卑。为了改变自己，从高中开始，我就经常打篮球、跑步、拉单杠，结果个子果然长了许多。在老王家，我个儿是最高的,所以说锻炼身体很重要啊。我是长跑三级运动员,我现在身体比较好,跟在中学和大学阶段的锻炼有很大关系。

熊:您 1960 年入学时,正值三年困难时期。你们在学校有没有受到影响?

王:当然影响到了我们。记得第一届的学长说他们 1958 年吃得很好,敞开肚皮随便吃,但到我们入学时就比较困难了,粮食吃定量,净是些窝头、粥之类,我的定量是 33 斤,菜不好,营养也不够。我是回民,在回民食堂吃饭,可能情况还相对要好一点,但我仍总觉得饿。我们上体育课一般都不做剧烈运动,就打打太极拳。为了分散注意力、缓解饥饿感,有时晚上学校会组织大家跳舞——由留苏的学生教我们跳交际舞。但我不爱跳舞,就去学习。

记得当时我是三度浮肿,脸肿了,所以食堂另外给我一些黄豆和鱼增加营养,黄豆和鱼都是科大在自己的农场中生产的。周末回家时,我妈看我浮肿了,就把家里省下来的粮票塞给我一点。我说我不要,因为家里还有很多小孩,包括小妹妹、侄儿、侄女,他们都过得很苦。我妈就用黄酱加点菜叶子弄成熟酱,放到玻璃罐头瓶里让我带回学校吃。等晚上到了宿舍,我把瓶子一拿出来,很快一帮同学就把它吃完了。

虽然有同学因为营养不够而发生浮肿,但相对而言,我们大学生得到的供应还可以。大家仍是努力学习。平时回想那个时候,我记得的主要是埋头念书的场景,而不是饥饿、家庭成分不好、发展前途渺茫等痛苦。

那个时候,几乎每到周末或假日都会有报告。郭沫若校长访问泰国、印度尼西亚、缅甸,回来就给我们作报告。每个教室都有喇叭,他通过喇叭给我们讲他在国外的所见所闻。科学院党组书记张劲夫、科大党委书记郁文,也都给我们作过政治报告,讲苏联的情况、国际形势等。放假时,华罗庚、钱学森、严济慈等著名科学家会来学校作学术报告。我记得华罗庚给我们讲过运筹学。什么是运筹学?他举例说,早晨起来时间很紧张,要吃早饭、上厕所、刷牙漱口,怎么安排?应当先把米放到炉子上煮,然后再刷牙、洗脸等,把这些事情做完,粥也就做好了。这些报告能开阔我们的眼界,丰富我们的知识,提高我们的学习兴趣,所以,只要有报告,我总会赶回学校去听。逢年过节时,陈毅、聂荣臻、罗瑞卿等党和国家领导人会到我们学校来和同学们一起联欢。他们说:"郭老请我们来,我们不敢不来啊!"有时候郭老也请我们到剧院去看他编写的戏剧,比如《蔡文姬》等。当时学校的学术氛围、政治氛围都是非常好的,"红专并进,理实交融"嘛,我一直觉得科大是一个适合念书的地方。

科大特别注重基础教育。在我们生物物理系,数理化等学校统一安排的课程都是和相关的系一起上大课。生物方面的课程嘛,则主要由生物物理所的研究人员来给我们上。譬如贝老就给我们讲过生物学绪论。他带有浓重的浙江口音,很多话我都听不懂。他们还给我们开了不少实验课。所以,我们的数理化基础都很扎实,动手能力也不错。

熊:生物方面的课程开得多不多?

王:反而不是很多,有生物化学、生物物理学、生理学、实验仪器、胚胎学、生物统计学等。

熊:是不是有些生物方面的课程所里或系里开不起来?

王:有这个可能,所里、系里没有足够的师资力量把生物学的课程开得广泛而深入。我们生化学得比较多,基础也不错,因为生化是按照统一的高等教育生化教材讲的。至于其他专业基础课和专业课,所用教材都是科大自己编的。印刷所用的纸都是十分粗糙的再生纸,印出来后上面往往还有很多过去遗留下来的铅字。

5. 毕业分配情况

熊:你们这一届同学毕业时,工作分配得可好?

王:不大好。我认为没有充分利用好我们的优势为国家服务。专业真正对口、被分配到有关研究院所的同学很少。直接分到生物物理所的只有6个人,我是其中的一个。其他人都服从分配到了全国各地不同的系统,比如卫生、教育系统等。另外,那时候,刘少奇提出要从大学生中培养革命接班人,其具体做法是到地方政府工作,比如说到县里、基层去做干部。这个想法也不是说就不好,但对专业考虑得少了一些,而且因为"文革"的冲击,并没有真正贯彻下去。我们系争取到了15个革命接班人名额,挑选成分好的同学,将他们分到了湖北。那时湖北的省委书记是王任重,他带着我们这些同学去搞"四清"。"文革"开始后,在当时科学院负责人刘西尧的支持下,这部分同学有一些回到了科学院,有的回到院部,有的回到生物物理所,但也有几个人继续留在地方或回到自己老家去了。后来回到生物物理所的大概有六七个人吧,加上我们6个,一共十几个,不是很多,没有1958、1959级分来的多。生物物理所的骨干力量主要来自我们科大生物物理系前三届毕业生。

熊:为什么生物物理所会点名要您?

王:我也不十分清楚,估计跟我会写毛笔字有关。五年级开学后,我来到中关村,在生物物理所三室做毕业论文。当时院里要搞科研成果展览会,要求各所都做展板。因为我从小就练习毛笔字,字写得比较工整,就被派到所图书馆写展板。一天,贝老来到图书馆,看我写字,似乎对我有了印象。我可能就是因为这个原因而被贝老留到所里。尽管我并不清楚确切的原因,但是分到生物物理所却是我人生最大的幸事,对我后来的发展有决定性的作用。我感谢科大的培养,也感谢所里对我的重视。所以说,机遇是留给有准备的人的。虽然你准备了并非一定就会有机遇,但你不准备的话是一定不会有机遇。

生物物理所的几位科大同学

(左起:1959级的华陵、鲁崎唔、陈逸诗,1960级的徐秀璋、王贵海。2012年5月26日拍摄)

6. 科大的特色

王:1998年,科大举行40周年校庆,我们1960级同学纷纷返校聚会。生命科学学院院长施蕴渝说:"你代表毕业生讲讲话吧。"我讲了三个"情":一是对母校的思念之情,分配到全国各地的科大学生对母校很思念;二是对母校的感激之情,感激母校把我们培养成才;三是对母校的自豪之情,科大不仅在我们国家有名气,而且能够得到国际认可,作为科大的毕业生,我们感到骄傲与自豪。与资源更优越的北大、清华相比,科大做出了毫不逊色的成绩。我们毕业后,不管是在什么机构,都兢兢业业地工作,发挥了骨干作用。在生物物理所内,科大毕业生有搞分子生物学的、有搞生物物理的、有搞理论生物学的、有搞细胞学的、有搞仪器研制的,无论放到哪儿,都能胜任工作。我感到科大毕业生的可塑性比清华、北大的毕业生要强。可以说,不管在什么岗位,科大的毕业生都没有辱没科大的名声。

熊:为什么科大的毕业生会有较大的可塑性?

王:原因嘛,一是因为学校比较注重基础知识教育,学生的理论基础比较扎实,实验课安排得比较多,学生的动手能力也强,进而适应性也强;二是科大的同学都比较务实,有钻研精神,能吃苦耐劳,责任感较强。不管到哪里,科大的学生都是作为骨干力量存在的。这和科大的教学方针"红专并进,理实交融"是分不开的,同时也和科大的建校时间有关。我们读书时,科大刚建校不久,各方面的条件都不如北大、清华,校园需要学生劳动整理,为此我们经常参加义务劳动,譬如去操场捡石子、拔草等。操场都是泥土地,一练走步,就尘土飞扬。我们要上很多大课,都是在阶梯教室进行,一到冬天暖气不行,冻得我们脚都麻了。所以说,我们在北京上学时,条件是非常艰苦的。

2008年科大50年校庆时6012级同学聚会
(左起:聂玉生、钱玉良、宋家祥、王贵海、杨少田、李荣瑄)

科大迁到合肥后,条件更加艰苦。所以我对施蕴渝等留校的同学很敬佩,她们能在如此艰苦的条件下把科大生物系建设得这么好,真的很不容易。在一流的高校中,科大得到的资源是最少的,但她的产出却是最多的,质量也是最好的。科大发展理念是适度发展,追求一流,不追求华而不实的东西。1998年施蕴渝跟我说要建立生命科学学院,是否要去搞农学和医学。我跟她说要慎重,最重要的还是研究生命科学本身,可以跟医学院等有更多的合作,可一旦与有关院校合起来,就会带来很多问题,这个事情要考虑清楚。

对我们这些学生来讲,我们受益于科大的培养。学校的政治环境与学术环境都很好,那时候科大教育理念叫"所系结合",生物物理系归生物物理所负责,一对一。我认为,"所系结合"对科大当前的发展仍然发挥着作用。

熊:我觉得,五六十年代科大的特点:一是有很多著名的科学家来讲课,二是许多的国家领导人经常来做报告,这是当时其他许多高校所没有或少有的优势。

王：是啊。为什么建科大？因为国家急需要科技人才，中科院也需要高端科技人才。人才从哪里来呢？只能从高校来。但是现有高校满足不了科学院对人才的需求。中科院只能根据国家的战略需求和自身发展的需要自己办大学。初建时正逢"大跃进"运动，需要花钱的地方很多，稍后又是困难时期，但在国家的大力支持下，科学院还是把大学办了起来。办一所大学谈何容易！郭老的良苦用心得到了毛泽东和其他领导人的支持。这说明党和国家领导人有远见，同时也说明郭老有影响力。那个时候，一些领导人把自己的孩子送到了科大来，比如陈毅的孩子、罗瑞卿的孩子、郭沫若的孩子，等等。这些领导人让我们感到非常亲切，就好像是我们的家长一样。

建立科大就是为了给科学院输送一流人才，就是为了给国家的"两弹一星"工程服务。当时科大办的都是新兴、尖端、交叉的专业，比如原子核物理、技术物理、无线电电子学、高分子、地球物理等。当时我们的生物物理课主要学什么呢？学放射生物学，跟核爆炸有关的生物学。生物物理所的一室就是放射生物学研究室，二室是后来才成立的核酸研究室。

熊：宇宙生物学研究室是哪个室？

王：六室，后来划归到航天医学研究所去了，整个室建制都搬走了。

熊：看来对当时的生物物理所来说，最受器重的还是放射生物学。

王：是的。研究所的重要科研任务是对核试验和核工业的辐射影响进行研究。我的毕业论文就是放射生物学方向的。大学前几年我们都在玉泉路学习，但做论文时，我们大多去了中关村，那里有一栋专门的毕业班楼，我们系的论文多是在生物物理所做的。我的论文题目为"慢性辐射对血液乙酰胆碱酯酶活力的影响"，是在三室邹福强老师指导下做的。这实际是三室的一项研究任务，我的论文答辩是杨福愉先生主持的。

在我们做论文期间，张劲夫给我们做了一个关于"红与专"的报告，这是一个老得不能再老的题目了，但他却讲得非常生动。时值夏天，蚊虫很多，我们在下面噼里啪啦拍蚊子，他在上面做报告，讲了两个多小时，我印象极为深刻，那时候对学生的教育就是"红专"教育嘛。等我们毕业分配的时候，陈毅又给北京各高校应届毕业生做了一个报告，是在北京崇文门那边的体育馆进行的，规模很大。他先讲国家宏伟的发展目标——超英赶美，然后让我们服从分配，为国家建设做贡献。当时我们都非常单纯，一心想为国家服务，而不是升官发财什么的。由副总理来给我们做毕业分配的动员报告，由此可见那时候的大学生还是很受国家重视的。

7. 老科大人对郭老很有感情

王：我们对郭老也很有感情。现在社会上对郭老有非议，但我相信，科大的毕业生对郭老是怀有深情的。人的一生会发生很多事，即使是伟人，也难避免有做错事的时候，重要的是看他的贡献与智慧。郭老不仅创办了科大，在困难时期，他还拿出自己的稿费来支持科大的建设。可以说，他把大量心血倾注到了科大的建设上。要没有他的影响力，科大就不会得到这么多科学家、这么多国家领导人的支持。他写的校歌一直鼓舞着一代又一代科大的学子。

熊：不管他在别的方面怎么样，反正他对科大挺好，对科大的学生也挺好，所以科大学生对他感情很深？

王：他不仅对科大好，对科学院的建设也倾注了很多心血。科学院现有的100多个研究所大都是1958年前后建立的，这里面离不开郭老的贡献。1965年我毕业分到生物物理所后，马上就去山西参加"四清"。当时我们科学院"四清"工作团在运城，郭老曾专门去慰问我们。晋南的干部知道郭沫若来了，就派了山西的文艺名角来汇演，节目包括蒲剧、梆子戏等。我们所有的"四清"队员都在那儿看戏。最后，郭老组织召开学习毛主席思想座谈会，我代表工作团向郭老汇报。由这件小事可以看出，郭老对我们非常关心。所以说，不管他在其他方面如何，至少他对科学院、对科大的贡献是很大的，对科大学生的培育也是尽心尽力的，我们也因此崇敬他。

8. 科学院生物局对科大生物系的支持

熊：您毕业离开科大以后，与学校联系得可多？

王：科大生物系的建设跟我还是有关系的，毕竟我对科大很有感情。我毕业到所里后就做自己的研究，中间也带过科大的学生做论文。1987年我调到科学院生物局工作，生物局对科大是有对口联系任务的。对于科大生物系的发展，我很关注。当时科大的汤洪高校长去院里办事时常常会找我谈话。尽管那时候科学院的经费比较紧张，但我还是尽了我最大的力量去支持科大生物系的建设。科大生物系不少重要的事件我都是亲历者。比如说，提议并批准建立一个结构生物学青年开放实验室，后来它转变成了科学院开放实验室。这个实验室最早是由牛立文来当主任。梁栋材先生也非常关心这个实验室的建设和发展。再比如说，生物系成立神经生物学实验室研究脑与疾病，我也参与了论证。事实上，每次实验室论证或检查我都在，因为在生物领域，院里都是派我做组长来科大。科大生物系能在艰苦的情况下做得那么好，当然主要是靠施蕴渝他们

自己努力,但也离不开科学院的支持。同时,也得益于跟科学院研究所的密切合作。所以,从多个方面讲,在早先的几届毕业生中,我跟科大的缘分可能比其他人还要深一点。

9. 贝老的"细胞起源"研究

熊:您和贝时璋先生相处了几十年,想必对他很了解。我们还想请您谈谈对他的认识,尤其是对他的细胞重建工作的认识。

王:第一,贝时璋贝老是个很和蔼的人,一向与人为善,所以,即使在"文革"时期,他也没有受到什么冲击。第二,贝老在政治上一直跟着党走,所以在学术上跟苏联亲近是必然的,他搞细胞重建研究也是受到了苏联勒柏辛斯卡娅①的影响。

熊:中国的细胞起源研究,最开始是从苏联传过来的,五六十年代有国内学者零散地做了一些工作,70年代,国家就细胞起源问题组织了专门的研究队伍,贝老是这项工作的领导人。他带着研究室的一大帮人,坚持不懈地做了几十年。不管结果如何,此研究投入了这么多的时间、精力与人力,还是值得总结的。

王:细胞起源是一个很复杂的问题,生物如何从无细胞变成细胞的,到现在也搞不清楚。贝老以前做过相关的工作。20世纪30年代他在浙大生物系任教时就做过中间性丰年虫的研究,认为中间性丰年虫存在细胞重建现象。后来生物物理所做细胞起源,更确切地说是细胞重建,确实离不开政策的影响,但学术思想还是受苏联的影响。贝老组织领导了一个专门的实验室,搞细胞重建。尽管并没有拿到细胞重建的可靠证据,贝老仍排除众议,组织了很多人(有大学毕业生也有学术资历比较老的人,力量很强大),孜孜不倦地钻研怎样由无细胞形态转化成细胞形态。虽然我当过生物物理所的副所长,但我并没有系统地关注过贝老的研究。你知道生物物理所的王谷岩吗?

熊:知道。

王:他是贝老的秘书,对贝老的细胞重建工作有系统的了解,并做过文字整理工作。你们可以找他了解情况。总的来说,贝老有很多的想法,带领大家做了很多年,而且也总结了不少结果,但后来都没有正式发表出来。

熊:出版了两本论文集,是由科学出版社出版的,大概印量比较少。有文献

---

① 勒柏辛斯卡娅(1871—1956),1933年,她在苏联医学科学院细胞学实验室开始从事细胞起源的研究;1945年出版了专著《细胞起源于生活物质以及生活物质在有机体中的作用》,提出"新细胞学说":细胞不仅由分裂产生,也可以从非细胞形态的生活物质产生。

说他们将论文投给了科学期刊,可这些期刊不肯刊登,最后只好做成论文集印出来。

王:可能这些实验证据都不足以证明他们的细胞重建理论。可能他们只做了细胞形态、结构和生物化学方面的研究,但细胞是个完整的概念,包括细胞核、细胞器等,而且细胞有自己的功能。他们看到了像细胞的团状物,但看不到里面的细胞器。若真形成了细胞,那它应该有一定的生理功能,可这方面的结果没能看到,所以很多人都对细胞重建理论抱怀疑态度。尽管这项研究并没有被大家公认,但可贵的是,作为一个大科学家,贝老仍在晚年坚持做这项研究。这在学术上是有意义的,也许当时只能达到这样一个认识阶段。

熊:您觉得是可贵的?

王:我认为是可贵的。

熊:邹承鲁先生是不是对贝老的细胞重建有不同意见?

王:不是简单的持不同意见,对贝老的这项研究,邹先生实际是持否定态度。他不但跟你讲过,跟我也说过这个话。但这是另外一回事,百家争鸣嘛。作为贝老的学生及科研管理者,我认为任何科学的实验都是有意义的,因为它是科学探索,而不是民间科学爱好者胡思乱想地弄出一个什么假说,然后就宣称它是多么震撼。贝老是在科学实验的基础上往前走,虽然迄今为止他的科学实验还没有被细胞学家普遍认可,但他的实验是有价值的,以后任何研究细胞起源的人都会去看贝老的这些工作。不能说他的这个工作是非科学的、说他的实验成果是没有任何价值的。而且,贝老让自己承担了一个非常艰难的科研任务,其勇气也是可嘉的。现在的科技工作者,都是选那些容易出文章、出成果的课题,绝不会冒险选择这么难的任务。

勒柏辛斯卡娅也做过一些实验,但听说她的工作比较粗糙。贝老选择了这条道路,用严肃的科学实验往前走,只是拿出来的成果大家不认账,相关的论文也大都没有公开发表。但最后还是给他出版了论文集,也算是对他的工作的一个认可吧。

熊:还是对贝老所领导的研究组工作人员的一个交代。

王:这些人包括他的学生曹懋孙、陈隆生、李公岫、张锦珠等一大帮能人。张锦珠是比我高两届的科大学生,钻研科学的志向很大,她对我也非常好,像大姐一样。这些组员在贝老的领导下辛辛苦苦地做了很多工作,但却没有得到承认,导致很多人退休时还只是助研,副研究员都很少。你可以具体了解一下,印象中,这些同志在提职上很不如意。

熊:那他们有没有怨言呢?

王:如果放在现今的环境下,管你是贝老还是张老,肯定都走了,对不对?但那个时候,我们受到的教育是埋头苦干,至于出不出文章,能不能提职,大家

很少想。最后他们大部分人还是提了副研。这些同志在贝老的领导下孜孜不倦地做科学研究,是很难得的,不像现在更多的是追求名利。

熊:不管是追求名利,还是撞到南墙知道回头,现在确实没多少人愿意做非常难的题目。出不了成果,就很快换题目了。

王:贝老做这个研究不是3年、5年,而是30年、50年。他年龄很大了,还一直拄着棍每天准时上班。只要他活着,这个组也就在,什么时候解散的我不知道,反正我调到院里来后很久这个组还在。贝老的研究叫细胞重建,准确地说还不能称细胞起源。

10. 生命起源研究

王:从非细胞到细胞,可能是个长期的进化过程。它是物质演化、生命起源的一个阶段,就像最初蛋白质的产生也是一个阶段一样。蛋白质产生相对会容易一些,邹先生也做过这方面的研究。"文革"前他在上海工作,每年都会到生物物理所杨福愉的实验室搞3个月的合作研究。"文革"后期,他调到了生物物理所来,没事可干,就搞蛋白质的天然合成研究,在一个反应釜里加入氨基酸,然后用高温处理。

熊:做蛋白质的起源研究?

王:对,这也算是生命起源研究的一部分吧。但我认为,蛋白质等还只是大分子,只有形成细胞,生命才算真正起源。由无机物到有机物,由有机小分子到有机大分子,有机大分子再组合成细胞。细胞是生命的最基本单元,只有产生了细胞,才开始具备真正的生命形式。不管是生命起源研究,还是细胞起源研究、细胞重建研究,都有严肃认真的科学家在做。以前在细胞学领域,我国的科学家还是做了很多工作的,有些在国外念书时就做了。童第周、贝时璋、庄孝僡、朱洗等人的细胞学研究,在国际上都有一定的地位。

11. 贝老和一些著名生物学家的关系

熊:贝老跟这些小同行的关系如何?

王:听说不是太好。他跟上海有的老学部委员的关系一直很尴尬,所以他几乎不参加学部大会。我当局长时,学部大会一般在京西宾馆举行。我对贝老说:"您可是代表生物物理所啊,您老不参加会议怎么行呢?"那个时候开会都是两个人住一个房间。我必须知道谁跟谁好关系好,谁跟谁关系不好,可不能胡乱安排。因为我跟上海一些老学部委员比较熟,关系也非常好,所以我知道一些这方面的情况。

熊：施履吉①跟贝老关系如何？

王：不大好。但为什么，我不晓得。施先生也是生物物理所的创建者之一，后来院里成立北京生物实验中心，把生物学研究的重大仪器设备都集中在那里，供各研究所使用。施履吉先生任所长。没过几年"文革"开始，大量人员下放干校，后来实验中心就划给生物物理所了。施先生几年后到了上海实验生物所（后改为上海细胞所）。我到生物局后，经常依靠他，请他规划有关生物技术方面的研究与发展，并接受有关咨询。他是国家"863 计划"的顾问专家，他推荐我为"863 计划"专家委员会委员，负责管理蛋白质工程。他抽烟抽得厉害，后来不幸得了肺癌。他没做化疗，只是保守治疗，又活了将近 10 年。他是留美回来的，非常聪明，思想活跃，一般人入不了他的法眼。

沈善炯也是搞分子生物学的。他和施履吉是一类人，现在老一辈人里应该就剩他一个了，今年 100 岁了吧。沈先生也很傲气，经常指着鼻子训人。一次我到了上海植物生理所，他把我叫到他办公室。我说："沈先生，什么事？"他说："你参加过国家奖评审吗？"我说："我没参加，但我知道。"他说："为什么叫不懂的人来评我那个成果的奖？"他的生物固氮方面的成果被评为国家自然科学二等奖，他不服气，质问为什么让不懂的人评他的奖。我说："沈先生，这可不归我管。"

熊：沈先生挺有意思的，他不喜欢这个二等奖，所以连二等奖奖牌和证书都不愿意拿回家里去②。

王：就是。我说："沈先生，这个事情我真的不知道。我知道您的成果。一等奖是很难评上的，二等奖也挺好嘛。"

熊：我后来在档案里面查到了这个奖的评审意见，有两位专家提出给一等奖。后来大概是生物方面的一等奖比较多，为了平衡，最后把他的成果评为了二等奖。

王：可能。平衡是很自然的事。

12. 起源研究的意义

高习习（以下简称"高"）：对于贝老的细胞重建学说，您认可他的研究思路

---

① 施履吉（1917—2010），细胞生物学家，中国科学院院士（1980）。1940 年毕业于浙江大学，1951 年在美国哥伦比亚大学动物系获得博士学位。1955 年克服重重阻挠归国，先后任中国科学院实验生物所、生物物理所、昆虫所、动物所、微生物所副研究员，于 1964 年创建中国科学院北京生物学实验中心，任该中心研究员、负责人，1978 年后任上海细胞生物学研究所研究员。

② 参见：熊卫民. 金霉素 牛棚 生物固氮：沈善炯传[M]. 北京：中国科学技术出版社，2014.

吗，或者说您怎么看待他的这个学说？

王：生物学发展很快，我毕竟不是搞细胞学的，对细胞学当前的发展不太了解。我猜测，现在国际上研究细胞起源的学者并不多。生命的奥秘不是一般人能理解的，到底是怎么创造的生命，只有"上帝"才知道。以后随着对宇宙、对物质的认识逐渐深化，可能会对认识生命起源有所帮助。现在单纯地去研究生命起源、细胞起源，仍然有极大的难度。贝老在当时的历史条件下进行细胞重建研究，只能是这个样子。在当时的科学水平下，人们的认识达不到现在的高度。

高：可贝老在进入21世纪以后还在继续搞细胞重建研究啊，这时他和他的团队的认识水平应该比20世纪30年代有所提高吧？

王：当然。现在科学进步很快，比如说精子可以独立形成个体，卵子也同样，胚胎干细胞也可以在体外就发育成为生命个体，这些都已经打破了传统的生殖生物学理论。再比如说，现在已实现将干细胞分化成肝细胞或者其他种类细胞，并进行人体器官修复的临床治疗。今后还可以通过干细胞技术造出肝、肾、心脏等，也即实现器官再造。但到现在还没有做出细胞。我想，总会有那么一天，人们能做出细胞核，做出细胞器，然后再把它们组装起来，做出细胞。但是，就算你做出来了，就能解决细胞起源问题了吗？它只是合成的，还不是起源。在合成胰岛素后，有报道说解决了生命起源的重大科学问题。可胰岛素合成与生命起源能是一码事吗？细胞起源问题是个哲学问题，是一个永远的命题，大多数人都想过这个问题，但不可能得到统一的答案。这种认识论的问题，现在解决不了，以后也解决不了。尽管科学在进步、人类思想在进步，但细胞起源问题仍是长远的科学与哲学难题。

高：那您认为现在做细胞起源研究有意义吗？

王：这是哲学家的事，他对物质世界提出了这样的问题，当然可以加以研究。这类关于起源的问题对于科学进步并不是至关重要的，不能说没解决细胞起源就阻碍了生命科学的发展，但它们确实是实实在在摆在人类面前的重大认识论问题。人们总是会问，总是想知道答案，总是要不断地探索未知。我想，真实的过程很可能是从混沌中通过物质间的相互作用，由无序转为有序，由无机转为有机，由小分子变成大分子，最后变成一个原始的细胞。再从原始的细胞变成原核细胞，从原核细胞变成真核细胞。

总之，由于我对细胞起源缺乏系统深入的了解，对你的问题也没准备，这些想法均不成熟，仅供参考。

10 从工农兵学员到教授
——滕脉坤教授访谈录

受访人：滕脉坤
访谈人：熊卫民
整理人：熊卫民、高习习
访谈时间：2017年1月13日
访谈地点：中国科学技术大学生命科学学院滕脉坤教授办公室

受访人简介

滕脉坤教授
（姚琴拍摄）

滕脉坤，男，教授、博士生导师。1956年生于江苏南京，1978年从中国科学技术大学生物系毕业后留系工作至今，曾任中国科学技术大学生命科学学院副院长、党总支书记。曾担任教育部生物科学与工程教学指导委员会秘书长，中国生物物理学会、中国毒理学会、中国生物化学与分子生物学会常务理事，中国晶体学会理事。

在本次访谈中，滕脉坤教授回顾了自己于"文革"后期来中国科学技术大学学习，于改革开放之初留在学校新创办的生物系工作，随后到中国科学院生物物理所、美国麻省理工学院等机构进修，参与创建科大生命科学学院，令其在不到十年的时间内从校内鲜为人知到全国名列前茅，并对困境、顺境中科大的氛围和科大人的精神作了介绍。由此可以看出，科大的工农兵学员是较为特别的，而科大生命科学学院的成长经验，更能给创业者，尤其是国内希望创办一流高校、一流学科的领导以借鉴。

熊卫民(以下简称"熊"):您在科大生命学院及其前身工作多年且长期担任领导职务,对其不同阶段的发展历程、特点以及不同时期的师生风貌,肯定有自己的理解。我们想请您谈谈自己的经历和体会。首先从您的个人生平谈起,好不好?

滕脉坤(以下简称"滕"):好的。我是江苏南京人,生于1956年,1969年开始上初中。在"文革"冲击下,当时初、高中都改成了两年制,南京1954年之前出生的初中毕业后被分配了工作,大部分去当工人了;1955年以后出生的因为年龄小就上了高中,但高中毕业后反而不分配工作了。所以我1973年高中毕业后在农村待了两年半。我家在南京郊区,是位于城市边上的农村,所以我的高中同学有一半是城市户口,他们"上山下乡"是真正的下农村。而我们农村户口的呢,就是回家,因为我们的家本来就是农村的嘛。所以那时候知青分两类,分别叫下乡知青和回乡知青。

1. 被推荐到科大上学

熊:您是怎么进入科大生物物理专业的?

滕:我于1975年9月份到科大。当时上大学实行的是推荐制,将指标分配到地方。我们公社有3个大学生指标、4个中专生指标。为了选拔人,公社举行了考试。

熊:我还以为1973年交白卷的张铁生被树成典型后,大学招生就不再进行考试了呢。

滕:考了,但不是全国或全省统考,范围没那么大。因为竞争的人多,所以在公社范围内要通过考试进行选拔。我的考试成绩不错,就被选拔、推荐给了科大的招生老师,经过科大老师的面试,被录到了科大。当时的情况是一切都没有选择,既不能选择学校,也不能选择专业,分配到哪里就是哪里。我根本不懂得什么是生物物理专业,但听人说科大是一所很好的大学,更何况还冠以了"中国"的名头,就稀里糊涂地来到了合肥。入学后很长时间仍没搞懂什么是生物物理。

1975年,我们生物物理专业共招了15个学生,其中10个南京人、2个安徽人、2个北京人、1个上海人;从南京、安徽来的都是高中毕业,从北京、上海来的基本是初中毕业。大家的年龄相差不大,除了两个年龄稍大一点之外,其他同学基本上都是属羊的同龄人。

2. 学军、学工、学农和课堂学习

熊：到校之后，你们是怎么学习的？

滕：前两天在巢湖开会，我遇到陈惠然老师，还聊起了这个事。陈老师当时是我们生物物理专业委员会主任。他说，如何给我们这批基础不好的学生开展教学，当年颇费了他们一番心思。你们可以向他了解相关情况。

熊：好的。工农兵学员是"新生事物"，不仅要上大学，还要管大学、用毛泽东思想改造大学……

滕：是的。当时的媒体宣称工农兵学员是带着"上、管、改"的任务上大学的，一般说来老师根本不敢管学生。但科大情况不一样，老师们敢管学生。原因我想有两个：一是因为科大的老师大多根正苗红，不怕被学生批斗。比如，老师说要考试，我们这些学生自然是不愿考的，于是就抗争，而老师们就敢坚持要考。双方都据理力争，最后找到一个平衡点——还是要考，但次数减少。二是因为我们这些学生的能力也比较强。拿我们班的15个同学来说，在各自公社，我们都是"有头有脸"的人物，我们班当"官"最小的是大队团支部书记，我在来科大前是大队副主任，大家脑袋瓜子不笨，工作经验比较丰富，能力很强，在学习上也不例外，所以每次考试大家考得都还不错。我们和老师的关系也比较好。当时工农兵学员要学军、学工、学农，老师会和我们一起进工厂，与我们同吃、同住、同劳动。所以，他们和我们是亦师亦友的关系，大家在说话交流方面比较随意，没多少拘束。

熊：刚入学时，你们班上既有高中程度的学生，也有初中程度的学生，教师怎么教学呢？

滕：先进行了半年的基础课补习。因为受"文革"的影响，我们的小学、初中、高中知识都没有学好。我小学三年级就赶上"文革"，后面三年，包括再后来的初中两年，基本上都玩掉、混掉了。高中还好点，因为1971年国家搞过一点调整。那时候学与不学纯靠自觉。到科大后，老师们就把初高中的知识浓缩后教授给我们，所用教材都是老师们自己编的，而补习的效果也很显著。因为我们学得比较好，所以还补习了一些远超过高中水平的知识，在那半年内，把微积分都学完了。然后，又逐渐开设了一些物理、化学、生物方面的基础课，如普通物理、分子物理、无机化学、分析化学、有机化学、普通生物学等。记得当年教我们物理的是张玉民，教我们数学的是陈霖，陈霖后来当选了中国科学院院士。再后来又教专业课，包括生物化学、生理学、生物电子学、解剖学等，由陈惠然、寿天德、张作生、阮迪云、王贤舜、施蕴渝、黄婉治、包承远等老师教。我们还学了一点仿生学，它有很多出乎意料的内容，让人感觉非常有趣，感觉科技太先进了。1973级分为生物化学、生物物理两个方向,我们1975级没分,都是生物化学方向。

熊:当时在生物物理所,有一部分人在做宇宙生物学、放射生物学等,科大的生物物理系没有设置这些专业吗?

滕:没有。可能主要是因为这方面的老师留在了北京,迁校时没有到合肥来,所以一些专业课无法开设。回想那三年多时间,老师们上课一直都很认真。对于初中毕业的,老师会迁就一点,但基本上还是一视同仁地按照教学计划进行教学。所以,尽管我们基础差一点,但在老师的坚持下,我们还是学到了不少知识。老师敢管、敢教,学生愿学、能学,这是科大工农兵学员教育的特点。

在我的印象中,同学们没有谁怀着混日子的心态,大家都很珍惜这来之不易的学习机会。可以说,我们的学习强度一点都不比现在的学生低,甚至比他们还高。因为那时我们要到农场去学农、到工厂去学工、到部队去学军,一去就是半个月以上,在那里能上课的时间是极少的;还有各种会议要开,学校至少每星期要搞一次集中的政治学习,还有省里的会,经常排着队走到省体育场去参加。把这些时间刨掉,能用于课堂学习的时间并不多,因此我们的课程安排得很满,一周有二十八九个学时。

熊:具体到哪些地方去学军、学工、学农?

滕:那时科大还有农场,在董铺水库的北边,我们到农场去学农,跟农民一样起早贪黑地干农活。我们到合肥无线电二厂学制造收音机,还到蚌埠肉联厂和果糖厂搞了半个多月,跟工人一道三班倒干活。还有学军,我记得是冬天去全椒的一个部队农场和战士们一起生活、一起训练,趴在雪地上练射击,还有实弹打靶和手榴弹实弹投掷等。

3. 科大工农兵学员的特点

熊:我曾访谈过北京大学的一位工农兵学员。她说那几年在北大没学啥东西,天天不是劳动,就是开会,把她上辈子的会、下辈子的会全都开完了。

滕:反正那时候会比较多。但总的来说,我们那时候还是以学习为主,包括我们学工时,也在工厂里上英语课和专业课。

熊:看来不同机构有不同的特点。

滕:在我的印象中,科大还是以业务为主,以学习为主。这是科大的传统。科大在学习问题上一向抓得很紧。我们当然要参加一些别的活动,但现在回想起来,那段时光还是以上课、学习、考试为主。

熊:对你们学生来说,学军、学工、学农,政治学习,专业学习,哪个更重要?

滕:可能在个体上会有差别,但总体上我们班同学把专业学习看得更重要。

比如说，没有人认为不该上课，我们顶多就是和老师就是否考试一事争一争，希望老师考得简单一些，不要太难为我们。那时课堂上的氛围要比现在好很多，我们经常和老师就某一问题争得面红耳赤；还会提出为什么是这样、为什么那样不行等一系列问题；另外，对于课堂上没听懂的地方，下课后都是拉着老师问问题直到弄明白为止。我感觉我们和老师的关系就像同事一样，很亲密，在地位上也更平等一些。这可能一是因为同学们都有一定的社会工作经验，二是因为我们和老师朝夕相处，彼此都比较了解。不像现在的学生，不太敢和老师争论问题，最多是问问老师这个问题怎么回事，一问一答，他可能不太满意老师给的答案，但他不敢继续追问下去。

熊：北京那边，还一度出现过工农兵学员突然袭击考老师的事。这边有没有发生过？

滕：没有，在科大也未听说过。这边只是偶尔会跟老师争论："你这么说不对！我认为是这样……"老师说服不了学生，气得脸红脖子粗。

熊："文革"时期，国家对工农兵学员毕业后的政策是"社来社去，哪来哪去"……

滕：科大当时搞的不是"社来社去"。我们明确地知道毕业后不会回到原单位。1973级就不是。我们进大学的目的很明确，学好知识，将来有份好工作，摆脱农村户口，不再依靠那少得可怜的工分度日。你知道当时农村有多苦吗？辛辛苦苦干一天，也就8~10个工分，有时你还拿不到整劳力的工分，整劳力10个工分，你才拿8个工分，而10个工分就几毛钱！说实在话，虽然我们当时也就19岁、20岁，与现在的大学生年龄差不多，但我们吃过那么多的苦，比现在的学生要懂事得多。我们迫切希望自己脱离农村。如果你不好好学习，第一对不起你自己，第二对不起家人对你的殷切希望。所以尽管学起来很吃力，但大家还是非常努力，经常挑灯夜读，互相交流讨论，不到晚上十一二点是不会关灯睡觉的。当时我们班9个男生住在一个大房间里面，天天晚上躺到床上后还在问问题、讨论问题。我的学习成绩算是比较好的，搞急了时还会跳下床来给同学演示这题应该怎么做。

熊：看来学习氛围还是挺浓郁的。你们班上也有班干部吧？

滕：那时我是团支部书记。

熊：是班上的一把手？

滕：不，我们还有党支部书记呢。当时我还不是党员，而我们班15个同学中有四五个党员，比例挺高的，都是上学前在农村时入的党。总体来讲我们学习知识的愿望是很迫切的。

熊：你们1975年9月份入学时，正值科学院实施调整，这对你们有没有影响？

滕：好像没有什么影响。那时候我们把主要精力放在学习上，对学习之外的事情不是很了解。尽管那个时候科大已脱离三机部，重新归科学院领导，整顿科学院对整个学校的氛围可能会有影响，但我们做学生的对这些情况不太了解。我只记得曾经听过华罗庚、刘华清、张劲夫等院领导在全校大会上的报告。

熊：自"文革"初被打倒后，张劲夫就没再在科学院任职。

滕：哦，他当时是以安徽省委第一书记的身份来的，在全校大会上讲了科大建校时的一些事。当时科大全校师生总共就几百人，在上级领导来时，大家就聚在一起听领导讲话。

熊：在"文革"之前，科大课程的一个重要特点是"重、紧、深"，即学习课程重、时间紧、内容深，这个特点在"文革"期间流传下来了吗？

滕：我认为，在我们这一级，"重、紧"是保留了，就像我上面讲的，学习强度一点不比现在的学生低。"深"嘛，得看你怎么比，与同时期国内其他任何高校相比，我们学的内容绝对比他们多得多，比如学生物的要学多种化学、学分子物理，我想即便是现在，全国也没有几所高校的生物类专业会开这些比较深的课程。之所以如此，我想有两个原因：一是打好数理基础是科大的传统；二是我们的师资力量很有限，无法开设很多专业课，那就只好多上数理化等基础课了。照理说我们这种学制只有三年的工农兵学员应该按照专科生来培养，也就是说应当多学一些生物理论。可是，除了生理、生化，其实我们没有学多少生物方向的专业课。倒是上过生物电子学，可它本质还是电子学。

熊：当时开的实验课多不多？

滕：不多，只有生化、生理、普通生物学、生物电子学、摄影和显微摄影等实验。

熊：毕业时有没有毕业论文一说？要做研究吗？

滕：有啊！和现在的大学生一样，毕业时也要做毕业论文。最后半年做研究，交毕业设计。因学校条件差，大家的毕业设计基本上都是在生物物理所完成的。我当时去了生物物理所七室，他们做什么我就跟着做什么。具体是跟郑启泰做青蒿素分子结构研究，他后来调到中国医学科学院的药物所去了。后来，可能因为科大想发展结构生物学，就把我留了下来。

4. 毕业分配

熊：我想应该是学习特别优秀的才能留校。

滕：应该是吧，最起码我的成绩在老师眼里是很好的。每次两个小时的考试，我基本上30分钟就能交卷子，从没拿过100分，但每次成绩都在90分以上。会就会，不会就拉倒，我不耐烦老坐在那里。尽管我的分数不一定最高，但我肯定是第一个交卷的。我本人其实很不希望留校。我想回南京,因为我是南京人,家里就我一个孩子,父母年龄也大了,我当然想回去。可那时候是分配制,让我留在学校,我也没办法。

熊:1977年恢复高考,你们和通过高考入学的1977级大学生应该是有交集的。

滕:他们于1978年春入学,与我们大概有半年多的交集。作为老生,我们接过他们这些新生,还一起参加过交流座谈会等活动。他们中的很多人我都认识,有好多年龄比我大的,因为他们多是老三届①。但我们之间的关系并不是太紧密;再者我们忙着做毕业设计,没有太多时间和他们待在一起。和其他系相比,我们和他们之间的关系还算不错,至少我们和他们没有过争吵。

熊:你们是何时毕业的?毕业后大家发展得如何?

滕:1978年10月份毕业。从1970年科大搬迁至合肥到1976年"文革"结束,科大生物物理专业实际上只招收了两届工农兵学员,1973级与1975级。不知什么原因,1974年、1976年没招。

毕业后,我们班同学大多被分配到中科院的研究所工作。譬如,我们十个南京同学中,姜文昌分到昆明动物所、李连武和吴茂英分到成都生物所、邓燕华分到遗传所、高美华分到上海生化所、吉永华分到上海生理所、周德志分到南京土壤所。还有一个女同学张义云,因为未婚夫在河南,分到了开封的生化制药厂。两个北京同学都分到中国医学科学院,回了北京。两个安徽同学,谢永义分到安徽省农科院,王淑娅分到北京的生物物理所去了。上海的同学沈卫英回上海,去了上海计划生育所。留校的只有两个:我和崔涛。崔涛研究做得很好,曾任"863计划"项目负责人和生物系副主任,1995年出国后就不做科学研究了,现在他在北京,是美国生物技术公司——普洛麦格在中国的负责人。去研究所的大多从事研究工作,主要是跟着人做,后来有人改搞行政。邓燕华后来做"863计划"项目办公室主任,还做过遗传所副所长。迄今仍在做科学研究的,一个是我;一个是吉永华,他现在是上海大学生命科学学院特聘教授,还是全国政协委员;还有一个是高美华,她的科研也做得相当好,她目前在美国加州。

在我印象中,1973级只招了14个人。他们之中,出了饶子和院士和国家"千人计划"获得者张荣光等人才。

熊:前段时间我们去拜访了施蕴渝老师,提起在"文革"中招收的工农兵学员,她很是自豪。

滕:我觉得我们还是为科大争了气的。当时社会上的人普遍带着"有色眼

---

① 此处是指"文革"开始时还在校的1966、1967、1968级三届初、高中学生。

镜"来看待我们这些工农兵学员,在我们身上贴各种各样的标签,可是你看,我们科大生物物理专业只招了两届共29个人,最起码出了1个院士,另有一些人在学术方面做得也不差,还有一批在其他行业发展得也相当不错。

熊:在顺境中能培养出人才固然是好,在逆境中仍能培养出众多优秀人才更是难得。所以,我认为科大的这段历史应该好好写一写。

滕:"文革"结束后,我们这批人实际上是很受歧视的。

熊:受到歧视?

滕:你想,算"文革"的账时,大学招收工农兵学员也是一条罪状啊!社会舆论认为:工农兵学员多是白卷先生张铁生之类的人物,学识低下,却要上大学、管大学、改造大学,走后门进大学后,不好好学习,没学到啥东西,成天在学校里面瞎胡闹,破坏大学正常的秩序。但我们生物系的领导和老师并没有这么看我们,而是根据我们的实际情况对我们进行培养和使用。

熊:具体有哪些歧视?

滕:至少多数工农兵学员在单位里不会受重视吧!拿我来说,我1978年留校,一年以后不就是助教嘛,我助教当到哪一年?1989年!我光助教做了上十年!按理说,助教做上三五年,到1982年、1983年就该考虑给我提职了,因为我一直在做科研,且有论文发表,但当时就是不考虑我们这批人。没办法!虽然有例外,但从总体上看,工农兵学员的基础确实不如"文革"前的大学生,也不如"文革"后的,这个不承认不行。科大直到1986年年底,在恢复高考后读完大学留校的第一批助教该提职时才考虑此问题。由于我已于1986年下半年去了美国,所以错过了这次机会。我直到1989年回国后才升为讲师。

总的来说,工农兵学员是特殊历史时代的产物。从学习知识的角度说,我们不及之前和之后的科大同学学得多,但横向与其他许多高校比,我们还是多学了许多知识。

5. 林政炯和梁栋材

熊:1978年下半年生物系成立时,当时是什么情况?

滕:成立前后,生物系调了徐洵、李振刚、鲁润龙等一大批人进来,但大家普遍没有科研经验。在我的印象中,只有教生物电子学的寿天德、孙玉温在"文革"后期做过耳根环针刺麻醉研究,还有徐洵在之前的单位也做过一些研究,算是有一些科研经验。1979年,我和刘竞、严有为(他是严东生的儿子,1978年调到科大)、韦安之同时在北京进修,开始学着做科研。我在生物物理所七室进修了一年多时间。

熊:当时梁栋材先生已经从广东调回北京了,是吗?

滕:好像我刚去生物物理所进修时,他还没调到生物物理所;我进修一段时间后,他调来了,我们还帮着他搬家呢,所以我跟他很熟。

熊:那您在七室主要是跟哪位老师学习?

滕:当时七室分为两个组,一个大分子组,一个小分子组。大分子组主要做胰岛素的结构研究,我在这个组,跟林政炯先生①学习。林先生对我的影响特别大。他是胰岛素晶体结构研究的重要负责人之一。他为人低调、谦逊和善、做事谨慎、一丝不苟,是个绝对的好人。有一年,生物物理所多次让他申报院士,他却死活不肯报。我那时刚好在北京出差,就在吃饭时问他干吗不报。他说:"过几年我就要退休了,该休息了!"要是他肯申报,应该能当选,无论是水平,还是为人,他都是无可挑剔的。

林政炯研究员

(2004年2月25日熊卫民拍摄)

熊:我访谈过林先生②,感觉他很谨慎。我跟他面谈很可能就只有一次,但他给我留下了很深的印象。

滕:林先生很低调、很谦虚,说话慢慢腾腾地。我跟他关系很好,从1979年至今,我去北京时经常会去看他。他是我从事蛋白质晶体学研究的领路人。

进修结束,回到学校后,我就筹备上课。上蛋白质晶体学,这门课现在还在开,但当时我还不太懂,还开不出来,所以就请了梁栋材先生和戴金璧先生来讲,我做助教。后来我自己上一点,再后来这门课完全由我和牛立文来讲授。

---

① 林政炯(1935——   ),中国科学院生物物理研究所研究员。1958年毕业于北京大学化学系,后分配到中国科学院生物物理所工作,是胰岛素晶体结构测定工作的主力成员之一。

② 参见:熊卫民.从合成蛋白质到合成核酸[M].长沙:湖南教育出版社,2017.

从1981年起梁先生每年都给我们的本科生开课,连续来了近十年。梁先生很用心地给科大生物系开课,有时候到科大来一待就是半个月、一个月。戴金璧也如此。后来,他们工作忙,不能来那么长时间了,我就接替他们上一部分课。1986年我出国。此时,牛立文已经从生物物理所研究生毕业回校,他接替我帮梁先生等开课。

梁栋材先生除了亲自来科大给本科生上课外,对科大生命科学的发展提出了很多很好的建议和意见,尤其对科大结构生物学的发展,给予了特别的关注、关怀和支持。虽然我无缘成为他的正式学生,但他的言行深深地影响了我,是我非常崇敬的先生。

6. 上海的科学家来授课

熊:除了生物物理所的梁先生等,科学院其他研究所是否也有专家来系里授课?

滕:记得1978年刚成立时,生物系好像组织过一次学术交流会,请了上海细胞所、生化所、生理所的一批科学家。王应睐没到,王德宝、李载平等来了。随即,他们在科大做了报告。

熊:王德宝、李载平均为中国生物化学和分子生物学的学科带头人。

滕:不止他们俩,来了一批人,面向科大生物系师生做了一系列的学术报告。这些报告被录下来,然后整理出书,成为我们系1977、1978级同学的教材。我认认真真地听了这些报告,感觉耳目一新,原来还有这些东西,远远超出了我们以前上课时所了解的那些内容——因为以前我们基本没有科研嘛。我们录了很多盘磁带,可惜的是,经过几次搬家,这些宝贵的资料恐怕都已经丢失了。

熊:不会是很多人同时过来讲课吧?

滕:讲课是分批进行的:这个星期你来,下个星期他来;或者这星期来两个,下星期再来两个。就是这么做的。

熊:也就是说,1978年生物系成立前后,引进了一批新人,同时请了一些知名科学家过来讲课。后者除了教学生,是不是还有培训老师的打算?

滕:对,起了培训老师的作用。我们系后来用的教材,像生物化学、细胞生物学之类,都是根据他们的讲课,再结合别的教材编出来的,内容在当时看来应该说是很新的。蛋白质晶体学的授课讲义是梁栋材先生和戴金璧先生编写的,后来该讲义前面的晶体学和X射线晶体学部分梁先生进行了重新整理,90年代初在科学出版社出版了《X射线晶体学基础》一书,该书很受欢迎,在2006年又再版。目前该书仍然是我们的本硕课程"结构生物学-晶体学"的主要参考书。

熊：有了一些新的教学资源和一批新教师，生物系的新课就这样开起来了。

滕：对。科研也做了起来。徐洵、李振刚，他们两个应该都是1978年调过来的；寿天德、阮迪云，他们俩一个组；还有施蕴渝、黄婉治、蒋巧云和我。我留校后，和蒋巧云一个组。黄婉治和蒋巧云老师是我从事科学研究的引路人。

熊：你们做蛋白质结构研究？

滕：是的，想做。我们当时做的是蛇毒分离纯化和生化性质研究，进一步想开展蛇毒蛋白的结构研究，但当时的条件有限，研究的进展很慢。从生物物理所进修回校后，我一直在做蛇毒研究。当时生物系有几个组都在做蛇毒蛋白不同组分的研究，有徐洵、黄婉治和蒋巧云，还有王贤瞬老师也是做生化的。徐洵老师是生物系老师中较早提教授的，她的生化功底很好，当时就在国外的学术刊物发表 SCI 文章。后来施蕴渝从意大利留学归来，做蝎毒和计算机模拟研究。生物系比较大一点的科研项目，是从1986年的"863计划"项目开始的。

7. 自己动手做设备

熊：在获得"863计划"项目支持之前，你们做科研主要有哪些困难？

滕：经费。那时候我们没有获得经费的渠道。我们没有"大树可乘凉"。现在徐洵、施蕴渝是院士，有影响力，在分配任务、分配经费时，科学院不可能不考虑你。可那时她们还很年轻，并没有什么影响力。还有，我们远离北京。现在从合肥到北京，坐高铁四五个小时就到了，那时候要走一天一夜啊！很不方便，出差哪能如现在这么频繁！对于北京那边在干什么事情，我们没有信息。人家分任务、分钱，钱都拿到手了，我们还不知道。从合肥到北京，信息是不通畅的，经费根本就分不到我们这里来。据说当时的"863计划"项目"葡萄糖异构酶的蛋白质工程"是施蕴渝、黄婉治、徐洵等老师经过很辛苦的努力才拿到的。

熊：那就没有多少资源了。

滕：国家层面的科研资源本来就少，远离北京的科大就更少。

熊：没有资源，是不是也就难以吸引到人才？可建系前后你们不是进了一批人吗？

滕：那是特殊时期的产物。前面讲的这些人经历普遍很坎坷，对他们而言，能到合肥来就不错了。你想想，他们过去都是在哪里呢？李振刚本为北京师范大学生物系的研究生，打成"右派"后被发配到内蒙古农村。鲁润龙毕业于华东师范大学，他调过来之前是安徽祁门县的文工团团长。严有为是"文革"前入学的大学生，于1968年毕业，被分到湖南一农场……那时候哪能谈什么条件？能从农村里面、从山里面调到一个城市来，到一个大学来教书，已经是很大的提

升。起码有工资,且待遇不会比之前那个地方差,对不对？关键是他们全家都从基层走出来了。那时候不能自由找工作,事业单位进人可不容易！对他们而言,进科大已经是难得的机遇。

熊:80年代前期,你们的研究设备如何？

滕:我们的设备都是从北京南迁时搬过来的,拆拆装装,很多东西都破得不成样子,又没钱买新的,所以,那个时候我们要干个什么事,得自己做设备。譬如,研究蛋白,需冷冻干燥,缺钱买不起真空冷冻装置,我们在真空皿中放上五氧化二磷吸水,将蛋白质溶液在冰箱中冻好后放进真空皿,再利用普通的真空泵抽真空。再如,蛋白质分离纯化的柱子,没钱买预装柱,我们买个玻璃柱子,买些材料,自己装柱。买来蠕动泵、部分收集器自己动手组装蛋白质纯化系统。当时科大有玻璃厂,能吹玻璃,你要加工一个什么设备,就去找玻璃师傅,画个图给他:"我要做个这样的东西！"他就给你吹出来。当时的设备大都是这么做出来的。记得那时我曾到上海细胞所、生化所参观,看到他们的仪器、设备,非常羡慕,可我们没钱,买不起,只能自己做。因为条件差,没有自动设备,那个时候做实验得一直在旁边盯着,生怕出什么问题,不像现在,可以将其交给学生。条件如此艰苦,肯定不出活啊！

8. 艰苦条件下做科研

熊:你们只专心做自己的蛇毒研究？

滕:施蕴渝老师还做过蝎子毒研究。我帮她到淮北收过蝎子,我自己跑去收,到农村住10块钱、20块钱一天的旅馆。

熊:我曾经跟人拿着筷子去山里抓过蜈蚣。

滕:我们采的蝎子好像是人工饲养的。然后我们做蛇毒。我们先是能买到蛇毒,然后人家不卖了——我去了一趟没买来。再后来,我们看到一张报纸,说某赤脚医生有家传的治疗蛇咬伤的技术,且他还养蛇。我们就想与他合作。那时候也没电话,就根据报上的信息写信过去,然后就联系上了。1980年,我们跑到他们位于安徽歙县深山的家中去看他。他到屯溪来接我们,从屯溪到他家还得走3个多小时山路。我们请他养蛇、取毒,弄干了卖给我们。这样,我们就获得了一个可以控制的蛇毒资源。

熊:怎么把蛇毒弄干？

滕:液体蛇毒如不及时处理会坏掉,要把它浓缩,抽干水分形成粉末状固体。我们向学校申请了大概5000块钱,给他一点钱盖了个小茅草屋养蛇,还给他买了一个真空泵和真空皿送过去,手把手教他如何抽干蛇毒。那个时候去黄山,得坐早晨5点半的长途汽车,坐到屯溪已是下午6点多,真是艰苦啊！后来他送蛇毒给我们,我们再给他一些蛇毒钱,人家不能白干嘛!

熊:也就是说,你们的科研,是从几千块钱起家的!

滕:也不能这么说,这只是我们解决研究材料的方式。那时候国家的科学研究经费投入有限,也不像现在这样有各种的科研经费申请渠道。后来我和牛立文参加了梁栋材先生主持的一个中科院重大项目,好像也就20万~30万元的经费。依靠该重大项目经费的支持,在我们的实验室第一次解析了一个蛇毒蛋白的晶体结构,并做了一个蛇毒的结构模型出来。这是我们实验室所有人花一个星期做出来的。后来,我们陆续解析了若干种蛇毒蛋白的晶体结构。

熊:这是个多肽的模型?

滕:这是个蛋白质模型。这是我们用纯手工做出来的。我们专门买了人家"做字"的小锯条,买来三合板,将计算机输出并用纸打印出来的电子密度图用复写纸描在三合板上,然后根据电子密度图的外廓线把三合板锯成一个个的小块,一层一层用胶水把小块粘上,再漆上颜色。费了不少劲,但它很有意义。所以,尽管经过多次搬家,我仍一直带着它。

蛇毒蛋白结构模型

(部件略有脱落,2017年1月13日熊卫民拍摄)

9. 应邀去美国进修、工作

熊:您前面提到,您于1986年下半年去了美国。为什么要在提职前出国?

滕:我们这批人比较受歧视,对此,我心里面不服气——我做得并不比你们差,凭什么歧视我!可我没法改变大环境,只能努力去适应它。1986年下半年我出国,原因有二:从知识角度,我需要进一步积累;从经济角度,那时候工资太低了,每月才六七十块钱,买个鸡蛋7分半还得跟人家讨价半天,去美国能改善经济状况。不论是哪个角度,我都得出去。我于1986年出去,在美国待了3年,先是在麻省理工学院(MIT)待了1年多,然后随导师一道去伊利诺伊大学香槟分校(UIUC)待了1年多,1989年7月回来。

熊:一次去3年,不简单啊!属什么性质?资助是哪里来的?

滕:叫做"自费公派出国进修",经费由对方给。不拿国家1分钱,全是人家的资助。

熊:论收入,你们自费公派的比拿国家公费出去的要高吧?

滕:是的。当时国家公费的为每月400美元,即每年4800美元。我是一年2万美元。在美国的第一个月,我拿到了人生的第一张支票,心情无比激动。为什么?因为我在国内每月工资才70几块钱,一年1000块钱不到,而我在美国,第一个月就拿到了约1500美元,当时美元兑人民币的汇率是1:7左右,我在美国的月收入约合人民币1万元,顶我在国内干10年。当时万元户在国内算是很有钱的了,而我,1个月就变成万元户了!

熊:确实反差极大!从工资收入看,约有100倍的差距。您去美国,第一期是不是本来只有1年多时间?

滕:我向学校请假1年。其实并没有那么严格,反正人一走工资就停,叫做"留职停薪"。

熊:那后来为什么又延长到3年呢?

滕:导师觉得我能出活,所以继续聘我。我在那里做得很好,才去一两年就发了文章,刊物档次还不低。论研究条件,美中之间也是天壤之别。当时国内研究经费很少,设备很差,科研效率很低。施老师他们回国之后,依然很难开展科研工作。什么都没有你怎么开展工作?当时是这样一种状况。

熊:既然在美国有工作、收入很好,1989年您为什么还是选择回来?

滕:第一,我得回来伺候老母亲。那时候可没有现在这么方便,既没手机,家里也没有固定电话,与老母亲通个话,得找一个装有电话的官员朋友,约好时间再进行,且电话费高达一分钟两美元多。第二,我在美国感觉并不太好。虽然收入与国内比是高,可跟美国的同行比并不怎么样。虽然工作做得不错,但要混出点名堂来,基本做不到。我总感觉是在做客,想回来自己做主,哪怕我回来时还只是助教。就这么简单。回国之后,曾有记者要采访我,我没有接受。因为我没有他们所希望的高觉悟。

熊:1989年7月归国,还是很不同寻常的。

滕:是的。我较早就买了回国的机票。1989年6月,UIUC管外事的官员来找我,说:"你可以不回去了,你马上就可以申请美国籍。"但基于上面说的理由,我还是拒绝了他的提议,按时登机回国。

熊:回来之后,您是不是变得比较受重视?

滕:没有。系主任寿天德倒是想到该给我提职了,所以在1989年年底、1990年年初,我提了讲师。然后,1992年提副教授。当时系里已经开始做点正规的科研了,我需要经常出差。火车票很难买到,而副教授以上才能坐飞机。我在评议会上说,我的动机很简单,我出差连飞机都坐不了,为了这个权利我想当副教授。我的学术水平怎么样,够不够,请你们评价。当时合肥和北京之间的直达火车票基本买不着,更别说卧铺了,我不得不从济南或蚌埠中转,时间漫长,苦不堪言。

10. 十几个人、七八条枪

熊:80年代生物系培养的学生是不是有很多出国了?

滕:对,有好多学生出国了,后来我们基本上没有本科生留下来。

熊:研究生呢?

滕:我们系实际到90年代才开始成规模地招收研究生,关键是我们这儿没有学位点,缺乏有资格带研究生的人。施(蕴渝)老师、寿(天德)老师当时都只是讲师;徐(洵)老师资格老一些,1978年调来时大概就是副教授,可因为没学位点,也还没资格单独带研究生。牛立文应该算是我们这里最早的研究生,他是1977级大学生,系里于1982年把他送到生物物理所,师从梁栋材先生;周逸峰也比较早,他是1978级少年班大学生,比牛立文仅晚半年入学,他在上海生理所拿的硕士、博士学位。他们是我们早期培养的师资。90年代中期,我们引进了几个留学海外的毕业生:朱学良、廖侃、徐卫华。当时还没有什么引进人才的计划,条件不好(就一人一间实验室)。朱学良和廖侃都是研究细胞的,在这里难以开展研究,没待多久就被别人挖走了。徐卫华是做昆虫的,他留的时间较长,但2003年也调到中山大学去了。

熊:朱老师、廖老师被哪里挖走了?

滕:当时上海几个生物类研究所联合成立了一个叫"生命科学中心"的机构,用新模式招聘人,朱学良和廖侃去了那里。我于1996年9月份去美国哈佛大学进修,到1997年年底才回来。一回来施老师就告诉我,准备成立生命(科学)学院。

熊:当时生物系有多少教师?

滕:也就20多人吧。当时在全国高校中,成立生命学院已经成风。

熊:生物系的教师怎么这么少?

滕:生物系师资一直都不多。虽有人进,但也有人出,有人退休。早期几位

领头的教师,徐洵、陈霖在 90 年代先后调离,就连系主任寿天德本人,也于 1996 年调到复旦大学去了。另外,一些资深教师于 90 年代先后退休。这些都导致生物系教师少。我曾借用《沙家浜》中的话来调侃说,生物系"总共只有十几个人、七八条枪"。

11. 生物系的精神

熊:生物系存在了 20 年,这 20 年有哪些特点,您能总结总结吗?

滕:研究工作从 80 年代起步。在随后的一二十年,虽然获得的资源少,工作条件差,但大家一直在孜孜不倦地努力奋斗,并且做出了一些好工作。譬如,施蕴渝老师在核磁共振领域,徐洵老师在生化与分子生物学领域,陈霖老师在认知科学领域均做出了相当出色的成绩。

熊:具体是怎么努力奋斗的?您能再举点例子吗?

滕:当时科大生物系条件差,信息不灵。当时,科大作为中科院直属高校,教育部高校的许多会议,我们经常得不到通知。在这样的情况下,当然我们也可以随大流教教书就完事了。但资深教师如施老师等,有很高的心气,硬是要艰苦奋斗,努力挤进国家的重大科研项目之中。听说他们在申请"863 计划"项目时,硬挤了进去。当时他们没有"大树可乘凉",自己又什么头衔都没有,有关方面不让他们进。他们硬是想方设法把材料递进去。现在拿到科研经费,还有相应的奖励,那时候什么都没有,如此努力奋进,纯粹是因为不甘居人后。当时有这样一种精神。

12. 成立生命科学学院

熊:寿老师调走后,由谁做系主任?

滕:在寿老师做系主任时,施老师是副主任。寿老师走后,刘兢当系主任,施蕴渝、牛立文当副主任。我在美国期间,系里根据科学院新设置的关于人才引进的"百人计划",引进了周专。然后,他们酝酿成立生命学院。我回来的第二天,施老师就给我打电话,说:"要成立生命学院!你得来管一些事。"我问:"管什么事?"施老师说:"学院将分设两个系,由周专做生物物理系常务副主任,你做老八系也即分子生物与细胞生物学系的常务副主任。"我说:"我不想干这个事情。"她说:"那不行,你得干!"然后成立学院。牛立文、刘兢是副院长,施老师是院长。施老师还要求我给她做院长助理。

熊:系是实体还是虚体?

滕:从 1998 年生命学院成立至今,系一直都是虚的。

13. 人才引进

熊：刚成立时，学院的发展思路是什么？

滕：院领导班子开第一次院务会就讲，我们师资队伍这么小，我们需要发展，需要引进人才，引进人才是我们的第一要务。那时候上面已经有一些人才引进计划了——科学院有"百人计划"，教育部的"长江学者计划"也已启动。

熊：国家经济形势比较好，对科学、教育的投入增加。科学院、教育部得到了一些投入，然后科大也得到一些投入，再后生命学院也有了可利用的资源，可以招聘一些人员了。

滕：是啊。我们先根据科学院的"百人计划"引进了周专，然后又引进了我们的第一个"长江学者"姚雪彪。他是国家第一批"长江学者"。

熊：具体引进什么方向的人才你们有考虑吗？

滕：当然有。我们最先考虑的是引进细胞生物学方向的人才，因为生物物理、神经生物学是我们的传统强项，生物化学和分子生物学方向、遗传学方向，我们这儿好歹都有人在做，而细胞生物学基本是短板，本来把朱学良、寥侃引了进来，可又因为条件不够而没能留住。没有国家给的条件，光靠学校给的几十万块钱是建不成实验室、解决不了问题的。"长江学者计划""百人计划"给的钱较多，能建成实验室，所以我们还是优先考虑引进细胞生物学方面的人才。姚雪彪、吴缅引来了后，我们生命学院的细胞生物学基础就建立起来了。在他们之后，我们又陆陆续续引进了像徐天乐、龚为民、向成斌、周丛照、孙宝林、田志刚等一批分别做微生物学、植物学、神经学、结构生物学、免疫学研究的人才，生命学院就越来越像样了。

熊：在国内的学术地位也逐步提升。

滕：对。现在我们科大生命学院已有 60 多位教授，在神经生物学、结构生物学、细胞生物学、免疫学、植物分子生物学、计算生物学等领域发展得都还不错。不错的标志是什么呢？在上述领域，我们有国家大项目的首席科学家。这60 多位教授，无论是拿的国家项目的数量，还是人均获得经费支持的强度，还是人均发表的较高影响因子论文的数量，在国内都是靠前的，所以，我们在国内生命学院中的排名也不错。当然我们还有不足，例如，在最顶端的科学期刊 CNS，即《Cell》《Nature》《Science》上发的文章还不够多。我们生命学院的教授绝大部分做得相当好，在国内有地位，但我们还需要涌现出更多的在国内外有较高影响的科学家和教育家。我们在微观生物学方面的研究面较广，在多个领域都有精兵强将，这是我们生命学院的特点。

14. 生命科学学院的特点

熊：生命学院还有哪些特点？

滕：这一阶段的首要特点就是重视人才引进工作。没有人才，其他就全是虚的。在人才引进方面，我们学院在科大可以说是启动最早、动作最快的，而学校也给了我们很大的支持。

熊：在新阶段，你们为什么能把这么多优秀人才引进过来并留下来？是凭待遇还是凭别的什么东西？具体是什么步骤？

滕：不是凭待遇。论待遇我们这里肯定不是最好的。从首任院长施蕴渝到继任院长牛立文、田志刚和薛天，以及历届的院务会班子，都把引进人才放在一个相当重要的位置。我们曾在《Nature》《Science》上发布招聘广告，然后有人联系我们。你得去跟他谈，邀请他来参观。引进一个人才是很费劲的，得反反复复、来来往往谈上很多次。要做好此事，第一靠领导的意识，第二靠大家的理解与支持。引进一个人，譬如说是你以前的学生，他的工资和获得的支持比你本人的还高，你能不能接受？生命学院这么多年的发展，与内部的团结、步调一致、不内耗密不可分。

熊：这是很不容易的事情。两口子在一起待久了都容易生矛盾，一群个性、风格、品行不一的人在一起做事，很容易产生嫌隙，进而相互拆台、内耗不已，并最终导致分裂、失败。你们怎么能做到团结一致呢？

滕：一个机构是否兴旺，与领导关系密切。做领导的要有想法和主意，有时候要强势一些。不能什么事情都民主，什么都开会讨论、投票表决。拿引进人才来说，我们很少为此开教授大会。一旦开会，肯定会有人说这个人好，另外有人说这个人不好，即使有2/3的人说好，通过了引进方案，剩下的少数派心里也不高兴。所以我们引进人，往往是院长觉得这个人不错，把材料分别传给教授们看，征求意见，没有很多反对意见，就决定引进，跟学校去谈。

熊：也就是说，领导要有眼力、有魄力。

滕：是的。领导需有眼力、有魄力、敢担当。

熊：科学与民主是两种不同的价值，有时会有冲突。科学上的事情，由专家来决定，是有一定道理的。但是，科学机构的事务，并不完全属于科学范畴，若不加讨论，难免会引起非议，乃至怨恨。

滕：另外，做领导的还不能自私。一旦自私自利，就不能服众。施老师在这方面是表率。她当院长时，领导班子通过了一个决议，我们做院长、副院长、院书记、系主任等的，绝不能因自己的权力而谋取好处。比如说，当时是连续两年年终考核优秀可以涨一级工资，学院的领导从未享受过。科大每年分配给学院的一些奖项,学院的领导也从不申请。据我所知,历届院班子成员,从未拿过学校的任何非竞争性奖项。这种规定是为了事业的发展,是我们学院的一个很好的传统。我想一般学院是做不到的。

熊:从公心出发,不为自己牟利,能减少内耗。

滕:当领导的一定要坐得正,一定要以身作则。只有领导从公心出发努力做事,才能令大家团结一致、齐心协力。我们做事,不说一呼百应,一呼九十应是有的。如果大家为了各自的利益吵来吵去,甚至背后告黑状,很多事情就没法做成了。拿我们生科院大楼和科研技术平台的建设来说,就离不开领导的努力和大家的支持。我们这栋楼是全校第一栋由某个院系单独拥有的科研教学楼,当初建起来时,可是被全校各院系羡慕死了。这当然离不开朱清时校长和学校"985工程"建设一期工程的支持。可要不是施老师反复跟学校沟通,学校一上来就会支持你?科研技术平台建设也是如此,需要反复跟有关方面宣传。我们很多事情都要有预案。学院要发展,需要干什么,需要多少经费支持,你得有想法,你得提出申请书来跟学校有关领导说。学校领导即使现在没钱,他也会想着你。现在好多经费都是突然来了,让你一星期之内就拿出方案去报。你要是没有提前准备,怎么可能拿出一个好的方案出来!

对于学院从学校争取来的经费,我们统统把它放到平台中,没有哪个教授单独享受学校给的公共资源。有的单位是把资源分出去:刘教授,你分1/3;李教授,你也分1/3……那些分不着的人能不生怨?买的设备搬到你的实验室,号称是公用,可是能公用得了吗?我们生命学院没这方面的问题,学校给的资源全部放在中心,所有人受益。以后统计成果、写新的申请材料时,那些单位会有好多教授不干。为什么?钱都给你们拿去了,我一分钱没享受着,现在要材料,你知道问我要了,可我凭什么把自己的材料给你?他怨得有道理呀!我们生命学院不是这样。我们写材料时根本不用征求你的意见。为什么?因为你是生命学院的人,学院平台的所有功能你都享受着,你是受益者,你的材料我们当然可以用,对不对?

熊:你们这栋楼好大啊,当年才几十位教师,就建这么大一栋楼,不容易!

滕:当年很宽敞,现在却紧张,不够用了。我们生命学院是科大第一个收房租的单位。在1999年或2000年就开始收了。为什么?因为要进新人,老生物楼不够用。连房子都没有,他怎么开展工作?可确实是每个房间都堆得满满的啊!怎么解决问题?收房租!你是老教师,占用的房间多,很多报废的东西都扔在那里。学院希望你让出来,可谁愿意?一收房租,放垃圾的房间就腾出来了,谁也不愿意为那种利用率很低的房子每年交上5000块、8000块,对不对?我们后来把新楼盖好了,刚开始时房间富余,我们照样收房租。我当副院长、书记这么多年,我这个办公室照样交钱,因为教授的办公室也是要交房租的,我跟

他们一样交,该交多少交多少。我也不比你少交一分钱,其他人怎么会有意见?他能有什么意见呢?院士也是这样。我们招博士生,每个PI都是一样的指标,院士也如此。

熊:我们人文学院近年来也开始收房租,原来是跟你们学的哦!

滕:在我们之后,学校也开始收了。学校是整体收,整个大楼多少平方米,按面积收。我们向PI多收一点,为什么?因为有公摊面积和物业管理。

熊:你们收房租干什么?

滕:早期是用于搞内部建设和物业管理,改善走道、卫生间等公共空间的环境,让这些地方漂漂亮亮的。要是黑漆漆、脏兮兮的,那肯定影响心情,对不对?后来学校开始收房租,大部分上交给了学校。

熊:我觉得你们学院的文化建设很有特色。譬如二楼的咖啡厅就很好。

滕:搞咖啡厅的目的是为了加强同事们的交流,尤其是一些不那么正式的交流。不同的实验室之间可能会有一点误会,譬如我们的学生之间在传,你对我有什么看法,反映到你或我这里了。我没法找你去谈,一谈就变成正儿八经,变得"此地无银三百两"了。但是呢,我确实可能有一个小疙瘩在那儿。在咖啡厅遇到了,一起喝一杯,"老兄,对不起啊!那个事情实际是怎么回事……""没什么!"很管用,隔阂、误会就这么消除了。尽量少闹矛盾,你有本事,一心一意去做研究,争取经费,发好文章,不要为鸡零狗碎的事情搞得不愉快。

熊:是不是它还有"下午茶"的功能?

滕:有啊!不同实验室的人,在这里聊聊天;同一个实验室的人,在这里开组会。各种报告、来访,都可在这进行。

熊:咖啡厅所营造的氛围挺好的。

滕:我们希望学院有一个和谐、愉快的环境。你选择工作单位时肯定会有很多考量,我觉得其中两条最重要:第一是你在这里工作得舒心,第二才是待遇。待遇差一点,但你过得很自在、很快乐,这比待遇好、可过得郁闷、周围都是矛盾的地方更吸引人。

熊:是啊,尤其是在人才的基本需求能得到满足的当代。

滕:所以,我们要建设好的文化,靠和谐的氛围来吸引人才、留住人才。

11 主政生命科学学院的那些年
——牛立文教授访谈录

受访人：牛立文
访谈人：熊卫民
整理人：高习习、熊卫民
访谈时间：2018年1月17日、18日
访谈地点：中国科学技术大学生命科学学院牛立文教授办公室

受访人简介

牛立文教授

牛立文，男，安徽濉溪人，1962年10月生。1978年3月至1982年7月在中国科学技术大学生物学系分子生物学专业学习，1982年9月至1986年9月在中国科学院生物物理研究所生物物理学专业读硕士研究生。毕业后留校任教，历任生物学系副主任、生命科学学院副院长、常务副院长、执行院长，还曾担任中国科学院结构生物学重点实验室主任、合肥微尺度物质科学国家实验室（筹）生物大分子结构与功能研究部执行主任、安徽大学副校长兼研究生院院长等职。现为中国科学技术大学生命科学学院教授、博导，主要社会职务是全国政协委员、中国农工民主党安徽省委员会主委、安徽省政协副主席，中国晶体学会副理事长和大分子委员会主任等。

在这次谈话中，牛立文教授回顾了科大生物学系发展成生命科学学院的过程，尤其是他在主政生命科学学院时采取的种种举措：规划建设新的生命科学大楼，运用多种人才计划引进人才，建立PI制，构想和实施多种教育改革措施，等等。他鲜明的个性、敢为天下先的精神给人以深刻的印象。

熊卫民(以下简称"熊"):在我看来,科大的生命科学可分为三个20年。第一个20年是生物物理专业的阶段,起点较高,建立了一些教学传统,但遭遇了很多波折,没能开展多少科研;第二个20年是生物系的阶段,立足合肥,筚路蓝缕,在教学的同时,克服困难,创造条件,开展了不少科研工作,把研究传统也建立了起来;第三个20年是生命科学学院的阶段,培养和引进了众多的人才,收获了很多成果,迎来了事业的大发展。您不仅亲历了后面两个20年,还是第三个20年的主要掌舵人之一。我很想请您从您的个人所历、所思、所感出发,谈谈科大生命科学是如何从一穷二白、在本校都鲜为人知的情况下,逐渐打好基础,得到学校支持,并进而起飞,成为国内排名靠前的生命科学教研机构的。

牛立文(以下简称"牛"):搞个人访谈,访谈人多喜欢提一些心灵鸡汤式问题,而受访人也喜欢针对个人成长经历谈一些所谓的成功之道与感慨。这大概是为了吸引读者眼球吧,可以理解。但我不愿意那么做,只想讲讲自己在特定历史条件下做的一些事情,成功与否,那就看你依据什么来判断了。这些都是过眼云烟,今天的人是否有兴趣,很难说,因为时代变了。

1. 为什么要回顾院史

牛:接受您的访谈,一开始我是不情愿的。说实话,自己谈自己的历史,不可能不谈成绩,而这又难逃自我表扬为己邀功之嫌,但无奈这是生命学院领导交代的"命题作文",临近建校60周年庆典,作为曾经的学院行政主持人,如果拒绝访谈,肯定会被误解。你一言不发,是什么意思?回想2015年,在我不做院长多年之后,我曾把当时从我个人电脑中能找到的一大堆资料,主要是我主持生命学院工作时曾经经历过的多种评估、汇报、规划材料等交给生命学院现任领导。资料内容不全(因为当年没人要求归档,我也没有养成归档的好习惯),但很真实。我希望生命学院现任领导有兴趣了解过去某些事情的发生过程,以史为鉴。当时那么做,仅在内部很小范围进行,是不公开的,而现在的访谈要公开出版,所以我有顾虑。但现在既然已经接受访谈,我还是会尽力配合。感谢您给予这么一个机会,与您一起回顾生命学院发展过程中的几朵小浪花,出发点和落脚点是衷心希望后来人能从中汲取一些经验教训,在新时代走新路走好路,避免走歪路、走邪路。

2. 从一开始就不走传统的路子

牛:生命学院确实是从贫穷落后走过来的,特别是在您说的第三个20年,经过一代人的努力,就变得与科大在国内外号称的学术地位大体相称了。它在校内从弱势群体变成强势单位,并没有耗费太长时间,这是客观历史事实。至于科大在国内外大学排名究竟为如何,是世界一流还是国内一流,那是另外的话题,见仁见智而已。

熊:科大生物物理系是由贝时璋先生开创的。

牛:生物物理系是科大北京创校时成立的,但遗憾的是,作为学校的一个二级建制,在"文革"之前,它就被撤掉了。那段历史对老人来讲肯定是光荣的回顾,早期毕业生中出了若干位院士也是不争的史实,可以作为史学研究对象。但存在一个疑问,对于当今的年轻人来说,你大力回顾它究竟有什么现实意义?就算再辉煌又能如何?因为"庆典修史"的主要读者应该是当今的年轻人,而我怀疑当今的年轻人还有多少人对久远的历史感兴趣,可能对十年前的事情都不太关注,很多人关注的是精彩的现实生活。

我这么说,不是否定这段历史,也不是说历史不重要。历史教育不仅重要而且极其重要。列宁曾经说过:"忘记历史就意味着背叛。"还有古人说过,"灭人之国,必先去其史。"但年轻人对这些教导还感兴趣吗?

学院大楼门前的贝时璋半身铜像是我主持学院工作时找普洛麦格公司中国分公司赞助50年庆典时立的,该公司的负责人是科大1975级生物物理专业校友崔涛,他还曾当过生物系副主任。当时贝老已经105岁,是最高寿的"两院"院士,即新中国成立前的中央研究院院士和新中国的中国科学院院士。在我记忆当中,贝老生前好像从未到过迁到合肥后的科大。雕像是请清华大学工艺美术系主任以贝老中年时一张个人照片为基础设计的。一共制作了两个一模一样的雕像,科大这一个是我和滕脉坤教授租了一辆面包车亲自押车1000公里(千米)从北京请回来的;另一个立在北京中科院生物物理研究所院内,因为贝老也是生物物理所的创始所长,直至"文革"结束后的80年代初才卸任。立像的目的就是希望年轻人经过雕像时能够记住科大北京办学时期的荣光,记住生命学院办学的源头和文化基因。但我认为效果不佳,这不能不说是某种遗憾。时临校庆,既然学院花钱给自己立传,重点研究生命学院创立以来的20年,也就是您说的第三个20年的发展可能最有现实意义,因为这段历史还在影响着现实、影响着未来的走向。

熊:我很想听听你们的创业故事。最初是何种情形?

牛:讲故事,最好是抓住时间节点,从中间往两头说。先说说科大生命学院的前身。大的发展脉络是,科大1958年组建生物物理系;1964年它被并入物理系,成为物理系的生物物理专业;"文革"期间随科大南迁到合肥来,招收了两届工农兵学员即1973级和1975级,慢慢缓过劲来;"文革"结束,科大进入了拨乱反正、改革开放的新时期,1978年初以物理系即2系生物物理专业为基础组建生物系,序号为8,那个年代的老人习惯称之为8系。同时成立的还有由2系

的地球物理专业与3系的地球化学专业合并而成的7系。这8个系的建制奠定了近40年科大在合肥办学的基本格局,也是目前科大大部分学院的源头。不同于北大、清华等老校,科大是中国共产党独立自主创办的一所新型大学,没有别的源头,有着纯正的红色基因。可能也是由于这个原因,历史上校内机构的名称就比较另类,习惯以数字作为代号,学生届别也是以入学年份而不是以毕业年份计算的,有点像军校。如果一个人自称是科大毕业生却说不出年级系别代号,肯定是假冒的。我不记得当年6系和7系是什么名字,因为很难找到与内涵相符合的简化名字。建校时首批13个系的名称也比较另类,不是传统高校数学系、物理系、化学系之类的名称,在旁人看来可能有点怪怪的,但1964年被统一调整为传统名称。生物系组建时首批学生全部来自2系生物物理专业。我是1977级本科生,即恢复高考后科大的首批学生,录取通知书上写的是物理系生物物理专业,可1978年3月来报到时,进的却是生物系。老2系4个专业的学生还是合班上数理化之类基础课,课业标准相同。

一开始生物系就不打算走传统生物系的发展道路,而是要恢复在北京办学时的"全院办校、所系结合"模式,我念本科的时候,一部分专业课就是由科学院研究所的老师上的,本科毕业论文也是在研究所完成的。这个办学方针实际上一直持续到现在。"文革"之后坚持这个理念应当是1977年在中国科学院的一次关于"如何办好科技大学"的工作会议上决定的。新组建的生物系的首任系主任是中科院上海细胞生物学研究所所长庄孝僡,我印象中他只来过科大几次。科大的一个办学特色是,写入发展史花名册上的系主任和院长等,有些是挂名的,并不真正管事,当家的另有其人。外人经常搞不清楚情况,很容易弄混。

新组建的生物系首批开办的是生物物理学、细胞生物学、分子生物学这三个本科专业,根本不是当时高校传统生物系的植物学、动物学、微生物学那一套,更类似于医科院校基础医学类专业。可能因为这个原因,有很多年国内其他高校和研究机构实际上并不承认科大有生物系——尽管它名字叫生物系,但专业名称和课程设置与人家完全不是一回事,无法对口交流。

插一段题外话,如今全国多个综合排名靠前的大学都有医学院,科大要不要也跟着办?对此我有自己的看法。我在科大念本科时学过一些与医学密切相关的专业基础课程,如人体解剖学和组织胚胎学(由于种种原因,这些课程到现在生命学院还没有恢复开设);而且,我主政生命学院期间,所推动建设和运行的公共技术支撑平台也大多与现代基础医学教学科研密切相关,对医学类办学略知一二。我关注的不是办不办医学院的问题,而是在当前中国医学教育大格局下,开办医学院要花多少钱的问题。创办一流医学院是要花很多很多钱的,有人说过的一句有点偏激的话:"如果一所大学想尽快地财务破产,那就创办一流医学院。"合并的不算。究竟要花多少钱？钱从哪里来？在花钱的同时，从基础到临床，还要实行一套独特的、相对独立的学科体系和管理规则，不管是旧医学还是新医学，都是如此。校内其他学科会接受吗？如果办学当家人对高额的资金投入和体制机制变革没有足够的认识和行动决心，短期内情有可原，中长期看那是忽悠人。我这么说，恐怕是有点杞人忧天了。

熊：哦，你们上本科时居然有人体解剖课！

牛：对啊，有次上课解剖人脑，福尔马林（甲醛）味道极重，课后我们去食堂，看到食堂卖的豆腐炖猪脑就想吐，哪里还能吃得下去！还有电镜切片课、放射性同位素课，后者也就是核医学课，不清楚现在还有没有保留。我们当年生化课有两本教材：一本是《普通生物化学》，南京大学郑集[①]老先生编；还有一本医用的《生物化学》，是人民卫生出版社出版的。这些课程都有浓厚的医学味道。

熊：也就是说，科大生物系不仅非常重视数理化的学习，还开设了一些医学味道浓厚的课程。

牛：是的。在数理化之外，还开设了电工电子学、软件编程和机械制图课。此外，我们还上过海洋生物学课程，并在青岛近海进行过生态野外实习。与此同时，系里并没有系统开设过植物学方面的课程。我号称是生物系毕业的，但到现在对辨认花、草、树、木还是一头雾水，搞不清它们到底属于什么纲、目、属、种，这着实有点尴尬。总而言之，我念本科时，生物系的课程在别人看来整个一个大杂烩，而我们学生学得也辛苦。尽管饱受争议，但这种课程还是让我们获益很多。幸亏当时教育部没有搞什么全国统一的规范化专业课程体系评估，科大也不用纠结什么理、工、农、医的学科区别究竟在哪里，否则当时就肯定不会有这种混合的课程设置了。

熊：是什么因素促成了这种课程设置？

牛：迄今为止还没有人好好总结过。可能是当年领导与老师的高瞻远瞩，也可能是"文革"后师资力量有缺陷事出无奈。我想，这肯定和科大本身的历史传承有关系，从一开始起，科大的生物系就没想或者无法走传统的那条路。

3. 一代新人替旧人

熊：看来，你们刚入学时，生物系在课程设计方面还是继承了当年生物物理系的传统。

牛：以前在北京办学时开了哪些课程我不知道。我认为，写一个教育机构

[①] 郑集（1900—2010），生物化学家、营养学家，1928年毕业于中央大学生物系，长期执教于南京大学医学院、生物系，中国营养学的奠基人、生物化学的开拓者之一。

的历史,不能避开课程史,否则就是避重就轻式的"胡扯"。学校的社会价值,或者说它有别于那些非学校机构的核心社会责任是人才培养,而人才培养的基础是课程体系。开什么课、课与课之间的衔接关系是什么、目标要求是什么、是什么人在授课,这些都是实务操作的核心。有人说现在生命学院的本科教学质量滑坡,甚至有人说严重下滑,我对此有同感,因为现在开设的课程类别不够、深度不够,再加上学制五年改四年,在校学习时间相对少了一年,这应该不是生命学院过去和现任领导的责任。总之还没有好好地总结与反思,也没有多少人关心这个问题。

"文革"过来的人,学业基础普遍较差,但70年代末、80年代初的科大并没有为适应我们这些人而降低教学要求。那个时候,除少数基础好的,大多数学生在课程考试时根本就不求高分,能及格就"阿弥陀佛"了。当然那时也没有什么按照分数排名评奖和鼓励高分的美式GPA记分办法。记得有一个学期,学校领导认为我们课业太重,很可怜我们这些学生,主动取消了一门课的考试,将其改为考察,且全体通过。不敢说当时就没有作弊的,但至少我没有听说过考试作弊的。作弊是道德品质有问题,简直十恶不赦,没有人敢干这事。那时也没有现在这些五花八门的教改教科书,只有最基本的老教科书,我现在还存有一本当时的教科书——译自苏联的《数学分析》。由于缺乏正规出版的教材,当时我们用了很多油印的非正式出版物,而且大多数是免费的。必须正视这段历史。

尽管上大学时要求不低,但1977级毕业生在学术方面尤其是理工科方面成才的人确实不多,文科方面人才好像多一点。为什么呢?因为大多数人被"文革"耽误了,学业基本功的确不行,年纪偏大了、毕业后也没有很多机会再进修深造。

熊:每个年龄段都有该做的事,错过了就很难补回来了。

牛:对,再也补不回来了。"文革"结束,开始搞改革开放,可我们国家封闭落后的面貌不是一下子就能改变的。我刚上大学的时候,十一届三中全会还没有召开,校园氛围与"文革"后期无异,物质条件也比较匮乏,很多同学家庭生活困难,依靠微薄的助学金生活,没有磁带录音机,就在操场大喇叭下边吃饭边听广播练习英文。

坦率地说,在科学和教育领域,大部分人在改革开放后还是迷糊状态,真正搞清楚西方发达国家在做什么、中国如何进入国际惯例体系,到现在也就20多年的光景,这还是摸着石头过河的结果。八九十年代,系里的师资换成了一批多数有海外留学访问经历的人,虽然他们的学术水平可能不高,但至少有国际视野、干劲十足。然后他们又培养了一代学生,也就是今天活跃在业务和基层管理第一线的这批人。如果不把这个历史背景搞清楚,可能理解不了当初为什么要那么干。今天的局面不是凭空掉下来的。

改革初期难度很大，不光是没钱、物质条件差的问题，还有认识方面的问题。整个高等教育既要与国际惯例接轨又要符合中国国情，可又有多少人知道国际惯例究竟是个什么样呢？您看，直到1998年推行第一批"长江学者奖励计划"的时候，反对或不赞成的人仍占多数，没几个人是真心支持并积极实践的。当年科大生命学院还发生了"姚雪彪事件"。姚雪彪教授是生命学院引进的第一位"长江学者"，国内有些人不知出于什么目的，恶意中伤他，并大肆炒作。后来国家几个部委组织了联合调查，并没有发现他有什么大不了的问题。这20年来，他经受住了实践的检验，倒是当初攻击他的人，现在不知到哪里去了。

熊：当时反对"长江学者"之类人才计划的理由是什么？

牛：90年代中后期，全国都是低工资，普通教师年收入过万元的不多，而从海外引进的青年人才不仅可一步到位当上教授，收入也高了许多——"长江学者"年收入达到10万元，中科院"百人计划"人才还有27万元的购房补助款，而且还允许部分人才非全时回国工作。人比人气死人，国内人员的心理怎么能够平衡？

4. 中国科学院青年科学家奖

熊：这是不是国家真正重视青年人才之始？

牛：就局部而言，早几年就重视了。1989年中国科学院就设立了"青年科学家奖"[①]。首批一等奖4人、二等奖17人。我是获二等奖的17人之一，且是21人中唯一来自高校的，其他获奖者都是研究所的。但这并不表明本人有多么了不起，只是说明运气好：一是赶上个好时候，二是摊上个好单位。现在回顾起来，中科院设立这个奖，重要的历史意义可能是给其他部门、系统做表率，促使大家重视青年人才。这也是打破那个年代的心灵禁锢——"必须彻底批判资产阶级成名成家思想"。

熊：这是一件重要的事情。请详细介绍一下当时的情形。

牛：记得那年春天开学不久，我收到了学校的通知，让我填写个人申报材

---

① 1989年11月8日，中国科学院公布首届青年科学家奖名单，共有21位青年科学家获奖，其中一等奖4名，二等奖17名。奖励包括："获奖者享受相应奖等的荣誉证书与奖金；获奖人员的研究课题，可优先获得一次性10万元的专项科研经费资助；获奖人员不受任职年限限制，可破格晋升专业技术职务；在获奖后5年内，为获奖者提供一次公费出国进修工作一年的机会，可为其提供1~2次参加国际学术会议的经费资助；优先解决获奖者与其职务相应的住房，以及配偶和子女的随迁等问题。"参见：樊洪业. 中国科学院编年史[M]. 上海：上海科技教育出版社，1999.

料。我自己并不清楚为什么组织上会推荐我申报。现在回想,可能是因为之前我参加了由徐洵老师牵头的国家"863计划"项目研究,并带着我的第一个硕士生张公义取得一点初步进展。我是生物系1986级学生的班主任,事很多,材料递交后,这件事情很快就被我抛到了脑后。我当时住在科大东区集体宿舍筒子楼。9月中下旬的一天,学校两位职能部门的主要领导突然亲自到我家,通知我去北京开会,开什么会没说,我也记不得当时他们是否提过获奖的事。到京后,这令我至今记忆犹新。在木樨地科学院院部一个不大的长条形会议室里,周光召院长宣布我们获奖。没搞什么仪式,也没有什么横幅标语,就是周院长亲自给每人发了一个普通的牛皮纸信封,内有1000元奖金,在当时对个人来说,这算是一笔大钱了。然后就是座谈发言,获奖证书好像也是事后发的。座谈会结束后,让我们在科学院招待所继续住下来,非紧急事情不要出门,后来才知道是最高领导接见①,具体日程在公开之前是保密的。接见是在玉泉路高能物理所的一个大厅里进行的,先是集体合影,然后开座谈会,我也是发言者之一。江泽民总书记发表重要讲话。他讲了很多,我印象最深刻的是"综合国力"这四个字。他还现场询问获奖者,除了口头表扬是否还有物质奖励。多年之后,他接见和讲话的镜头被放到央视大型纪录片《复兴之路》第五集的片头中。此时我才意识到,江总书记之所以和我们座谈,很可能是要向海内外宣示:国家要提升综合国力,党中央是重视科技、重视人才的。那时的情形想必您也知道,很少有留学人员归国,而国内给予知识分子如此高的政治礼遇也是不多见的。

熊:被评为青年科学家后,您是不是更受科大重视了?

牛:当时没有多少人关心这个。若干年之后,科学院取消了这个奖项,因为类似的有更高含金量的人才类项目纷纷出笼,它的历史使命已经完成了。这次获奖是我有生以来第一次获得荣誉称号,成为一个转折点,改变了我的人生发展轨迹。由于获奖,我个人得到了一些出乎意料的好处:先是被中科院批准破格晋升为副教授;然后学校领导批准改善了我的住房条件,从集体宿舍楼搬到了一套面积不大的职工单元房;我自选的科研项目还获得了中科院院长基金的资助12万元,那时可是一大笔钱。可能因为有了高级职称,我后来才有资格申报参加梁栋材先生牵头的中科院重大研究项目的子课题。此外,当年最高领导接见活动结束后,《中国青年报》专门派出记者跟踪采访获奖者,关于我的那篇人物专访稿件登上了《中国青年报》头版②,稿件作者后来还因此获得了中科院

---

① 1989年10月6日,江泽民与中国科学院21名青年科学家进行了座谈。参见:张继民.江泽民同中科院获奖青年科学家座谈时说,植根祖国大地才能有所成就,鼓励青年科技人员树立远大理想在科学界大放光芒[N].人民日报,1989-10-7.

② 杜涌涛.牛立文:年纪轻轻,头衔不轻[N].中国青年报,1989-11-28.

颁发的新闻奖①。现在回想,那篇稿件部分内容有点言过其实。

实际上,80年代还有一些科研管理方面的变革,譬如,成立自然科学基金,建立基金制,自己申报课题等。自然科学基金最早是由科学院于80年代中期设立的,五年后才独立出去成为国家自然科学基金。我的研究生导师梁栋材先生是国家自然科学基金委的第一任副主任。从那个时候起,开始有自由探索和自选科研项目的概念,自己写项目申请,课题不再完全由部门、单位来安排了,是否获批由评审专家提意见,而不完全是行政领导决定了。自己写材料自由申报项目,专家评审,这在今天看来是很正常的事情,但在那个年代不是这样。基金项目申请书怎么写,很多人不知道。很多老先生直至退休都没经历过这种事。与今日某些普通的基础科研项目经费经常超过百万元相比,当年项目经费额度很可怜,直到90年代中后期,单个自然科学面上项目资助额度也就几万元。国家穷没办法。当时的研究人员也老实,把申请到的经费都用到了研究上,所以虽然量很少,自然科学基金仍极大地改变了中国自然科学基础研究的战略布局,延续了我们国家基础研究的"香火",否则哪有新世纪以来的大发展!所以说,思想解放是极其重要的,而体制机制变革是循序渐进向前发展的,不是一朝一夕的事情。

1992年春天,邓小平南方谈话再一次促成了思想的大解放,极大地推动了中国改革开放进程,我本人也深受震撼。南方谈话发表之后,1993～1996年,我两次去美国普渡大学做访问学者。本来想去英国帝国理工学院,但语言考试成绩没达到留学的标准,而去美国不用考试。令人惭愧,直至今日我的英文水平也没有多大长进。早期雅思考试在中国举行时,我就参加了,在上海英国领事馆文化委员会办公场所考试,不要考试报名费,考试模式内容和现在的差不多,但很多年以后我才知道自己曾经考的是雅思。

5. 其他青年人才计划

牛:为了吸引青年人才,国家在不同历史阶段探索设立了一系列人才计划,最近十几年更是五花八门,这些大家都比较了解,我谈谈更早以前的一些事情。

1994年,我第一次出国访问回来后不久,刚好赶上中科院青年科学家实验室的申报。中科院当时针对年轻人,建了一批"青年科学家实验室"。可能因为我在美国访问期间参与的一项工作刚刚在《Science》上署名发表,我的申请获得了批准,获得20万美金拨款作为专项设备费。记忆中中科院总共就建了这一批,共13个,没搞第二批,已建的后来自然消亡。它们的运行管理主要由青年

---

① 中国科学院首届科星新闻一等奖。

科学家个人负责，研究课题自选。科大的这个实验室被命名为"中国科学院结构生物学青年科学家实验室"，它应该是国内第一个以结构生物学命名的科研实验室。采用这个名称而没有使用原来的名称——蛋白质晶体学，完全是借鉴《Nature》杂志和美国普渡大学的做法。1994年《Nature》的第一本子刊《Nature Structural Biology》创刊（后来更名为《Nature Structural and Molecular Biology》），赋予了结构生物学这个本来是另外一个含义的较老术语以崭新的学术内涵。那个年代，一个机构的官方命名很重要，"游戏"规则是不允许机构重名的，在一个领域先占者先得，后来者只能另寻出路，这也可能是后来学术界"机构名称创新"愈演愈烈的客观原因之一，不得不为之。

在青年科学家实验室之后，中科院生物局又为了支持年轻人而设立了特别支持费项目，简称"特支费"，搞了没几年就又不搞了。那些年中科院在支持青年人才方面几乎是年年变政策，一直没有稳定下来过，这恐怕主要是因为中科院发展遭遇困难，冲破方方面面的制约确实不容易，直至启动"百人计划"和"知识创新工程"试点之后，日子才好过一些。

在中科院设立青年科学家奖五年之后，才有了当时国家教育委员会（后来改名教育部）设立的"跨世纪优秀人才计划"，我也是首批入选者之一，这只是一个空头衔而已，没有什么物质条件支持。进入新世纪后，这个计划的名称就不再合适了。它是不是现在的"新世纪优秀人才计划"的前身？我不清楚。1994年，中科院开始设立"百人计划"，加大力度引进年轻人才。1998年，出于同样的目的，教育部设立了"长江学者计划"。可能由于刚开始时经验不足，"长江学者计划"执行得不尽如人意，引来很多非议，后来做了改进，虽然计划名字没变，但内涵变了，本来只是引进海外人才的一个计划而已，结果演变成为一种荣誉头衔。

印象中，在出台人才政策方面，教育部总是比中科院和国家自然科学基金委滞后三到五年，而且在物质条件支持方面往往落实困难。问题出在哪里呢？我认为主要是因为高校有文、史、哲、经、管、法等文科学科，很多高校文科的实力是很强大的。理工科相对容易评价，而文科的东西很难评价，再加上意识形态纷争，更是难上加难。可以这么讲，评价中国文科类人才的"游戏"规则到现在还没有完全建立起来，还在探索过程中。国家不在文科领域设立院士头衔，恐怕也是出于无奈，在客观上也对文科精英人才产生了一定程度上的心理打压，在人才评价方面，院士头衔显然更占优。

国家自然科学基金委也于90年代推出了自己的高端青年人才计划，第一个应该是"国家杰出青年科学基金"。在该项目设立几年后，本人有幸于2000年获得了这个项目的资助，不是因为水平有多高，而是那时回国人才不多，刚好赶上那个空档窗口，矮子里拔高而已。刚开始的时候，大家是以平常心来对待这些计划,有些"杰青"申请者因故无法出席,就请人代为答辩,这并不影响评审结果。后来竞争越来越激烈,并被不恰当地用于高校和科研机构之间的名利之争,就再也没有这种情况了。事情的发展真是出乎意料。国家人事部、科技部等部委以及各地方政府也纷纷跟进,出台了形形色色的青年人才计划。2008年,中组部推出"千人计划"(包括"青年千人计划"),并逐渐收编了多个中央部门推出的青年人才计划,在饱受争议中砥砺前行。2012年,中组部等多个中央部门又联合推出了"万人计划"。时至今日,各类人才计划百花齐放,有的含金量大,有的徒有虚名,已经数不胜数了,有人戏称为"帽子工程"。

所以说,任何事情都有它的源头,都是一点点演化下来的。目前这套青年人才的发现和使用模式实际上是经过多年积累慢慢成形并逐渐稳定的,有些还在变化之中。

6. 由系到院

熊:90年代后期,还发生了科大生命科学史中的一件大事,由生物系改成了生命科学学院。

牛:是的,应该是一件大事,因为名称都改了,还能不是大事?中国人很讲究"名正言顺","以貌取人""望文生义"的文化传统是根深蒂固的。中国高校的改名运动已经持续很多年了,早年很热闹,还有因改名令校友对骂打笔墨官司甚至对簿公堂的,现在冷下来了,但还没有结尾。大众媒体比较关注高校改名,但对高校内部二级机构为什么纷纷改名好像兴趣不大。

回顾改革开放以来的教育改革历史,我觉得许多改革的初心都是好的,咱们不能用阴谋论眼光怀疑一切,对不对?但是,搞着搞着有些就走了邪路,本质变了,初心忘了,这恐怕也是不争的史实。我不担心走老路,因为历史是前进的,绝不会倒退。我担心的是走邪路,各个行业都可能走邪路,因为历史是曲折的。高校热衷于改名是不是走邪路?见仁见智。不能说凡是改名的都不正确,但这个现象值得史学家研究。关键是弄清楚这些改名背后的真正动机,有没有背后的利益驱动,谁会吃饱了饭没事干这样热衷于改名?

中国高校内部的生物系本来好好的,为什么几乎全都变成了生命科学学院或者类似的名称,改系为院,主任变院长?现在很少有生物系了。这个事情最开始是谁做的呢?推波助澜的又是谁呢?高校生物系纷纷改名是内部治理结构实质性变革的产物,还是主动或被动地跟风、换汤不换药?

80年代中期复旦大学最早成立生命科学学院。这应该是内部机构整合过程中出现名称之争后妥协的结果,并非后来其他高校生物系纷纷改名的源头,因为没有什么跟进的高校。真正影响大的是90年代早期北大生物系的改名。

当时是陈章良教授做系主任,他把单独完整的生物系改成生命科学学院,下辖的教研室改成系。那时北大生物系是业界老大,示范作用不容小觑。姑且不论对错,北大在校内组建名目繁多的二级机构的确由来已久。个中原因不足为外人道哉。当时很多高校的名称只是××学院,那些学校的行政一把手是院长,对外不敢自称校长的。

科大的生物系为什么改成了生命科学学院?这件事我是亲历者之一,了解一点缘由。讲一个小故事。1997年,我去北大出席高校生物口的一个会议。与会后我才知道是高校生命科学学院院长联席会议,主要是讨论本科教学工作,交流教学管理经验、教学计划等,因我当时不分管本科教学,并没有携带相关的交流材料。参会的人较少,多为各高校的生命科学学院的院长或副院长——记忆中当时已有十所左右的高校将生物系改名为生命科学学院了。例外的是科大和清华,还没有改名,派的是生物系主任或副主任。也是到了会上,我才知道这是第二次开会了,第一次会议是上一年在杭州大学召开的,杭大后来很快并入了新浙大。会上口头约定,也可能是玩笑话,从下次会议起,非生命科学学院院长不允许参加。事后回想,我能够参加那次会议,应该是他们给科大生物系面子。对于兄弟高校纷纷成立生命科学学院,我一向反应迟钝,不清楚这有何意义,也没把它当回事。听到这个约定后,我不敢当成玩笑话,回来就向当时的科大党委书记汤洪高教授汇报,说得把咱们的生物系改成生命科学学院,否则以后就没资格去开会了。

插一段题外话。很多年过去,清华生物系一直不改名①,照样年年受邀参加,大佬就是大佬。这个联席会议一直没有中断,后来改名为院长论坛,基本上每年一次,有时两次,逐渐演化成一种高级俱乐部,虽然俱乐部席位几次扩张,扩大到一些农林师范类高校的生命学院,但并不是将生物系改名为生命科学学院的就能参加。由于会议的实质性影响力越来越大,我主持科大生命学院工作期间,每次会议都不敢缺席,卸任之后还以个人身份参加过两次。科大2008年校庆那年,举办了两次院长论坛,一次在复旦为谈家桢先生百岁庆生,另一次在科大,序号是第11届,这是兄弟单位为科大校庆捧场的结果。据说去年的会议已经是第21届了。国内教育界的专题会议能坚持连续举办超过20届,是很不容易的事,即使是学会年会也不容易做到,可见这个会议影响力之大,个中冷暖只有当事人清楚。可能是这个论坛带的头,后来又建立了多个类似的论坛,包括科大生命学院2008年首次发起的高校生命科学实验中心主任联席会议。这种自发的以联席会议抱团取暖的现象,值得你们史学界研究。

在科大成立学院可不是一件简单的拍脑袋的事情。那时科大确有几个所

---

① 2009年,清华大学生物科学与技术系更名为清华大学生命科学学院。

谓的学院，但大多是虚的，并不是真正管事的主体。至于生物系改为生命科学学院的真正决策过程，你们最好去找当时的校领导访谈，肯定不是我向汤书记汇报个人想法这么简单。我只是来自基层的一名普通的提议者、赞成者而已，无足轻重。科大生物系改名也不是为了能够有资格参加那个院长联席会议。

也可能是巧合，1997年施蕴渝老师被评为院士。施老师当过生物系副主任，但已经卸任几年不做行政管理了。1998年初，成立了以施老师为首的生命学院第一届领导班子，其余成员都是生物系的原班人马，原系主任刘兢老师改任副院长，还单独括弧注明正处级，我也由副主任变成了副院长但没有括弧备注。在我的记忆中，学院成立大会是在东区水上报告厅举行的，大会宣读了就学院成立之事上级所做的批复，批复单位不是科大党委，而是中科院教育局，上海生理所的杨雄里院士还作为大会嘉宾做了一场报告。

可能有人说，如果你担心高校改革走邪路，甚至认为高校生物系改名是走邪路，那么科大生物系改名为生命学院也有20年了，有没有走邪路？凭什么别人改名是走邪路，科大生物系改名就不是走邪路？关于这个问题，改名可能重要、也可能不重要，关键看你在操作层面上怎么理解，怎么做。就像刚才说的，仅仅改个名，对外领导头衔、名分上高升了，内部一切照旧，实际治理结构未变，运行机制未变，没有人才，人财物投入没有增加，有什么意义？那是换汤不换药、换个马甲，是忽悠，斥之为走邪路，一点都不冤。恐怕那些如此改名的高校生物系不在少数，改名十几年了，也未见到多大成效。

科大生物系改名则不是这样。院长施老师已经是院士了，还会在乎什么行政头衔、名分吗！她本身也不是那种追求当官的人，当年辞去生物系副主任也是她主动提出的，我担任生物系副主任就是经时任系主任寿天德教授推荐接她的班。当时中国科学院正在酝酿启动一项载入史册的重大改革——"知识创新工程"试点。对科大生物系来说，由于自身实力弱小长期被遗忘，很多支持口惠而实不至。回想学院成立前施老师带着我们申报中科院结构生物学开放实验室时，虽然在各级领导、专家的支持下最终获批，但也尝尽了酸甜苦辣。设法融入中科院这项重大改革是那时生物系唯一现实的重大发展机遇。由中科院教育局批复科大成立实体性的生命学院，表明高层的态度大大改变，生物口受重视的程度提升了一个层次，效果当然大不相同。在那时的中科院系统，一个单位由院士掌舵，而且是实质性地管事，该单位的实质性话语权自然大大提升。今天是否依然如此？那就不一定了。

说改名可能重要，哪里重要？系变成学院，只是机构名称改变而已，没什么意义。即使是这样，不知您是否注意到，很多高校生物系改名后甚至在名称英文翻译方面还出现过两个版本，一个是"School"，另一个是"College"，二者内涵并不完全等同，北大用的好像是"College"。此外，生命科学并不完全等同于生物学，两者的学科发展方向和内涵有差异，将生物学改成生命科学，有一定的学术重要性。当然，这是战略层面上的谋划，如果战术操作层面上还是以不变应万变，那是穿新鞋走老路，如果把握不准变化，就有可能走邪路，很多高校生物系改名恐怕属于盲目跟风，效果自然不佳。

熊：当时科大其他的一些单位，比如物理系、化学系都没成立学院？

牛：刚才我说的是生物系改为生命科学学院的一些缘由，穷则思变才是系改院的真实原因。记得当时化学口也已经成立了学院，朱清时校长就兼任过学院院长，只不过该院是虚的，下辖的各个系还是实体单位。当时还有理学院、高技术学院等虚的学院。印象中刚开始时科大其他单位对系改院都不积极。为何会抵制？我不清楚。但是，您看看，后来都陆续变成了学院，2009年物理系也变成了物理学院。慢慢地，全校就搞成了形式上的"校院两级"管理体制，但本质上，科大还是早年那种"校系两级"管理，折腾了很多年，仍大体上是40年前按照号码排列各系那种格局。当然，额外增加的国家及省部级专职研究机构则是另外一码事，那是科大科研实力提升的标志。

另外，如何评估改名之后的办学效果，这是一个很受关注的问题。当年很热闹，现在依然热闹。SCI论文评估就是那个时间段搞出来的。最早是1997年邹承鲁先生在中科院生物物理所开的一次会上介绍了影响因子的概念[①]，当时我就在现场。他的目的是推动我国学术期刊走向国际、鼓励我国科学家在国际高水平期刊上发表论文，并没想推广这个东西，因为影响因子是评估期刊而不是评估人的。后来推波助澜的应该首推南京大学，它连年推出全国高校发表SCI论文情况排名，每年它都排第一。刚开始其他高校根本就不在乎这东西，清华大学一度只排第九，可老排在后面谁能受得了？再加上科技部基础司也掺和进来，每年发布高校SCI论文排行榜，一度成为国家政策导向（当然，这个排行榜现在取消了），于是其他高校也不得不在意这事，并在操作层面做出硬性规定，硕士生、博士生要发几篇SCI论文才能毕业。慢慢地，评价人才的标准不再是出成果，不再是解决了什么具体问题，而是出论文、出SCI论文。科技期刊社比较惨，文科方面情况更糟，只能跟风搞出SCI文科版。这是不是走邪路？您自己判断吧。SCI论文标准有它的合理性，但过分推崇，危害一直持续到现在，想完全退回去是不可能的，只有等待一代中国人头脑不发热了，再慢慢解决吧。只有了解这些史实，才能明白事情的前因后果。

---

① 邹承鲁先生也发表过相关文章。参见：邹承鲁.衡量学术刊物水平的客观标准：影响因子[N]. 光明日报，1997-12-19.

7. 生命学院大楼的建立

熊：刚成立时，科大生命学院是何情形？

牛：生命学院成立时，学校通过"211工程"项目等方式给予了力所能及的支持，但那时学校比较穷，生物口毕竟先天不足、历史欠账多，方方面面的条件确实简陋，人员体量也不大，人才引进困难，而且很多教师实际上已经进入了退休前状态，部分老教师关心的是自己的正高职称还没有解决。记忆中 2000 年的时候全院在编各类教职工合计总数不到 80 人，能够开展科研的独立实验室不到 20 个，因人员退休、调离流失等原因，2003 年更是只剩了 13 个，还没有兄弟单位一些大专业实验室多。

系改院容易，接下来该怎么发展呢？在施蕴渝院长主持下，学院进行了战略规划。第一件事就是建大楼。之前生物系一直没有自己独立的大楼，在东区时借用物理大楼，搬到西区时借用力学楼，我自己在东区时的实验室有一段时间曾占用过物理大楼的地下室，有一年突发大水差点淹掉。梅贻琦曾经说："所谓大学者，非谓有大楼之谓也，有大师之谓也。"这话当然有道理，但也需要放在特定的历史背景中。另一句同样有道理的格言是："栽好梧桐树，引来金凤凰。"在那个年代，你得先有楼有房才能引进人才，才能建设平台，对不对？没有房子，实验学科在哪里做实验？总不能在家里或操场上做实验吧！施蕴渝院长亲自去找朱清时校长等领导谈，经多方努力，终于成功立项，其中的酸甜苦辣滋味你们应该去找施老师访谈。没有施老师那种不达目的决不罢休的精神，恐怕大楼很难立项。

这栋楼其实是三个工程规划相结合的产物：一个是生物楼，一个是西区停车场，一个是实验动物房。第一轮总概算没超过 9000 万元，全都出自学校的自有经费。对于有关领导来说，当时可能不完全明白在基建设计方面实验动物房与农民养兔子的地方究竟有多大的差别（搬迁之前，生物系的实验动物房就在西区一个小院子里，雇农民工养猫、养兔子，外人进院子会看到几十只花猫嗷嗷叫，场面很壮观），也可能是装糊涂，没有过多干涉论证，放手支持我们去做。

学校时任秘书长潘志孝老师负责管钱。考虑到学院的长远发展，他非常支持我们。本来规划了 45000 平方米，两个内天井布局，后来因为经费不够砍掉 10000 平方米，只剩下 35000 平方米，所以很多东西只能牺牲掉。尽管如此，这栋楼一度也是那个年代高校生物口面积最大、设施最齐全的单体建筑，时常引起同行感叹。你可能注意到了，15 年之后，学校又为生命科学学院在旁边扩建一栋 1 万多平方米的新楼。它与老楼连在一起，把上次拿掉的部分内容又补充了进来。明年它就应该能够竣工入驻了。

　　大楼立项获批后,下面的工作是具体设计和贯彻落实。这栋大楼的第一轮设计招标书是我牵头起草的,包括面积为多少、楼层及标高为多少、功能是什么、通用和专用技术配套系统是哪些、水电通风照明三废处理等,这些用户需求得写清楚。此楼由东南大学建筑设计院的齐康院士①做总设计师。齐院士的设计是大手笔,背后有一套很清楚的指导思想,积木式线条,只要周边有空间,就可以有灵性地和谐扩展。本来这栋大楼规划建在西区东南角,后因那个地方要盖食堂,整体挪到了现在的位置,转了90度正面朝西。

　　这栋楼是科大第一栋真正按照科研教学一体化用户战略需求来建的大楼,有点怪怪的积木式外形,不完全是设计师的灵感,而是多个功能模块在建筑上相互妥协组合的产物,一次规划,分步实施,没有出现入驻后二次大面积穿墙打洞的现象。

　　熊:是如何分步实施的?

　　牛:分了两期,2004年下半年第一期竣工,整体入驻,但多数预设房间是空壳,又耗时近五年才逐渐完成第二期,主要是建设一些公共技术支撑平台和公共服务系统。

　　第一期工程比较顺利,主要是就框架思路与设计院具体设计师沟通,解释我们为什么要那么做,因为那时的设计院也没有设计过这种专业性很强的教学科研型综合性单体建筑。

　　第一期工程是最耗费精力的,主要有三个环节。一是内部布局规划,要确保扩大的初步设计能够实现学院的战略意图。二是在一期工程末期催促加快施工进度和确保顺利搬迁,避免出现"胡子工程"②拖延搬迁,特别要提防竣工后"煮熟的鸭子飞了",因为中国公家单位盖房子,经常出现张三规划,李四盖楼,楼盖好后,搬进去的却是王五,当时已经出现了这种迹象,不可不防。事实上,入驻之后很多年一直由学院自筹资金自主负责大楼物业管理,这也是为防止出现这种情况的被逼无奈的产物。三是入驻后实施二期工程,逐步解决"空心楼"问题。那些年我要面对几方面的人,一头是学院领导与老师,他们提出各种用户需求;另一头是设计单位和学校(业主),他们有他们的程序和规矩,各种工作都要按基建程序办。在跟后者打交道的过程中,我自己也在逐渐熟悉程序规范和工艺设计路线。两头的人谁都没错,我经常是两头都赔笑脸。但人不可能整日都处在两头讨好的状态中,事实上,即使这么做,也很难让两头都满意,于是,我也有发火拍桌子的时候,并因此而被指责为独断专行。

---

　　① 齐康(1931——　),东南大学建筑研究所所长,中国科学院院士(1993),首届中国建筑界最高奖"梁思成建筑奖"得主(2001)。

　　② 指拖拖沓沓,不能按期完工的工程。

熊：具体做事的人，肯定比动嘴皮子的人要难得多。

牛：当时学院老一代已经或即将退休、调离，有的还没等大楼建好就调走了，新一代人绝大多数还没来，可以参加实质性讨论的人并不多。我也不想像现在常见的那样找专家研讨一通。搞形式主义害死人！执行起来有问题，就说这是专家的意见、领导认可的，说句难听点，那叫推卸责任、不敢担当。我这么说不是要否定专家论证的价值，而是对"专家说好就一定好"抱有一定的怀疑。如果他们真的吃透了所有的材料，真的深入了解学院的需求，在这个基础上提意见，很好，我接受，否则只能是兼听则明了。要请就请真正的行业一线专家、请真正熟悉国情的人，几个特种技术平台的论证就是这么做的。一般的时候，你看准了，直接做就是了。

学院大楼并非某些人所想象的那样，先盖个房子，搬进去，以后再根据需求二次装修改造，而是事先就规划好一切。这栋楼不是给当时已有的人建的，而是给未来的人建的，当时的要求是20年不落后。未来要引进什么类型的人才，要发展什么，需要购买什么样的设备并放在哪里，水电气怎么配套，还有公共安全、运行管理费用等问题，都得考虑进去。例如，设计的时候还没爆发"非典"，还没有多少人认识到生物安全的重要性，可生命大楼在规划和建设中就有这方面的要求。在这栋楼中，大大小小的、超前的东西还有很多。

这栋楼是有技术含量的，所有的配套设施都是按照国家标准来做的。多年后，我已经不是院长了，这栋楼的建筑设计单位东南大学还来找我，让我帮忙补充一些材料，因为他们打算将此楼的设计作为成果申报教育部的高校科技进步奖，最后是否获奖，我没有再跟踪关注过。

熊：这里面牵涉的学问很多啊！

牛：建大楼，业主尤其是最终用户必须清楚要发展什么，同时必须清楚它们的运行机制是什么，需要多少运行费，否则搬进去之后怎么玩得转？我们的思路很清楚。如果想要发展什么，首先要清楚不发展什么，先讲有所不为，再讲有所为。

传统生物学之路走不通，不仅因为它不符合当时生物学发展的主流和科大的整体发展战略，还因为我们在这方面缺乏积累、没有优势。在传统生物学方面，我们不但比不上北京、上海等地的名校，就是我们隔壁的安徽大学也比不过。搞微生物学、食品营养、发酵、生物环保等，也都不合适。唯一的出路就是与医药相结合。具体到生物大楼的规划和建设，必须以前沿学科交叉为引领，主体上遵循与基础医学交叉的思路，同时兼顾其他来建。举一个例子，那时很少有人知道P3实验室是什么意思，要不是因为2003年爆发"非典"，国家后来也不会那么重视生物安全方面的问题。而我们在国家重视之前就进行了生物安全实验室的规划和建设。在我们搬迁后，国家规定2004年10月1日之前规划建设的自动立项,在这之后,必须由国家批准才能建,因此我们获得了首批国家高等级生物安全实验室的建设资质。SPF实验动物房建设也有类似的情况,其他十多个不同类型的特种技术公共平台也如此,我就不一一介绍了。如果没有这样一些公共实验室支撑,公共平台体系就无从谈起。这可不是几台仪器的问题。不同于物理、化学类实验室以及传统生物实验室,面向医药的生物学实验室,其基建布局、配套设施必须接受国家严格的技术监管,在工程竣工、国家验收通过后才能投入使用。如果规划时没有预留空间,入驻后便很难进行基建改造,也很难通过国家验收。可以这么讲,这栋楼的规划是一步到位的,比同期的兄弟单位大楼超前了10～20年。

熊:这栋大楼里面有很多公共平台。当初你们是怎么规划平台的?

牛:如果按所谓的"目录学科"来规划建设平台,难度很大。老单位有很多老人,谁都不想吃亏,该定哪个为重点,该让哪个优先?这是很难决定的事。楼在很大程度上是给未来的人盖的,可那时连生命学院未来的带头人在哪里都还不知道,而且缺钱,不可能搞很多的建设。穷则思变,只能换个思路。例如,不管你属于什么学科,叫什么名字,实验研究对象无非就是分子、细胞、生物个体。而实验环境要么是感染的、要么是清洁的。与医学密切相关的放射性示踪、规模化生物样品制备、纯净水供给等,都必须符合国家等级的特种技术验收规范。不同方向的研究必须均共享,否则重复建设财政投入上无法承受。基于这些考虑,最后采取的策略是按照研究对象,分区域按步骤逐个论证、逐步建设特种条件公共技术支撑平台。

不仅要考虑特种技术平台如何建,还要保证基本的公共服务和形象布展。2004年入驻后,开始建大楼的二期工程。其中,公共服务项目花了几年才建完,最后建成的是整个大楼的视频监控系统和学术报告厅。之所以花了这么长的时间,主要是因为缺钱——资金不能足额到位。为了争取建设资金,我们只好到处化缘,搞"添油战术"。如果建二期工程时学校能够一次性地保证各个项目资金,我们便不会那么辛苦。大楼已建成投入运行十几年了,其设计和施工质量经受住了实践的检验,但很多机电设备(如电梯等)现已到了国家规定的使用年限,必须更换了,那将又是一笔投入,我不知道相关资金是否已经落实。

记得科大50周年校庆前夕,曾有《科学时报》记者来学院采访,我向她介绍了有关情况。她后来写了专文赞扬了这栋大楼的科技含金量[①]。

熊:35000平方米,这么大一栋楼,最后建成花了多少钱?

牛:一期工程开始时的概算为9000万元,中间微调过一次,最后验收时决

---

① 王静,马荟."生产队长的责任重大":中科大生命科学学院执行院长牛立文谈基础设施建设和学科建设[N].科学时报,2008-9-18.

算为1.04亿元，不是网上传的2亿或4亿之类的数字。刚才已经谈到，真正麻烦的是搬迁入住之后的第二期建设。大部分专项设施和平台建设资金以及运行费用没有着落，一个空壳大楼有什么用？谁负责运行维护管理？钱从哪里来？坐等不是办法，主管部门是不会主动给你发馅饼的。只能不等不靠，抓住每个可能的机遇，求得主管部门理解，逐个项目化缘请求落实。操作时则怎么变通有利就怎么办。时刻绷紧的一根弦就是防范腐败风险。我们采取了一些简练管用的防范措施，守住底线不过红线，这么多年过去，还没有发现生物大楼在基建和物品采购过程中存在什么腐败问题。

熊：第二期工程花了多少钱呢？

牛：没有专门统计过，因为分散在各个大大小小的独立专项之中，由不同的人各自独立负责。可以肯定的是，不是什么巨资。我们最终花的钱，少得让一些人表示难以置信，并称类似项目难以复制。

8. 坐到院长这个位置就不是科学家了

熊：在见您之前，我已听人盛赞过生物大楼和您的功绩。您不是学建筑设计专业的，为什么能在十几年前，就能对这栋楼的规划想得既清楚又全面？

牛：首先声明，生物楼的建成并顺利投入运行，不是我一个人的功劳。这项工作前前后后持续了很多年，很多人都为此做出了大大小小的贡献。可能因为我是当时的领导，起的作用确实较大，尤其在第二期建设时经常出头露面，故有此"江湖传说"。

说到基建规划建设与管理这件事，很简单，换个思维——不要把自己再当成科学家。坐到院长这个位置就不是科学家了。高校里有很多"双肩挑"的干部，挑着挑着就时空错乱、角色分裂，不知道自己是干啥的了。科学家就是科学家，管理者就是管理者，这两个职业角色不能混淆。比如建楼这件事，管理者首先应该充分理解科学家的想法，尤其要搞清楚战略科学家与普通科学家想法的区别，因为大楼最终是给多种类型的科学家用的，但怎么建、怎么协调，这显然不是科学家的所长，而是管理者应干的事。

熊：对。这的确不是科学家做的事情。

牛：很多人不重视两者的区别，总认为只要是一流的科学家就一定能搞一流的管理，这是很愚蠢的想法。

熊：管理可不简单。管坏很容易，管好可不容易。

牛：有这种观点和看法的人不止一个，甚至这都成了主流的想法。谁说一流大学的校长必须是院士？你看看，美国的大学校长有几个是院士？世界一流大学的校长能把个人学术做到中等水平就算不错了，有的三流水平都不到，因

为他的角色要求根本就不是做个人的学术。按照中国某些人的逻辑,那应该找诺贝尔奖得主来当世界一流大学的校长。

熊:中国过去的一些名校长,不论是蔡元培、梅贻琦,还是张伯苓,都不是高水平的科学家或学者,但他们管理得好。科研需要的是科研才能,管理需要的是管理才能,前者针对的是物性,后者针对的是人心,两者迥然不同。

牛:管理时要还是科学家的思维,恐怕就麻烦了。2013年林建华先生从重庆大学调到浙江大学当校长时,网上一片骂声,浙江大学校友会还发公开信加以抵制,要求国家派院士或国内外公认的学术带头人来当校长①。这说明什么?说明一部分中国人太图虚名、太要面子了,思想丑陋得很。要都是这种文化,又怎么可能办好世界一流高校呢?后来林建华又回到北大担任校长(去重庆大学前他是北大常务副校长、当过北大法人代表),北大的发展也没有什么不正常嘛。我曾给生命学院教师系列里拥有官衔的少数人说过一个观点,只要你坐了这位置,你就别再琢磨在学术界成名成家那一套了,你的任务就是做出政绩,因为鱼和熊掌是不可兼得的。

熊:但我也注意到,包括生物学界,有好多人是有了较高的行政职位之后才当上院士的。

牛:我管不着这事,也不评论这样的人。我在意的是,你上任后在台上干了啥。搞管理就是内部推进体制机制改革,外部争取资源和人才,如果学术与行政能够兼得,那是"神人",不得不佩服。

9. PI制

熊:当然了,如果能从外面争取到资源,本机构的人肯定是欢迎的。可如果所搞的改革触犯到某些人的利益,这些人是不是也会出来反对?

牛:肯定会反对。我当年推行PI制,就遇到不小的阻力。

熊:愿闻其详。

牛:生命学院于2004年起开始全面推行PI制。那时学校在进行新一轮定岗工作,部分老教师即将退休,而学院即将搬迁入住新大楼,这是一个难得的重新洗牌的历史机遇。表面上我们是按照学校的文件、规定来办,实际上我们另有打算。这绝不是之前很多人所理解的承认学术带头人,让他们自己弄个项目、加几间房子、买些仪器、指导几个学生的问题,而是涉及利益格局的重要调整。需要改动的是学院整个的人事结构,要对全部人员进行强制性岗位分类,

---

① 浙江大学校友会发声明反对重庆大学林建华调任新校长.参见:http://www.guancha.cn/JiaoYu/2013_06_24_153401.shtml

而不是简单地给新的岗位划分津贴档次,否则就是换汤不换药。分了房子、占了地盘后,就很难再改变了,除非当事人调离、退休,甚至退休后也很难收回资源,这就是当时中国的国情。

用大白话说,实际上 PI 制的本质就一条——你要么是老板要么是伙计。整个学院实行 PI 扁平化管理,PI 直接由院长领导,其他的人都不是 PI 的顶头上司。必须说清楚,这是指行政方面,党口的工作不是这样。那时学院急需引进新的学术带头人。海外留学人员为什么回来?他就是想独立自主做点事。你要搞二级管理,弄很多婆婆就完了,学院层次的官僚一旦出现,就没有 PI 制了。

什么人能做 PI 呢?当年的不成文规则是,院士、"杰青""长江学者""百人"以及学科发展急需的特殊人才可以做,没有这些资质,你想都别想。当然,个别过渡性人员除外。这个规则是根据当时的院情和发展战略制定出来的。不能允许打着 PI 旗号却起不到独立学术带头人作用的人存在。你要么成为真正的 PI,要么在 PI 手下当伙计,或者转岗去搞专职的教学工作、公共技术支撑服务工作、学生工作等。PI 只对院长负责。他(她)的任务很简单,从外部拿下项目回来做就可以了,不要扯别的,也不要管别人的行政事务,只需把自己的事情(包括正常的 PI 之间的业务合作等事务)管好即可。另外,你只要还干着 PI,在正常必要的社会服务之外,就不应该做其他的事。做其他事那叫"不务正业",只需要做好 PI 制内你该做的事情就行了。

熊:这意味着中层干部要失去权力,不甘当伙计的科研人员要转岗,有些人的收入会降低。这些人同意吗?学校管理部门同意吗?

牛:在新老交替时期推进改革,触动一些人利益,有不同意见很正常。我只好去跟学校人事部门打招呼:有关生命学院的人事报表等材料只要我没签字的,校人事处都不要承认,就算盖了公章也不行。人事处很支持,同意了我的要求。这大概也是说我独断专行的一条证据。

那时的高校二级学院院长,名义上好听,实际地位很尴尬,是"三无一没有":无独立法人地位、无独立用人权、无独立财权,但没有任何理由推脱办不好学院。简单地说,就是权责不对等。况且我在名分上还不如其他高校二级学院的院长——只是执行院长(开始时统一称为常务副院长,后来可能有人官本位思维觉得"副"字不好听,一年之后又统一改称执行院长,结果在后来写个人任职简历时很麻烦,必须分开写),却要负院长全责。我想做事,就只能努力去争取必要的权力。我主持生命学院工作时,学院院长是上海生化细胞所的林其谁院士,林先生在战略层面上画龙点睛,在战术层面上全面放手支持我的工作,学院党委更是鼎力相助,朱清时校长也放权各学院并对生命学院的发展提出了"大学科、大平台、大项目、大人才"的总要求。关键是操作层面,"县官不如现

管,"由于急于独立自主办事,沟通经验不足,我一度几乎把学校相关部门的领导都给得罪完了。我曾经说过,如果按照当时一些既定的条条框框和不紧不慢的套路办,我们学院想实现跨越式发展肯定没戏!只有赋予足够的自主权,才能放手干。一届任期也就是短短几年,时间等不起。改变生命学院的贫穷落后面貌是背水一战,机会稍纵即逝。试想,如果我只是个普通教授,我需要这么得罪人地干吗?现在回想,都是过眼烟云,就当成一个故事说说而已。

熊:为什么不能按照学校的要求来?

牛:不是不能按照学校的要求来,而是那时的"游戏"规则不利于学院发展。以人才引进为例,按当时学校的机制来,只要学校不同意,就算学院再满意也没办法引进人才。让多个不同学科的人组成委员会来评估我们试图引进的人才,这个机制对我们来说非常痛苦!那些不懂生命科学又事不关己的人,又怎么会仗义执言支持我们呢?投票规则是少数服从多数,若每次都这样做,弱势学科永远发展不起来,学校将永远是强势学科出身的人当家。所以,弱势学科要学会搞合作,必须走出一条完全不同的路。

我希望能由学院来决定要不要引进谁。很幸运,我的这个想法得到了学校人事部门的支持。在学院内,我很少为引进人才而召开所谓的教授大会并搞投票表决,这种会议可能只进行过一两次。主要原因是学院具有教授、副教授头衔的人不一定都从事科研,而新学科方向的 PI 没有几个。开会少并不等于不听取意见,我会把引进人的资料发给其他人。我重点听反对者的意见,因为赞成者的话未必是负责任的真话,而反对者总有反对原因。那些反对理由站不站得住?综合之后,我再决定要不要上报学校。每次招聘都是学校人事处组织的,但全权委托学院操办,一个一个筛选,直至提出优秀人选。面试答辩聘请的委员基本上都是应聘人所在学科的外部专家,不像现在某些机构的所谓招聘,内部专家评审,连面都没见就通过了。我担任院长的那几年,学院还处于人才不稳定期,每年有进有出,实际净增加 2~3 个 PI。来的人都得有独立的研究方向,且是不同种类的,人财物配套必须到位。可以加强现有方向,但不能形成"山头"。当时学院的规划是 50 个 PI,这是由发展的空间容量决定的,现在号称近百了,是否有过度膨胀之嫌,见仁见智。

有进就有出,走很正常,在旧的计划经济体制打破之后,学院是"铁打的营盘流水的兵"。有人嫌工资低要走人,我通常立即签字同意,因为我没办法、没资格给他涨工资。我们靠什么留住人才?靠待遇?靠感情?都靠不住!我们能开出最高的待遇吗?对于追求高待遇优先的人,反而要谨慎使用。过分重感情则很容易演变成为"圈子"文化。唯一的办法就是靠事业留人,让他觉得留在这里能干成事,这才是要害。人生短暂,事业不成、多拿了几块钱又有什么用?而且也多拿不了多少钱。什么叫靠事业留人?两条:第一,以五年为界,你自己和自己比,回国五年后你做得不比在国外时差就是成功。五年后和以前水平一样高就已经是很不错的了,因为我们必须承认,在科研条件上,我们国家和西方发达国家是难以相比的。当然,现在的情况变了,已是今非昔比,很多人都有当"土豪"的感觉了。第二,在这里,行政管理方面,你的顶头上司只有院长一个人,绝不会有第二个人管你、干涉你的学术自由,你不需要依附任何人,在行政管理方面看什么人的脸色。院里所有的装备都是公共财产,不归任何人独有。就这两条,留不留随你。实践结果证明,这样做非常好。当时凡是阻碍 PI 制的东西,方方面面都几乎被清理光了,如果现在还有,那么应该是后来"复辟"的。

怎么解决学科发展与用人的关系?三条:"一边倒""另起炉灶""打扫干净再请客"。

什么是"一边倒"?只要是符合 PI 制这套体系、这套价值观的,都认可,不管统筹协调发展那一套。后者是今天要做的,但在改革初期不能做。

什么叫"另起炉灶"?关于学科如何发展的意见,如果是正确可行的,肯定接受。但对不起,不能让你做。因为重要方向在你手上搞了那么多年也没能搞成一流,得换个比你水平高的人来做。对于有些年龄不大不小的老师来说,不管怨谁,都是很多机会已经错过了。"杰青"的最高申报年龄是 45 岁,40 多岁就希望不大了;若"百人计划""长江学者"、重点项目等也拿不到,仅仅靠小项目,怎么支撑实验室运转呀?所以,这些老师不宜做独立的科研带头人,可能需要重点转向教学了,否则将来"死"得更快。好好教学,好好写教材,说不定以后能成教学大家呢,这不比搞科研更有前途吗?为什么不想教学呢?科研的"游戏"规则是非常残酷的,教学是另外一个"游戏"规则,也许就非常适合你!

什么是"打扫干净再请客"?就是我前面讲的,凡是干扰 PI 制的人一律清理掉,不给你"生存空间"。当然这个生存空间是打引号的,意思是不让这些人继续占用资源。引进了人才,不给他办公室、实验室、学生,他怎么搞学术?难道仅仅是在名单上有这么个人吗?资源有限,只能把无效占用的资源清理出来,"腾笼换鸟"。

在学术带头人这个特定层面上,如何鼓励自由探索?我明确反对传统的"老中青三结合"。我不是不理解这条计划经济年代的好经验,我自己亲历、亲闻过,但在中国文化传统下,这种做法搞不好很容易异化变味。只要搞这种东西,PI 制就搞不成。什么是传统的"老中青三结合"?美其名曰"传、帮、带",好听点是论资排辈,不客气地说,就是老的"剥削"年轻的,老的永远是头。PI 制的概念是新老都一样,大家平等。老同志应该充分发挥"战略科学家"的作用,这种科学家是不可或缺的而且是稀缺资源。PI 制的内涵很多,绝不是简单委任一下,给个头衔就行的。我大力推进的是以 PI 为基础的"老中青三结合升级版",也就是基金委创新群体和国家及省部重点实验室等模式,不是经典的苏联式教研室模式，不是年轻 PI 到任后还要接受年老 PI 的"传、帮、带"，等感觉年轻人成熟了再放手。如果是这样，那这个年轻 PI 是否称职就很可疑。实际上，争论的实质是如何处理"自由探索"与"满足定向需求"之间的辩证关系问题。不同学科可能不尽相同，但那是另外一个话题了。

与 PI 制相关的还有两个配套措施。一个是前面已经谈到过的核心平台建设（Core Facility），另一个是同行评议（Peer Review）。在中国文化传统和目前国情条件下，同行评议比较难做。引进人才这种栽花的事好做，辞退人这种挑刺儿的事难缠。谁愿意做？怎么做？就算评估他是最后一名又能怎样？假如不打算把他辞掉，又搞得人家灰头土脸，搞这个干啥？而且 30 岁的人能和 50 岁的相比吗？新人能和老人相比吗？那肯定不能比。为何管理者不评估自己呢？还说什么能上能下，自己都没有做到。所以我从来不赞成对业务人员搞这个举措，但是中国的国情决定又不能不评。怎么办呢？只能变通，我们采取了很多变通办法。最根本的还是把好"进口"关，因为你没法管"出口"关。

PI 制想要成功，必须进行彻底的人才和人事体制机制改革。PI 制的继续深化就是建立长聘制（Tenure Track）。那个年代想都不要想这样的改革，就是今天也没看到几个高校能真正推进此项制度改革。

不管怎样说，如果一个单位里面多数甚至 80% 的 PI 而不是少数 PI 能成才，其发展思路与管理就是成功的。是否成才也是有标准的，其中一条是必须外部同行认账。对于科研 PI 来说，一个重要标志就是拿到科研项目。没有科研项目你做什么科研？PI 的人均科研经费，有几年生命学院在全校一直排第一，超过 100 万元。那时可是一笔大钱，现在不算什么了，引进一个年轻人，启动费三五百万元，对方可能还看不上眼。

科学论文产出当然重要，不能不统计（主要是上级部门有考评要求。没办法，我主持工作时也硬性要求每个研究生毕业时必须发表论文），但管理者不能过度注重年度论文总数统计。因为论文是自然结果，不是追求的目标。管理者的任务是如何制定好政策促进 PI 自然发展，而不是过度关注他们出的文章数量和发表文章的刊物。试问，如果有机会发表高水平论文，除非是傻瓜，哪个 PI 会主动放弃？很多学科，比如一些冷门的、基础的学科是永远发不了《Nature》《Science》的，这是他的领域决定的。还有些领域的成果体现为专利、软件著作权、工程样机、填补国家空白等，你拿文章来统一衡量怎么行呢？现在回想，这个问题确实值得反思。

在推行 PI 制初期，学院曾硬性规定自愿在 PI 手下工作的人员的部分岗位津贴由 PI 支付（额度可以超过 25%），节省出的部分由学院收回，用于提高专职教学和公共服务人员待遇。我不知道现在是不是仍然这么做。当时推进工作的态度的确比较强硬，曾引起非议。有人说我搞的是雇佣关系，是资本家剥削工人。关于什么是雇佣，见仁见智，但 PI 制本质上就是这么回事啊！你要么是老板，要么是雇员，具体成为什么角色，看你的本事和兴趣。这是指工作角色分工，在人格上，不论是老板还是雇员，大家都是平等的。在这里就两条路，要么老老实实为别人服务，要么你表现优秀成名成家。若没有这种雇佣关系，是肯定搞不成 PI 制的。以往人事制度的一个漏洞就是有人打着人人平等的旗号，有意混淆角色分工，既不服管也管不了别人。他们中想恢复旧制度的大有人在。类似于师生比，PI 与非 PI 人员之间也必须有一个合理的比值，这是评价一所大学人力资源管理是否一流的重要指标。以往人事制度的一个缺陷就是重视教师系列自身的人员等级比例，但不重视其与辅助系列之间的人员比例。这个比例的演化史是值得你们史学家关注的题目。

熊：这么大的改革，想必推行起来很不容易。据我的观察，现在很多学院和科研机构实行的是混合制，有 PI，也有非 PI。

牛：记得我有一次在学校的某个会上说要搞 PI 制时，还有一位其他单位的老院士私下问我什么是 PI 制。虽然我在主持生命学院时全面推行 PI 制改革，并取得了成效，达到了预期的目标，使得生命学院从弱势群体变成强势单位，但这项改革能否继续坚持下去，旧制度是否还会恢复，还没有答案。2009 年我卸任学院职务后，到安徽大学任职，也曾在安大的生命学院推行 PI 制，结果只搞了不到一年就夭折了。卸任多年后，还有人告诉我，到现在还有不少人反对 PI 制。这可以理解。科大目前在实行特任研究员、特任副研究员等制度，衷心希望设计这些人事政策的初心能接近我所说的 PI 制。

10. 生物学专业高考零批次录取

牛：前面主要谈了一些与科研队伍相关的往事，其实这也是为高校的核心职能即学生培养服务的。我主政生命学院期间，还发生了一些与学生培养直接相关的事情。我简单说几件。

第一，生物学专业高考零批次录取。这是在学校招生办的大力下支持搞的，目的是招到好生源，对外挂的招牌是学院的国家生命科学与生物技术人才培养基地以及国家理科人才培养基地。当时是一件很简单的事，他们到省招办去协商就做成了。究竟在多少省区市搞零批次录取，我记不清楚了，我也忘了具体是哪一年做的决策，只记得正是生物学发展如日中天的时候，全国各地很多高校大办生物相关的专业，什么铁道学院、交通学院都要办，这不是蒙人吗？结果弄得现在生物工程成了网上所谓的"十大骗人专业"之首。但我们不得不应对，必须抓生源。我卸任后，听说科大生物学专业高考零批次录取被取消了，什么原因我不知道，也不关心了。办一所好学校，一要有好教师，二要有好生

源。把网罗最好生源的机会从两次变成一次,这个决定是否合适?再想恢复这个政策大概是不可能了。

11. 降低学生被处分率

牛:第二,解决学生的归属感问题。高校的第一要务是培养学生,培养学生的第一要务是培养本科生,培养本科生的第一要务是办好前面一两年,这是最基本的教育观念。

记得我上任之初,记不清是一个学期还是半个学期,学校没有任命学院副院长。于是,除党口的会议由书记去参加外,学校召开的所有行政会议我都参加,都露脸,以至于有的部门领导对我说:"怎么每次开会都是你来,你们学院就没别人啦?"那时教务处每年都要开会处分少数本科生,挂科超过10门的给警告,再不行就勒令退学。在那之前我没有分管过本科教学,在出席教务处处分学生的会上我才知道这项政策。当时生命学院本科生挂科率超过30%(挂科率是指至少有过1门课程不及格的学生人数占比),其他个别院系甚至达到50%。我很困惑,为什么会这样呢?这是我上任后集中精力应对的一件事。经过仔细调研,我弄清了症结所在。本科生不像研究生那样有明确的导师,在选课时缺乏指导,课程安排未必合理;上课睡觉走神的并不少见;上完课后就分散开,对学院没有感情归属感。更何况科大的教学特点是,第一年主要学英语、政治、公共基础课等课程,半数以上与本专业无关,上大课,教室分散在很多教学楼。这么一来,低年级学生完全不了解学院正在发生什么事,也不了解未来能跟专业老师做什么。生命科学本来就是发展面不宽的学科,学生数不能扩大,只能走精英教育之路。仅靠班主任、辅导员的说教,低年级学生怎么可能对生命学院真正感兴趣?而要求任课老师和班主任天天盯着抓课堂出席率,显然流于形式。

如何解决归属感问题?每年我们有上百号的新生,为什么要跑到东区一教、二教,西区三教去上课?我希望所有任课老师都到我们生命学院大楼来给我们的学生授课。学生天天进出学院大楼,耳濡目染,自然会产生归属感。但教务处一开始不同意,因为都是统一排课的。他们问我往哪儿排,教室在哪儿。为此,我们在三楼装修了半层楼用于理论课教学。这四个教室可以同时容纳几百人上课,还可以作为学生的自习室,必要时还可作为小型活动的分会场,一举多得。我们还请了科学院一些研究所的老师来给我们的学生上课,他们往往只能周末过来,很难按照科大的标准教学时间来讲课。为抓上课率,我们还筹措资金在教室里装上视频监控,班主任可以调看录像,谁没上课就找谁谈话。这个措施也曾引起争议。

熊：教务处最后是怎么同意的？采取这些措施后效果怎么样？

牛：刚开始的时候，可能沟通不够吧，教务处不同意，说不利于的全校统一管理。我坚持要根据我们学院学生的需求来排课，学校统一的那套方法应该加以改革。后来教务处想明白了，说只要有利于教学，可以办，但提了个前提条件：你们排的课要纳入教务处的系统里。这个当然没问题。另外，学院还给教室加装了空调、铺上了地毯。这在那时可是不多见的。我们努力制造出好的学习环境，希望学生不要在还没有安装空调的宿舍待着，要到这儿来读书，来这里上自习。

事情就这样解决了。当时我提出要把学生的被处分率减半，因为处分学生不是我们的教学目的。在采取多项新措施后，处分率肯定是降了下来，具体降了多少我忘了。至于是否提升了学生的归属感，事后没有深入探讨，也没有做专门的调查，因为归属感很难做量化评价。

12. 参加教育部本科教育质量提升工程

牛：这只是抓本科教育过程中发生的一件不大的事情而已。更重要的是，那时教育部正在大力实施本科教育质量提升工程，学院必须参加，而且还必须获得横向可比较的成绩。竞争的结果是，我们学院一个生物学科把国家级本科教育质量提升工程的各个项目几乎拿了个大满贯，包括国家级实验教学示范中心、国家级精品课程、国家级教学团队、国家级创新示范区、国家级教学成果、国家级教学名师等。这是由学院不同层次类别的教师集体努力的结果，因为教学类项目必须发挥集体智慧，与科研类 PI 一个人发挥主导作用是完全不同的。贡献者的名字我就不一一列举了，以免漏了谁会产生误会。

在这前后，曾出现了两种奇谈怪论。一是在获得国家级教学项目之前说科研做得好会影响教学，对此，我说那可能是其他学院，在我们学院是教研相长。二是在获得国家级教学项目之后又说国家评审思路不对，怎么能把一个学科里的所有教学项目、好处都给一个学院呢！应该分散一下，也给人家几个。当然这是学校个别部门个别人的观点。你说这叫什么话！这些项目是在国家层面竞争获得的，不是学校内部分配的。不好说有了这些教学项目，科大生命学院的全国地位肯定提高了，但没有这些项目，科大生命科学在全国一流大学本科教育的基础地位恐怕就没有了。学院的长远发展还是看本科生教育。

熊：这个观点我很赞同。

牛：我已经离开学院管理岗位多年了，现在学生的归属感究竟如何，我不清楚，但有一个现象值得注意，那就是新生进来以后的转院率似乎升高了。科大学生进校后可以双向选择、自由转院（系）。对于学校来说，这当然没有任何问

题,但对于一个二级学院来说,如果从学院转出去的多于转进来的,你说这个学院是有吸引力还是没吸引力?不承认事实不行。固然有周边大小气候的影响,时代变了,但如果办院办得学生越来越少,还办什么学院呢,这不值得反思吗?从办学角度来讲,不存在物理地位比化学地位高、化学比管理学地位高的问题,就看你靠什么本事去吸引人。你不能只招研究生吧?科大的立校之本是本科生,世界上任何国家的大学的立校之本都是本科生而不是研究生,这是毋庸置疑的。

13. 以学生为本

熊: 你们能获得这么多教学项目,想必还采取了一些别的措施。你们还有哪些诀窍?

牛: 是采取了一些措施。得益于校长重视,那时学校对本科教学资金投入大。关于实验课,有个"人时数"的概念,就是所有的教学实验学时乘上修这个课的学生人数。因为教学实验课和别的课不一样,受实验条件的限制,你可以分三组做实验,也可以分五组做,反正学生总数就这么多。三组等于简单重复三次,每组学生是总数的 1/3;分五组就等于简单重复五次,每组的学生是 1/5。1/3 乘以 3 等于 1,1/5 乘以 5 等于 1,两者之积是恒定的,用它来核教学工作量是最科学的。你说一个班 100 个人的实验课和一个班 30 个人的实验课的教学工作量能一样吗?肯定不一样,搞系数核算,也不一定精确。将这门课投入的钱除以人时数,每个学生每学时花了多少钱不就很清楚了吗?记得这样算下来,当时全国高校生物口实验课投入最低的某高校大约是八毛钱,北大、清华、复旦等大约是两块钱,而科大超过了三块钱,位居全国第一。人时数投入主要指消耗性投入,设备、固定资产投入是不算在内的。为了避免消耗性教学投入流失,有一段时间我还采取措施,硬性规定实验教学师资及实验消耗性经费不得挪去搞个人科研,如果这么做了,我不承认其工作量。我不清楚现在是什么情况,学院在教学上的资金投入应当更多了吧?

课程如何更新内容,是个值得重视的问题。基础课是不能年年更新的。有的课,教学法可以更新,但内容永远不能更新,否则那就不叫基础课了。拿物理课来说,就算再过 50 年,也还得从牛顿三大定律讲起,对不对?这跟搞科研不是一回事,把搞科研那套思维拿来建教学体系肯定是不行的。基础课程至少要稳定五年,也就是说年更新率最高为 20%,内容更新固然重要,更重要的是如何通过更新更好地教会学生正确的思维方法,否则就是对学生不负责任。据我观察,一些高校所谓的更新就是形式主义,大多与忽悠上级教学拨款有关。

为了安全,教育部曾有规定,教学设施、人员密集场所,要在三层以下,一旦出事好疏散。所以,我们把教学实验室全都设在一楼。消防和治安是一对矛盾。你看这栋楼,一楼从没装过铁丝网,那怎么解决治安问题呢?我们装了红外线隐形监控,只要有问题马上就自动报警。这在当时是很先进的,现在当然也就稀松平常了。

还有一件小事。当年进行本科教育评估时,香港某大学前校长(我记不清他的名字了,他是专家组成员)一进教学实验室就问我:"学生进来做实验,他的包应该放在哪儿?脱掉的外套应该放在哪儿?"我无言以对,因为没考虑过这些问题。他的问题提得很好,所以我至今记忆犹新。你说什么叫以学生为本?我们虽然有各种各样的教学实验室,但从没有考虑过这些问题。学生进来后把包往实验桌上随便一放,或者就放到地下,再不然就堆到哪个角落里,大家对此都司空见惯了。专家组离开后,我立马安排找家具公司制作衣柜,争取每个做实验的学生都有自己的储物柜。我们还给每个学生发了实验服,进实验室就换实验服,这是最基本的训练。现在这些已经习以为常了。您从这件小事,可以了解我们是怎么走过来的。

14. 独特的小学期制

熊:教学实验中心的规范是很重要的。

牛:以学生为本不是空话,必须从细节着手贯彻落实。另外,我们还实行了"小学期制"。我们当年推行的"小学期"和科大现在流行的"小学期"可不一样。起因也是前面谈到的如何在不减少总学时的前提下,想办法减少学生课业负担、降低学生挂科率。提高教学质量不能简单地依靠增加每门课的学时,那样做学生会受不了的。

学期总时长和课程总学时都是定值。比如一学期是20周;一门课从第一周上到第二十周(把复习、考试都算上),一周4学时,总共80学时,这两个都是定值。我们换个思路:把一学期分成两半,分成两个为期各10周的小学期。如果一个学生一学期是6门课,那上半学期就上3门课,考试结束后,剩下的那半学期再上另外3门课。以前某门课一周排4个学时,现在它排8个学时,10周下来,总课时不也是80学时吗?这对学生来讲,他的负担肯定是减轻了。因为一个人就算再笨,他一段时间做一件事情肯定能做好,而如果你要他同一个时段内做6件事,他能做好吗?这不是简单的花费时间的问题,一个人集中精力做某件事效率肯定高。什么是为学生减负?不是不上课,也不是把本来的80学时减成50学时,而是让学生少分散精力。制度设计的不合理,只会加重学生的学习负担。这才是真正的"小学期制"。这样做,既没降低开课学时,也没降低学分,同时还解决了科研和教学之间的矛盾。因为很多科研老师要出差、要

开会、要参加各种学术活动,他怎么可能从第一周到第二十周都在学校待着?除非他不做科研,只负责讲课。比如每年春天申请国家自然科学基金需要一定的时间,那么,上半小学期可以排不申请基金的老师的课,把申请基金老师的课改排到下半小学期。这样安排,既不耽误讲课又不影响搞科研,何乐而不为呢?

你再看现在的"小学期制",暑假时把学生"钉"在实验室,不让他们休息。很多世界一流大学,假期都是连续的,而且持续时间较长,假期可以做实验、搞创业,家庭困难的话还可以打工挣钱,想做什么都可以。难道说这不是教育吗?不是只有待在校园里才是教育。

熊:您的"小学期制"挺有意思,是您上任后开始推行的这个制度吗?

牛:对呀。别的学院有没有这样做,我不知道。当时很多人不明白"小学期制"的概念,也不理解为什么要这么做。实践证明,不管是学生还是老师,负担都减轻了。一个浅显的道理,老师的时间精力分配和学生时间精力分配是不一致的,这是客观事实。老师既教学、也科研,学生不仅要上课,还有社团活动呢,这叫人格培养,不给他留出时间行吗?

熊:这个制度没有坚持下来?

牛:好像没坚持下来。题外话,管理部门的人员应该深入基层搞调研,了解每个单位到底干了什么事,这事有没有普遍意义。有普遍意义的话就推广,没普遍意义,若符合单位实际也应支持他们继续做个性化工作,没必要强求一致。

文科的教学肯定和理工科的不一样,搞纯理论的和做实验的又不一样,用整齐划一的方法去管理是最偷懒的办法,是不作为。教育本来就是丰富多彩的,如果管理鼓励多样性不足,要求一致性有余,是不是值得反思?

熊:您的"小学期制度"是自己想出来的,还是从外面学来的?

牛:是不是原创不知道,也没想过。二级教学管理模式方面的创新在不同学校之间是很难相互移植的,因为中国所有高校都是学校教务部门一统天下,二级单位教学计划安排的自主权并不大。所谓的教学自主权只是给你多少个学时,在这些学时内你做什么他们不管,做得是否认真也无法考评,因为教学本身就是一种"良心活",如果授课老师缺少"良心",什么规定也没有用。管理部门还让学生来给老师的课程打分,其本意大概并不坏,可实际情况却是,你要求高一点,学生给你的打分也就低了,哪个学生喜欢严要求?更荒唐的是,有的高校还鼓励学生举报老师在课堂上有什么不当言论,这不是挑拨学生和老师互相斗争,挑动群众斗群众吗?这是阶级斗争思维!给学生培养的是什么价值观?我想科大不应该出现这种情况。

15. 其他教育改革措施

牛：教学方面大大小小的改革措施，还有很多，我就不一一介绍了。采取这些措施后，效果如何，还要看学生的发展。我们一直鼓励本科生考研、出国深造，这是科大的立校之本，至少生命学院是这样的。因为学生物仅仅本科毕业是不行的，在社会上没有很强的竞争力。所以就有一个"综合就业"的概念，既不是简单地找工作，也不是简单地考研。生命学院毕业生的综合就业率一直非常高。这方面的统计又涉及一整套的管理体系，从硬件到软件再到制度管理。非常遗憾的是，我们没有留下多少白纸黑字的东西①。

熊：您为什么会想到这么多改革举措？

牛：主要是问题导向。认识到学院的教学质量存在问题之后，就去查是什么原因导致的，再看有什么办法来解决。科研不也是这样吗？你先把问题找出来，然后一步一步去解决，本事大的解决大问题，本事小的解决小问题。问题导向是错不了的，这是很科学的一种思维方式。

我主持工作期间经常参加国内教学管理方面的会议。国内各生命学院的一把手通常很少参加这种会议，我参加会议，除了表明自己重视教学的态度外，还有学习同行经验的愿望，求得同行支持，以改变我们教学的落后面貌。什么叫改变？同行认你的账了，就是改变，没有同行捧场，我们不可能获得国家级教学项目，不可能提升本科教学的基础地位。我们在本科教学方面的改革与实践，不是个人行为，是集体行为，最后受益者是学生。后来我们还写了一篇总结教学管理经验的文章②，记得学校还颁发了教学成果奖。

与科研管理不同，本科教学管理是件非常麻烦的事情。要在全国有一定的地位，就得拿出足够的硬件资源、软件资源，还要有一整套管理体制机制。

不必忌讳，高校中确有极少数不合格的教师，但不能因此而折腾全体老师。只要是有本事、有良心的大学老师，他能不知道该怎么上课？他写教学大纲非要按照规定的格式吗？那是中小学教师做的事情，哪能这么要求大学老师呢？他为什么教不好学？他为什么不愿意花精力到教学上？他为什么顶着教师的头衔却不愿意上课？为什么不把原因分析清楚？你得站在对方的立场，反思你究竟搞了哪些东西令他不爽。有些事情或许一夜之间不能解决，那就一点点解

---

① 整理人查到了一篇相关短文：牛立文. 就业率统计不能成为"皇帝的新衣"[J]. 教育与职业，2008(22)：7-7.

② 沈显生，丁丽俐，滕脉坤，牛立文. 本科教育创新与综合改革的研究与实践[J]. 研究生教育研究，2008(4)：19-24.

决好了。为什么很多搞教学的老师觉得迷茫,认为自己是二等公民?光抱怨他有什么用?得想办法解决问题。教学绝不是空话,而是大学的基本盘,没有一流的本科教育哪里来的一流大学?忽略本科教育,忽视本科前两年的教育,这就叫走邪路。

16. 任务带学科与学科找任务

牛:对于大学来说,教学、科研、学科建设以及社会服务等工作往往相互交织,各自的发展规律并不完全相同,具体的"游戏"规则很容易相互矛盾。我前面回忆了一些有关公共平台、科研PI制和教学方面的故事,现在谈谈对学科建设的看法,这个词经常谈,但各人理解千差万别。为什么很多高校、学院的学科建设不尽如人意,就是因为思路上出了问题。学科建设必须做科研,不做科研哪来的学科?仅仅抓本科教学,那不是学科建设,尤其是不能掉入"专业目录陷阱"。

我比较认可中国科学院的传统。科大是科学院下属单位,我们学院和研究所合作比较多,遵循的是科学院的传统。我们怎么抓学科建设?本质上就一句话——任务带学科。教育部和地方系统大多数高校的传统是学科找任务。这就是两者的区别之所在。

什么是任务带学科?所谓任务就是科研项目,不管是你自选的,还是被分配的,把它做出来,你就是牛人,在做的过程中出人才、出成果。任务一定有前沿的东西,有配套设施条件,任务完成了,学科建设也就自然而然地向前推进了一步。比如潘建伟的量子通信,据我的理解,科大从来没有把量子通信作为一个学科规划来搞,这种过于超前的未知东西,当年是不可能规划出来的,只能是摸着石头过河。把项目拿下来,把事情做成,发表理论文章,把京沪干线建出来,量子通信学科就成立了。很简单,这就叫任务带学科。例如,当年生命学院曾经引进了三位生殖发育方面的 PI,而且到位后都成为了国家"973计划"重大科学项目的首席科学家,这个学科方向也就从无到有建立起来了。

许多高校搞的是学科找任务。依托现有学科,先写发展规划,写了不下十个方向,每个方向要如何如何,什么事情如何如何重要,全是"胡闹"!我这么说,不是想否定发展规划的作用,而是对一些做法不满意。先定义某个学科重要,然后再逼着现有人员找活干,这样的管理思维是典型的唯心主义。可以不管世界怎么变化,永远抱残守缺,一个方向曾经辉煌过,就要永远存在下去,哪能有什么创新,哪能进行什么专业调整?

实践证明,调整学科的核心就是利益如何再分配、如何动人家的奶酪。学科找任务是残留的计划思维,是现任学科带头人掌管。任务带学科是市场思维,是教师个人主动到前沿去拼搏,而不是领导指示某东西重要才去做,这当然是有风险的,成王败寇。

对于大学来说,很多学科的科研工作的生力军是在读研究生。他们的生活费从哪里来?现行的高校研究生教育资助拨款制度是否需要改革?我个人认为,研究生教育根本不同于本科教育,不能用管理本科教育的思维去管理研究生教育,本科生是打好基础或者直接就业,研究生尤其是博士生是需要做研究的,不做研究还能称为研究生吗?如果不管研究生所在的高校学科水平究竟如何,还用计划经济思维按照学校招生计划分配每位研究生的拨款,保护的对象会是谁?应下定决心在国家层面上取消这种拨款制度,将省下来的钱用于建立以研究生学业奖励项目为基础的研究生资助体系,用于科研项目拨款,并在项目经费中大幅度提高研究生人员费比例。应打破各高校基本固定的招生计划藩篱,谁能争取到科研项目,谁就能够招收研究生,否则自然淘汰。这种办法,不仅可以淘汰那些依赖国家拨款活着的"僵尸学科",而且也有利于解决长期存在的产学研几张皮、学科研究生招生人数与社会需求比例失调的老大难问题。

在科大生命学院以任务带学科的方式建设学科的过程中,还有几件我亲身经历的事情值得回顾与反思。一是贯彻"全院办校,所系结合"办学方针,与中科院相关院所进行的合作(现在合作仍然在继续);二是中科院重点实验室、国家自然科学基金委创新群体和合肥微尺度物质科学国家实验室(筹)的创立过程;三是参与中科院"知识创新工程"、国家"211工程""985工程""863计划""973计划"等;四是"111计划"项目的申请获批与运行(现在仍然在执行)。每个话题背后都有一些故事,以后再找时间细谈。令人欣慰的是,在激烈的同行竞争中,科大生物学学科成为了首批国家一级重点学科,而且在历次学科评估排名中成绩也较好。这表明我们的思路是可行的,应该坚持下去。

17. 如何成为优秀的管理者

熊:我感觉您很自信,很有想法,执行力很强,很有魄力。我想知道,您为什么这么自信?

牛:从事教育行政管理那些年,我读过几本经典的教育史方面的专著,对古今中外的大学教育史下过一番功夫。这些书,有的是国外的大学校长写的,有的是学院院长写的,还有的是专门研究教育学的人写的,观点各异,都令我受益匪浅。我觉得,每个当院长的都应当读这些书。只有把握了世界和中国的教育发展大势,搞清楚我们处在哪个阶段,才能知道该做什么事。做教育管理和做自然科学研究是不一样的,学一点教育史,以史为鉴,有利于做好教育管理。

生命学院的超前发展有背后的理论支撑。我们常说一句话:"只有理论上

的清醒，才有行动上的坚定。"做从没做过的事，自信从哪里来？自信不是说空话。一方面努力熟悉高等教育理论与学科建设理论，另一方面不断思考与借鉴各种微观实践的经验教训，再加上深刻领会党和国家教育科技方针、政策的精神实质，几方面相互作用，肯定能够增强自信。

熊：我还想向您请教，如何才能成为一个优秀的管理者？或者说，成为一个优秀的管理者需要什么样的素养和品质？

牛：第一条是不能有私心。只有没有私心才可能做出公平公正的事。我讲的这个私心不是说他一点不讲个人的东西，因为那是不可能的，只要是人，怎么可能完全大公无私呢？重要的是，你考虑问题的出发点是什么？落脚点是什么？

熊：是不是可以这么讲，一个是私心，一个是自私。我觉得有私心是正常的，但"自私"就是一个贬义词了。如果别人感觉你很自私，那管理肯定搞不好，此外，这也是品质有问题。

牛：对。可以稍做修正。第一条是不能自私。大政方针党中央早已定下来，关键是各级干部的贯彻落实，所以第二条是得有执行能力，包括顺应时代、与时俱进的执行能力。因为脱离了时代，要么是僵化保守，要么就是超前极左，需要恰如其分，既不能太超前也不能太落后。

熊：您能再举一些具体的例子吗？您有过哪些既不落后，又没有太超前的举措？

牛：举一个例子，科大的研究生招生夏令营应该是生命学院第一个干的，现在推广到了每个学院。

熊：这个措施非常好，我们人文学院也于今年开展了第一次夏令营活动。

牛：生命学院于2008年开始招生夏令营活动，目的是为了提升研究生生源质量。办这事是需要花钱的。谁出钱？没人出。即使有钱，因没有先例，也无法报销。后来没办法，我就给导师们讲，谁招收了夏令营的学生谁出钱，按人头算。如果你认为这事对你没好处，你可以不参加，全是自愿。在一批导师的热心支持下，这事就启动了，一直坚持到现在，效果究竟如何，好像没有专门总结。

熊：若效果不好，就不会推广开来并每年都坚持了。您还有其他可行的改革举措吗？

牛：研究生毕业学位论文查重这件事，我应该也是早期的推动者，就算不是第一个也是最早的几个人之一。那些年，我们一直在寻找防范论文抄袭的技术手段，找到后马上就运用。令我没想到的是，后来每个高校都做这事，我们的实践演化成了全国性的"游戏"规则。遗憾的是，有的单位不按规律办事，还追求零重复率，甚至排名谁的重复率最低，那怎么可以呢！

熊：一点重复都不允许，那太过分了。文科研究总得引用前人的一些话语吧？

牛：是啊。但查重这件事不是我主持生命学院工作期间推动的，因为那时还没有查重的软件。我去安徽大学当副校长后，开始推行查重工作。也遇到了一些阻力，特别是文科类论文，在引用文献时，该怎么把握尺度，到现在也没有最后的定论。

再比如，在安大任职期间，我还作为第一批行动者之一，推动了研究生教育个人缴费制度的建立。当时这还差点被国家发改委价格司当成乱收费加以查处，现在研究生个人缴费变得很正常了，至于收了以后做什么是另外一回事。

熊：做领导得有魄力，看准了，就敢于顶着各种流言蜚语、各种压力把事情给做成。

牛：对。我搞了很多改革，有些成了，有些没成，以失败而告终的可不止一个，但有些事后证明是对的，大家也接着做了。比如刚才谈到的研究生缴费的事，缴费主体认为合理可以接受，却反被价格司调查。两年以后，国家三部委发文明确要求研究生一律缴费，还说是重大制度改革，各地必须执行。安大刚改革时每个学生收5000块钱，三部委规定可以收8000块钱。这说明收费这个举措是能经得起历史检验的，是符合社会发展规律的。中国的改革就是这么过来的。

熊：能从外面争取到资源，大家肯定欢迎。可我注意到，您的很多改革举措都触犯到一些人的既得利益。您为什么能顶着上上下下的不理解和压力，去做那些事？

牛：我不是固执己见，而是想制造一个良好的体制、机制，给人才提供完成目标所需要的外在条件。管理是干啥的？是为他人做嫁衣裳的。

熊：做好服务，让大家能够展示自己的才能。

牛：领导也是人，默默无闻地忙活半天让你成功了，他自己的前途在哪儿？他给你服务的动力是什么？激励机制是什么？这也是一个问题。我们国家还没有解决好这个问题。政府有一套上升的规则，企业也有一套上升规则，但这两套规则都不适合高校。高校的管理者也应该有自己的上升之路。

此话不是为我自己而说的。事实上，由于恰逢人才交替的历史空窗期，"山中无老虎猴子称大王""一个好汉三个帮"，我本人获得过国家及省部级颁发的多种学术"功名"，例如"杰青""首席""百人""突出贡献奖"、政府特殊津贴、科研成果奖、优秀导师、模范教师、先进个人等，同时，党和政府也给予了很高的政治地位，官至副省级。我本人没有什么好纠结的，唯有心存感激而已。但我也一直以为，我的个人经历只是历史机遇下的一个特例而已，很多高校管理者不可能复制本人的所谓经验之谈，我们应为下一代人提出上升渠道方面的问题。就干部队伍和专业技术队伍的制度建设和价值导向而言，实际上隐藏在背后的争议是，"学而优则仕"还是"仕而优则学"？孰先孰后？目前许多高校领导号称"双肩挑"，是不是实际上也有"留退路"的潜台词？如果有很多的年轻人追求

"仕"与"学"之间的鱼与熊掌兼得,恐怕不是民族之幸。究竟怎么解决高校管理者的上升之路问题,"路漫漫其修远兮",还需继续求索。

18. 三级独立学位体系需要与时俱进、加以修订

熊:您既做过学院院长,又做过大学副校长、研究生院院长,主持开展过很多教育方面的变革工作。在您看来,中国的教育存在哪些大问题,该怎么改?

牛:这个话题太大,也太沉重,我就简单地谈一个具体问题吧。"文革"过后,我们国家开始教育方面的制度建设,于1981年开始实施《中华人民共和国学位条例》,正式建立起学士、硕士、博士三级独立学位体系,到今天也没改变。这个体制当然有历史功绩,但需要与时俱进地加以修订。

不管名字怎么取、怎么变花样,世界各国主流学位制度的核心是两级独立学位体系,本科教育获得的是一种独立学位,之后还有一个更高级的独立学位,叫什么名字不重要,本质上就是两级独立学位,其他花样都是辅助性的变种,也有三种甚至有四种的。据我个人理解,至少对于自然科学教育来说,在研究性大学中,硕士只是一个学士与博士之间的过渡性学位。

中国却是三级独立学位体系,把硕士学位当成独立的第二等级。这有时代背景,我认为是历史条件下的权宜之计。20世纪80年代,我们国家的整体科研水平不高,有高级职称的教师和研究者不一定有能力指导博士研究生。那个时候,博导由国务院学位委员会来认可。随着水平逐渐提高,从1995年起授权部分高校自主评审博导,部分水平相对弱一点的高校只能自主评硕士生导师。我就是在科大具有自主博导评审权后获得博导资格的。我们的历史就是这么演化过来的。

30多年过去,今非昔比了,不同学科的改革不好强求一致,但至少对于自然科学研究生教育来说,改革的核心就是如何看待硕士学位。现在应该将三级独立学位体系改成两级独立学位体系了,至于其他类别学位是否也应该改,我不知道。

为什么改革困难重重?因为现有体系和太多利益挂钩了。很简单,我们大量的高校只有硕士点,大量的老师只是硕士生导师,如果宣布硕士学位是过渡性学位,硕士学位将会大幅缩水贬值,这些高校大部分要退回本科,水平相对较高的那部分,如果没有博士培养资质,也只是为别的学校的博士点培养预备人才。这和独立培养能一样吗?你说这种条例修正能通过吗?这将触犯多少利益?我个人希望政策导向是不鼓励许多高校拿硕士生培养来混层次,本科也挺好啊,老老实实干好本科教育工作,也能成为世界一流,而不是按学位点层次来分什么一流、二流、三流。

19. 受访人改完访谈稿后的自白

中国文化传统倡导"不到盖棺定论之时，当代人不修当代史"，而且临近庆典必须说一些心灵鸡汤式励志和感谢方方面面的话，否则就是政治不正确、不懂规矩。年初接受了熊先生的访谈，显然没有遵守这条规矩，进行了天马行空式漫谈，边叙边议，事后也忘了说过什么。难为熊先生了，居然费时费力地整理出访谈初稿。读罢初稿，发现我还是掉进了通常的"访谈陷阱"，语气还是心灵鸡汤式的，尽管稍火辣一点。头脑冷静下来后，不禁有些惶恐不安。由于访谈时思维过于发散，信马由缰，叙议交织，访谈双方都没有抓住重点，对现在和未来影响仍未消失的一些事件，尤其是生命学院学科建设方面的一些重要事件的历史来由，还没有来得及回顾与反思。看来只能留待今后找机会了。对年代久远的一些事情的回忆可能有误，但由于时间紧，我并没有查阅当年档案或找当事人核实，日后再补救吧。

科大即将迎来甲子校庆。时光荏苒，岁月如梭，一晃我进入科大已经 40 年了。抚今追昔，改革开放 40 年，中国发生了翻天覆地的变化，我赶上了好时代，既是见证者、实践者，也是受益者。我最美好的青春年华和职业成长是在科大度过的，科大养育了我（发工资、分住房）、成就了我（给帽子、给荣誉、给便利），我的孩子也成了科大 2008 级本科校友，正所谓爱之深恨之切，不许别人骂、只能自己骂的才是母校，我在访谈中说了不少带批评性的话，也借此次访谈，对有关的老师、学生、领导、同仁表示诚挚的感谢。

长江后浪推前浪，一代人有一代人的使命担当和历史局限性。作为奔向花甲的人，越来越耳顺了，最后以去年自填的一首词来结束此次访谈：

集贤宾·离职后叙

世人难免功名禄，相伴多年。

不甘呼号乞讨，备受熬煎。

酷夏寒冬握别，风云际会悲欢。

盛衰辗转阴晴变，依然是、义胆忠肝。

里外支撑门面，行路太艰难。

现今沧海映桑田，黑白已翻篇。

假如时光反转，回梦从前。

蓑笠重来烟雨，险峰刺破高天。

一瓢凉水阳春面，长怀念、赛过豪筵。

进退留转不欠，功过后人言。

12 在生科院圆科学家之梦
——周逸峰研究员访谈录

受访人：周逸峰
访谈人：熊卫民、张云涵
整理人：张云涵、熊卫民
访谈时间：2018年1月15日
访谈地点：中国科学技术大学生命科学学院

受访人简介

周逸峰研究员
（张云涵拍摄）

周逸峰，男，视觉神经生物学家。1963年12月生于江苏扬州，中国科学技术大学生命科学学院与合肥微尺度物质科学国家研究中心研究员，博士生导师。1978年考入科大少年班，1982年获科大生物系生物物理专业学士学位，1991年获中国科学院生理研究所博士学位，1996年被破格提拔为研究员，1997年起为博士生导师。曾获"做出突出贡献的中国硕士学位获得者"（1991）、"中国科学院青年科学家奖"（1993）、"霍英东青年教师奖研究类二等奖"（1996）等荣誉。

在这次谈话中，周逸峰研究员介绍了一名痴迷于数学的乡村少年是怎么样一步步地成长为一位神经生物学家的。他的个人经历，也反映了40年来科大生命科学从小到大、从弱到强的发展过程。作为科大少年班第二期学生，他对科大少年班的培养举措、效果、利弊等的介绍，有着独到的史料价值和现实意义。

1. 跳级考初中

熊卫民（以下简称"熊"）：您是改革开放初期科大生物系培养出来的杰出人才，经历了近40年科大生命科学的诸多大事。听说您记忆力超群，还望您能从自身经历出发，给我们分享您所了解的科大生命科学从小到大、从弱到强的历史过程。您是恢复高考后的第一批大学生吧？

周逸峰（以下简称"周"）：我属第二批。第一批于1978年3月入学，我们于9月入学。1977年8月，邓小平主持召开科教座谈会，拍板同意恢复高考，并要求抓紧落实。我们老百姓也早就盼望恢复高考了，但没想到会这么快。1977年10月初，我正在自留地里浇粪，突然听到生产队的大喇叭在播放恢复高考之事。父亲扭过头对我说："你不用浇粪了，赶紧回去看书准备高考吧！"

熊：可当时您年龄还很小啊，您父亲就让您去参加高考？

周：是的。我生于1963年12月30日，当时才13岁多。

熊：您的家乡在哪里？何时开始上小学？

周：我是江苏省扬州市泰县（现为泰州市姜堰区）人，小时候由奶奶抚养，1969年上小学，时年5岁。泰县很重视教育，教育质量非常好。拿我的家乡溱潼镇来说，虽然只有3万人，但出了3位院士，其中两位还是兄弟①。

熊：当时小学是几年制？

周：五年级制，实际上是6年，我们一年级和四年级均有3个学期，需上1年半时间。这不仅是江苏省的规定，其他省也有类似的情况。我上的是溱北小学，在四年级时，我得了肝炎，因此休学了一段时间。养病期间，我去了父母那里，当时他们下放在江苏最穷的县——灌南县（他们先调到灌南县工作，然后下放到灌南县农村）。我奶奶想让我留级，但我父亲觉得我直接升五年级也肯定能跟上。而我大哥却说："五年级也不要上了，直接考初中算了。"考虑到我还不会淮阴方言，一个人在那里上小学可能会被同学欺负，而我三哥那年刚好考初中，如果我也考上了，那么兄弟俩可以互相照应，我父亲就接受了我大哥的建议。于是我在淮阴直接考初中，考得不错，尤其觉得数学很简单，应该得了100分。这不光是因为我学习好，还因为两个地方教育水平差距很大，扬州的教育

---

① 指李德仁、李德毅两兄弟。李德仁，摄影测量与遥感学家，1991年当选中国科学院院士，1994年当选中国工程院院士。李德毅，指挥自动化和人工智能专家，1999年当选中国工程院院士。

质量是全国出名的,光扬州中学就出了40多位院士。①

熊:您哪一年上的初中呢?

周:1974年。那时的学制很短,因为毛主席说了"学制要缩短,教育要革命",所以当时是小学六年、初中两年、高中两年。1978年夏天,才14岁的我高中毕业,正常参加高考。凭高考成绩我也能考上科大。在高考分数刚出来的时候,我又参加了科大少年班考试。第一期的少年班没有统一考试,是科大了解到地方上有聪明小孩,就派两个老师去那里当面出题考核,考核通过就可以录取。我们第二期少年班是唯一由科大自主命题在全国范围内进行正规统一考试的一期。由科大教授出题,共四张试卷,分别是语文、政治一张卷,物理、化学一张卷,数学一张卷,英语一张卷。数学卷在100分外加了一个附加题,总共120分;其他试卷各100分。在试题中,政治和化学占分比例要低一点,英语成绩仅供参考,不算入总分。考完后试卷寄到科大,由科大统一阅卷。1979年以后,科大少年班笔试就不再单独出题,而是直接用高考试卷了。

熊:您高考时,英语有没有计入总分?

周:1977年的高考根本就没考英语。1978年开始考,但只作为参考。这个参考仍是有意义的,一是对英语专业的人有用;二是那一年选拔了一批留学生,英语有留学分数线,我当时过了这个分数线。1979年英语成绩计入总分,但只计10%,1980年变成30%,1981年达到50%,再后就完全计入总分。有趣的是,我在学生时代曾经三次学英文字母:初二时第一次学;进入高中后,因为好多同学没学过英语,我又跟着学了一次;到了大学,又因为有些同学没学英语,我们又跟着从A、B、C开始学起。

熊:和高考相比,您觉得少年班考试是容易一点还是难一点?

周:少年班考试要难很多。不会因为参加考试的是少年,就降低考试难度,情况恰恰相反。我有个同学高考时数学得了96分,而考少年班时不及格。并不是这个同学数学学得不好,而是少年班的数学考题比高考难得多。即便如此,也不能说考得上少年班的人就一定能通过高考上科大。

2. 以数学100分考入科大少年班

熊:您考少年班时数学得了多少分呢?

周:100分。含附加题满分为120分,因为很难,所以我还是有题目没做出来。考不及格的那位同学虽然数学比我差,但他高考总分比我高,后来他上了

---

① 关于周逸峰的少年时光,可参见:华逍,韦维.周逸峰:我的"神童"岁月[J].中华儿女. 2008(6).

科大近代物理系。少年班同学普遍数学很强。我念高二时,江苏省组织过一次数学竞赛,第一名周曙东才13岁,后来他跟我是少年班同学。山西省数学竞赛的前三名也都上了少年班,他们入学时都是15岁。我们寝室另有好几个同学是省数学竞赛的第一名。他们就不用参加招生考试了,因为只要是省级数学竞赛前几名就可以上少年班[①]。

熊:您高考时报考科大了吗?

周:那时是考完试知道成绩之后再报志愿。说心里话,我当时最想去的是复旦大学数学系,因为我想去大城市。那时清华名气更大一些,考虑到清华主要是工科厉害,而我对工科又没兴趣,所以我又把这个选择给否掉了。然后就在北大和科大之间犹豫。后来我一个老师跟我说:北京很冷,而且饮食以粗粮为主(当时北京的生活没有现在好,一个月才供给五斤大米)。你是扬州人,从小习惯了吃大米,恐怕去了后生活上会不适应,建议你报科大。他的话让我动心。

少年班考试是在淮阴市进行的。考试结束后,科大有一位叫冯正永的招生老师过来了。我就把我做的1978年国际奥林匹克数学竞赛题拿给他看。那套试卷总共五道题,我做出来四道。冯老师看了以后,觉得我很厉害,就写了封信给我。大意是:看了你的试卷后很高兴,欢迎你报考科大。最后写的是"科大见!"。这令我毫不犹豫地把第一志愿填成了科大,第二志愿填的是复旦。我如果没有通过少年班考试,而只是通过高考上科大,我很可能会去近代物理系,因为冯老师是近代物理系的。他很欣赏我,不仅是因为我的高考分数,还因为他看了我做的那套国际奥林匹克竞赛试题。因为1978年的中国很落后,做国际奥数竞赛题是很稀奇的事。

3. 半夜敲门告诉老师"我做出来了!"

熊:确实如此。您的家庭背景不一般吧?

周:我父亲是技术干部,我母亲是会计。当时干部要下放到农村,父亲分到了公社革委会,母亲分到公社供销社,都属基层干部。那时的书比较少,且不易获取,更何况灌南是江苏省最穷的县,所以我读书也不多。我的机缘是遇到了好老师。我当时就在公社的一所农村中学读书,在那儿遇见了我的启蒙老师尉迟椿。他曾经留学苏联,中苏交恶后,他们这些从苏联回来的人得不到信任,被发配到农村教书。他是我的物理老师,看我有点天赋,就经常给我一些题目,做

---

① 共有13名同学因参加了全国或省、市的数学竞赛并获得好名次而免试进入第二期科大少年班,参见:新苗苗壮:中国科技大学招收第二期少年班[J].人民教育,1979(1):38.

完后我们再一起讨论。我的数学老师朱寿如也很厉害,我的数学底子就是他给打下来的。另外,我还有一个课外老师,也是高手。他叫姚天行①,后来考上了南京大学的研究生,再后又成为南京大学数学系教授、博士生导师,他还担任过2010年江苏省高考数学命题组组长。他是南京大学数学系1966届的第一名。因为这个第一名,反而在政治上受到影响,最后被分到我们县水产公司当保管员。我父亲听说他很厉害,就让我跟他学习。有一天,我大概于早上8点去他家,他给我出了一道很难的题,到了下午1点我还没做出来。他就给我做了西红柿鸡蛋汤。我吃完以后继续做,直到晚上7点,这道题都没做出来,我就只好回家了。在家吃晚饭时,我还在想这道题,吃完饭后我又躺在被窝里继续做(除几何题外,我一般都是心算),到了半夜两点多,终于做了出来。我赶紧骑着车,迎着晚风去找他。"砰!砰!砰!"大半夜的敲门声吓了他一跳。他一开门,我就告诉他:"我做出来了!"然后跟他讲我是怎么做的。听完之后他说:"你这个方法好,比我的做法还要简单!"总而言之,我之所以能考上少年班,除自己的努力外,更重要的是得到了名师的指导。如果没接触过较高深的知识和较难的题目,农村中学的小孩要想考上少年班是很难的。

熊:"文革"时期,很多高水平的人下放到了农村。

周:是的。就连灌南这种穷乡僻壤,也隐藏了不少高手。

4. 用做数学题来治疗头痛

熊:半夜敲老师的门,当时您对数学的热爱可以说是痴迷了!

周:我数学一直很好,当年一心想当陈景润,解决哥德巴赫猜想。所以,进科大后,我最想学的就是数学。少年班第一学年的课与其他系的课基本一致,唯一不同的是数学系,他们的数学教得更深一些。在第一学期刚开始时,班主任老师对我们说:"你们如果想学数学专业,有两个选择,一是现在就离开少年班到数学系去;二是明年留一级,和1979级的数学系同学一起学。"因为1978级少年班同学数学普遍很好,当时就有几个同学选择离开少年班去数学系,还有一个同学在一年后选择了留一级去数学系。我舍不得刚来科大就离开少年班,于是选择继续留在1978级少年班。又过了半年多,我们开始分系。大家都想抢少年班学生,每个系都派老师来介绍,然后由我们自由择系。在科大待了一段时间后,我发现世界很大,不光有数学,在最后选择时,阴差阳错选了生物。我对少年班是心存感激的,如果没进少年班,我很可能就去数学系或近代物理系了。

---

① 姚天行(1943—),南京大学数学系教授。1981年获得南京大学数学系硕士学位。

熊：做那样的选择不正能发挥您的数学天赋吗？

周：没有那么简单，中学数学好和成为数学家是两个概念。

熊：您是什么时候知道陈景润的呢？

周：1978年初。当时徐迟发表了一篇题为《哥德巴赫猜想》的报告文学，里面讲到，"文革"时大家都在搞阶级斗争，而陈景润则像书呆子一样在宿舍里钻研哥德巴赫猜想的证明，草稿纸用麻袋装。这篇文章引起了全国性的轰动，据说有一段时间陈景润每天能收到好几十封情书。它也让我认为搞科研、当数学家，有一支笔、一张纸就可以了。

我小学的时候数学就好，我们那里的民风不错，有人会拿难题给我做，见我能做出来，就称赞我以后肯定会成为科学家。我堂叔是小学数学老师，他也说我是华罗庚的接班人。所以自小我就生活在这样的赞誉和自我暗示中。1978年初，我知道了陈景润，自此，他就成了我的榜样。我从来不以做数学题为苦，反倒觉得这是一种乐趣。有时候生病头疼，我就做数学难题，题做出来，病也就好了。高考时我也很有信心。在父亲送我到考场时，我周围的人就如步入战场一般神情凝重，而我则像进了游乐园一样。可能也因为我当时年纪小，少不更事吧。

5. 科大少年班的价值

熊：与徐迟的《哥德巴赫猜想》类似，当时的科大少年班在全国都有非常大的影响。

周：对。以前有人质疑少年班的价值，我觉得至少有一点是不能否定的，就是我们鼓舞了一代人。作为"树雄心立壮志，勇攀科学技术高峰"的典型，少年班鼓舞了一代青少年。每个时代都有榜样。以前的榜样是金训华，看到国家的木头掉到河里，就义无反顾去捞；是"草原英雄小姐妹"，为了保卫生产队的羊而不顾生死……而"文革"结束后，我们成了新时代的榜样和偶像。现在也有偶像，譬如李宇春、周杰伦。我觉得在那个时代，把科大少年班树为榜样是利大于弊的。因为经过十年"文革"的冲击，大家的学习基础都变得很差，一看学的知识不容易，就普遍有畏难情绪。现在看到一帮孩子做得很好，这就给大家构成了鼓舞。所以，在特定的历史情况下，开设少年班还是有意义的。至于今天是不是还应该开办少年班，应该由市场说了算。如果少年班没有什么人报考，也招不到好学生，就自然会消亡；如果还有很多人抢着报，也能招到好学生，那就有开设的意义。

当时国内对少年班最上心的有两位领导人，一位是邓小平，一位是方毅。方毅曾来我们少年班视察过。他说自己小时候就很聪明，4岁识字，8岁就看

《红楼梦》,围棋也下得好。他是神童,所以他相信世上有天才少年,进而对开设少年班很用心。邓小平16岁就独自一人远赴重洋去法国勤工俭学,应该说小时候也很聪明。每个人都喜欢与自己相似的人,所以他们对少年班也很用心。

熊:少年班还有一个重要的倡导者——李政道。

周:对!李政道才念完本科二年级就去美国攻读博士学位,仅仅31岁就拿了诺贝尔奖,更是天才少年。所以他主张办少年班。天资聪颖的人自然对天才少年感兴趣,大器晚成的人就不太会去关注这些。邓小平、方毅、李政道,他们三位对开设少年班起了重大作用。后来有人说杨振宁对少年班的发展有贡献,我觉得有贡献的主要还是李政道。因为办少年班的设想是李政道提出来的。1974年5月,他在与毛泽东、周恩来谈话时就提出,理科人才可以像文艺、体育人才那样从小开始培养。这个建议虽然没能立即实施,但还是引起了一些高层领导的注意。1977年,江西冶金学院的倪霖老师给高层写了一封推荐天才少年宁铂的信。如果他把那封信写给其他人,可能不会得到回应,但他正好将它写给了方毅副总理。而方毅恰恰小时候就很聪明,会写诗,也会下围棋。他看到信上的宁铂,不就看到小时候的自己吗?加之那时中国很落后,大家心里很着急,希望人才能够快速成长起来。所以时代也需要这样的科学苗子。科大少年班也就应运而生。

后来(1984年),邓小平看到科大少年班发展得很好,就建议其他高校也办。1985年,北京大学、复旦大学、南京大学、武汉大学、西安交通大学等十多所高校也办起了少年班。随之而来的问题是,学校一多,生源就不够了——上哪儿招那么多的天才少年呢?结果事倍功半,后来很多学校又不得不撤销了少年班。大家公认科大少年班是正宗。有些学校因为办学不怎么成功,没出什么人才,就把失败的原因归罪于少年班本身,认为不应该开设少年班。我认为他们办学失败的首要原因是学校投入的精力不够;其次是北京、上海等大城市诱惑很多,有些高校环境复杂,小孩入学后很容易偏离正轨。科大对办少年班非常用心,合肥和科大也相对比较单纯,能给孩子们提供比较适宜的成长和学习环境,所以科大的少年班一直办得不错。

熊:当年少年班很受社会关注,有不少高层人士到科大后会与少年班的同学座谈。您跟高层人物有过接触吗?

周:我本人没有。实话跟你讲,学校会挑人去见前来视察的高层人士。虽然我成绩比较好,但由于我当时口吃比较严重,所以学校一般都不挑我去。有一次李政道来访,我们班大概有十几个同学被挑去参加座谈。李政道在座谈会上作了很有价值的讲话,希望同学们阅读广泛,有丰富的想象力,能问前人没问过的问题①。期间他突然问:"你们有谁能把水浒传一百零八将背下来?"现场鸦雀无声,没人回答。我可以背出来,却没能参加座谈,这令我至今都感觉遗憾。不过后来李政道也与我们这些没有参加座谈的同学一一握了手。

当时来访的日本客人比较多。1978年,中日两国签订了和平友好条约,关系变得很好。因为日本法律规定必须年满18岁才能上大学,所以日本客人对我们这些少年大学生很感兴趣。记得当时有日本记者采访了张亚勤②并报道了他。他们还拍了我们班打排球的照片。为迎接这些日本来访者,老师还临时教我们唱了一首名叫《樱花》的日文歌。

张亚勤和周逸峰

(2013年7月4日拍摄于科大少年班学院)

6. 前两期少年班

熊:那时你们少年班有多少人?

周:我们第二期少年班是面向全国招考的,共67人,分成两个班。

1977年录取的第一期少年班是试点班,只收了21人,没有分班。入学后

---

① 这次座谈发生在1979年上半年。1980年初,李政道在座谈会上的发言摘要被发表了出来。参见:李政道.希望同学们早日成才:李政道教授同中国科大少年班师生的谈话(摘要)[J]. 人民教育,1980(01):7-8.

② 张亚勤(1966——   ),1978年进入科大少年班,1983年获科大学士学位,1985年获科大硕士学位,1989年获乔治·华盛顿大学博士学位。

一进行摸底考试,科大就发现这些孩子虽然普遍聪明,但基础参差不齐,就让他们学了半年的高中课程,然后再让他们进入各系,跟1978级普通本科一年级同学一道学习。所以他们实际上的是大学预科班。有一个叫沈宇的同学是例外,他成绩比较好,插入了1977级本科一年级。谢彦波①也是例外。他年龄太小,就没有分到系里,而是调到了我们班。他也因此成了唯一一个既上了第一期又上了第二期的少年班学生。

我们第二期是参加了科大的统一考试考进来的,有差不多一半的同学还参加了高考,有不少人还取得了很好的成绩,所以我们的基础更扎实一些。我们进校后直接上大学课程。一年后我们再插入各系,跟1978级普通本科生一道学习。虽然差了半年(第一期于1978年3月入学,第二期于1978年10月入学),但由于我们(沈宇除外)都是跟1978级普通本科生一道学习,所以我们被合称为1978级少年班。

在第一期少年班开办的时候,我父亲就给科大少年班写了信,说我家小孩成绩不错,想上少年班。少年班也回了信:"我们第一届是试点班,招的人比较少,所以不能大范围招生,如果有兴趣,可以第二年再考。"

熊:您父亲那么早就想让您上少年班了?

周:是我觉得自己应该也够这个水平了。当时报纸上登载了宁铂写的诗,这我写不出来。又说他做出了一道数学难题,我一看那题,感觉很容易嘛。单就数学而言,宁铂并不算很强。但他的人文底蕴很深,会下围棋,懂中医,又会做诗。他曾和方毅下围棋。他告诉我,他可以让方毅两子。

熊:因为班上都是天才少年,您有没有感觉压力比较大?

周:班上多数人确实不错,但真正天赋超群的我觉得也不多,可能比我略好一点,但肯定不会有本质差别,所以我并没有多少压力。在我后来的工作和生活中,我遇到过很多的聪明人,还是觉得少年班的同学是比较聪明的。

熊:当时学校是怎么培养你们的呢?有没有什么特别的方式?

周:学校对少年班很重视,给我们上课的都是很好的老师。比如教我们数学的是史济怀②,他课讲得很好,后来担任科大副校长。我们的力学课是和近代物理系一起上的,项志麟老师也很出色。我们第一年没上化学。那时大学并不教语文,考虑到我们语文不是很好,还特意从安徽大学请来了一位中文教授教我们。我们的班主任汪惠迪老师人特别好,她当时40岁左右,跟我们的母亲

---

① 谢彦波(1966—),11岁进入科大少年班,15岁考取中国科学院理论物理所研究生,后任教于科大近代物理系。

② 史济怀(1935—),教授,博士生导师。1958年毕业于复旦大学数学系,后任教于中国科学技术大学数学系,历任数学系副主任、副校长、研究生院院长等职。

年龄相仿,很有亲和力。她对我们体贴入微,除关心我们的学习外,还时常带我们跑步、打排球。而且,她直到今天还很关心我们,我们也一直跟她保持着联系,就像是她永远的孩子。一些领导和组织也会来慰问我们,如钱三强、李政道、日本电视台记者以及法国大学校长代表团等。

少年班的好处是你可以随便选专业。普通高中生视野未开,不知道要填什么专业,进大学后听各种类型的课,视野变开阔了,所选专业也就会更适合自己一些。当时学校有一个大食堂,一到饭点人就很多,排很长的队,有时会发生争抢。少年班同学可以用小食堂。那里本是为讲师及讲师以上的教师而设的,要知道那时候科大副教授和教授一共才30多人,讲师也很少,而少年班同学却能在这里吃饭。小食堂不用排队,服务态度也好。另外,科大的同学对我们也是比较关照的,很少遇到以大欺小的事情。

除专为我们而设的文化课以外,我们还有丰富的课外活动。我每天坚持锻炼,定量举重,最开始只能举40斤,后来慢慢上升到了100斤。班上也会组织跑步、打球等体育活动。1979年元旦,班主任还带我们跳青年友谊舞。所以我们能够保持良好的生活习惯和饱满的精神状态。

熊:你们那届少年班出了哪些人才呢?

周:有张亚勤,他以前是微软公司全球副总裁,现在是百度总裁;有担任过德意志银行(中国)有限公司行长的高峰;有清华大学讲席教授翁征宇;有"纳米博士"秦禄昌[1];有"李光耀顶尖科研奖"获得者谢旻[2];有清华紫光前总裁郭元林[3];还有美国物理学会会员王海林;等等。人们对成才有一个误解,认为天才儿童将来就一定能成才,但是一个人的发展是很复杂的,能否成才不仅与智商有关,还跟他的心理素质、情商和周围环境带来的机遇等综合因素相关,所以能成为顶尖人才的肯定只是少数人。

熊:钟扬[1]是您的同学吗?

周:他比我低一届,是学无线电的,后来改行搞生物研究,之后分到中科院武汉植物所工作。他很有闯劲,充满激情,口才也好,是个了不起的人。

---

[1] 秦禄昌(1963—),纳米材料工程专家。1978年考入中国科学技术大学少年班,美国麻省理工学院博士(1994),现为中国科学院宁波材料技术与工程研究所高级研究员。

[2] 谢旻(1963—),1978年考入中国科学技术大学少年班,瑞典林雪平大学博士(1987),1991年获得新加坡李光耀总理奖,现为香港城市大学科学与工程学院副院长。

[3] 郭元林(1964—),高级工程师。1978年考入中国科学技术大学少年班,曾任清华紫光副总裁。

[1] 钟扬(1964—2017),1979年考入中国科学技术大学少年班,1984年毕业于科大无线电电子学系,日本国立综合研究大学院大学生物系统科学博士。1984~1999年在中科院武汉植物研究所工作,2000年起任复旦大学生命科学学院教授。

熊：您的同学中有些从事学术工作，有些经商。80年代国家倡导干部年轻化，你们的同学有没有从政并成为高干的呢？

周：没有。少年班学生不是这块料。本来科大的学术氛围就很浓，少年班更是如此。且由于很小就上了大学，同学们在成长过程中缺失了某些东西，所以很难选择从政。

熊：入学那么早，你们能适应大学的生活吗？

周：我没有问题。上大学之前，我的生活自理能力很强，是家里的小管家。那时候，被单洗过后要一针针去缝，很费劲。我每月都拆一次，洗一次，再缝一次，现在的大学生恐怕做不到吧。当然，我没有问题并不能说明所有同学都没有问题。

熊：外界有批评说，过早进入大学，过早进入成人社会，过早承受成人的压力，会使人失去少年该有的快乐，并影响以后的成长①。您对此有没有体会呢？

周：我本人还好，但这种问题确实存在。人和人之间有区别，有些同学是揠苗助长，硬拔出来的，就很可能出现这种情况。而我们这些自然形成的就没这方面的问题。我14岁就高中毕业，就能通过高考考进科大了。我该玩就玩，别人有的童年我都有，而且在上科大之前，我的经历就要比一般18岁的孩子丰富得多。也可以说在生活和读书方面我都是比较早熟的。

熊：老师、同学以及社会公众对你们的期望值是不是特别高？

周：当时少年班确实很红，就像现在的"超级女声"一样。有些同学高调，对外爱说自己是少年班的。至于社会对我们的期望值，我不是很清楚，因为没人跟我表达过这种期望。我只知道，我父亲对我的期望值很高。当然我对自己的期望值也很高。2008年50周年校庆，在国歌、校歌奏响时，我抑制不住自己的眼泪，并非出于感动，而是出于惭愧。我觉得，作为少年班的一员，这么多年过去了，自己做出的成绩竟如此之小，实在惭愧不已、无地自容，虽然那时我已是"文革"后科大第一批二级教授。直到近几年，因为身体原因，我才对自己的期望值有所降低。

7. 到生物系学习

熊：你们具体是在什么时候选专业呢？

周：大概从1979年三四月份开始，后面有两个月的考虑时间。其实只要还没开始专业课学习，就应该还可以换专业。那个时候，生物系还鲜为人知。记

---

① 譬如：邢红军. 论杨振宁的超常儿童早期教育思想及其对"少年班"教育的启示[J]. 河南广播电视大学学报，2004(4)：1-4.

得我们入学有两个月时间了,还不知道科大有生物系。有一天我一个室友去打开水,碰到一个科大生物系的同学,回来告诉我们,我们都说他胡扯:"我们学校哪有生物系?"后来一问才知道真有生物系。

到了选专业的时候,每个系都派了老师来宣讲。生物系来的是蒋巧云老师。她讲得比较好,大意是生物学很有前途,而且科大生物系是独树一帜的。包括我在内的很多同学都被她打动了。然后,生物系组织我们到系里参观,我们班有20几个人去了,一看,心就凉了半截——系里几乎没有仪器,就养了几条蛇,实验室也是破破烂烂的,连副教授都没有,所以很多人就放弃了。凑巧的是,参观那天我睡过头了,就没去,所以就没有这种坏印象。最后,我们班只有五个同学选择去生物系,其中一个就是我。我做此选择时,有同学觉得很奇怪,问我:"如果数学、物理成绩不好,去学生物还有点道理,你数学、物理算学得好的,怎么会去学生物?"当时他们觉得这家伙真傻。多年以后我们再相遇时,他们就说我有远见了。因为后来学生物而升教授的比例很高,超过别的任何一个专业。我爸爸觉得生物学就是跟昆虫、农作物打交道,反对我学生物,并且科大生物系当时的条件很差。事实上,直到我后来读研究生时,这里的条件还很差。可我还是选择了学生物,原因之一是我当时没有跟大家一起去系里参观。

熊:选了生物专业,您的"陈景润第二"的人生目标是不是也就改变了?

周:选专业时我并没有一个清晰的想法,只是觉得我的数学和物理比较好,如果把这两门学科的知识运用到生物学中去,应该强过专门学生物的同学。我不大愿意走寻常路,如果我们班当时有很多同学选择学生物,很可能我就不来了。事实是我们班有24个同学选择了近代物理系,我一看那里人这么多,就放弃了。而去生物系的人少,所以我就选择了生物系。至于数学,因为在工作中用得少,后来慢慢就荒废了。

熊:分专业之后,就开始到生物系去上课了?

周:是的。一年级结束我们就算是从少年班结业了,还发了结业证,从此我们就和少年班没有关系了。汪老师也离开了少年班。但少年班大多数同学还在一起住宿,当时生物系和少年班的宿舍也正好在一块儿。后来少年班又变成了统一管理。因为是初开设阶段,所以管理方法还处于探索当中。

熊:听说当时生物系有些课程是和其他系一起上的?

周:是的。我们当时很多课程是和物理系一起上的。普通物理课和物理系一模一样,然而我们的平均考分比物理系的同学高。我们学的数学,其难度是仅次于数学系的。

熊:听说你们当时做数学题有"遍历"一说?

周:是的。其他同学我不知道,我本人嘛,在少年班阶段就把吉米多维奇的《数学分析习题集》一题不落地全都做完了,当时还没有题解,我就按照自己的思路解答。少年班的第一年上数学分析课,两次期末考试我都是100分。第一次期末考试100分就两个人,第二次好像多了一点。

熊:您入学时科大有不少工农兵学员,您跟他们有过接触吗?对他们印象如何?那些1977年、1978年参加高考的学生呢?

周:科大最后一批工农兵学员于1976年入学,1979年毕业,所以我们和他们有一年的交集。但相互之间接触不多。毕业前夕,他们中有人在广播上发表感慨:"啊,有多少哥德巴赫等着我们猜想!"这说的就是外行话了。

科大对老三届的管理与其他学校有所不同。学校专门办了老三届大专班,大概是在学校学习两年,就可以获得大专文凭,还能留校当实验员。因为有些老三届已经有孩子了,他们觉得学习两年还能留校工作也不错,所以就答应了。后来有些也去考研,还有的当了教授,如陈意云。我们生物系1978级当时就一个班,包括从少年班分过来的8个同学(第一期3人,第二期5人),一共有44人,基本没有老三届的。但我们班有一个当过知青的,他叫路阳,生于1956年,22岁入学,是我们班副班长,年龄最大。班上还有两个同学年龄较大,团支书李元根生于1957年,当过工人;班长顾华生于1958年,当过兵。

熊:在生物系学习时,有没有遇到让您印象深刻的老师?

周:老师嘛,有印象好的,也有印象差的。有一次上实验课,某老师还没讲完,下面的同学就几乎全睡着了。教生物化学的金用九老师和王培之老师都给我留下了很好的印象,他们后来都出国了。

教生物电子学的是陈惠然老师,他和施蕴渝老师是夫妻。他这门课有期末考试,我们班当时考得很差,最高的才71分,还有很多人不及格。我因为临时去了上海,没能参加考试。于是我就请求老师给我一个及格分,因为我要提前毕业读研究生,如果这门课没成绩就拿不到毕业证和学位证。陈老师说不行,必须补考。于是我复习了一个星期,最后我考了98分。陈老师从此对我刮目相看,以后他每次上生物电子学,都要在开场白中讲到我。后来我研究电生理,发现这门课中的很多知识都能用上。

因为我本科提前了一年毕业,所以有些课没上。在研究生阶段,我上了陈霖老师开的生物控制论。他告诉我们,在考试方面,他的这门课与其他课程完全不一样:如果写的答案跟他讲的一模一样,只给60分。要求写得不一样,又不能胡说八道,这不是要命吗?不过我最后还是考了96分。硕士毕业后我能留校工作,陈老师也帮了忙。因为高校的老师既要能搞科研又要能上课,可我有口吃的毛病,上课肯定不行,科研嘛,也不知道以后能否做好,所以当时系务会没同意我留校。但陈霖老师相信我,专门去科学院为我要了一个名额。

8. 寿天德老师的栽培

熊：您本科为什么提前一年毕业呢？

周：当时说是"文革"十年，人才断档严重，每个单位都缺人才，所以允许一部分成绩好的人提前毕业考研。少年班同学提前毕业的比例尤其高，因为早出人才有益于少年班的宣传。所以1982年我没有做本科毕业论文，直接考了研究生。当时只要上完课并考上研究生，就算本科毕业，而且还有学士学位。

1984年周逸峰读硕士时留影

熊：您的硕士导师是谁？

周：我当时心大，考了中科院上海生理所所长冯德培①的研究生。他当时还是中科院副院长、生物学部主任。一开始他很喜欢我，后来可能因为我年龄比较小，才18岁，又有点口吃，也不太懂事，而且我比较痴迷于数学、物理，不重视实验科学，所以他觉得我可能不适合做神经生物学的实验科学研究，就让我回科大了。回来以后，我挂在阮图南②和尹鸿钧③老师（阮图南是有名的物理学

---

① 冯德培（1907—1995），神经生理学家，中国科学院院士（1955）。1926年毕业于复旦大学生物学院，1958担任中国科学院生理研究所所长，1981~1984年任中国科学院副院长、生物学部主任。

② 阮图南（1935—2007），理论物理学家。1958年毕业于北京大学物理系，1974年调入中国科学技术大学，曾任近代物理系主任。

③ 尹鸿钧（1937—2015），高等教育管理专家。1959年毕业于北京大学近代物理系，后被分配到中国科学技术大学任教，历任近代物理系主任、教务长、副校长等职。

家;尹鸿钧时任科大教务长)名下,实际由寿天德老师指导。寿老师当时刚回国,还是讲师,没有单独带研究生的资格。

熊:回系里后您做的研究和在上海生理所做的是一样的吗?

周:都是电生理,但有一些差别。在生理所做肌肉神经研究,在系里做视觉神经研究。但我拿的还是生理所的学位,因为我们系当时还没有神经生物学的硕士点。我于1985年6月25日在系里完成答辩,由于生理所每年就开两次学术委员会,所以我1985年8月才拿到学位证书。

熊:那您留系工作是什么时候?

周:1985年6月28日。寿老师和陈霖都想留我。这里还有一段小插曲。陈霖刚回国时,实验室缺人,说好我做完硕士论文就去他的实验室。到我毕业时,由于陈霖比较有名,他的实验室已经有好几个助手、研究生了。而寿老师只有我一个助手。当时寿老师是系主任,他就找陈霖商量,问能不能把我留在他的实验室。陈霖说:"你去和周逸峰商量,看他本人的意愿。"当时我本以为毕业后就要去陈霖实验室了,没想到寿老师会来找我,他问我的时候我就没吭声,没说具体留在哪儿。所以,最后我留在寿老师实验室就成了既成事实。后来我把寿老师这个实验室给继承了下来。我这里有篇介绍我们研究室历史的文章①,有兴趣的话你们可以读读。其实寿老师的视觉研究实验室和陈霖的实验室在研究领域上并没有很清晰的界限,后来两者也有不少合作。在后来好长的一段时间里,我都是陈霖实验室的固定研究员,直到现在每年还在那儿拿经费。

熊:当时陈霖老师的实验室是在科大还是在北京?

周:在科大物理楼五楼。他在科大任教的时间很长,一直致力于系里的基础建设,没怎么发文章。后来他去中科院申请建立开放实验室,中科院也同意了,但要求实验室必须设在北京。当时科大在北京还有一个研究生院,所以他就去了北京,在研究生院成立了实验室。再后来他又去了生物物理所。

熊:留系工作之后,您又读了博士?

周:那是1987年的事,当时我们系还没有博士点。寿老师考虑到我的前途,把我介绍给上海生理所新任所长梅镇彤②,让我读她的在职博士,具体还是由寿老师指导。梅老师人很好,同意了。后来寿老师又把我介绍给美国犹他大学的莱文索(A. Leventhal)教授。寿老师曾在莱文索教授的实验室工作,而且表现十分出色,他回国前对莱文索教授说,他可以找自己的学生来顶替他继续

---

① 周逸峰,寿天德.中国科学技术大学视觉研究实验室的历史和现状[J].中国科学技术大学学报,2008(8):996-1000.

② 梅镇彤(1928—),生理学家。1951年北京大学医学院研究生毕业,1955年获苏联科学院巴甫洛夫生理所副博士学位。曾任中国科学院上海生理研究所所长。

往下做。莱文索教授勉强同意了,因为他并不知道寿老师的学生水平如何。1989年1月,我到了犹他大学,刚开始莱文索教授并没把我放在眼里,后来发现我干得很好,才对我刮目相看①。

熊:您博士阶段和梅镇彤老师接触得多吗?

周:不是很多,就是偶尔拜访一下。我的博士论文答辩是在生理所进行的,因为我们系当时没有博士授予权。

熊:您在上海的时候跟张香桐②有接触吗?

周:没有,不过我的视觉研究室徽标用了他题的字,他的字挺漂亮的。我跟杨雄里③比较熟,我读博士的时候生理所所长是梅镇彤,待我博士答辩时,改由杨雄里任所长。寿老师以前曾在他的实验室进修过。他比寿老师就大两岁,所以他和寿老师是亦师亦友的关系。后来生理所撤销,我的博士档案没地方放,他们就让我自己拿回来了。

熊:生理所的撤销对你们有什么影响?

周:我们受到的影响其实并不大,但肯定也有点生气。前几个月还以纪念冯德培先生的名义在上海开了一次学术会议,会上很多人说不该把这么一个历史悠久、人才辈出的研究所给撤销掉。撤销后,该所的研究人员各奔东西:有的退休;有的去了神经所;有的去了上海大学;杨雄里和李葆明带着自己的研究组去了复旦大学,李葆明后来又到南昌大学当了副校长;贺林④与梁培之则到了上海交大。

9. 继承了中、美两位导师的实验室

熊:您在美国具体是做什么研究呢?

周:我在国内和美国的研究都是以猫的视觉为主,只是美国的实验条件要好一点,而且也做猕猴的视觉研究。

我在美国待了19个月。当时留在美国很容易,申请绿卡可以不需要任何理由,所以归国的留学生很少。但寿老师很希望我回来。考虑到系里花了很多

---

① 周逸峰在念硕士、博士学位期间,克服困难,做出了高水平、高难度的研究成果。参见:朱源. 视觉神经生物学家周逸峰[J]. 现代特殊教育,1998(01):43-44.

② 张香桐(1907—2007),神经生理学家,中国科学院院士(1957)。1933年毕业于北京大学生理系,1946年获美国耶鲁大学医学院生理系哲学博士学位。1957~1980年任中国科学院上海生理研究所研究员。1980~1984年任中国科学院上海脑研究所研究员、所长。

③ 杨雄里(1941—   ),神经生物学家,中国科学院院士(1991)。1963年毕业于上海科技大学,1988~1999年任上海生理研究所所长。

④ 贺林(1953—   ),遗传生物学家,中国科学院院士(2005)。

工夫来培养我,我出国也是靠寿老师帮我联系的,系里待我不薄,因此我还是决定回国。我临回国的前一天,美国导师来看我,既是道别,也是挽留。我到洛杉矶的时候,我的几个朋友也劝我退票。回来以后,也总有人说我傻。因为那个时候跟现在不一样,现在回国,不管是待遇还是研究条件都和美国差不了多少。但当时,我在美国一年的工资是18000美元,回来后月工资变成了120元人民币,1美元相当于8~9元人民币,100倍的差距!而且,回来后并没有科研启动经费。

我回国以后,美国导师的研究积极性受到了影响,因为他找不到一个很能干的人来承担实验工作。在美国做研究并不容易,因为那项课题实验一做就得连续好几天,美国人也有家庭、有孩子,平时就剩我一个人在实验室里盯着,事事经手,我走了后也就没有这种价廉物美的劳动力了。令人感激的是,他退休后,把课题、经费和大部分仪器都转到我这儿来了。所以,我继承了中、美两位导师的两个实验室。这一是靠自己的努力,二是靠两位老师对我的信任。

我和莱文索教授后来延续了多年的合作研究关系。自2001年以来,以哺乳动物的视觉系统为模型研究衰老的神经机制,从单细胞水平研究老年猴、老年猫视皮层细胞的功能衰退,到探索老年猴视皮层功能异常可能的恢复途径,研究结果加深了人类对哺乳动物视觉系统衰老神经机制的理解,对于延缓由老龄化所引起的感觉、运动和认知衰退有一定的理论意义和应用前景。

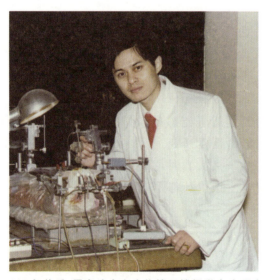

1993年前后,周逸峰在老生物楼四楼视觉电生理室

熊:您是不是也拿了犹他大学的博士学位?

周:没有。中美联合培养拿的都是中国的学位。所以我的博士生导师有三人,梅镇彤、寿天德和美国导师。我是科大第一个从美国回来的联合培养的博士,也是我们系的第一个博士。

顺便说一句,80年代末期科大生物系高水平青年人才奇缺,从国外引进人才在当时也不太现实,所以系领导寿天德、施蕴渝等人决定探索培养青年人才的途径。他们计划让青年教师在职读博士,然后送到国外高水平实验室去联合培养。我当时安心工作,做实验也比较玩命,所以有幸被他们选为典型,帮我联系读博,送我出国。他们还戏称这种做法为培养青年人才的"周逸峰道路"。后来,朱学良、胡兵、陈湘川、李祥瑞等都是走的这条路。

周逸峰近期工作照

10. 科大生命科学大发展的原因

熊:后来科大生物系升格为生科院,在制度上是不是有不少改革?

周:我对此体会不深,感觉比较明显的变化是PI制的设立,这使得科研更加规范化了。以前的生物系基础比较薄弱,没有研究中心,获得硕士、博士授予权也比较晚,在国内根本就无地位可言。早先我们系的领导出去开会,在介绍自己时,同行往往会惊讶地说:"啊,科大还有生物系?"近20年来,科大生科院有了很大的发展,在国内的学术地位大大提升了。

熊:为什么近20年科大生命科学能有大发展?

周:我认为关键有几个因素:

一是国家科研大环境的改善,科研投入大幅度增加。

二是国家与社会对生命科学的重视。以前是"学好数理化,走遍天下都不怕"，对生命科学难免有所轻视。后来，人们逐渐地认识到了生命科学的重要性。

三是学校的重视。直到 20 世纪 90 年代中期，科大对生命科学还不重视。当时科大有六大重点发展方向，另外，还有一个其他方向，里面包含一些小重点，在小重点外又有一项其他，那里面才有生命科学的内容。所以，当时我们系是"其他里面的其他"。后来朱清时任校长，在施（蕴渝）老师的推动下，他变得比较重视生物。施老师曾亲口告诉我们，她当上院士后，曾多次去找朱校长。有一次她说："以前物理学是一片混沌，直到牛顿提出了他的理论体系，物理学才迈出了跨越性的一步。现在我们生命科学正好处在牛顿之前物理学的阶段，如果加大投入，就会迎来跨越式的发展。"朱校长被她打动了，就批准在西校区盖新生物楼，并建立生命科学仪器中心（现为科大五大研究中心之一），生命科学学院的硬件条件大幅度改善。在引进人才方面，学校也对我们倾斜，我们院"百人计划"人才、"青年千人计划"人才在科大所占比例很高。在校领导的重视和支持下，学院的发展步入良性循环。

四是领导班子的因素。1978 年之前的历史我没有亲历，我在这里只谈改革开放 40 年以来的情况。我认为，前 20 年，即生物系的发展基础是寿天德等老师打下来的，寿老师为人正直、敬业实干、任人唯贤，重视青年人才的培养，在他的带领下，系里一派正气。以前是奖金平分，他当系主任后，打破"大锅饭"，根据业绩来分配收入。虽然遇到了很大的抵触，包括学校人事部门也时常会有风言风语，但他依然扛着压力坚持了下来。而近 20 年，即生科院的腾飞阶段，施蕴渝老师是关键推手。施老师当上院长后，系里引进的人才的水平越来越高，所以我们在学校里的地位也就不一样了。生命科学学院的成立又使我们获得了更多的资源和一系列的优惠政策，变得有能力购买大型仪器并成立仪器中心，以此为基础又招引到更多更优秀的人才。人才、资源、产出形成良性循环，学院逐渐发展到现在的规模。

五是生科院继承了科大的精神——敢为天下先的创新精神。研究人员秉承这种精神做出了出色的工作成绩，这本身也为学院带来了发展的动力。

虽然腾飞发生在后 20 年，但前 20 年的积累也是可圈可点的。80 年代，系里有几位老师争取到了"863 计划"项目，寿老师也争取到了国家基金委重大项目的子课题。学科建设方面，我们逐渐争取到了硕士点和博士点。在多年工作的基础上，2001 年我们又争取到了分子生物学和生物物理学的国家重点学科。这正所谓"千里之行，积于跬步"。我本人也从一个科大生物物理学专业的学士，历经科大生物物理学教研室的助教、助理研究员、副研究员、研究员，直至生物物理学科的负责人并主持申报成功科大生物物理学国家重点学科。

13 科大：一座能够潜心科研的港湾
——徐洵院士访谈录

受访人：徐洵
访谈人：刘锐、姚琴
整理人：姚琴
访谈时间：2016年3月9日
访谈地点：国家海洋局第三海洋研究所徐洵院士办公室

受访人简介

徐洵院士
（姚琴拍摄）

徐洵，女，1934年10月出生于福建建瓯。1957年毕业于中国医科大学。现任国家海洋局第三海洋研究所研究员，国家海洋局生物遗传资源重点实验室名誉主任，国家自然科学基金委第十、十一届生命科学部评审专家。曾任中国科学技术大学生物系教授、博士生导师，1979~1990年，在科大期间，曾先后创建生物系的生物化学实验室与分子生物学实验室。1999年当选为中国工程院院士。

若谈及科大生物系的发展，徐洵必是绕不开的人物之一。1978年，科大生物物理专业从物理系中独立出来，成立生物系。翌年，徐洵随丈夫从中国医科大学调往科大生物系工作。1979~1990年，短短12年，徐洵与她的同事们兢兢业业、开拓创新，拉开了生物系大发展的序幕。

这12年对她而言，既有艰苦的实验环境，也有出国交流的大机遇；既有为学术问题而争吵的快意，也有彼此互助永生难忘的恩情。倏忽间，这段时光悄悄凝聚，定格在20世纪80年代。在她眼中，这段距今20多年的历史是鲜活的，更是温暖的。且听她娓娓道来。

刘锐(以下简称"刘"):徐院士,1957年您从中国医科大学毕业以后一直从事生物学方面的工作,关于您的工作经历,能否向我们具体介绍一下?

徐洵(以下简称"徐"):好的。1957年毕业以后我留校,在中国医科大学基础部生物化学教研室从事生化专业工作。我的先生罗邦煦1978年来到科大物理教学实验室工作。1979年,我结束了在母校的教学工作,进入科大生物系,直到1990年我被调到海洋三所并工作至今。

1. 12年＝9年＋3年

徐:从时间上来看,我在科大工作12年,但实际上只有八九年。

刘:为什么这么说呢?

徐:1985年我被派往美国加州大学圣地亚哥分校(UCSD)分子遗传学中心做访问学者,为期一年半。我在美国科学院院士杜利特尔(Russell Doolittle)[①]教授的实验室开展工作,利用分子生物学技术进行分子进化研究。1986年我为了申请"863计划"项目回到科大。1989年初我再度前往杜利特尔教授的实验室,1990年下半年正式回国,也就是说我共出国两次,前后历时约三年。尽管我在科大实际工作的时间只有八九年,但是科大留给我的印象很深刻,也给予了我重要的人生机遇。在美期间,我的研究涉及进化过程中的海洋生物,因此我需要经常前往圣地亚哥海洋研究所,逐渐地,我对海洋生物产生了浓厚兴趣,希望前往涉及海洋的研究所工作,最终于1990年被调到海洋三所。这么多年过去,我依旧很感激并热爱科大,尤其是生物系,对我颇为照顾,但是我始终无法适应合肥那边的气候,这也是提出调动申请的重要原因。

刘:您是福建人?

徐:是的。对我来说,合肥的冬夏两季实在难熬。每年冬天天气十分阴冷,我的手脚就会长冻疮。每年夏天又炎热难耐,有一年夏天连续两周气温徘徊在42℃,我热得没有胃口也睡不安稳。若不是气候因素,我绝对不会离开科大。科大的确拥有良好的学术气氛,彼时我们只要专心做好自己的业务就没有后顾之忧了,即使遇到问题也能直接摆到桌面上解决。老师们之间的关系十分融洽,这种浓浓的民主与自由的学术气息,别的单位是很难比得上的。

刘:这几年科大在基建方面也做了很多工作。

徐:听说科大已经有了暖气和空调。这对科研工作者来说是件大利好的事情。

姚琴(以下简称"姚"):1979年,您到科大的时候,生物物理专业刚从物理

---

① 杜利特尔(1931—),美国生物化学家,主要研究蛋白质的结构和演化。

系分离出来,在生物系建立的过程中,您主要做什么工作?实验室存在哪些困难?

徐:我被调到科大后,就开始在生物系的生物化学教研室工作。我一边做生物化学的教学工作,一边将尖吻蝮蛇(五步蛇)蛇毒作为主要课题来研究。之所以研究蛇毒,还与地缘因素有关。当年安徽皖南地区的五步蛇对当地人民的危害很大,部分地区甚至是谈蛇色变。科大落户安徽后,对五步蛇的研究落到了科大这边,因此我所在的实验室就着手做蛇毒的分离纯化和机理研究。

生化教研室老师们在实验室合影

实验室的确存在困难。首先是缺少经费,缺乏实验设备,在我的印象里,起初最大型的设备大约也就是一台冰箱;接着是人员不足的问题,生物系只能给我配一位实验员;然后是解决思路空窗的问题,由于别人在尖吻蝮蛇蛇毒上的研究不多,此前生物系也没有做过这方面的工作,所以我们的研究算是从零起步,摸索前进。买动物,取蛇毒,做实验,申请经费,建立生化实验室。慢慢地,经过几年努力,我们的实验室初具规模,与此同时,我们在蛇毒的研究上也取得了初步进展。

我与实验员从毒汁中纯化出几种出血毒素及和毒性相关的成分,研究出了它们的生化特性和毒性作用机理,这在国内外尚属首次。1981年,我们的研究结果发表在国际毒素专业刊物《Toxicon》上。随后的三四年间,我们又陆续发表了5~6篇论文,其中国际期刊《Adv. Exp. Med. Biol.》(《实验医学和生物学进展》)曾邀请我们撰写有关蛇毒生化和作用机理的论文。后来关于蛇毒的研究成果获得了中科院自然科学二等奖。

1984年后,王玉珍等老师加入生化实验室,研究组的成员逐渐壮大起来,

极大地缓解了我们的工作压力。

姚:在教学与科研工作上,您与其他单位是否进行了密切交流?

徐:这点值得强调。那几年我们和上海生化所的联系非常紧密。我们曾邀请李载平①、戚正武②、林其谁③、龚岳亭等人来生物系为学生们讲课,趁他们待在科大的那段日子,老师们则抓紧时间与他们讨论科研问题。我们也常去上海生化所旁听讲座与学术报告。这些老师热心相助,他们不仅在学术上,而且在为人上也给予了我很大影响。这几十年来我和他们始终保持着亦师亦友的良好关系。

2. 契机:与海洋生物结缘

姚:1989年您去美国的时候,师从杜利特尔教授,他的研究方向是海洋生物吗?

徐:不是,他是做分子生物学分子进化方面的研究,但他利用的材料是海洋生物。

姚:出国前,您研究的是五步蛇,您和杜利特尔教授的研究对象不同,是什么原因让您选择了杜利特尔教授的实验室?

徐:这一点确实值得一说。正如前面所述,1979年我来到科大不久,就开始了教学和科研工作,实验室是我常去的地方。当时包忠谋④副校长主管校内科研工作,他每天都会去各个实验室巡视。有几次,我们在实验室工作到深夜,结果被包副校长巡视到了,他没有领导架子,亲切地询问我们在科研上遇到的问题或困难等,就这样,他记住了我们。

1981年科大组织了一支代表团,前往美国,从东到西访问多所大学,为期两周,由时任副校长杨海波⑤带队。这支代表团从各系选派一人参加,生物系这边,包校长将我推荐了上去。这很出乎我的意料,我惊讶又惊喜,毕竟我刚调入科大,资历尚浅却能入选代表团,这在其他单位恐怕是不可能的。代表团在

---

① 李载平(1925—),福建福州人,分子生物学家。1947年毕业于北京大学化学系,1960年上海生物化学研究所研究生毕业,1996年当选为中国工程院院士。

② 戚正武(1932—),浙江宁波人,生物化学家。1952年毕业于同济大学化学系,1999年当选为中国科学院院士。

③ 林其谁(1937—),福建莆田人,生物化学家。1959年毕业于上海第一医学院医疗系,2003年当选为中国科学院院士。曾任中国科学技术大学生命科学学院院长。

④ 包忠谋(1924—2009),1948年毕业于"中央大学"电机系,1958年调到新成立的中国科学技术大学工作,历任科研处、教务处副处长、处长、副教务长、副校长等职。

⑤ 杨海波(1923—2016),曾任中国科学技术大学党委书记、副校长。

美国先后访问了霍普金斯大学、哥伦比亚大学、威斯康星大学、斯坦福大学等十几所名校,最后一站是 UCSD。

我们抵达 UCSD 后,由杜利特尔教授负责接待。因为我和他是同行,所以我们相谈甚欢,而这场见面为我提供了一个与海洋生物学结缘的契机。1985年初,我受杜利特尔教授邀请到他的实验室工作一段时间。1986 年 10 月我因申请"863 计划"项目匆忙回国。在回来之前,应杜利特尔要求,我推荐了我们生化教研组的王玉珍老师去接替我的工作,她现在已经退休了。1987 年,杜利特尔再次邀请我去帮助他的实验室开展一项新技术——PCR 技术研究,1988年初我重赴 UCSD,1989 年 10 月海洋三所预备将我调任过去,于是我就回国了。

我原来做的是生化工作,在美国工作期间,我的研究重心转向了分子生物学。

3. CUSBEA 考试,科大是个实力派

姚:听说您在 1986 年回国间隙仍开展了相关教学工作,您的教学重心是否也转向了分子生物学?

徐:是的。那时国内分子生物学刚起步,研究者还比较少。但我在科大已经开展分子生物学的研究,当时教的课也从生物化学转向生物化学和分子生物学。那几年生物系有一门很重要的出国考试——由美国康奈尔大学吴瑞教授发起的 CUSBEA(中美联合招考生物化学研究生项目)。国内重点大学每年选派优秀学生报考 CUSBEA,学生一旦考上就可以直接去美国著名大学攻读博士学位。这一点非常吸引学生。除科大外,北大、清华、复旦、浙大、中山、厦大等高校都有一定指标,但对科大来说,连续多年,只要是被选出去报名的学生就全部能考上。这在国内大学中是不多见的,由此可见科大的教学质量和学生质量都是一流的。

我是生物化学专业的研究生导师,学生们基本上都以我的学生的名义去报考 CUSBEA。CUSBEA 考试科目中包含一项重要内容——分子生物学和生化。考试前,教研组的生化老师们分头准备,根据 CASBEA 所要求的内容给学生们上课。结果公布后发现,科大的学生都考得很好,分数名列前茅。要知道科大是一所新成立不久的学校,又从北京搬到了合肥,失去了中科院的许多资源,并不占据多少优势,况且我去科大的时候生物系还是刚从物理系分出来的小系,与其他高校的生物系相比,几乎没有底蕴与积累。

刘:1978 年生物系从物理系分出来。

徐:对。当时生物系虽然是刚分出来的系,但是系里对教学和科研工作丝

毫不马虎,培养出的学生的质量一点都不比别人差。学生们出国后,依旧表现得很优异。这有多方面的因素:其一在于20世纪七八十年代,科大的生源质量非常好,学生们自身就很聪明;其二在于科大生物系的学生入学后学习甲级数理化课程,他们在校期间打下了扎实的数理基础(这也是科大的一个重要特点),所以他们出国后依旧有突出表现。对于他们来说,如果他们要改专业或转行的话是很容易的事情。你也能发现,有一部分出国的学生转向了金融、法律、计算机等行业,但他们依旧能做得相当好。这得益于科大为他们打下的扎实的基本功,让他们拥有了更广阔的发展空间。

姚:当年学生报考CUSBEA时,是否有外系的学生挂到您的名下去报考?是否需要经过学校的审批才能挂到您名下?

徐:CUSBEA的重点科目主要是生化和分子生物学,所以报考的都是生物专业的学生,没有别系的学生。我给他们上一部分课,学生们基本上都挂我为导师,不需要经过学校审批。学生们做毕业论文时需要到我们的实验室来,但我的实验室一次只能接纳有限的几名学生,所以其余大多数学生会前往其他老师的实验室或上海生化所做实验。

实验室里徐洵与正在做实验的学生陆强(1981级)交谈

4. 敢于"逃课"的科大人

刘:在之前的采访中,很多老师都提到了一件事:科大生物专业的学生在上数学、物理等课程时,需要分别和数学、物理专业的学生一起上课。当时的说法是"重、紧、深",课程重、安排紧、内容深,所以学生们的基础打得牢。您有这样的感受吗?

徐:的确如此,但还有一个原因,学生自身也很优秀,他们的自学能力非常强。课堂上如果他们认为某位老师的课讲得不好,他们就会走掉,最终出现大部分学生提前下课,教室里只剩下零星几位学生的情况。学期结束,学生们会实事求是地给老师评价并打分,这促使科大的老师们更加认真地备课。我来到厦门后,在厦大兼职教学,我的感受是,厦大在课堂管理上比较严格,每堂课都要求点名,学生如果出现如科大那般的现象就是逃课了。科大学生的自主权更大,他们若认为课堂有收获便会耐心去听,反之则选择"逃课"。虽如此,但学生的自学能力很强。有的学生即使不经常上课也能通过自学考出非常好的成绩。我觉得这没有什么不好。

刘:徐老师,您来到科大以后,很快就成为了研究生导师,那时候您还参与本科生的教学吗?

徐:参与。我也带过本科生、研究生、博士生的科研工作。我是从1986年起才开始带博士生的。那年我成为生物系的第一位博导,在我的记忆里,这是由国务院学位办直接授予的。

刘:寿老师说您当时是生物系学术委员会的主席。

徐:好像是的,但是我记不清楚了。

刘:学校里有没有这样的学术委员会?

徐:有,我也是校学术委员会成员。

徐洵(左四)与她的第一批学生在眼镜湖旁合影

5. 记忆深刻的人与事

刘：1978年生物系从物理系独立出来，一年后您来到科大，那时生物系是否有了属于自己的楼？

徐：有，位于老图书馆后面的一幢三层小楼。几年前我曾回到科大并看过，现在小楼变大楼了，是西区的生命科学学院大楼。

生化教研室老师们在校园合影

刘：是的。徐老师，当年您在科大，是否有哪些人和事令你印象深刻？

徐：在我印象里，科大的校长和副校长都是潜心做学术的人。他们作风朴实，态度亲民，无丝毫官气。而且他们的工作方式还有这样一个特点，他们根据我们的工作成果而非个人来历、资历、亲疏关系等因素给予支持，如果我们能在工作上做出好成绩，校长与副校长就会给予最大限度的支持，这与别的单位很不相同，让人十分信服、敬佩。

以我为例，我曾受到两次重要的支持。第一件事发生在1981年，我被推荐成为科大访美学术代表团成员，之前已经谈及。第二件事发生在1986年，我从美国回来，彼时想建立分子生物学实验室，但苦于没有经费，之后却得到了校领导给予的经费支持。

生物系到底存在怎样的困难呢？这还得从1979年说起。那年我刚进入科大，生物系从物理系独立出来已有两年，用"设备简陋"这四个字都很难表达出生物系生化实验室的窘况，准确地形容是实验室什么大型仪器都没有，就只有一台冰箱。后来逐渐添置了少许仪器,如蛋白质分离分析仪等,但用这些仪器去做分子生物学的实验是远远不够的。1986年,学校得知我们在筹备实验室时存在经费方面的困难,在听完我的筹备想法和计划汇报之后,拿出50万元科研经费,用于建设分子生物学实验室。这笔在那一时期当属巨额的拨款让我们的实验室初具规模。这也是科大生物系的第一个分子生物学实验室。我的个人感觉是,科大的学生质量高,教师成果丰硕,学校各方面提高得很快,主要得益于领导的作风和学校的风气。

另有一件印象很深的事情是关于生物系大集体的。1986年,生物系通知我回国申请"863计划"项目,生物系由施蕴渝、王培之和我分别领头,各自申请一个项目。结果三个人三个项目全部通过了审批并且获得高度评价,这于我们来说是件重大"新闻"。听说在第一届生物"863计划"里,中科大生物系一举揽下三个项目,评审专家们也津津乐道。这份荣誉的背后是全系老师们努力的结果。

1988年11月生物系老师在北京参加"863计划"项目答辩的会间合影

姚:生物系老师们提供了哪些帮助?

徐:在申请"863计划"项目时,时间非常紧迫,况且这是国家开展的首批"863计划",更是我们系第一次着手申请如此重大的项目,可想而知,我们也是有一定压力的。我们完成申请书的初稿后,生物系的许多老师一起参与了讨论,给我们提出修改意见。接着我们在全系试讲,再根据老师们给出的意见反复修改,最终拿出了比较满意的申请书。全系老师们一起出谋划策,提供帮助,这种团结协作的场面让我终生难忘。

6. 我的老同事

刘：当年与您在生物系共事过的老同事，如今也成为生物学领域的中流砥柱。您能不能与我们谈谈与您相熟的这些老同事年轻时候的事情？

徐：施蕴渝、刘竞、寿天德等人曾在生物系担任过领导。这几位老师非常有特点。刘竞一心扑在工作上。据我所知，刘竞在这个年纪依旧勤奋读书，她还在校外开设了一间实验室持续做研究。

徐洵(左)与刘竞(右)在实验室讨论问题

刘：对。目前她仍作为返聘教师留校任教。

徐：刘竞和陈福臻，他们夫妇俩一心为科大，时刻以向上、勤奋的姿态投入工作，绝对是科大的典型代表。后来我才得知刘竞是高干子弟，她父亲是原江西省省长，但从她的外表与个性上我们是看不出来的。她多才多艺，尤其擅长唱歌。除此之外，她还很低调朴实，工作特别努力。她为人热情，十分有耐心，系里细胞和生化专业的老师们，遇到困难或事情往往都会向她寻求帮助。施蕴渝同样醉心学术，整天都在想着她的研究工作。她有些学生气，这并不是贬义词，她坦诚、直爽，遇到问题能够直截了当地指出。有意思的是，我和她有时会因业务上的事情而争吵，但吵完后彼此心平气和，事情也随之解决了。这样的相处方式让我们身心畅快，将事情摆在明面上解决杜绝了事后许多麻烦。

寿天德为人正直，做事认真负责，不论是对待学术还是对待系里的工作，都能秉公办理，不掺杂水分。生物物理专业的老师遇到困难则喜欢向他寻求帮助。这几位老同事非常有特点，令我印象深刻。如今科大生命科学学院的风气很好,我觉得这些老同事们功不可没,他们正派的风格为后来的学院领导做出了良好榜样。

7. 培养杰出学子

姚:徐老师,在授课、指导学生方面,您有哪些经验?

徐:科大的学生聪明且基础扎实,这就要求我们在备课时得认真去准备。一堂两小时的课程,我们需要花费几倍或更多的时间、精力去备课。在备课时,我自己去看新知识,然后思考怎样教学才能让他们得到启发,继而留下深刻印象并对之产生兴趣。真有种"台上一分钟,台下十年功"的感觉。对于本科生,我们若向他们照搬书本知识,他们就会选择不听并直接离开课堂。相对来讲,科大的学生更容易教,因为他们有着更强的领悟能力与自学能力。

刘:当时的本科生进实验室吗?

徐:有,但是人数比较少,一般都是大四学生做毕业论文的时候才进实验室。

徐洵与三名学生孙睿、罗丹、陈炽在教学楼前合影

刘:您在科大的那几年,生源优秀,您也曾培养出一批优秀学生,您是否可以与我们谈谈这些学生?

徐:我曾因两次较长时间的出国而无法连续带学生。在 1985 年以前,我持

续培养过一批学生,那几届学生也是科大优秀的一批学生之一,我记得有管俊林①、骆利群等人,他们出国以后做出了优秀的成绩。

刘:骆利群是您的学生?

徐:我是他考 CUSBEA 时名义上的导师。骆利群是少年班的学生,曾上过我的生物化学和分子生物学课程,很聪明。他大学毕业就考上了 CUSBEA,然后出国留学。有几位学生出国后回国,1978 级的朱学良读研时曾在我的实验室做过实验。1980 级的廖侃②也曾在我的实验室做过毕业论文。这样的例子不胜枚举,但不可否认,当年的很多学生如今都是各行各业的优秀人才。

8. 祝福科大

刘:徐老师,马上就是建校 60 周年了,您有什么样的寄语?

徐:我虽然不在科大了,但是我一直很关心科大,每当科大取得重大科技成就,我都会感到自豪。在我待过的几个单位中,科大给我留下的印象最深刻。我在科大的那几年,与大家相处非常融洽,心情愉悦,真正做了一些自己喜欢的工作。我希望科大能始终保持 80 年代那种学术氛围,培养出更多的好学生,做出更好的成果。侯建国③、潘建伟等做出了让世界刮目相看的成绩,让我们由衷地感到骄傲与自豪。

学术氛围至关重要。我们总是会遇到事情,若能开诚布公,从上至下,大家团结一致、努力工作,则万事都不艰难。"要做事先做人",这是至理名言。我刚才提到的刘兢、施蕴渝、寿天德等均是做人的榜样。他们从科大毕业,热爱科大,为科大的生命科学做出了很大的贡献。

---

① 管俊林(1962—),江苏省南京市人。康奈尔大学医学系正教授,"国家杰出青年科学基金"获得者。

② 廖侃(1962—)。中国科学院上海生命科学研究院生物化学与细胞生物学研究所研究员、博士生导师。

③ 侯建国(1959—),福建省福清市人。中国科学院院士,曾任中国科学技术大学校长,现任中国科学院党组副书记、副院长。

14 中国科研的瓶颈
——朱学良研究员访谈录

受访人：朱学良
访谈人：熊卫民
整理人：任安波、熊卫民
访谈时间：2017年12月28日
访谈地点：中国科学院上海生命科学研究院生物化学与细胞生物学研究所

受访人简介

朱学良研究员
（熊卫民拍摄）

朱学良，男，1963年生于云南楚雄，1985年毕业于中国科学技术大学生物系，1988年获硕士学位并留校任教。1990年赴美国，以联合培养方式在加州大学圣地亚哥分校和德州大学圣安东尼奥健康科学中心完成博士论文，1994年年底回到科大，1995年获博士学位。同年成为中国科学院上海生命科学研究中心的博士后并任课题组长。1997年被聘为副研究员、研究组长，1999年晋升研究员、博士生导师，同年转入中科院上海细胞生物学研究所（2000年后并入上海生命科学研究院生物化学与细胞生物学研究所），后历任所长助理、副所长、所学位委员会主席、所学术委员会主任、中国科学院分子细胞生物学重点实验室主任、细胞生物学国家重点实验室主任、中国细胞生物学会副理事长等职。

在这次非常坦诚的谈话中，朱学良研究员从自己的成长历程出发，回顾了20世纪八九十年代科大生物系师生一些令人难忘的往事，介绍了他们在没经验、缺经费、缺设备、缺试剂的环境下，奋发进取，创造条件开展生命科学前沿研究的精神风貌，在一定程度上反映了改革开放以来，中国科学工作者筚路蓝缕，发展科学的过程，并对制约中国科学研究进一步发展的瓶颈做了深入反思。

1. 贫苦的家庭

熊卫民(以下简称"熊")：我是科大科技史与科技考古系的熊卫民，目前在负责科大生科院院史的研究和编撰工作。施蕴渝老师等公推您是改革开放以来学院培养出来的杰出人才之一，我因此很想拜访您，请您谈谈您的成长经历，尤其是您与科大生科院的故事。您是哪一年出生的？我们从这里开始谈起吧。

朱学良(以下简称"朱")：我于1963年初生于云南楚雄彝族自治州的州府楚雄。它距离省会昆明一百七八十公里(千米)，现在把路拉直了也就一百三四十公里，但在以前是比较偏远的地方，因为云南都是山区，去趟省会挺不容易的。我大概到上中学时才第一次去昆明。偏远地区的人，好处是很单纯，坏处是见识少。

熊：您的家庭情况如何？

朱：我父亲早年是银匠。要知道我们那里属少数民族地区，而彝族普遍用银器做饰物。新中国成立后，我父亲成了工人，改打铁桶。我母亲一直是没有工作的，我的兄弟姐妹又多——我有两个哥哥、两个姐姐，所以家里很穷困。

我父亲每月只能挣38.5元，这哪够养活一个家庭？于是我母亲也接很多计件的活，譬如铺棉衣、缝鞋底之类，没日没夜地做，以维持家用。我是家里最小的，比小姐姐还小五六岁。在我刚开始记事时，我的大哥、二哥、大姐就"上山下乡"了。为什么我家贫困？这也是个很大的原因。当时我大哥念高三、我二哥念初三、我大姐念初二，一股脑儿全都下了农村。记得我母亲为此哭了很多次。她去居委会力争，最后居委会把我大哥和大姐分到同一个村，这样好歹能照应一下。我二姐小学毕业就给分到了玻璃厂工作，算是照顾。

熊：让家里的三个孩子同时"下乡"，确实做得太过分了。然后，您就上小学了？

朱：对。其实我哥、姐都是高材生，我到高中数学、物理题目不会做时，都是我大哥辅导。那个时代剥夺了他们上大学的机会。我先在附近的红星小学上学，后来考到新建的楚雄第二中学，是该校第二或第三届学生。学校在山头上，当时还没完全弄好，我们要参加大量的劳动，包括把山顶挖平，将其建设成一个大操场。本来我也是做好下乡当农民的心理准备的，但1977年恢复高考，给了我们这代人改变命运的机会。在1980年高考时，我们二中把规模大得多的老牌一中给压了下去，一时名声大噪，很是扬眉吐气。

熊：您本人考得如何呢？

朱：我考得不错，是本州第一名(比第二名领先二三十分)、全省第八名，从理论上来说，我可以报考任何学校。

2. 被老师劝进科大

熊:然后您就选择报考科大?

朱:我老早就想过考科大。1978年全国科学大会后,我们整个国家都有了一种崇尚科学的风气,"科学的春天"来了嘛。科大本来就很有名,因为少年班的缘故,当时在全国真是如日中天、名声显赫。我参加初升高考试时,不记得是考了全州第二名还是第三名,所以有机会去考科大少年班。我很兴奋,还去一中集中参加了培训,到后来却说,少年班有岁数要求,而我的岁数有点大了——我们那小地方上学晚,我到7岁多才开始上学,最后说我大了半岁,我有些郁闷。

1980年,我长大了一些。考虑到家庭经济窘迫,我打算顺应家里的期望去学医。如果学军医,学杂费、生活费就可全都由国家包了。具体想到的是位于重庆的第三军医大学,因为那里离家比较近。

熊:那您为什么还是上了科大呢?

朱:那个时候,科大派了老师去全国各地招生,有一位老师在昆明打电话给楚雄教育局,表示希望招我。他还说,21世纪是生物学世纪,生物学的发展可能用到各种工具,朱学良的数理化成绩都超过90分,适合学生物学。然后教育局找到学校,学校找到我家,说科大要我去生物系。我家里人对生物学都不太了解,基于各方面的原因,还是觉得去军医大比较好。后来我们二中的校长带了几个老师专门到我家里来,给家长做动员工作。他们说:"现在是科学的春天,国家要努力发展科学,而科大是中国科学研究做得最好的大学,还是应当让他上科大。"尽管没有学过相关知识,但我之前曾随我哥哥等上山采过中草药,对生物还是很喜欢的。父母看我愿意去科大生物系,也就答应了。

熊:看来科大在招生方面真是很下苦功夫。

朱:是的。对我而言,上科大还是了了我初中时就有的夙愿。

3. 一天到晚写作业

熊:进科大后,班上同学的成绩普遍都很好吧?这是不是让您感觉到激烈的竞争?

朱:是啊。当时科大的名声非常好,招来的都是全国各地非常优秀的应届考生。我们那个时候很单纯,入学时并没有比较谁的成绩更好。但我确实感到了压力。有些同学在他们省份考得非常好,也许是状元;北京、上海的有些考生未必考得比我好,但他们明显更有见识。直到毕业之后,我才听他们说学号是按考分排的。我们班一共有 30 多位同学,我排在第 19 号,处在中等偏下的位置。

熊:你们班上有状元吗?

朱:可能有,我对此没有特别在意。通常大家不太炫耀这种事情。也许学校有过宣传,介绍招了多少位状元,但在班上大家通常不会把这特别当回事。平时考试,也不是特别在意排名。我性格比较内向,从没去看别人考了多少分。班上同学肯定有反差,譬如我不知道贝多芬,也不知道米老鼠与唐老鸭,班上有同学被取"唐老鸭"的外号,我还挺奇怪的,不知什么是唐老鸭。而且,我也能感觉到班上很多人都明显比我聪明,不光思维活跃、知识面广、脑子反应快,平时成绩也比我好。但是,总的说来同学们关系比较好。那个时候氛围比较单纯,大家都一门心思学习。

科大生物系的学习任务真是十分繁重。那时候是五年制,我印象中快到三年级才开始学生物,之前全都是学数理化。而且我们的数学是跟数学系的同学一起上,物理跟物理系的同学一起上,化学跟化学系的同学一起上,所以功课非常繁重。学着学着,我迷茫起来了:我是生物系的学生,可两年过去,还没学过生物学,将来能干什么呀?直到第三年上专业课时,我们才开始接触生物方面的课程。当时的学习任务真是繁重异常,一天到晚写作业,有写不完的作业。我入学时还是 1.2 的视力,一年后就戴眼镜了。

大学期间的朱学良(右一)和宿舍同学合影

熊:同学们普遍如此,相互促进?

朱:是的,很普遍。大家课余时间基本都在图书馆自习,有不懂的就互相请教和讨论。那时候没暖气也没空调。在图书馆冬天冻得脚疼,只能经常轻轻跺脚;夏天则汗流浃背,我曾给家乡的同学开玩笑说:"要是挂起来就能做淋浴喷头!"我在学习上着重积累自己感兴趣的知识,并不特别在乎名次。有同学考试前千方百计找老师套题,我从不做这种事。考试是测量学生对功课理解程度的方式,答不上来就答不上来,没必要掩饰。我们这种小地方出来的人可能单纯一些。

熊:我曾听施蕴渝先生说,五六十年代他们在科大生物物理系上大学时,课程很重,安排很紧,内容很深。"重、紧、深"是科大课程的特点。

朱:"重、紧、深"……我好像没听过这种提法,但我们80年代上学时,课程基本还是这种特点。当时的解释是,将来不知道要用到什么工具,所以在本科阶段要打下很强的数理化基础。现在看来,这种思想未必全都正确。我觉得,"广"是有必要的,"深"吗,并不见得很必需。当时我们花了很大的精力来学数理化方面的多门课程。有些课程上完、考完,也就基本束之高阁了。由于很快有新的课程要学,不会有时间让你来回味以前学过的东西。工作之后,那些知识也大多没能用着,久而久之,也就忘掉了,真正能记下来的,只是一些很浅显和印象深刻的东西。

4. 编科大《校园植物志》

朱:在课堂学习之余,我喜欢动手做各种各样的事情,譬如为班上同学拍照什么的。班级活动的照片基本是我拍摄的,再由我来洗,有时就在宿舍蒙出一个暗室来洗。

高年级时,我还在鲁润龙[①]老师的指导下编过一本科大《校园植物志》。看到某种不认识的植物,就去图书馆查《中国植物志》等资料,弄清楚后,将相关图片复印下来,并写明这是什么科,什么属,什么种,大概在学校什么位置,等等。我很用心,花了很多精力,不光木本植物,连野生的草本植物都收录了。

熊:很有意思的工作啊!后来发表了没有?

朱:确实,我每天都花不少时间,也在这项工作中体会到了很多乐趣。老师本来打算去印刷出版,但操作起来发现很难。植物志需要包含很多图片。那个时候条件差,印图片是一件很困难的事情,后来这事不了了之,但我本人却因此

---

① 鲁润龙(1937——   ),1962年毕业于北京师范大学生物系生物物理专业,中国科学技术大学生命科学学院教授,著有《细胞生物学》等。

学到很多植物分类、名称等方面的知识,至今都受益。

熊:现在做这种事情要容易一些,已有很多高校的校园植物志、树木志、花木志得以出版。若是在自媒体上将有关信息发布出来,那更是轻而易举。

朱:是的,可惜那时做不到。倒是后来低年级的同学做了一些标签挂到校园的植物上,这种方式更有操作性。

5. 做了两份毕业设计

熊:您上大学时,生物系有哪几个专业?

朱:好像分成细胞生物学、生物物理学、生物化学与分子生物学三个专业。我在细胞生物学专业。

熊:你们何时开始做毕业论文或毕业设计?

朱:我记不清楚了,好像是做了半年左右的毕业设计。

熊:在学校做还是到研究所去做?

朱:都可以。我是在学校做的,有些同学去研究所做,这跟选题或将来是否考研等有关。我相当于做了两份毕业设计。一份是跟鲁润龙老师做的。他的兴趣是植物组织培养。当时这是挺热门的领域,人们试图通过诱导植物的愈伤组织,令其生根,长出一些小植株。当时的想法是,这样有利于优良品种的繁殖,甚至还有人想通过这种方式做人工种子。另一份是跟徐洵老师做的。徐老师那个时候做生物化学与分子生物学研究,我对分子生物学感兴趣,与她接触比较多。当时系里进口了一套高压液相层析(HPLC)设备,徐老师问我愿意不愿意钻研相关资料,把这套设备用起来。这可以作为毕业设计。

于是我就两边跑。一方面跟徐老师做生物化学,主要是琢磨英文说明书,调试设备,看如何才能把它运行起来。另一方面跟着鲁老师做细胞生物学,具体来说是做猕猴桃等植物的组织培养。鲁老师带我去皖南水果基地,拿了一些材料来培养。据说猕猴桃的原产地在安徽,后来被西方移植过去了,他们把它叫奇异果(Kiwi Fruit)。

熊:猕猴桃味道好,营养丰富,是经济效益很好的水果。

朱:我们当时做这个研究并不是出于经济原因。我们把它看成一项基础研究。它属植物组织培养,我们看哪些作物还没做过,我们就去做。

熊:你们做成功了吗?

朱:我没有做成。这项工作最后可能也没有成功。植物组织培养,既需诱导出芽,又需诱导出根,我们没能达到预期的目标。我做实验有股愣劲。培养的植物组织容易被细菌污染,我对此很恼火,有段时间曾开着紫外杀菌灯操作,尽管我知道紫外线照多了会得皮肤癌。

熊：那您的本科毕业论文后来有没有发表？

朱：没有。我的工作比较粗浅。那时候能发表文章就很了不起了，不要说本科论文，就是硕士论文，也很少能公开发表的。

熊：其他同学也如此？

朱：当时在大学做的毕业论文水平普遍很低，在研究所做的，水平要高一些，但也未必达到了发表水准。所以，大家基本不奢求能够发表。

熊：当时科大给您的感受是？

朱：一个是自由，一个是平等。科大的环境非常宽松，在那里成长，能吸收各种各样的思想。这种氛围，潜移默化，对科大的学生产生了很大影响，也使得科大的学生特别爱科大。后来我在美国华人聚会时常听说的一句话是：如果看到一帮人围在那里热烈地讨论，一问准是科大人。科大的学生就是有着很强的凝聚力。我一直认为科大是个好大学，她的氛围使全国各地来的学子能取长补短、健康成长。我儿子考大学时填的第一志愿也是科大，最后也如愿以偿地成了我的校友！

6. 毕业生几乎全都考研和出国

熊：本科毕业的时候，你们这一级有多少同学？

朱：33人。

熊：毕业后，同学们去向如何？

朱：绝大多数都出国了。有在国内读了硕士研究生之后出国的，还有在国内拿了博士学位后再出国的。印象中读了硕士后再出国的居多。

熊：想不到在1985年科大就有那么大比例的学生选择读研。您是何时决定要考研究生的呢？

朱：比较早就决定了。我们毕业那年国家对大学生不再完全包分配，毕业生开始自己找工作；当时还有户口问题，不考研究生还意味着我得回云南。我觉得回家乡找工作风险挺大，就决定考研。同学们也是这种心思，大概我们班没有直接去找工作的，几乎所有人都去读了研究生。

熊：您报的是科大？

朱：嗯，我报的是科大，继续跟鲁润龙老师学习。这是一种比较保险的做法。我当时觉得研究所高高在上，考研究所难度挺大的。因为家庭条件差，我不愿冒风险。

熊：不能同时考两个机构吗？

朱：不能，当时只允许考一个。

熊：考试难不难？

朱：不觉得难，因为我们复习得还是蛮认真的。差不多到五年级的时候，我们用了很多时间来复习，就像准备高考一样。后来同学们基本都考上了，只有个别例外。那两位从高年级留级下来的同学与我们联系不太紧密，他们的去向大概稍微差点。

7. 筚路蓝缕做分子生物学研究

熊：您跟鲁老师做什么硕士论文呢？

朱：植物学方面的。当时鲁老师还不能单独招硕士生，他就和北京农业大学（以下简称"北农大"）的吴兰佩教授联合起来招收我。所以我也是吴老师的学生。当时吴老师要求我去北农大上几门课。于是，鲁老师安排我到北京玉泉路科大研究生院去居住和上课，同时去北农大上了几门植物方面的课程。这给了我在北京上一年课的机遇，长了不少见识。

上完课后，我回到合肥，在鲁老师的具体指导下做硕士论文。吴老师最初想让我用电镜观察一个小麦品系中发生过着丝点断裂的某条染色体的着丝点精细结构。我就跑到上海生命科学文献中心去查国外文献，回来后我认为这个课题不可行。后来她又让我鉴定一个小麦杂交品系里是否含有黑麦的基因。当时做分子生物学研究是很高大上的，只是我们谁都没有做过，只是从书本和文献中知道大致该怎么做。我的感觉是，当时整个国内的研究条件都很差，但相比研究所，我们生物系的条件更是差之又差，做这方面的研究更困难。

熊：这项工作难在哪里？

朱：难在我们没经验、缺设备、缺试剂，什么事情都要自己从零开始。由于没做过，出了问题找原因很难。举个简单的例子，书上说DNA经凝胶电泳和溴乙啶染色后在紫外线照射下会发出橙色荧光。但是，当我盯着第一块胶翻来覆去地看了很久，发现什么也没有时，我却不知道是没抽提到DNA，是溴乙啶坏了，还是我用的紫外灯功率不够。国产电泳仪老坏，我还得到店里买晶体管之类的元件来学着修理。

又譬如抽提DNA需要用到酚。国内试剂品质比较差，酚需要重新蒸馏过才能用，而我们又买不起重蒸酚，那就只好自己蒸馏。酚有很大的味道，可我们连通风橱都没有，只好到室外蒸馏。有一天，我们弄来一个人家不要了的罩子，我钻进去搭了个重蒸酚的装置，趴在里面做点火等操作。鲁老师还开玩笑说，这得拿相机拍下来，等你将来出名后再发出来，用以说明当年做实验是多么的艰苦！就是这样，什么东西都靠自己来弄。

鉴定是否含黑麦基因需要用到放射性元素，常规的做法是用放射性磷来标记黑麦的核酸做探针，可放射性磷标记的核苷酸很贵啊，我们买不起。怎么办？

用放射性碘来替代。碘是很便宜的,可它比磷要危险。它发射高能 γ 射线,需要用铅块和很厚的含铅玻璃做防护,还要穿厚重的防护服。而且碘很容易挥发,一旦放射性碘被人吸入,就会在甲状腺富集,容易产生肿瘤。所以,做放射性碘实验的人通常要服碘片。吃碘片相当于自己先吸收很多的碘,这样一来,吸进的放射性碘就不至于被身体大量吸收。我在放射性教研室董老师的指导下服了很多碘片,先尝试标黑麦的 RNA,但失败了。最后只好把黑麦 DNA 标记上,然后做分子杂交。

熊:看来主要是缺经费,要是有经费,就没有那么多困难,且安全得多。

朱:是的。那时候就是没钱。学校的科研经费很少,拨了一部分给我们做毕业论文,数目我不记得了,反正非常微薄,所以条件十分艰苦。

熊:您主要在哪里做研究?

朱:我的实验完全是在科大校内做的。当时生物系的细胞生物学实验室位于现在科大东区金寨路正门附近,那里有动物房和一小块地,我就在那里跟着鲁老师种猕猴桃、小麦,在那里搞蒸馏、做实验。条件艰苦也有好处,就是自己要去查资料,钻研和解决很多问题,这对人还是有锻炼作用的。而且,也更能体会到成功的喜悦。记得当真正看到凝胶中 DNA 发出的荧光时,感觉那真是无比美丽的生命之光。老师也兴奋不已,因为他也是第一次见到。

1988 年的朱学良

熊:没有人手把手地教,做比较有开拓性的工作,困难就是大。

朱:对。当时的分子生物学和分子机理研究,即使在研究所,也是高精尖的东西。系里的老师想做,但没人做过。陆续有西方学者来我们这里访问或者做报告,可我们这些研究生,对他们的报告内容闻所未闻,所以几乎都听不懂。我相信,我们的老师也未必都能听懂。当时跟国外的差距实在是太大了。也有老

师被派到国外去深造,但他们当时还没回来。我们这些在国内的生物系师生,等于是拿着原始的工具在黑暗中摸索。

熊:但你们还是在艰难的条件下做了一些工作。

朱:跟国外同行的完全没法比。我勉强做了一点,算是能够毕业。正因为比较早地涉及了分子生物学研究,硕士毕业后,系里把我留了下来。

8. 成为"863计划"项目的骨干

熊:硕士留校是不是不容易?

朱:肯定不是想留就能留的。我做事情比较认真、比较专注,这大概也是系里看中我的原因之一。留下来后,我在徐洌老师实验室做研究,同时在细胞生物学教研室做助教,带本科生的实验课。此时,由徐老师牵头,倾全系之力申请的系里第一个"863计划"项目——葡萄糖异构酶的蛋白质工程项目获得了批准。这个项目的经费量达到了百万元级。当时国家自然科学基金委的项目大概也就两三万块钱一个,上百万元,你想想,这意味着什么? 所以这在当时是系里一件非常大的事情。老师们奋力争取到了这个项目,需要有人具体实施,我有幸参加了进来。当时我的主要任务是克隆葡萄糖异构酶的基因。这很可能是本项目的最大限制因素。你得先把相关基因克隆出来,然后才能做测序、表达等工作,再做基因突变、蛋白质修饰等蛋白质工程方面的工作。

熊:你们从哪里克隆相关基因?

朱:从链霉菌里面。徐老师要来一个工程菌,它将葡萄糖转化为果糖的功能比较强,因此决定用它的基因。

熊:葡萄糖异构酶的这种功能是沈善炯院士和他的研究生徐子渊于1963年发现的。[①]

朱:哦,沈先生他们还有过这项发现! 我就负责从链霉菌中克隆有关基因。当时觉得这是件很难的事情,因为没有经验,只能自己找书、读论文去学习相关技术。我尝试过多种策略,直到1990年春才将其克隆出来。此前系里已决定送我出去深造,唯一要求就是得把基因克隆出来才能走,因为这是整个项目的基础,没有基因,后面的工作都是空中楼阁。

熊:做出来了就不错。

朱:我研究生一毕业就做这个工作。由于不把基因克隆出来就没法交代,所以我承受了很大的压力,也因此推延了出国时间。当时做得还是蛮辛苦的。我出国以后,王玉珍老师等又完成了相关的测序工作,大概在1992年,我们联

---

① 熊卫民. 沈善炯自述[M]. 长沙:湖南教育出版社,2017.

名在国内的《生物工程学报》上发表了这项成果①。这大概可以算是系里自主克隆的第一个基因。

9. 联合培养,赴美访学

熊:您当年出国,依托的是学校的政策还是联合培养项目?

朱:应该说是出于系里几位老师对我的器重。我读研究生的时候也想过考TOEFL、GRE 出去,因为很多同学都在做这件事,但考虑到参加这样的考试需要美元,对家里来说是一笔负担,就没有做。硕士毕业留校之后,徐洵老师想培养我,就跟中国科学院细胞生物学研究所(以下简称"细胞所")的郭礼和②研究员和美国加州大学圣地亚哥分校的李文华教授说好,三方联合培养我。因为科大生物系还没有博士点,所以我算是细胞所的在职博士。档案什么的在科大,细胞所负责授学位,具体到美国去培养,用的是这种方式。

熊:所以您并没有在细胞所上课?

朱:完全没有。我作为郭礼和老师的弟子,却从没为他干过一天活,对此我非常感激郭老师的宽容大度。因为是联合培养,我在美国也不算学生,而算访问学者,那边给了我一个技术员的身份,让我在那里做毕业论文,同时承担一些实验室职责,譬如为同事们合成 DNA 引物。

熊:那您在美国的经费来源是?

朱:我算是自费公派,学校并不提供任何费用。李文华教授给我发工资,一个月 1600 美元,相比公派留学国家给的七八百美元,还是很不错的。科大生物系也还继续给我发工资——那时候的工资很少,我离开前一个月大概就是七八十块钱。

熊:回来再补发工资,还是一直不间断地发?

朱:每个月都发,一直发。我特别感激徐老师。我去美国的机票钱是徐老师帮我垫的。去美国的头几个月拿不到工资,刚开始的生活费也都是徐老师帮我垫的。

熊:请谈谈您在美国的学习和工作情况。

朱:刚出国时,我感到了极大的反差。可以进去自由挑选货物的超级市场、车流滚滚的高速公路……许许多多新东西迎面扑来,我几乎什么都没见过,什

---

① 朱学良,王玉珍,黄震,等.链霉菌 M1033 D-木糖异构酶的分子克隆[J].生物工程学报,1992.8(03):232-236.

② 郭礼和(1940—),1964 年毕业于上海科技大学生物物理化学系,1968 年从中国科学院实验生物研究所研究生毕业,1991~2000 年任中国科学院细胞生物学研究所所长。

么都不知道,极端好奇,兴奋得不行。

徐洵院士(中)和先生罗老师与朱学良 2013 年在厦门合影

熊:学术上是何情形?

朱:刚去的时候,学术上的很多事情也不懂,因为从来都没有接触过。在我们 80 年代上学时,教材内容大多比较陈旧,而老师可能也不太了解国际学术前沿,所以没法传授给我们。不懂怎么办?学呗!我们很愿意学。而国外的很多教授也愿意招中国留学生,因为中国留学生特别地吃苦耐劳。

回想起来,我那时候真是蛮辛苦的。我已经结婚,太太在科大计算机系工作,她怀孕了,可学校不让她出来。我们跟学校、跟系里沟通了很长时间,又是徐洵、刘兢等老师出面交涉,才终于放我太太出来。我见到我儿子时,他已经快八个月了。

我在圣地亚哥时住在离实验室挺远的地方,工作很紧张,还得自己做饭。通常十一二点吃午饭,可因为忙不过来,我有时到下午两点了还吃不上饭。晚上也如此,往往要到晚上十点才能到家做饭。饿极了就在超市买点巧克力、香蕉什么的,出门就往嘴里塞。我现在不太吃香蕉,就是那时吃伤了。晚上凑合着吃点,还得多做一些,充当第二天的午饭,弄完这些,就已经是晚上十一二点了。那时候我很瘦,瘦得皮包骨头。尽管辛苦,但由于对工作、生活中碰到的事情都感到新奇,人总处于高度兴奋的状态,所以精神状态非常好。

熊:您夫人来了之后,就有些照应了。她在美国可有职位?

朱:没有,她属全职太太。我先是在加州大学圣地亚哥分校(UCSD),大约半年后,李文华教授被聘到德州大学。那里新建了一个研究所,请他做所长,我也就跟他去了。我太太来的时候,我已经在德克萨斯了。我们和几个同事住在一个非常偏僻的地方,整个一荒郊野外,就那么几套公寓,周围没有人家。我们是该地第一批住户,进出都很不方便。刚去的时候我没有车,要买什么东西,得找有车的同事带我去。我想少麻烦一点别人,所以半个多月才出去买个菜什么的。通常要到冰箱里的蔬菜都吃光或烂光了,基本没什么东西可吃了,才会请有车的同事带我去买点东西。我后来买了辆二手车,抽空学开车,并考了驾照,等我太太和孩子来了之后,情况就好多了,增加了很多乐趣。我工作很忙,孩子是在旷野里玩大的。那里春夏鲜花烂漫,秋冬遍野的仙人掌上立着红红的果实,到处落橡树果;时常能碰到鹿、浣熊、犰狳、负鼠什么的。孩子很开心,但太太就寂寞了,还得为孩子提防郊狼、响尾蛇、蝎子、火蚁等危险动物。所以太太也非常不容易,为家庭付出了很多。

朱学良的孩子在美国住所旁的荒野里玩耍

(1993年拍摄)

熊:您在美国主要是做什么研究?

朱:我在美国的导师李文华先生是第一个肿瘤抑制基因 Rb 的克隆者,当时非常出名,是 UCSD 最年轻的教授。关于肿瘤,更早发现的是癌基因,它们能引起肿瘤,但对于治疗肿瘤和癌症用处不大。肿瘤抑制基因,顾名思义,就是说它在放到肿瘤细胞后有可能把肿瘤给抑制住,所以那时的国际学术界非常看好这方面的工作,当然现在发现情况并不那么简单。我参与的是 Rb 抑癌机理的研究工作。李老师让博士后单倍做师傅带我寻找并克隆 Rb 的结合蛋白基因。经过努力,我们筛选到了重要的转录因子 $E2F1$,只是投稿比其他组稍晚,且按主编要求连夜补做的实验又未成功,所以这篇论文很遗憾最终未能在《Cell》上发表。

我自己的主要精力则集中在我们筛选到的其他的Rb结合蛋白上,最后锁定在一个李老师取名为"Mitosin"(分裂素)的蛋白质。我对它很感兴趣,尤其是它在细胞有丝分裂期出现的星空般的免疫荧光让我着迷,每个细胞中荧光点的排布和明暗都不一样,吸引着我长时间在显微镜下观察、拍照。但这个蛋白质的分子量很大,推测其cDNA有10000多个碱基对。在当时克隆这么长的基因是相当费力的事,需要一遍遍筛选不同的cDNA文库,测序并逐渐拼接出更长的片段,花了我很多时间。

1994年回国前的朱学良太太和孩子

熊:您的研究是不是很快就上路了?

朱:开始还是很顺利的,但后来有些曲折。有段时间我跟李老师之间有点隔阂。在国内,老师对学生很关心、体谅。可当时感觉导师只对工作感兴趣,这与我从小受到的教育形成反差,思想上有些反弹,与李老师的沟通渐少。不巧又有人嚼舌,让他很恼火,想让我离开。我想,我还没发表以第一作者署名的文章,就这么回去,怎么能拿到学位呢?就到其他学校找工作。找到工作后,我向李老师辞行。既然要走了嘛,就跟他面对面地把一些事情给说开了。然后大家发现其实有很多是误会,他对我有误解,我对他也有误解。李老师希望我还是留下来把工作完成,而我也希望拿到学位。所以,我留了下来,直至完成主要工作。后来碰到实验室来的人,才听说李老师在我走后夸了我很多年。最夸张的说法是我把他实验室的《Molecular Cloning》(《分子克隆》)这套书都翻烂了!

熊:两种差别很大的文化在一起,难免会生出一些误会。在美国期间,您主要有哪些收获呢?

朱：主要有两方面的收获。首先是科研能力的提高，论科研水平，美国和国内反差太大了。我在美国学了很多科学方面的新知识、新方法，收获很大。我通过对分裂素的研究进入了细胞生物学领域，而且鬼使神差的是，这个蛋白质就定位在硕士时曾想做的染色体着丝点上！其次，在美国期间，工作时我拼命工作，空闲时我利用各种机会去了解美国。我对美国文化有很多体验，虽只待了短短四年，但相信与不少待得更久的留学生相比，对美国有更深的了解。我对美国社会，对美国人的生活方式，有了较深的了解，与国内相比较，产生过很多思考。这对30岁刚出头的我而言，是重要的经历和经验。譬如我后来作为研究生导师和履行各种行政职责时，人性化成了我处理事务的基本原则。

李文华教授（左3）、单倍博士（左1）和朱学良（右2）等同事合影

此外，成天与大自然为伴，且受到同事、朋友们喜爱的儿子（他在那里的名气比我还大），养成了健康的体格和随和、阳光的性格，这对他以后的成长有很大帮助。太太虽然没有工作，但平时的耳濡目染使她积累了国外实验室布局和管理等方面的见识，回国后在多个生物实验室的建设和管理中发挥了关键作用。

10. 毅然决然归国

熊：作为美国名师的弟子，您当年有很多选择机会吧？选择回国时您有哪些考量？

朱：是的，我有选择机会，可我还是一门心思要回来。主要有两方面的原因。第一，师长们的感召。我们系有那么多的好老师，他们一心一意待我，费了好大力送我出来深造,如果我不回去,那就辜负了他们。第二,我觉得应当回报国家。美国再好也不是自己的国家,更何况她也不是尽善尽美。中国的落后,不就正需要我们用先进的知识、技能和理念来改变吗?要知道,我是靠国家提供的助学金上的大学。每月21.5元,我记得很清楚。

熊:21.5元是什么概念?

朱:就是吃饭不需要花家里的钱,节约点的话一般的日用品还买得起。所以从上大学起我就基本不向家里要生活费。国家资助了我,我一直是挺感激的。

熊:当时助学金是普遍的吗?

朱:比较普遍。我拿的是最高的甲级,乙级好像是每月15块。并不需要评选,也不是根据成绩,而是根据你的家庭收入情况。我爸工资只有30几块,我妈又是家庭妇女,家庭比较贫困,学校就给了我最高的助学金。我觉得这些是需要报答的。

熊:90年代前期,留学生归国的还很少吧?

朱:是的。当时周围的华人朋友没人赞同我们回国,而且不少人把国内想得很可怕,都劝我们留下。但大家也都把这看成件大事,光欢送会就开了两次。那个时候,在国外完成博士论文回来的,可以说是凤毛麟角。在科大生物系,我很可能是第一个回来的。然后有廖侃,他不但在国外拿了博士学位,还做了博士后,然后才回来。他的回来,更是系里的一件大事。

熊:您是哪一年回国的?

朱:1994年年底。第二年5月我到细胞所答辩,然后就拿到了博士学位。

11. 拿不到院里批准的设备

熊:回国之后,您是不是很受重视?实际情况跟预期有没有反差?

朱:有反差,觉得学校并没有重视我。系里是重视的,可系里没什么资源,而掌控了资源的学校对我们并不是特别地重视。

熊:回国之初,您打算做什么研究?

朱:继续做细胞有丝分裂机理的研究。做博士论文期间,我有一些想法,很想接着博士论文的工作,继续往后做,并希望立即开展。否则,别人也会跟上,新意也就没了。研究有丝分裂必须用到荧光显微镜。系里当时还没有能用的荧光显微镜。当时中国科学院有一个(生命科学与)生物(技术)局。该局的老局长……

熊:王贵海?

朱:对,王贵海。因为当时回来的人很少,有一次王局长来科大时专门找我谈话,问我有什么需求。我说需要一台荧光显微镜,没有这个设备,我的工作无法开展。王局长说:"好,我给你批一台!"我挺感激。可后来我一直没能拿到买这个显微镜的经费。系里的领导也积极帮助沟通,但学校的答复是,尽管王局长给你批了一台荧光显微镜,但按现行的财务制度,生物局并不能直接给你钱,而是要从科学院或生物局给科大买设备的钱中分一块出来给你,可这些钱早已经各有所属了。我一听就傻眼了。

熊:您有没有向王局长反映,说没能收到他批准的设备呢?

朱:没有。我不擅长这种事。而且,当时我没有他的电话。后来碰到他时说起这件事,他也表示很无奈。

朱学良和他离不开的荧光显微镜

(2009年拍摄)

12. 调往上海生命科学研究中心

熊:难以开展工作,那怎么办呢?

朱:刚好这时中国科学院要改革,在上海脑研究所(以下简称"脑所")的地方成立生命科学研究中心①(以下简称"生命中心")作为试点。在以前的制度下,职工是由组织分配到实验室来干活的。作为研究员、实验室主任,你可能指

---

① 1994年11月15日,经过一年的酝酿,中国科学院联合复旦大学、上海医科大学等上海的科研机构成立了上海生命科学研究中心,由中国科学院副院长许智宏任中心主任。参见:田彦.周光召院长寄厚望于上海生命科学中心——周光召院长在上海生命科学中心第一次理事会上的讲话[J].生命科学,1995(2):36-37.

挥不动下面的职工,因为你没有用人权,不能解雇他,你也没有财权,不能影响他们的收入。为了发挥年轻人的作用,中国科学院决定在这里试行PI制。你是PI,你负责这个实验室。你有用人权,想用谁就用谁,不想用谁就不用谁,你可以给实验室的职工开不同的工资。为什么在脑所的地方建呢?因为脑所当时萎缩得厉害,出国的人不回来,又招不到新人,所以在脑所内腾了一些空间建生命中心。生命中心成立、建设一段时间后,开始到处招人①。1995年有一次在上海开学术会议,我应邀参加。生命中心就带我们去参观,看他们的设备,有多少种显微镜等,还说别的条件也很优厚,然后对我说,这里缺人,希望你来。

他们肯定也跟别的一些人说了。不久,廖侃就决定过来,到生命中心建立一个研究组。这让我也动心,因为我想把研究开展起来。但我的情况跟廖侃有一定的区别。廖侃在美国做过博士后,完全符合生命中心研究组组长的要求,他们聘廖侃做研究员没有问题。而我,刚刚拿到博士学位,资历还比较浅,尚不够资格做研究员和研究组组长。而且,在当时的体制下,调动一个高校教师几乎是不可能的。但是,也有一个渠道,博士后是随时可以动的。后来,就弄了一个联合方案。这跟裴钢院士有关,当时他刚回国不久。中国科学院和德国马普学会联合在细胞所组建了第一个马普青年科学家小组,引进裴钢任组长,双方都给钱,经费高达每年100多万元。裴钢老师对我说,因为生命中心也想双聘他,我要愿意来做博士后,就把我放在生命中心。所以,我们后来达成了一个协议:我做他的博士后调来上海,生命中心负责提供公寓;太太也借调来帮助建设、管理他的实验室。我办调动手续时,科大人事处的老师还说,只有人来我们这做博士后,从来没听说我们的老师到别的地方做博士后。各种风言风语。我在细胞所裴钢老师的实验室待了几个月,帮他做了点信号转导方面的研究,然后就去了生命中心。因为我不够资格当研究组组长,中心就让我做课题组长。我基本是独立的,做的是自己的研究课题,尽管裴钢名义上还是我的合作导师。1997年我博士后出站,生命中心就聘我做副研究员,1999年又聘我为研究员。这么一个调动过程还是蛮复杂的。

廖侃正式办调动在我之后。他的经历进一步表明,当时调动工作是很难的事。紧接着,脑所垮了,新成立神经所②,周专③也调了过去。短时间之内三个留学归来的年轻人从生物系离开,当时这在系里是影响挺大的一件事情,对后

---

① 中国留学服务中心.中科院上海生命科学研究中心招聘研究组长[J].神州学人,1995(9):46.
② 中国科学院神经科学研究所于1999年11月27日成立。
③ 周专(1957—),1984年毕业于同济大学电子仪器专业,1990年从华中理工大学获生物医学工程博士学位,然后到德国马普学会、美国华盛顿大学等机构工作多年,1997年到科大生物系工作,1999年到中国科学院神经研究所工作,现为北京大学分子医学研究所教授。

来的人才引进可能也有负面影响。

熊：我曾听滕脉坤教授谈起此事。他倒没有怪罪你们，只是说因为当时系里条件不好，难以开展研究，所以你们离开了。

朱：感谢滕老师的理解。其实这对我而言，是一个很艰难的选择。我对系里的老师是心存感激的，因为他们给过我很多实实在在的教诲和帮助。譬如鲁润龙老师不仅指导过我的本科和硕士论文，1990年我出国时他还给我做过担保——这是要承担风险的，如果我没回来他要出保金并付出其他代价。关于要不要接受上海方面的邀请，我专门请教过鲁老师。鲁老师给我讲了他自己的经历，然后说：我们从来就是领导指挥到哪就到哪，很少站在自己个人的角度来考虑。结果是什么？领导指挥对了当然好，但实际情况往往是领导考虑不周、指挥不当，然后我们也就埋没了。而我们没能充分发挥自己的才能，对国家也是不利的。反过来，若是我们从自己的角度出发，把自己给做强，国家也就会强。他给了我蛮贴心的建议：盲目地听领导的话，实际是不好的，你们还是应该优先考虑自己的发展。他的忠告促使我下决心去上海。我并不是出于抱怨而离开的。对于生物系，对于科大，我一直心存感激。

我相信很多同学也是心存感激的。2015年是我们班毕业30周年，近一半的同学从世界各地返校。大家不仅拜见了当年的老师，还捐赠了一套石桌椅。

参加毕业30周年返校活动的808级同学与部分任课老师合影
（前排左起：徐耀宗、陈惠然、康连娣、孔令芳、阮迪云、顾月华和王更生）

返校活动中王程(左1)、何华平(右2)和朱学良(右1)代表808级同学探望李振刚老师

返校活动后朱学良(左1)和程临钊(左2)代表808级同学看望在上海定居的鲁润龙老师和赵师母

13. PI制改革试点

熊：中国科学院把改革试点设在上海，这不是第一次，也不是最后一次。1964年，它就曾设立过上海生物学实验中心；1999年(7月3日)，它又成立了上海生命科学研究院。

朱：据说有人对建上海生命科学研究中心有抵触，因为它把很多本来可能划拨给研究所的设备购置费放到中心去了。后来建神经所时，生命中心就撤销了，仪器设备都留给了神经所。生命中心撤销后，我来了细胞所，廖侃去了生化所，随即两所又被合并到了一起，成为上海生命科学研究院下属的生化与细胞所。

熊：也就是说，生命中心只存在了几年。当时有几个研究组呢？

朱：研究组不多。常驻PI也就五六个：一个是冯林音，原脑所的；一个是贺林，后来从英国引进回来的，现在是院士；然后就是廖侃和我；还有刘建华，他是生化所毕业的。另外还有几个非常驻的，如香港科大的叶玉茹教授。梅林、饶毅、鲁白他们三人建了个实验室，主要是托冯林音管理。

熊：你们当时确实有比较大的自主权？

朱：是的。在我的组内，人员任用、工资什么的都由我来决定。

熊：PI制实验效果如何？

朱：这是一个非常重要的实验，效果应当说不错。几年后中国科学院就下决心在所有研究所都推行PI制。因为试点试完了，生命中心也就解散了。

808级返校同学和老师一起为捐赠的石桌椅揭幕

14. 中美科研主力比较

熊：PI制是非常重要的改革措施，以后我再向你详细了解。因时间关系，我向您请教最后一个问题：您认为在科研和教育方面，美国跟中国有哪些异同？

朱：这是个很大的问题。我这次就谈点科研人员构成方面的区别吧。美国的研究所、实验室广泛使用博士后。他们科研能力强，有很强的独立性，所以，很多的实验室人都比较少。我们这边则广泛使用研究生。他们需要较长时间

的培养才能发挥主要作用,且相对缺乏独立能力,所以我们的实验室通常人多,但产出效率总体上要低一些。

我认为美国的研究生教育是比较细致、系统的。他们的研究生阅读量很大,在写作、口头报告、沟通交流和独立思维能力等方面有系统的训练,研究压力相对较小,学习环境也宽松一些。我们国家的研究生教育要相对粗犷一些。我们所的研究生培养制度可算是比较完善的了,有实验室轮转、师生双向选择、开题、转博、导师小组指导研究进展等内容,可我们有几百研究生,教育和培养方面你很难做得很细致。学生们也面临很大的科研压力,因为我们的实验室内,博士后很少,绝大多数是研究生,他们发挥了相当于美国博士后的作用。

研究生的特点是,他们开始几乎没有科研经验,你得一点一滴培养他们。从如何做实验,如何进行科学思考,如何写作这些基本能力教起,这是一个漫长的过程,即便是好学生,也基本要到高年级之后才逐渐成为比较有经验的研究人员。如果招到基础差或缺乏科研兴趣的学生麻烦就更大,而这种情况又很难避免。你招博士后,起码知道他(她)在博士阶段发表了什么论文,对他(她)的能力有一个基本的判断。你招研究生,顶多只知道他们来自什么学校,考试成绩如何,而这些不太能反映出一个人的能力和动机。

我们研究所招到的研究生应该属国内一流的了,可我发现不少新生越来越缺少钻研精神、探索热情和志向,做事缺乏起码的条理、逻辑性和分析、解决问题的能力。我知道,为了不输在所谓的"起跑线"上,学生们几乎从幼儿园开始就疲于补习、应付繁重的功课,兴趣和好奇心让位给了考分和证书,能力被等同于应试水平。到了像研究生这样的工作阶段,当社会期盼经十几年苦读出道的学生们施展本领、小试牛刀时,却发现不少人已变得兴味索然,或成了低能儿。我认为这是基础教育的失败,并为此非常担忧。本来,好奇心是与生俱来的,哪怕你把一只小鼠放在陌生环境中,它也会立马到处去探索,更何况人。而且,无论干什么,充满好奇心的人都会有更大的主动性、更强的创造性和更高的做事效率,也能获得更多的乐趣。所以,我认为教育应该是培养兴趣并为好奇心插上解决现实问题的技能的翅膀,而非用单纯的考分和证书来遏制甚至抹杀它们。这是一个更深层次的问题,就不展开讨论了。

总之,以研究生而不是以博士后为科研主力,这是我们国家在科研方面,至少在生命科学研究方面的一大瓶颈。

熊:这确实是个问题。少数好学生成长为有经验的研究人员后,却马上就要毕业离去了。

朱:对。早些年毕业的学生基本上都出国做博士后去了,当然近些年在国内找工作的也多了起来。有时候感觉我们培养人才是在为他人做嫁衣。但我个人还是鼓励我的学生出国深造。有人认为我们现在的研究水平不比国外差,没必要出去做博后。即使这句话的前一半有一定的道理,譬如我们所现在的研究水平,肯定高于不少美国高校的实验室,但我还是认为应当出去。去国外,到另一种文化之中,体会另外一种氛围,你会有很多的收获。写文章要用英文,起码你在语言方面能有所提高吧。其他方面,譬如你对另一个国家,对另一种社会制度有深入的体验,这些东西对一个人的成长而言,我觉得是很重要的。所以,我鼓励我的学生出国。不管你准备在国内干什么工作,你都应该先出去。有了较多的见识,你做什么都会受益匪浅。

熊:中美两国的科研系统的结构确实有明显区别。

朱:根本的差别在于,美国的体制特别重视博士后经历。在美国,不管你准备去做 PI 还是去公司,博士学位之外通常还要求你有博士后经历。而且,你博士后阶段的工作做得是好是坏,说白了就是你发表论文的水平,跟你能到什么机构、获得什么职位密切相关。因为前途攸关,所以美国的博士后非常用功,真的是在拼命。去美国做博士后的中国人也是如此,业绩决定他们以后在美国能找到什么样的工作,或者回到中国来能不能找到 PI 职位。所以,博士后阶段是大家最用功的时候。

而在我们国家,除 PI 等职位外,博士后经历对于找工作而言经常是可有可无的,或者并不要求做得很好。你博士毕业就可以在大学里找到一般性的工作,甚至从讲师,偶尔还会从副教授做起。很多公司招人更不在乎你有没有做过博士后,或做得怎样。因为用人市场没有这方面的要求或压力,大家自然也就不做这方面的努力。

熊:国内在 80 年代就有了博士后制度。早年的情况我没体验过,不太了解,近年来嘛,感觉博士后成了鸡肋。很多人认为,博士后是一种临时工作,只有那些在博士毕业后找不到好工作的人,才在国内做博士后。不少科研教育机构给博士后提供的待遇是很差的。那么差的待遇也能招到人,说明招到的人质量不高。

朱:看来不同机构是不一样的。我也听说一些单位开的条件非常优厚,如博士后的工资可上不封顶,连我们这些 PI 听了都咋舌。其实在很多地方,包括我们所,博后的待遇都还是不错的,除了十几万元甚至更高的年薪外,还能分到公寓住,或另有住房补贴,而博后出站留下来工作倒不能享受住房这样的待遇了,工资也可能下降。尽管如此,我们还是难以招到优秀的博士后。除了前面提到的因素外,非海归不能做 PI 或享受特殊人才待遇这类制度,也使得好学生纷纷选择去海外镀金,而不是在国内做博士后。

我们国家在移植博士后制度方面是下过大力气的,但是未达到预期目标。正如你所说,现在人们选择在国内机构做博士后,往往是因为一时找不到合适的工作,或者是为了换工作单位。这种人你怎么能指望他做得好呢?所以大家普遍认为博士后不如研究生，与其花那么多钱招博士后，还不如花较少的钱招研究生。这是一个非常大的问题。如果科研的主力军不能逐渐转型成博士后，恐怕就会成为瓶颈，卡住中国科研的发展。

熊：可我还是注意到，你们研究组，以及一些别的 PI 的实验室，近年来也还是发了好多高档次的文章。

朱：近年来，我们国家的科研水平确实有大幅提升，这主要是因为国家对科研提供了很强的财政支持，与此同时，美国对科研人员的财政支持处在一个比较困难的阶段。科学方面，甚至任何方面的探索都是这样，财力是第一位的。你要是没有钱，就没法探索。什么是探索？探索就是你不知道自己能不能做出来。你要是没做出来，钱就砸掉了。如果你没钱去砸，什么时候都选保险的、肯定能做出来的题目，你就不可能，至少是很难做出创新性很强的东西出来。我们国家的科研底子很差，近些年国家富强了，肯对科研砸钱，还把很多 PI 从国外招了回来，所以整体水平提升很快。但是，我们前面讨论过的瓶颈还在，如果得不到有效解决，它们的影响很可能越来越突出，以致约束我国科研的快速发展。

朱学良与其研究生的毕业合影

（2014 年拍摄）

15 "清华子弟"的科大生活
——蒋澄宇教授访谈录

受访人：蒋澄宇
访谈人：熊卫民
整理人：任安波、贺崧智、熊卫民
访谈时间：2018年1月12日、1月15日
访谈地点：北京五洲大酒店、北京协和医学院

受访人简介

蒋澄宇教授
（2012年11月拍摄）

蒋澄宇，女，1964年生于北京，1983年考入中国科学技术大学生物系，1988年毕业。1990年出国留学，1997年从美国布朗大学医学院病理与实验室药学系获得博士学位，随后在美国哈佛医学院遗传系与麻省总医院分子生物学系做博士后工作，2003年归国。她长期致力于呼吸病基础研究，是教育部"长江学者"特聘教授、"国家杰出青年科学基金"获得者、"973计划"项目呼吸病领域首席科学家。现为北京协和医学院基础学院副院长。

蒋澄宇教授出身于一个学术世家，在清华园长大，自小就在人文、科学、体育、艺术等领域受过良好的熏陶。在清华附中念高中时，她就显露了科研天赋，后来上科大，又受到了严格的数理训练。在这次访谈中，她回顾了独特的家庭环境、中学时兴趣小组、大学时近乎严苛的课程和开放自由氛围对她的影响，并从自身经历出发，对科大和美国高校的教育方式作了比较。

熊卫民（以下简称"熊"）：蒋老师，您好！很多老师公推您是科大生科院的杰出校友。我这次找您，主要想请您谈谈您的成长经历，尤其是80年代您在科大生物系学习时的情况。

蒋澄宇（以下简称"蒋"）：好的。科大杰出人士太多，我真的算不上。

1. 生于学术世家

熊：先从您的出生谈起吧。您是1964年生人？

蒋：是的。我是生于北京，长在清华园。我父母在九院工作，没工夫照顾我，就把我交给在清华大学工作的姥姥、姥爷抚养。

熊：您父母是不是担心辐射问题，怕影响您成长？

蒋：可能吧。中国的第一颗原子弹是1964年10月份爆炸的，而我则于11月份出生。我妈说怀我的时候，曾去原子能所参观反应堆，突然晕了过去被送医院。感谢老天，我生下来智力还算正常。那时，我父母正参与研制核武器。我是跟姥姥、姥爷长大的。当时我们就住在清华大学胜因院6号。胜因院是林徽因设计的，住的都是我姥爷这类从海外留学归来的教授。姥爷是清华大学水利系首任系主任。胜因院3号住的是夏翔爷爷，他接替马约翰领导清华的体育教学。胜因院16号住的是庄前鼎爷爷，机械系首任系主任，我记事时他已经故去，我经常陪姥姥去看庄姥姥。现在这几栋平房院子都拆了。

除了我，姥姥还一直带着我表哥。表哥大我一个月零一天，是我姨的孩子。我舅和我姨大学上的是清华，我妈上的是北大物理系，所以姥姥在教育孩子方面还是很厉害的。我姨、姨父都在清华工作，我叫姨父"阿父"。这些都是我孩提阶段接触最多的人。

2. 清华园中的童年

蒋：你大概知道，清华有甲所、乙所、丙所，原来都是王府的一部分，雕梁画栋，很美观大气。新中国成立前梅贻琦校长住甲所，冯友兰住乙所。姥姥、姥爷婚后刚刚来清华时，冯友兰一家在美国，梅校长就安排他们在乙所住了一段时间。清华有两个幼儿园，我上的是乙所幼儿园。历史好像在轮回。甲、乙、丙所现在都被拆掉了，在原址盖起了现代的专司吃住的宾馆。我好像不太适应幼儿园的生活，家里也不愿意我受到拘束，所以有一段时间我就在家里没去幼儿园。大人每天都给我和表哥留作业，我记得每天要做十道数学题目。

熊：作业是谁给你留呢？

蒋：主要是姥爷、姥姥留，有时候阿父留。数学题目基本上是加减乘除四则运算和一些简单的代数,我很快就都会做了。胜因院里还有一些清华员工的二代、三代孩子,吃完晚饭,我们就都在一起玩,有时候由家长出题,看谁算得快,算得准。清华园里有很多"别人家的孩子",如后来9公寓高联佩伯伯的一双儿女,几千几千的乘法心算,他儿子眨眨眼就出来结果,我不信,自己给他出过题,结果让人不得不服;他女儿16岁读莎士比亚英文原著。清华园里学二代的传说很多,天才、神童很多。学二代应该从杨振宁算起吧,他是杨武之教授的公子。他回清华定居后,号召清华园里他那代的孩子们写点东西,由高晓松的妈妈(陆士嘉奶奶的女儿)负责张罗,后来出了本书,很好玩。

3. 清华附小和清华附中

熊:您哪一年上的小学?

蒋:我想想看啊,我是7岁多上的小学。应当是1972年2月份。

熊:那您上小学算比较晚的了。

蒋:一年前我就可以上,但姥姥不让。因为那时候学生要"上山下乡",姥姥怕我和表哥受不了,干脆让我们晚一年上。在我印象里,我们在小学基本上没学什么东西,刚进来的时候还学点加减乘除,然后就是背毛选,背"老三篇"①,再就是"开门办学"等。

熊:清华附小也搞"开门办学"?

蒋:是的,当时劳动还挺多,我们经常去学工学农。学工去清华南门的铅笔厂晒木板,学农去东升公社水磨大队八家生产队搞一些诸如摘扁豆、拾麦子之类的劳动。清华一贯强调体育,其余就都是体育课。我家里也很强调尚武精神,阿父负责督促我和表哥、表弟每天早上跑步。

粉碎"四人帮"之后,我们开始真正读书,学语文、数学。数学主要是平面几何。回想起来,我当时做了上千道平面几何题。那时候拼着一股劲专门找难题做,就想着没有我不能解开的题,后来有一道最难的题,据说是没有学生解开,我想了一个星期也没想出来,整天就想这道题,结果有天晚上做梦,梦见加了两条辅助线,就给做出来了。

熊:我也有过类似的情形,就是白天想它,睡梦里也想它,终于给解出来了。

蒋:没有类似经历的人可能不信。当时我岁数小,那次把题目解完特别开心。后来我考上了清华附中。整个初中和高中,我都是按部就班地学习。我经常跟同学们玩耍,关系都非常好。阿父早年留学苏联,毕业于鲍曼高工(如果莫斯科大学是苏联的北大的话,鲍曼高工就相当于是苏联的清华)。他经常讲

---

① 指《纪念白求恩》《为人民服务》《愚公移山》。

"0.8和1.2理论",即看自己的优点乘0.8,缺点乘1.2;看别人的缺点乘0.8,优点乘1.2。这样与人相处就平衡了。

熊:那个时候的教育跟现在的教育有很大差别吧?您小学、中学是几年制的?

蒋:小学六年半,五年加一年半的"戴帽"①,"戴帽"上初一,初二、初三去的附中,高中三年,那时正好赶上高中两年改三年,一共十一年半。初中进高中时,有一个毕业考、一个升学考。毕业考成绩出来,我在班上排30几名。老师找到我说,你现在的情况可能考不上清华附中高中部。从毕业考到升学考之间只有一个月,时间非常紧迫,我就玩命学习,结果成绩还挺高的。

中间还有个小波折,因为当时是两个档次,对外是一个分,对子弟是一个分,对子弟的分数线比对外校的分数线要低一些(现在取消了)。我一直觉得我是子弟,所以那时候觉得没有压力。结果我突然被告知"你不算子弟",因为我父母并不在清华工作,我算是三代。我要想进清华附中读高中,就得跟外头一样的分,那压力就很大。最后一个月我真是玩命地学,结果远远超过了对外的录取线。

熊:看来,您初中成绩并不是特别好。家里有没有给您施加压力?

蒋:没有,姥姥、姥爷从来不给我施压。在小学、中学时,一回家就玩,姥姥有时说:"这不太好,别人回家都学习,你也应该多学习。"然后姥爷说:"挺好,她愿意玩就让她玩吧。"姥爷说他自小读书太多,失去了很多童年乐趣,他不想我也这样,于是我有一个很快乐的童年。晚饭后我有时陪姥爷散步,有时在外面跟小朋友玩,基本上不把功课留到家里做。

熊:您姥爷出身于什么家庭?为何从小就读书多?

蒋:姥爷的爸爸是清朝进士;姥爷的大伯也是进士;姥爷的三叔的才华公认比两个哥哥更高,但没考上进士,因为他刚考上举人,科举就没了,要是还有科举他肯定也会是进士,后来他做了山东省第一届议会的议长。虽然他实际没当上进士,但时人仍称他们"兄弟三进士"。

姥爷11岁就上清华学堂留美预备班,他爸爸觉得他英文说多了,在他寒暑假回来时,就请当地大儒为他补习儒家文化知识。所以他应该算是学贯中西。小学5年级后姥爷就开始教我背古诗,找我感兴趣的背。也让我背古文,从《古文观止》开始,上卷尽是诸子百家的,我不爱背。他就说跳过,从下卷开始背吧。下卷第一篇是李密的《陈情表》,后面是《出师表》《五柳先生传》《陋室铭》等,都很好玩,就不知不觉学下去了。然后他就挑十三经、廿四史的精华给我,我愿意

---

① "戴帽"是"文革"时一种特有的教育现象,是在小学的基础上增设初中甚至高中,有点类似给人戴上帽子,所以被称为"戴帽"。

读就读,不愿意读也不勉强我。虽然我只学了皮毛,但大框架还是知道了。上初二时,妈妈觉得中国传统文化的核心儒释道都该接触,就带我去了北京法源寺请了佛家经典《六祖坛经》给我开蒙,后来又送我去听五台山仁祥法师讲解《心经》等,慢慢研习佛学,而不是信教。初中时姥爷开始教我做诗,我真的记不住13韵,还总搞不明白平仄四声。姥爷就说,"你就按照普通话的三声论平仄吧。"很多年后,我读了杨绛的文章,原来她是到高中时才搞明白平仄四声。背诗时,我经常不知道是什么意思。姥爷说,"不用管,你就背吧,将来大了就明白了,不同年龄,了悟都不同。"

我还记得有次背《离骚》,背到一半的时候,黄万里[①]爷爷来了。他说:"你这是瞎背,音都不对,这是《楚辞》,不是普通话。"他就把书拿过来念,抑扬顿挫,实际是唱。他说他在吟诗。那些楚音我记不住,他还给我标在书上。真是特有意思。

熊:他的古典诗词写得很好啊。

蒋:对,他的父亲是黄炎培先生,他也是学贯中西。我准备高考时,他管我要了前几年的高考卷子出来,说咱俩比比,看谁做得好。他古文部分是一个都没错,我错了一个还是两个。现代文部分嘛,他看看说不比了。

所以,我古典文学的基础在比较早的时候就形成了。初中时,父亲生病做手术,他和母亲一起在姥姥家住了一段时间。他也教了我很多东西。父亲小时候跟他祖父——清朝官衔相当高的文人在一起生活,受过祖父的教育,所以古文根基很好。他早年留学苏联,本科毕业于列宁格勒矿业学院(仅有的两所获得列宁勋章的大学之一,另一所是莫斯科大学),也是学贯中西。我断断续续地背《史记》的精华片段,有时觉得难,爸爸就说《史记》是古代的白话文。很奇怪,他说完我就觉得容易了。爸爸喜欢稗史,家里藏书不比姥爷家少。我假期在父母家看了不少,所以我有时被朋友戏称为"野史专家"。

4. 兴趣小组

蒋:1978年秋天,我开始到清华附中上学。因小学时已"戴帽"上过初一的课程,我们是从初二上起。清华附中很好,老师特别优秀。学校还有各种各样

[①] 黄万里(1911—2002),水利工程学家。1935年在美国康奈尔大学获硕士学位,1937年在伊利诺斯大学获工程博士学位,同年归国,先后任全国经济委员会水利技正、甘肃省水利局长、清华大学教授等职,1957年被打成"右派"。他反对建设黄河三门峡大坝,反对建设三峡工程,是和马寅初一样敢于坚持自己观点的专家,被誉为"科学的良心"。参见:党治国. 科学的良心:纪念黄万里老师[J]. 同舟共进,2004(3):7-14.

的小组,如生物小组、美术小组、历史小组、地质小组等,我都尽量参加,很好玩。最后我觉得自己还是更喜欢待在生物实验室里一些。

熊:小组里有老师指导吗?

蒋:有各种老师指导,而且都特"牛"。譬如绘画小组是吴承露①老师指导。吴老先生是张大千的弟子,后来自己也开过画展。

我们的音乐老师王玉田②是作曲家,经常自己作词作曲让班上的同学唱。我和另外几个同学参加了音乐兴趣小组,还参演过他作词作曲的节目,记得有《红军里有匹大红马》。他非常欣赏我们的音质,常说"太美了,简直太美了!"我也觉得挺好玩的。我当时小,并不知道他的背景,直到我上大学,听到他在北京音乐厅开个人作品音乐会的消息时才意识到。他是公认的才子,却被埋没了很多年。可能是太激动了,在首演的时候,他就因为心脏病而故去了。当年此事在北京是很轰动的。

我们中学的很多老师都可以在清华大学做教授,但是他们觉得大学生的思想和其他方面已经固化了,教大学生没意思,所以来附中当老师。早年还有一批教授夫人们,如周培源和钱伟长的夫人等都在附中任教。当时我不觉得,后来才知道,能得这么一拨好老师指导,我们是多么的幸运。

我投入精力最多的是生物小组的活动。生物小组的李湘凯老师是1949年之前从清华大学生物系毕业的,他让我研究一种两翅展开的变异果蝇,对相关基因进行遗传杂交定位,看它究竟是在哪条染色体。最后我把它定位在第三条染色体上某两个突变之间。记得当时李老师带我去找北大生物系的老师指导,有位老师说:"这样的工作我们的研究生也不一定能做得出来。"后来我凭这项工作一路拿奖,先后获得清华附中科技论文一等奖、海淀区科技论文一等奖、北京市科技论文一等奖③。可到评全国一等奖的时候,得到推荐的是生物小组另外一位同学,我没有得到机会。那时候已是高二末期,快进入高三了。我妈知

---

① 吴承露(1918—2004),画家,1936年毕业于北平艺术专科学校,受教于张大千等,两人曾在颐和园朝夕相处三年。1949~1959年在清华成志学校任教,1960参加清华附中高中部建校并任教至1982年退休。他执着于中学教学,著有《青少年书法入门》《青少年绘画入门》。1994年4月,他在中国美术馆举办《吴承露书画展》,是首位在中国美术馆举办个人画展的中学教师。

② 王玉田(1936—1991),音乐家,1956年他放弃到北京师范学院中文系上大学的机会,到清华附中担任音乐老师。随后,他组织了很多的音乐活动,创作了大量歌曲,其中,有十首歌在全国性的歌曲评选中相继夺魁。1991年9月8日,"王玉田从教35周年作品音乐会"在北京音乐厅举行。在音乐会要开始时,他先天性心脏病复发,并在不久后去世。

③ 成静平. 北京清华附中高一年级生物小组蒋澄宇同学和辅导教师李湘凯在培养北京型果蝇时,观察到一只两翅展开的变异果蝇,经过家系提纯和实验,初步认为可能是果蝇的新类型[N]. 光明日报,1982-01-02.

道后,就让我安心备考,别去实验室了。

蒋澄宇和辅导教师李湘凯在培养北京型果蝇
(摘自1982年1月2日的《光明日报》)

现在回过头来看,我觉得在附中所有的课程里面,对我的科研工作启发最大的是一门选修课——逻辑课。当然,从小学开始做的大量平面几何数学题对培养我的逻辑推理能力也很有帮助。

熊:中学的逻辑课讲什么呢?

蒋:讲各种各样的逻辑概念,如形式逻辑、辩证逻辑、数理逻辑等。讲完后主要让我们做数理逻辑推导,给了一些题,让我们推理从A到B到C等。现在回过头来看,其实科学研究的基本方法我在中学就知道了。在科大学的数学、物理,都是根据逻辑往深里去学,深度内容学完了,做起研究来就游刃有余。科大生物系的数理学得很深,这是更高级的数理逻辑,比清华、北大的程度要深,比同年级美国学生学得更要深。

5. 母亲说服我考科大

蒋:高二文理分科时我想考文科。姥姥顾虑"文革"刚过,说还是理科平安。我就想学生物或建筑,都偏文。当时我家住在9公寓,清华大学建筑系主任吴

良镛①伯伯就住我家隔壁。他看过我的素描,鼓励我说我有绘画天赋。

熊:当时您对科大了解吗?

蒋:除了听说过少年班,我对科大基本上一无所知。我们高考要填十个志愿——五个重点五个非重点。正在紧要关头,我妈来了,她说:"第一个志愿,我来决定,就填科大,后面的你自己选。"我当时就晕了,我不仅不了解科大这所学校,就连它在哪里都不知道。我很不高兴,因为我不想离家去人生地不熟的地方。我妈连着三个晚上跟我谈心。当时我妈在中科院地球物理所,科大请她去讲课,她在那讲了两个星期,感觉科大太好了。她跟我讲了很多科大的好处,说科大生物系数理根基厚重扎实,北大生物系还是很传统。未来的生命科学需要很深的数理才能做出高水平的工作。还说我从小就在清华校园里长大,去清华念大学等于还在家待着,这样会长不大。其实我姥姥和姥爷都不愿意我去科大,但他们也没办法说服我妈,我也就只能听从她了。

姥姥对我上科大一直耿耿于怀。我几次听到她对家里的朋友说:"她妈妈非要她去科大,北京就没有她能上的大学了?"黄万里爷爷的一对双胞胎外孙女从北大附中毕业后,于1986年也上了科大,其中杨炎前几年在北京工作时我们经常一起聚餐,她说她们姊妹都特高兴去合肥。黄爷爷不高兴,对她俩说:"北京就没有你们能上的大学了吗?"我听了大乐,说一定是我姥姥先说的。

当时我们是先报考再考试。报考的时候附中同学都是拉着关系好的几个人一起报考,我也想找几个好朋友一块考科大生物系,结果没人陪我。我有一个特别好的朋友,还给我写了封长长的信,说很抱歉不能陪我考科大,因为她爸妈逼她学医。

考完试后,因为我们这批同学是从清华幼儿园、清华附小、清华附中一路上来的,感情很深,大家还一起去十渡玩了一圈。临别前,大家坐下来聊天,我忘了谁说:"希望高中三年再重新上一遍。"然后大家都说:"对。"

熊:大家在一起共同进步、十分愉悦,所以恋恋不舍。

蒋:对,我的中学同学都非常优秀,大部分都考上清华、北大了。毕业30年返校时,附中的校长说我们这届四个班不到200名学生,当年考上清华、北大的学生有115人,比例是历史上最高的。还有不少考上科大、协和、北医、复旦、交大的学生。中学同学中有才的特多。中学有团小组要写团日志,我记得我那时就盼团日志传到我这,看着就乐,同学们写得特好玩儿,有各种诗词比兴的白话

---

① 吴良镛(1922—),建筑学家,中国科学院院士(1980),中国工程院院士(1995),2011年度"国家最高科学技术奖"得主。1944年毕业于"中央大学"建筑系,1946年协助梁思成创建清华大学建筑系,1948年赴美国留学,1950年从匡溪艺术学院建筑与城市设计系获硕士学位归国,在清华大学建筑系任教。

文表达,可惜没有留下来。

熊:当时科大录取分数线很高吧?

蒋:很高,录取的学生少,分数比清华、北大还高。那时候说"科学的春天来了""21世纪是生物的世纪",科大生物系的录取线尤其高。几年前一位学长返校,跟科大学生说:当年他们随便去掉一门课的高考分数,照样能上清华北大。结果却被认为是吹牛。1983年,清华、北大在北京的录取线是480分,而我们班的平均分好像在580分以上,学长的说法应该不算吹牛吧!80年代确实是以考上科大为荣。我记得游泳队的一位学长说他那年考了贵州省第七名,但科大在贵州只招收5人,好不容易才进到科大,后来他毕业时拿了郭沫若奖学金。记得我毕业那年前后,陈寅恪的外孙同时被清华和科大推免录取。陈寅恪一家新中国成立前曾与我姥姥、姥爷在新林院做邻居,分别住52号和53号,两家人很熟。我妈经常被陈寅恪的夫人(我妈叫她唐伯母)叫去给陈寅恪读报纸(他眼睛不好)。前几年,陈寅恪的大女儿在整理老照片时还寄来她们和我妈、我姨两家孩子与陈寅恪在新林院的合影。陈寅恪的小女儿非常希望她儿子选择清华,从广州带他来清华校园看看,希望说服他选清华,我姨和阿父(当时任清华副校长)都帮助做了大量的说服工作,可最后他还是选了科大。

6. 高强度的课程

熊:到了合肥,您能适应吗?

蒋:还行。当时觉得科大非常自由。从被管得很严到想干啥干啥,我适应得很快,毕竟是熵增加的过程嘛。不过我很快又被同学的优秀程度给吓着了。生物系38人,好几个是省理科状元,其他大部分同学也都是省里前几名。科大食堂不错,生活也蛮好的。我妈还托了她的北大师弟,7系(地学系,又称地球物理系)的徐文骏叔叔做我的监护人。他妻子刘阿姨是四川人,做的一手好菜,我每个周日晚上都去她家吃好吃的。徐叔叔出身于旧上海大资本家家庭,知识非常丰富,天南海北,无所不知,我最喜欢听他侃大山。当时科大学物理的学生都喜欢去4系(近代物理系),地球物理系的学生也有不安于现状的。有次我听他对学生说物理学的发展已经到了一个瓶颈,地球物理是天然的大自然给予的,有很多问题不明白,看起来复杂,但一旦突破就很可能给物理学带来巨大的发展。讲的学生直点头。他的妈妈,我叫阿婆,有时来合肥与他们同住,我也经常听阿婆讲故事,那是真正的上海滩大小姐的风范。

但学习确实特别紧张。当时我吐槽最多、也是我现在受益最大的,是高强度的数理化课程。生物系当年安排了很多数理课程:第一学期数学上单变量微积分,72学时;第二学期上多变量微积分,又是72学时,要做6本吉米多维奇的

《数学分析习题集》,共10000多道题。我做不下来,感到特别痛苦。我姥姥、姥爷要求我每周都要写信汇报在合肥的情况,我就在信中吐槽说吉米多维奇的《数学分析习题集》做不下来。9公寓我家隔壁另一边住的是赵访熊①爷爷,他是数学系的,哈佛毕业,时任清华副校长。我姥爷跟他说了这件事。赵爷爷说:"学生物的怎么要做6本吉米多维奇《数学分析习题集》?全国很少几个大学的数学系才要做这个习题集,科大生物系的学生居然要做,很奇怪!"他还说:"这套书清华数学系有个简本,是为工科数学系准备的,上、下两册就4000多道题。"他把简本给了我姥爷,然后姥爷把书从北京寄到合肥。我高兴坏了,就只做这个简本,没做有10000多道题的全本。反正我也没想名列前茅,只要别不及格就行。

熊:做吉米多维奇《数学分析习题集》其实并不是学校要求的?

蒋:并没有硬性要求说都要做完,但是大家都做,同宿舍的人整天说我今天做了多少道,明天要做多少道,你说你哪受得了?越往后题越难,简本的4000多道题我都没做完,因为好多题做不出来。但我们班就有同学把全本10000多道题都做出来了,真是"天外有天,山外有山"。我们生物系与数学系一起上数学课,结果考在前面的经常是我们班的同学。

第三学期学线性代数、级数与常微分方程,加起来又是100多学时。第四学期是数理方法(72学时)和控制论(54学时)。第六学期是概率与统计(54学时)。第九学期还有个生物控制论,54学时。

熊:学了三年的数学?

蒋:对,共500学时左右。不止学了3年的数学,还学了4年的物理。第一学期没有物理;第二学期学力学与热学,其中理论课72学时,实验课50学时;第三学期学电磁学与电磁学实验,122学时;第四学期学光学与光学实验,122学时;第五学期学原子物理,72学时;后面还有电子线路(72学时)和电子线路实验(54学时);这些都是所有专业的必修课。高年级生物课还有生物电镜技术、生物电子学、分子生物物理及蛋白质晶体学等,有些非生物物理专业可以不用修了。除了最后一个学期做论文和第一学期没物理外,其他8个学期我们生物系全学了物理。我们与物理系一起上物理课。

化学嘛,第一学期就是普通化学加普通化学实验,都是100多学时;第二学期没有化学;第三学期是分析化学加分析化学实验;第四学期是有机化学,72学时;第五学期有机化学是40学时,有机化学实验72学时;第六学期开始学物

---

① 赵访熊(1908—1996),数学教育家,计算数学家。1922年考入北京清华学校,同年赴美国留学,1931年从哈佛大学数学系获得理学硕士学位,1933年归国,在清华大学数学系任教。曾任清华大学数学系代理主任、应用数学系主任、副校长等职。

理化学,72学时。五大化学也都学全了。

计算机学方面,我们学算法语言。

第一学期还学了机械制图、Engineering(工程),也是上百个学时。第一学期和第二学期还学了一年中国文学。第五学期和第六学期还学了一年哲学。还有一个学期学了自然辩证法。

熊:课程非常重。

蒋:对,就不说生物方面的课程了。光非生物的数学、物理、化学,我们就学了那么多。我有几门课学得特别吃力,然后我们就很抱怨,希望学校能减少一点课程。

熊:和学校谈过吗?

蒋:谈过。我们的师兄师姐都谈过,学校也做了改变,比如说电子线路原来要学两个学期,理论和实验加起来要200多个学时,后来理论课从144学时砍成了72学时。至少跟1981级比,我们的课程量还是少了一点。还有些课可以选修。有位老师说,他们根本就不敢变更课程设置,因为整个课程体系是1958年建校初期,钱学森、贝时璋、华罗庚、郭永怀、赵九章、赵忠尧、吴仲华、施汝为、顾德欢、侯德封、杨承宗、吴汝扬、华寿俊等13位系主任一起决定,然后由科大统一布置下来的。可能是同学们不断提意见吧,两年后又有调整。我们这级第三年才开始学习生物相关课程,但858级是第一年就安排了,这样我们与858级就一起上生物课,一起去了青岛实习。

7. 自由自在的生活

熊:课程非常重,是不是您就玩得少了?

蒋:科大课程非常重,不过老师也管得少。压力大是一方面,比较自由也是真的。我还是参加不少娱乐活动,我在游泳队训练游泳时总是很愉快。

熊:科大有游泳池吗?

蒋:有,我刚来时科大就有非常正规的游泳池,50米长,有深、浅水区。我们游泳队当年挺辉煌的,安徽高校游泳比赛24个冠军,科大拿了23个金牌,都载入校史了。当年学习压力很大,但我一下水就特别高兴。队员们关系也特别好,老在一块吃饭、一块玩,大家都挺开心的。我的游泳最早是在清华游泳池我姨和阿父启蒙的,后来沈刚如爷爷很耐心地教我跳水。沈爷爷在新中国成立前是梅贻琦校长的秘书,他妻子白姥姥擅长书法,沈爷爷喜欢摄影和冬泳。新中国成立后人到中年的沈爷爷向一针灸神医(我与北京中医药大学程凯教授聊天时发现可能是他爷爷程莘农先生)学了针灸,之后就在清华行医。他们夫妻与我家经常往来。我有次在科大闹肠胃吃不下,在科大校医院点滴了一周也不见好，就请病假回家了。到北京的第二天，姥姥请来沈刚如爷爷给我扎针，半小时后我就肠鸣、下地吃饭了。说起来也奇怪，我姥姥的爸爸新中国成立前做过北医的校长，非常排斥中医，不许家人看中医。姥姥却很开明，西医治不好就找中医。现在想想还是姥姥通透。我在游泳队的教练是曹定汉老师，我在他的直接指导下进步挺快的。我们经常去他家蹭饭，她夫人人特别好，会做一手好吃的。我和女生有时帮助摘菜，然后就等着享口福了。

熊：现在科大的女足也挺厉害的。

蒋：嗯，当年我们系女足拿了学校第三。我是守门员。

熊：你真是多面手啊，不但能绘画、写字，还善于游泳、踢足球。

蒋：哈哈，谈不上。学校游泳项目最多只能拿四个全校冠军：两个单项、两个团体，冠军基本上被游泳队队员分享了。游泳队女生没有几个人，都游得比我好。都知道816级的一个学长，游得比很多男生都快，游泳队的男生都不跟她较劲。有一个自认为游得很好的非游泳队男生不信邪，跟她比赛100米自由泳，结果被她甩了20多米，从此再没人敢和她比了。单项她们把我擅长的100米仰泳和200米自由泳都让给我了。团体生物系游泳队女生有三个，是最多的系，我把四个冠军都拿了。

那个时候我很喜欢去安徽省博物馆洪秋声老先生家看他裱画。他是张大千的裱画师，给我讲了很多当年他怎么帮助张大千做宋朝的假画和当年名画家之间的故事。几年后，我遇到故宫的裱画师，他们说起洪秋声老先生，都把他当神一样的存在，说只有他能将断了绢子的古画修复得看不出来。故宫不敢接的都推荐到他那里。怪不得我在他那里看了那么多的古画和名画。他说："三分画、七分裱，一个好的裱画师一定要画得好。"他曾要收我为徒，可我担心旷课太多跟不上班没敢答应。现在我有点后悔没有跟最好的老师学这门技艺。他当时就80多岁了，现在这门技艺可能已经失传了。

熊：你们当时有辅导员吗？

蒋：我们的班主任是马扬，他是788级的，刚毕业就接了我们班。他可能也是辅导员吧。他非常关注我们这些进来时分数较低的同学，后来看我成绩进入中游后就放心了。他是娃娃脸，带我们出去玩时经常被认为是我们同学。有一次他带我们去巢湖，吃完饭结账时，服务员去找我们班天津来的一位同学——他看起来比马老师大了好多。

那时候我们班的班长、书记都是马老师挑的，我们都觉得很好。班长毕业时拿了郭沫若奖学金，书记到现在还为大家热心操劳。多少年后大家都说马老师看人挺准的。

熊：他给同学上课吗？还是专职做班主任？

蒋：他是班主任，应该没教课。

熊：我听说科大一直没有辅导员，是全国高校里唯一一个没有辅导员的。

蒋：实际上没有辅导员。马老师是班主任，根本不管思想政治。

熊：那时候您和北京的同学联系得多吗？

蒋：刚开始通信挺多的。

熊：跟北京那边通信，大家会不会谈论课程？

蒋：没有谈论课程，他们就告诉我北京新出的好吃的、好玩的东西和同学之间的八卦，还有男生追不上我的好友，写信叫我帮忙说好话。每次寒暑假回京他们都说，得赶紧给我这个快变成合肥土妞的人扫盲北京的新时尚。

8. 禁而不止的校园之恋

熊：当时有没有科大的男生追您或请您给女同学传话？

蒋：当时科大禁止学生谈恋爱。但我们一进校，就听老生说当年8111级的"吴校花"和"18棵青松"的故事，他们后来还写过不少回忆文章。很多年后，我和吴校花成了闺密，跟她说起当年口耳相传的那些浪漫故事，她这个当事人居然从未听说过！

熊：啊？！是不是面对光彩照人的校花和众多可能的竞争对手，"青松"们有些胆怯，更多的是搞点暗示，做些暗恋？

蒋：她说，据不完全统计，她在校时收到过600多封情书。而记得我入学那年全校也就600多位新生。

熊：您当年是否就认识她？

蒋：认识。当时女生很少，占比仅百分之十几，都住在女生楼，所以前后几届的女生多少都面熟。我们838班据说是科大建校25年来唯一的、前无古人的女生比男生多的班级，而且女生大多长得漂亮或者气质很好。我们寝室住在上铺的两位同学，一个来自东北，另一个来自西南，就分别有很多人追。

熊：您本人当时是不是也被很多男生追？

蒋：没有很多！我碰到过乌龙。有一天，我收到一封情书，约晚上几点在哪里见面。我没细读，就将它扔在一边。结果，那人还不断写信来。我也不知道该怎么办，就把信拿给徐文骏叔叔看。徐叔叔看后说："搞错了，不是写给你的。"我仔细一读，还真是，"你含情的大眼睛……"写的绝对不是我啊。我想也别耽误人家了，就去赴约。原来写信的是与我们一起上课的物理系同学。根据他的描述，我确定他心仪的是我班另外一个女生，就赶紧把名字告诉他。后来，我在食堂碰见他，他很沮丧地说被拒绝了。后来，那位女生嫁给了我们班的同学。我们班成了好几对！

熊：在浪漫的年龄遇到了合适的人，当然会自然而然地发生一些故事，这是禁不了的。

838 级部分女生合影
（蒋澄宇提供）

9. 去复旦大学做实验

熊：你们上完九个学期的课，最后一个学期才做论文？

蒋：基本上都是最后一个学期做论文。

熊：那您是到哪里做论文呢？

蒋：我在本校，但最主要的试验是在上海复旦大学遗传研究所做的，当时系里拿了个"863 计划"的项目，要做葡萄糖异构酶的蛋白质工程研究，我们的工作是蛋白测序。学校要我去复旦遗传所柴教授那里学习，他们那有相关仪器。我和他聊得特好，聊各种话题，比如对弘一法师的看法。我当时迷弘一法师的字。我在科大选修了中国书法课，老师盛赞弘一法师，我就从荣宝斋买了一幅印刷的弘一法师的"无上清凉"字帖挂在我的床头。合肥那时候特热，我和同学都是用凉水擦了凉席再睡。看到弘一法师的那幅字后，我感觉心静自然凉，就不那么燥了。这更让我觉得神奇，于是对弘一法师的字迷得不得了。柴教授说盛祖嘉教授家有弘一法师的真迹，就拉我去了他们家。他们家有两幅弘一法师的字，我一看就傻了，觉得跟印刷的字完全不一样，非常的空灵。那两幅字好像是弘一法师写给盛教授的伯父和父亲的。我在盛教授家里跟他们夫妻俩聊天，听他们讲他们的家世,盛夫人好像是康奈尔大学毕业的。

熊:当时您住哪儿?

蒋:住在岳阳路 320 号,中科院生理所的科大宿舍,一幢德式建筑,科大在二、三层有学生宿舍。我每天坐公交车去复旦做实验。

10. 鼎盛时期的科大

熊:您于 1983～1988 年在科大学习,正值科大鼎盛的时候,也正是"科学的春天",在那段时间,您有什么印象很深刻的事吗?

蒋:很多。那时候的科大特别开放、自由。请了很多世界级科学家来合肥讲学,诺贝尔奖得主李政道、杨振宁、丁肇中等,还有霍金、吴健雄、蒲慕明等。他们讲的大多我都听不懂,尤其是霍金的。写信回家时也都说了,记得姥爷回信说:"听不懂没关系,愿意听就去多听听,将来有天就会懂的。"这就是顿悟和渐悟吧。印象里吴健雄说生物不是科学,当时觉得挺困惑的。

那个时候高能所唐孝威①叔叔是科大 4 系(近代物理系)的客座教授,经常来科大讲课和指导研究生。唐叔叔和我的爸爸妈妈是在二机部九院一起工作的老同事,唐叔叔的妻子吕芳阿姨又是我妈的发小闺密。所以唐叔叔每次到科大一定来看我,开始经常会问三句话:"你爸爸妈妈身体好不好?""你学习情况怎么样?""你钱够不够花?"后来,唐叔叔的研究开始转向生命科学,就开始问我一些有关生物学的问题。他说实验室培养的同种细胞的大小差异为什么这么大?超过 50% 都可以。他说粒子物理学实验,误差在小数点后 4 位才可以。这时我就开始明白吴健雄说生物不是科学的意思了。

唐叔叔有时也讲一些他的经历。有一次他讲到"文革"时他在青海工作被批斗的情况。唐叔叔 1980 年被评为学部委员,也就是现在的中科院院士时,还是高能所的副研究员,多年后才被提成正研究员。我觉得不可思议。后来曾问当年高能所的一位副所长是真的吗?那位先生查后说:"确有其事。岂有此理!"唐叔叔后来把工作重心放在脑科学,尤其是意识、认知与脑的研究上,我读了他的《一般集成论》《意识笔记》《心智的定量研究》《思维研究》《神经教育学:心智、脑与教育的集成》等书,虽然还是不很懂,但已经知道这是"不废江河万古流"的成果。那些整他的人恐怕已经"尔曹身与名俱灭"了吧。

---

① 唐孝威(1931——),原子核物理及高能物理学家,中国科学院院士(1980)。1952 年毕业于清华大学物理系,先后在北京中国科学院近代物理研究所、北京二机部原子能研究所、苏联杜布纳联合原子核研究所、青海核工业部九院、北京中国科学院高能物理研究所、德国汉堡电子同步加速器中心、瑞士日内瓦欧洲核子研究中心等单位工作,现为浙江大学物理系教授。

那个时候科大流行的说法是一流的学生、二流的教师、三流的管理。现在看,科大对学生绝对可以用宠爱来形容。但说老师是二流、管理是三流则越想越不对。当年生物系教我们的老师几乎都是科大建校头几年的毕业生,都是当年中国一流的学生。"文革"后在欧美一流科研教学院校进修回来的正当年的佼佼者。等我们到四、五年级开始学生物时,他们教给我们的都是当时世界生命科学最前沿的东西。很多根本没有中文翻译,就直接用英文。所以我们本科毕业后去欧美读研究生时,感觉基本是无缝衔接。那些老师的科研也都很有成效,后来不少成为一代大家。科大老师的格局也很大,每门课都请中科院相关专业的顶级专家来讲,每个人多则一个月,少则一二周,给我们讲最新知识。梁栋材老师是每年都来讲至少一个月,还有其他很多老师,我记不住了,您去问李党生吧,他记性好,现在还都记得。其实我们的老师都是一流的,尤其是与同时代的教师比。只是当年创校的老师还有不少健在,与钱学森、华罗庚、贝时璋等相比,我们的老师还有距离,还没有完全成长起来。我们家也是这样。当年姥爷、姥姥在,我没觉得父母这代人很"牛"。现在我深深地敬佩父亲、母亲、阿父和舅舅们,他们都是各自领域的方家。将来有机会,我也会慢慢把家人、老师和他们朋友的故事讲出来。他们那代人经历都挺坎坷,付出和回报完全不成比例,却是新中国科学技术创新工程的坚强基石。

当年科大的管理也是一流的。给了我们最大的自由。只是我姥姥很不高兴,经常说:"我好好的孩子,去了科大,回来变成半个野人了。"可我在科大真的觉得很高兴,很自由,很舒服。现在想想,管理的最高境界应该是看起来不管,但有求必应。后来我进入教育界,慢慢体会到一所好的学校,应该是能吸引优秀的学生来,并最大程度保住优秀学生的天性和创造性,而不要去毁掉或固化它们。当年的科大,确确实实做到了这点,至少没有"招天下英才而毁之"吧。看起来三流的管理其实是一流的,让我们的身心都得到最大的自由。虽然我们班很多同学不再做学术研究,但大都在各自领域出类拔萃。譬如,李党生将《Cell Research》杂志的影响因子从 2 分提高到现在的高达 15 以上,在整个中国,甚至亚洲的学术期刊界都是一个传奇。您在百度上搜"美女 CEO"也会看到我班的同学,在叙利亚、阿富汗炮火中的央视战地记者中也有我的同班同学……现在我很感恩母亲当年的决定,让我有幸在超一流的学校里求学。

那个时候,老师都在大谈学科交叉,尤其是一级学科的交叉。同学和老师一样,在想对欧美弯道超车,在探讨如何做出高水平的研究工作。整个学校呈现出一种朝气蓬勃的精神面貌。

11. 去美国留学

熊：您当时有没有参加过 CUSBEA 考试？

蒋：CUSBEA 是先推荐再考试，一个学校就推荐四个人。当时科大生物系没推荐我，因为我的学习成绩没能排在前面。

熊：您出国留学是在哪一年？

蒋：1990 年，我科大毕业后就回北京了。

熊：回北京工作吗？

蒋：没有，我姥爷当时生病了，我就回家陪陪他，同时申请出国。

熊：那时候出国容易吗？

蒋：还行，因为我是侨眷，所以手续上没有问题。我开始申请去美国读研时没有拿到奖学金，姥姥不让我去，要我申请到全额奖学金才能走。我去求助时任清华生物系主任的赵南明①叔叔。赵叔叔曾任中国生物物理学会的理事长，他的工作现在看来是真正的生物物理，当年是非常前沿。他看了我的申请材料说："你这样申请不对。"我就按照他指点的重新写了"Personal Statement"（个人陈述）等材料。他给我写了长达三页纸的推荐信，好像写的是看着我长大，发现我有科研天赋之类。可惜我没有把这封信留下来。

除了科大三位老师和赵南明叔叔的推荐信，我还找汤佩松爷爷给我写推荐信。汤爷爷与我姥爷在清华学堂留美预备班同学八年。他是中科院植物所的创所所长，幽默风趣，他的传奇故事太多了，有些可以在他的自传中读到。在中关村 810 楼他家的书房里，汤爷爷要我坐在他身边，看他用老式打字机一个字母、一个字母地打印推荐信。那是我头一次见他打字。我学英文打字时很费劲，十指并用，放四张拓蓝纸，最后一张拓蓝纸上小拇指管打的 A、Q、P 等要与其他手指管打的字母劲道深浅一致才行。而汤爷爷只用右手食指打字，打得快而流畅，很美。我突然觉得打字是不用学的，不过雕虫小技而已，要学的是汤爷爷的创造性思维。他是中国生命科学界在《Nature》《Science》杂志上发表文章的第一人，经常玩儿似的就创新了。好像他曾说过 40 年代与北大物理系热力学家王竹溪爷爷喝了个茶，聊了个天，就搞出一篇非常前沿的几十年后才被认

---

① 赵南明（1939— ），生物物理学家。1962 年毕业于清华大学工程物理系，1978 年 12 月赴美国进修，是改革开放后首批 52 名赴美访问学者之一。他先在加州大学伯克利分校物理系学物理，后改到加州大学欧文医学院生理及生物物理系学生物。1981 年回到清华大学，受命重建生物系，为清华大学生命科学的重新崛起做出了卓越贡献。参见：钱江．人生在生命科学中闪光：访清华大学生物学教授赵南明[N]．人民日报（海外版），2009-12-11．

可的文章。汤爷爷花了不到1/3的篇幅写我,大意是老朋友的孩子,有科研天分之类;他又写了2/3的篇幅介绍他自己的简历和成就。也许是看出了我眼中的疑惑,汤爷爷解释说,推荐人的分量很重要。可惜的是,我也没有把他的推荐信留下来。

除赵叔叔、汤爷爷外,我还找三位科大的老师写了推荐信。在他们的强力推荐下,第二年,我果然拿到了美国好几所学校的全额奖学金。

熊:您是在布朗大学直接攻读博士学位吗?

蒋:嗯,直博,读不下来才给硕士。

熊:那是1990年几月份去的?

蒋:我先是1990年1月去的休斯敦大学,然后9月就直接转到布朗大学。

熊:您为什么要从休斯敦大学转学到布朗大学呢?

蒋:因为布朗是常青藤名校。汤佩松爷爷经常说的三"名",就有上名校、从名师啊。

熊:您在美国的生活过得怎样?

蒋:那个时候去的中国人少,我有很多美国的好朋友,同学们一起开"Party"很开心。布朗大学是一所非常独特的学校,课程设置都是"Open Curriculum(开放的课程)"。

非常有意思的是,当时我同时被布朗和哥伦比亚大学录取。我问姥姥我该去那个学校。姥姥反问哪个学校安全。我说那当然是布朗了。姥姥说那就去布朗吧。我就去布朗了。其实我最后做博士后去哪个实验室也是姥姥给我做的决定,因为姥姥特别智慧,很多事情都是她给我做的决定。

熊:这是从小养成的习惯?

蒋:是的,我们家的事都是姥姥拿主意。我读过清华水利系系友写的回忆文章,其中一篇说,"文革"期间下放劳动时,作者曾好奇地问我姥爷,家里是他做主还是周先生(指我姥姥)做主。我姥爷的回答是:"大事我做主,小事周先生做主。不过,我们家没有大事。"我姥爷那代人,大都对妻子非常好。大家耳熟能详的是梁思成和周培源的故事,但爱护妻子的远远不止他们。孟昭英是清华无线电系首任系主任,在1980年左右,经朱自清妻子陈竹隐做媒,他续弦,也住在清华的9公寓。当时9公寓的教授夫人们经常在一起活动,有时还一起出游,10~12公寓的有些夫人也加入,留下了一些照片。刚开始大家并没有在活动时叫上孟爷爷的新夫人,孟爷爷就带着她一家一家走访。他们来见我姥姥时,是我沏的茶,到客厅给他们后,我就坐在姥姥身边听他们讲话,孟昭英爷爷很儒雅,讲话很真诚,令人感动。

熊:您要是肯出来给大家讲清华往事,想必会比高晓松更胜任。在布朗大学您接受的是什么样的训练?

蒋：我印象最深的就是读文献，这完全是美式的方法。大量文献读下来，你自然就形成了自己的一套读文献的方法，然后越读越快。

在科大我们学的主要是一些教科书，特别是比较经典的教科书，而布朗大学更多的是读原创研究论文，且量很大。刚过去时，导师觉得我的语言有问题，还建议我去上一些英文的课。我首先选了"English Writing（英语写作）"，这是美国本科生的课；稍后又选了英国文学，第一学期我的英文课就占了两个，都是大量地读原著。他们的阅读量确实特别大。我当时真的是咬着牙去读，读不懂也要读。

熊：科大的传统生物学的课程并不是太多，是吧？

蒋：对。我们学了大量的生理学、神经生理学、神经解剖学、生物化学、细胞生物学、遗传学、分子遗传学、微生物遗传学等，也有植物生理和组胚学等，但我们的知识架构中还缺了生物分类和生态学。

熊：您是什么时候进实验室的？

蒋：第一年就进了，但是第一学期没有。第一学期有一门课，由导师们一个个过来给我们讲他在做什么。我们要选2~3个导师轮转。那个时候学生少、老师多。很多系和专业的导师，包括医学院的基础和临床的导师，都可供我们选择，甚至我们生物学系的研究生还可以选择化学系的导师。总而言之，选择的范围广、自由度大。我选了布朗医学院病理和实验室药学系的导师。我的博士生导师和我的博士后导师都是各自领域的牛人，都做过本领域NIH的"Study Section"的"Chair"，都是"神人"！博士生导师喜欢开飞机，还只开自己造的飞机。我问他为什么一定要开自己造的飞机。他说飞机的接头都是自己一个个焊接的才放心敢开啊！博士后导师平时玩的游戏是解量子物理场的题。他们都属于那种不差钱、想干啥就干啥的那种人，都搞学科大交叉。我跳来跳去，最后就"跳通"了。我对科研的悟道，大概在博士后的第三年。突然就通了，原来做得特别吃力，突然一下觉得"OK"了，就是这样了。这就是顿悟吧。

12. 对中美教育和科研的比较

熊：您觉得中美在科研教育上各自有哪些短长？

蒋：我觉得本质是一样的，只是表象不一样。现在的科研教育都是西方的体系，衡量标准都一样，最好的都差不多。说到感觉，科大更多的是在数理学科上做深度挖掘，而美国则更侧重知识广度的拓展。他们的生物系几乎没有数理方面的训练。我觉得美国很侧重文科。其实我没资格比较，应当拿美国高中和中国高中比、拿美国大学跟中国大学比，而我读的是中国的大学本科、美国的研究生院，这是完全不一样的。

科学是舶来品,没有中西之争,指导科学的是哲学,这倒有中西之别。未来尝试用东方哲学指导科学研究,很可能会引领创新。

教育体系有中西之别。上千年来,中国的教育体系是以私塾为代表的家学体系,主要学习儒家文化,在科举制度的导向下,以出仕治国平天下为目标。"学而优则仕"是必然的。科举制度废除之后,以出将入相、光宗耀祖为终极目标的家学教育体系逐渐崩溃,以儒释道为核心的全面中国传统文化教育在今天几乎不存在了。换句话说,现在已经没有真正的大儒了。教育体系全盘西化的结果大家其实都已经或多或少知道。现在的科学技术,当然不是乾隆皇帝以为的"以悦妇孺的奇技淫巧",但也真不足以"学而优则仕"。君子是有所不为的。如果中国真的要腾飞世界的话,儒家教育需要或多或少地补回来,现在高考取消文理分科是对的,文理教育都不能缺。看到现在的小孩很多对中国传统文化非常感兴趣,其实我是很高兴的。有中国传统文化的根基,将来无论做什么,都不会偏得太远。

13. 深度的数理训练十分必要

熊:您受到的教育真是令人羡慕啊!

蒋:我很幸运,很感恩。人生的路上一直有"大菩萨"在身边。回过头来看,我觉得在小学和中学,科研最核心的数理推演我已经掌握了;在科大生物系,我学到的是大学科的交叉和更深度的数理逻辑知识,这些知识太重要了,是科学研究纵向的根基;后来在美国的学习是横向的拓展和积累。打好根基最重要,所以还是我妈当年看得准,真得感谢妈妈。

很多科大人觉得本科课程里的数理内容太多。考虑到现在很多学生会念到博士阶段,我觉得,把那些学科特有的内容移到后面也是可以的,但本科阶段深度的数理学习仍是必需的。人生必须要有一个阶段去承受这种大规模、高强度的数理训练。我在科大读书时很辛苦,老有不及格的压力,一下子半个班不及格,然后开根号乘10又勉强及格了(据说这是钱学森原创的方法,36分开根号乘10就及格了),这种压力一直贯穿着我的大学生活。但是,这种压力也是好事。很久之后,我才意识到这些深度学习给我带来了益处。在以后的科研中,我一点都不惧怕进入新的交叉领域。后来我想,尽管那些学科我在大学里并没有学好,基本上是背完了、考完了就还给老师了,尽管我自以为已经忘了,但实际上,后来我再见到相关的东西时我不会抗拒。比如说电子线路,至少我以前解过题、考过试,所以我不会抗拒它、不会畏惧它。尤其是后来带学生的时候,我越来越意识到,大部分学生还是很恐惧进入陌生领域的。所以,我觉得科大的那种近乎"魔鬼般"的深度数理训练是特别重要的。"学好数理化,走遍天下都不怕。"谁能想到我们科大生物系毕业的学长在美国微软总部做人工智能的首席科学家？本科生就该接受那种训练，尤其是在现在这个每天都在发生巨大变化、你不知道未来会发生什么的时代，不惧怕接触新的事物、迅速进入新的领域是令人非常受益的！

16 80年代的生物系学子
——胡兵教授访谈录

受访人：胡兵
访谈人：熊卫民、张云涵
整理人：张云涵、熊卫民
访谈时间：2017年12月26日
访谈地点：中国科学技术大学生命科学学院

受访人简介

胡兵教授
（张云涵拍摄）

胡兵，男，1965年生于湖南长沙，1984年考入中国科学技术大学生物系，1989年毕业，1992年在中国科学技术大学生物系获得硕士学位后留系工作，1999年获中国科学院上海生理研究所博士学位（香港大学医学院联合培养），2001年起先后在香港大学医学院解剖学系、美国加州大学洛杉矶分校（UCLA）和尔湾分校（UC Irvine）等机构做研究，2007年由中国科学院"百人计划"引回科大，现为中国科学技术大学生命科学学院教授、副院长和生命科学实验中心主任。

在这次访谈中，胡兵从学生的视角，回顾了80年代中国科学技术技术大学自由、科学的氛围，对全国顶尖学子的吸引，生物系对这些顶尖英才的培养等。80年代科大的物资条件十分匮乏，但在教学方面，中国科学技术大学仍努力保证做实验时学生能单人操作；在生活方面，仍优先为学生盖宿舍楼，优先给学生安装暖气……种种以学生为中心，爱惜学生的举措令人感动。而同学们"遍历"所有习题、通宵达旦学习的精神风貌也很值得后来者学习。

16　80年代的生物系学子
——胡兵教授访谈录

熊卫民（以下简称"熊"）：胡老师，我目前在负责中国科学技术大学生命科学学院院史的研究和编撰工作。施蕴渝、滕脉坤等老师公推您是生物系于20世纪八九十年代培养出来的杰出人才之一，因此我们很想拜访您。我们主要想了解您的成才之路，尤其是您在生物系受教、任教的情况。

胡兵（以下简称"胡"）：好的。

1. 楚怡小学

熊：您是哪一年出生？在哪上小学？

胡：我于1965年7月生于湖南长沙，70年代初上小学。当时与现在一样，也是分区就近入学。我们家在企业区，附近的学校教学质量不太高。为了让我有一个好的前途，我母亲就把我的户口迁到了我外婆那儿，我也因此而上了长沙有名的楚怡小学。这所学校创建于清朝末年，当年就有小学部、中学部，后来出过很多的人才，中学部出的人才包括曾任总理的朱镕基。我对楚怡小学感情很深，我儿子名字中的"怡"就出自于这所学校。之所以如此，是因为我遇到了对我影响很大的班主任。事实上，从小学到初中、高中，我先后遇到了三位非常好的班主任。他们尽职尽责，当真是把学生当成自己的孩子来对待。

熊：您具体是哪一年上小学？

胡：1973年春季入学，1978年夏季毕业。"文革"期间中小学从秋季招生改成了春季招生，"文革"结束后又恢复成了秋季招生，所以，我的小学上了五年半。小学三年级时，我遇到了第一位特别好的班主任。她是我们的语文老师，姓潘。尽管她和她丈夫都经受过"文革"的冲击，她对待学生却仍如慈母一般。我的字写得比较规矩，这是她给我打下的基础。当时除了正常的作业外，我们每天都要写一百个大字、一百个小字。这不是硬性要求，但只要我们交了，潘老师都会批阅，而且还会评论。所以我们一直坚持练字。

我后来上师大附中（湖南师范大学附中，当时叫师院附中），也是受了潘老师的影响。当时小升初不再是划区招生，而是全市统考，择优录取。我那时候小，不知道哪所中学好，都是父母定的。而我母亲是医务工作者，也不太熟悉教育系统，她就让我填了离我们家较近的长沙市二中（现长郡中学）。然后，她带我去拜访潘老师，感谢她的培养。那个年月很简单，就是上门答谢，没有送礼之说。潘老师建议我报考师大附中。她了解这所学校，知道它非常好。她大概有四个子女，皆毕业于师大附中。我母亲问她，是否还有机会更改志愿？她说可以帮我们。后来她果然帮我改了志愿。

2. 湖南师大附中

胡：我初中、高中都是在师大附中上的。这所学校位于岳麓山脚下、湘江西边，风景如画，能够遥看到橘子洲。它的教学质量很高，近年来被评为全国百强中学，且常常名列前茅。在全国奥林匹克中学数学、物理、化学、信息、生物五大竞赛中，它是获得金牌数最多的学校。去了一所很好的中学，是改变我人生命运的第一步。到了师大附中之后，我才体会到强中更有强中手。小学时我们学习并不紧张，我经常利用空闲时间玩耍和做自己感兴趣的事，比如手工航模，所以我自小就有比较强的动手能力。尽管学习并不刻苦，但由于有点小聪明，我的成绩一直不错，数学尤其好，在一次数学竞赛中，我还获得了学区的第二名。

熊：70年代的小学就有数学竞赛了？

胡：有的。我参加的是几个区联办的数学比赛。进入师大附中后，我很快就感到了压力。因为学校汇集了全市出类拔萃的学生，我所在的班级更是实力强劲，高手云集。1984年我考进科大以后，这种感觉更加强烈，学习竞争的压力也更大。所以我很庆幸在中学就有过这样的受压经验。

熊：上初中时，您的成绩在班上大约处于什么位置？

胡：刚入学时，学校组织了一次入学考试，只考数学。我认为自己数学学得不错，考得也还可以，结果，在全班大约50位同学中，我却被排到了第24名。初中三年我一直住校，星期六晚上才回家，星期天下午又要返校。上学、放学不用消耗什么时间，我把绝大部分精力都用在学习上，可直到初中快毕业时，我才可以挤进班级前十。可想而知，当时的竞争是多么激烈！同学都强，都很努力，身处这样的环境，你自然而然会奋发向前。较之老师或家长的鞭策，或者未来的高考压力，少年人的争强好胜之心对我们的推动更大。

当时整个社会都弥漫着一种渴求科学和知识的气氛。1978年我上初中时，"科学的春天"的提法已经出来。"向科学进军"成了我们整个初中阶段听得最多的一句话，可谓当时的"核心热词"，天天都在说，如雷贯耳。"学好数理化，走遍天下都不怕"，也是当时特别流行的话语。当时还有一套非常有名的《数理化自学丛书》①，事实上这套书"文革"前就有了，"文革"后期，有很多知青得益于这套书。"文革"结束后，它得以重版。我读过此丛书中的每一本书，初中时，我还在课余时间主动把其中两本《平面几何》中的习题一题不落地全做完了。数学老师邓定亚也是我遇到的非常优秀的班主任，他经常出些难题给我们做。有的同学做得比我还多。所以说，我们当时学习是很自觉的。就我个人而言，之

---

① 丛书共17册，1963年首次推出，1977年得以重版。

所以学习十分努力,一个是兴趣驱动,一个是氛围使然。这里说的氛围,既包括师大附中好学的风气,也包括整个社会崇尚科学与知识的氛围。

熊:初中阶段,您还参加竞赛吗?

胡:参加,但多是学校级别的。学校对此很重视,每年都会举办数理化方面的竞赛,后来还有外语竞赛。成绩优胜者会被奖励一个小本子,更重要的是,获奖名单和名次会张贴在学校的楼道里。我们都渴望获得这种荣誉。因为师大附中的同学普遍都强,所以,能获得三等奖就很不错了。有一次,我在学校物理竞赛中获得了二等奖,这让我感到很自豪。这在很大程度上要归功于教我物理的丁老师。从初中到高中,他一共教了我五年。他的课讲得非常棒,板书也很有特点,画图从来不带尺规,随手即成,而且画得很规范。画完以后,你不用力是擦不掉的。因为老师教得好,所以我很喜欢物理。

熊:初中升高中时,也要经过考试吧?

胡:是的。因为大家都很优秀,所以绝大部分初中同学都考到了我们学校的高中部,从外校考进来的大概也就几十人。升入高中后,我们初中原来的六个班被打散,重新组合成六个新的班级,大家的同学关系被串联到了一块,因此后来我们整个年级的同学关系都比较融洽。我高中时的班主任是教化学的李老师,他要求很严格,也让我获益良多。

中学阶段,我还做过一些学生工作,当了两年的校学生会主席。巧合的是,在我之后的那届学生会主席后来也考入了科大生物系,他叫吴亦兵,是科大的杰出校友,曾任麦肯锡公司①董事,还曾帮助联想集团成功兼并 IBM 公司的 PC 部。他从生物专业完全转型到了投资行业。我还有一个同学,初中是跳级读的,和我同届同班毕业,而且是我们班的第一名。进入高中后,我们俩又是同班,当时我挺开心的。可他在我们班待了仅半个学期就又跳级了。恰好我们这一届高中从两年变成了三年,所以他这一跳级,就到了高二下学期,马上就面临高考。在一年时间内,他就把整个高中的课程全部学完了,最后还考到了科大物理系。

熊:看来师大附中真是英才辈出啊!在你们这一届之前,高中实行的是两年制,对吗?

胡:对。初中在我们上一届改成三年制,高中是在我们这一届改成三年制,所以中学六年制是从我们这一届开始。我们的上一届中学是五年制,再上一届中学是四年制。不知别的地方如何,在湖南是这样。

熊:六年制,那您是 1984 年参加高考。当时高考是什么情况?

---

① 由美国芝加哥大学商学院教授詹姆斯·麦肯锡于 1926 年在美国创建的管理咨询类公司。

胡：当时高考生物总分只有50分，数学和语文各有120分，物理和化学各有100分。我们还经历了预考。大部分学生在预考中就被刷了下去，这样一来，参加高考的人数变少，录取率也就显得高了一些。

1984年科大在湖南大概招收20人，生源以来自长沙市的为主。基本上分布在三所中学：师大附中、长沙一中和长沙二中。这些同学我都有印象，因为在举行湖南省数学竞赛之前，我们一起参加过培训班。长沙一中考来四个，其中一个进了少年班，长沙二中考来的三个同学都是和我一起参加过数学培训班的。师大附中一共考来四个，其中有三个包括我是高中同班，另一个女生则和我大学同班。

1984年从湖南师范学院附中考到科大来的四位同学

熊：当时科大的录取线是不是很高？

胡：是的，全国第一。

熊：那您高考填志愿时报了哪些学校呢？

胡：那时候志愿分三个档次，每个档次各填三所学校，三档都得填，不能空。我的志愿很简单：三档都填了，但是每一档都只填了一所学校，第一档填的是科大，第二档填的是南京大学。对我来说，填后面的志愿只是走形式。

熊：您当时报的是什么专业呢？

胡：我不是调剂的，当时报的就是生物系。

熊：您选择学生物的理由是什么？

胡：理由很多。首先是因为"21世纪是生命科学的世纪"这类宣传。那个时候，人类对核酸的了解才刚刚起步，大家觉得生物很神奇，有很多未解之谜。其次，我在中学上生物课时就对这个学科产生了兴趣，虽然我们用的生物学教材讲的还只是一些基础的知识。另外,我既对生物感兴趣,又对物理感兴趣。高考结束以后,我了解到全国高校中只有科大有生物物理专业。基于这些理由,我报了科大生物系生物物理专业。"生物物理"这个词是从苏联传来的,美国和西欧很少用。

图 16.3　1984 年 8 月科大寄给胡兵的录取通知书

3. 科大西区建设及其背景

熊:1984 年您进科大时,正是科大南迁后如日中天之时吧?

胡:是的。我刚进校遇到的第一件事,就是西区的奠基,由当时的名誉校长严济慈主持,现在西区的电四楼前还有一尊严济慈的塑像。科大的同步辐射加速器应该也是他奠基的。他当时是全国人大常委会副委员长,还是中国科学院学部主席团执行主席,他对科大的感情很深。西区是我们进校以后才开始在完全荒芜的土地上兴建的。

熊:原来科大就是东区这一块吧。

胡:最初只有东区和北区,东区以前是合肥师范学院,北区以前是银行干校。关于这两个校区的转交我曾听寿天德老师讲过。1969 年年底,作为科大南迁"先遣队"成员之一,寿老师到了安庆。当时安庆正在"武斗",安排给他们住的安庆市委党校校舍的电线都被扯断了,晚上连灯都没有。由于在安庆办学环

境过于恶劣,所以学校就给党中央写了报告①。鉴于合肥这边合肥师范学院和银行干校正好都在停课闹革命,后来安徽省主要负责人李德生决定,索性撤掉它们,将校舍转交给科大,把校区里的家属也一起搬走。

熊:银行干校是和合肥师范一起转交给科大的?

胡:银行干校给得稍晚一点②。银行干校面积很小,后来基本成了家属区;合肥师院建筑也不多,留到现在的,主要是家属区的几栋楼。有的楼经过重修改造,变得今非昔比、"面目全非"了。比如现在的第一教学楼,算是合肥师院盖得比较好的,但到我入校时就显得很陈旧了。近年来,经过从内到外装修,几乎看不到它以前的影子了,甚至包括里面的台阶都换了。

"文革"结束后,和别的许多学校一样,科大也在设法迁回北京,很多老师想回北京,当时的校长也在向上级写报告。但是,由于时任国家科委主任兼中国科学院院长方毅坚持将科大留在合肥,而科大以前在北京的校址,1/3 给了海军,1/3 用于建高能物理研究所,剩下的一点发展为后来的中国科学院研究生院,回迁的可行性几乎不存在了。此外,科大立足于合肥办学也并非有弊无利。基于种种原因,1982 年左右,科大终于定下心来,决定留在合肥发展。

在这之后,科大才开始进行校园基础建设,这才有了"四牌楼"。这四栋学生宿舍楼是科大决定留在合肥后兴建的第一批建筑。为建物质科学楼,前两年它们中的两栋被拆除,只有北侧那栋我们生物系 1984 级学生住过的楼还在。本来校方也想拆掉这栋楼,但校友们极力反对,因为它是大家集体记忆的一个标志。科大西区也是在这个背景下于 1984 年开始建设的。

4. 一天的时间不够用

熊:您入学时,生物系有哪些专业?

胡:三个专业:细胞生物学、生物化学与分子生物学和生物物理学。每个专业都有一些老师。

熊:你们 1984 级大概有多少同学?

胡:只有 37 人。当时生物系规模很小,有的专业一年招生不到 10 人。整个学校的规模都小,1984 年科大总共才招了六七百位新生。但我们生物系这

---

① 1969 年 12 月,科大南迁到安庆,先遣师生被安置在安庆市委党校。由于该地缺乏办大学的条件,校领导向北京方面汇报,搬迁安庆的行动很快停止。1970 年 1 月,科大正式迁至合肥。参见:朱清时. 中国科学技术大学编年史稿[M]. 中国科学技术大学出版社,2008.

② 1970 年 8 月,安徽省革委会决定将原安徽省银行干校的全部房地产和水电设备等移交给科大。参见:朱清时. 中国科学技术大学编年史稿[M]. 中国科学技术大学出版社,2008.

37个同学,后来绝大部分都有出国留学的经历。

熊:招生量虽少,但同学们普遍都很优秀吧?

胡:记得我们年级招了20多个高考状元,而当时考生来自全国29个省、市、自治区。在学校里,生物系的录取平均分又是最高的。我们生物系1984级一共才37人,其中就有山东、新疆、云南和山西四个省区的状元。我们寝室6个人,一个是山西省状元白永胜,数学很好,曾经是全国奥数竞赛冠军;一个是江苏省的第三名;一个是苏州市的第一名;还有一个位居江西省的前10名。

416宿舍的六位同学

(1989年7月毕业时于东区物理楼前拍摄)

熊:那您有没有感觉到特别大的压力?

胡:我初中就感觉到了压力,进入大学后这种压力就更大了。如果一个人有很强的自尊心,在科大确实就要面临严峻的心理考验。

熊:上学时,你们的功课量如何?

胡:很重,数理化课程尤其多。这种感受从大一就开始了。一天晚上,为了解学生,尤其是新生学习的情况,系主任寿天德、副主任施蕴渝、党总支书记刘竞在系办和班干部、学生代表座谈。当时我也在场。和现在的生命科学学院的新生一样,当时我们也都抱怨数理学习任务太重、压力太大,连做作业的时间都不够。

熊：老师们是怎么跟你们解释的呢？

胡：他们以自己的学习经历为例，说他们当年也同样学了这么多数学、物理知识。打好基础、注重数理，这是他们当年的老师，即创建科大的那一代著名科学家所建立的传统。有些数理知识以后不一定能用上，但它们能很好地培养我们的思维能力，对我们将来的发展是有利的。学好了数理，你将来做哪一行都能很快适应。

熊：现在你们又是如何去说服你们的学生的？

胡：我们认识到了多学数理的好处，也用同样的方式去跟我们的学生讲。从建校初起，科大就很重视数理，无论你学什么专业，都要求把数理学好。生物类专业也不例外。从哲学上讲，生命运动是最复杂的运动，而复杂运动是建立在简单运动基础之上的。数学针对的是抽象的对象、最简单的运动，物理的学习需要数学的素养，化学的学习则需要数学和物理的基础。而生物的学习不仅需要数理化，甚至还要把计算机学、信息学和电子学包含在内。所以，学好生物学，需要广泛的知识基础。

熊：20世纪五六十年代，科大的课程有"重、紧、深"的提法——课程重，安排紧，内容深。你们上学时，还有这种提法吗？

胡：还有。入学后基础课压力很大，直到三年多后上专业课时才开始轻松一点。之前一是要频繁地上大课，二是作业多，三是有很多实验，甚至有些实验要安排在晚上进行。那时候感觉一天的时间是不够用的。

熊：课程那么重，时间不够用，那你们是怎么应对的呢？

胡：同学们学习普遍十分努力。科大可能是当时唯一一所本科五年制且教室通宵开放的高校，很多学生都在教室学到很晚。这个传统据说科大以前在北京时就产生了，一直保持到我们上大学时，后来慢慢地进行管制，比如第二教学楼改为晚上10点半就熄灯关闭。但我们住的"四牌楼"内是有自习室的，每一栋楼都有三到四间，它们通宵开放，直到我大学毕业时都如此。所以，那儿成了我们最常见的通宵学习的地方。我也干过这种事，比如有次要写报告，我在自习室写了一夜。那时候没有计算机，基本都是手写，要是写错了字，可能整页就得撕掉。

熊：宿舍晚上熄灯吧？

胡：那当然，宿舍到点就熄灯。班上同学都是各省的尖子生，大家普遍十分好学。薛天①曾说，科大有两种精神，我很赞同。其中一种是勤奋。那时有句话

---

① 薛天（1977——　），2000年毕业于中国科学技术大学少年班系，现任中国科学技术大学生命科学学院执行院长。

叫"穷清华,富北大,不要命的上科大",学起来不要命,就是这种精神的写照。聪明的学生很多,智力达到一定水平后智力就不重要了,勤奋才是最不可或缺的素养。另一种是"遍历"。不管是学数理,还是学别的什么,为了把这门学科学好,尽己所能的把所能掌握的资料和习题研究透,很多人会把这门功课所有的习题都做一遍,这就叫"遍历",虽然看起来是笨办法,但这是基本功和素养的培育。譬如,我们班多数同学都"遍历"过吉米多维奇的《数学分析习题集》。

熊:除重视数理外,当时生物系重不重视实验?

胡:也很重视。有两门实验课让我印象深刻。大概一二年级的时候,我们有一门遗传学实验课,安排在晚上。80年代经费不足,生物系实验室设施简陋,实验器材很匮乏,即便如此,系里仍确保我们的遗传学实验课为单人操作,这在当时是难能可贵的。实验的单人操作对锻炼人的能力是很重要的,结果好坏很明显,老师也会在显微镜下一一检查。这种安排体现了科大的一大办学特色,直到现在科大还牢牢地保有这个特色。科大办学讲究的是小而精。当时我们年级总共才30多人,只有少招收一些人,才能让当时很有限的资源满足教学的需求。

我可以说见证了系里实验设备更新换代的全过程。我上学时,系里用的还是单筒显微镜,连精密一些的显微镜都没有。现在,我们的硬件跟国外比几乎没有差距,甚至有些还优于国外。我有学生毕业以后去德国留学,他发现我们有些设备比德国实验室的还强。从80年代到现在,我们的硬件设施一直在加速升级。每一次我从境外回来,都会发现学校的硬件有了新的变化。我第一次出境是在1994年,去了香港,1997年见证了香港回归,然后我也回归了。回来就发现学校有不少变化。2001年我又一次出境,2007年回来时,学校的变化更是让我震撼不已。国内的科研投入增加了很多,科研设备明显上了台阶,设备之先进我们过去想都不敢想。

第二个让我印象深刻的是蔡志旭老师的显微摄影课。蔡老师是印尼华侨,20世纪五六十年代从印尼归国。他受过良好的教育,应该是随科大一起从北京南迁到合肥的。他教普通生物学,还开了一门叫显微摄影的课程。我那时刚进大学,显微摄影对我来说很是新鲜,所以我选了这门课。当时没有数码相机,都是用胶卷来拍,黑白胶卷都很贵,更别说彩色胶卷了。蔡老师不吝钱财,竟舍得把彩色胶卷一段一段剪下来,教我们如何在暗袋里操作。我们把剪下来的胶片装在相机上,然后拍照。由于只有在冲洗之后才知道拍摄效果如何,为保证照片质量,我们会前后聚焦,多拍几张。否则,一旦标本变质,无法挽回了。我现在做的研究也需要用到显微成像,而这方面的基础知识就是蔡老师教给我的。当时实验材料很是匮乏,但老师仍设法提供给我们,且让我们单独操作。由此可见,科大的老师在培养学生方面,是竭尽所能的。

当时我们还自发组建了一些兴趣小组,若有想法或想做个实验,就去老师那里寻求支持,而老师总会帮助我们。那时程序也很简单,只要老师的教研室有我们所需的材料,他答应了就可以给我们用。实验完成后,我们再把结果拿给老师看。我们并不追求什么荣誉,整个过程都是兴趣使然。尽管学校条件艰苦,但我觉得她还是尽量满足了同学们的学习需求。

熊:如此看来,尽管课业很重,同学们还是在积极主动地学习。

胡:是啊,可以说很多同学都是发自内心的"爱科学"。无论驱动力是纯粹的兴趣,还是进一步深造,抑或是为了出国,同学们普遍愿意进实验室。

当时改革开放还没几年,计算机对中国来说还属新兴科技,大家都觉得计算机很神秘。但从 1985 年进入二年级起,我们就开始上计算机课,用的是终端机①,后台主机很大,前面显示屏上绿色字符不断跳动。现在看来,它们太笨重了,且数据的运算和传输速度都很慢,但当时的我们都是很珍惜进机房的机会的。上大学后的第一个暑假,我没有回家,而是跟我们宿舍另外两名同学一起报名学习 BASIC——一种计算机语言。生物系为了鼓励同学们学习,还给我们补助了一半报名费。当时报名费是几十块钱,而我们一个月的生活费才十几块钱。

在寿天德教授的视觉实验室开展硕士研究和学习

熊:也就是说,除了生物、数学、物理、化学,你们还得学计算机。

胡:我们在计算机课上学的是一些基础的计算机知识。我们还要做生物电子学实验,这也是单人操作。老师给你一个题目,然后你用所学的计算机语言

---

① 终端机,即计算机显示终端,是计算机系统的输入、输出设备。

编程,写好代码后,再用计算机输入代码。当时用的还是最低端的单片机①,一旦输入出错,就要从头开始改;一旦断电,输入的数据就会丢失,使用起来可谓既费时又费力。直到最后调通程序,这个实验才算做完,老师才会批准你通过。每一步都要很仔细,只要出了错,最后没调通,那就得接着做;这次做不完,就另约时间再做。所以说,尽管当时条件差,但同学们认真学习的态度和老师们尽心尽责的精神都是无可挑剔的。

5. 科大的校风

熊:您在科大学习的时间很长,是不是正好经历了科大再次崛起的过程?

胡:是的。1978年国家提出"向科学进军",整个社会迎来了"科学的春天",历经十年浩劫的全国人民呈现出对科学与知识的强烈渴望——无论是政府官员,还是广大老百姓,大家都对科学有一种近乎崇拜的热情——科大就是在这个氛围下再次崛起的。

科大有自由的传统,没有"官本位"现象,学校领导本身就是科学家,真正做到了行政服务于学术,所以,学校上下、师生一条心,整个学校呈现出一种朝气蓬勃、奋发向上的氛围。科大的另一个传统就是很重视师生,特别是学生。我读大学时,我们"四牌楼"宿舍就已经安装了暖气,而教师宿舍还没有装。

1987年初,学校换了领导。新领导到校后的第一个举措就是升国旗,郭沫若广场的旗杆就是他们树起来的。后来我听说在新任领导到任的全校教师大会上,老院士钱临照发言,讲科大素有爱护学生的传统,并举了几个例子,其中就有先为学生宿舍安装暖气。这些话其实是说给新任领导听的,言外之意是要对学生好。总的说来,"文革"过后,科大具备了高起点与好势头,可惜的是,发展不到十年就逐渐失去了这个势头。

6. 继续求学

熊:您的本科毕业论文是寿天德老师指导的吗?

胡:不是。1989年我去了深圳,在深圳市政府、中国科学院和广东发展银行联合创办的一个类似于孵化器的基地做论文,那里有很多孵化性质的公司,我在其中一家公司做膜生物学实验。在此之前我已考了研究生,并被科大录取了。我念硕士时的导师是寿老师,他是一位非常和蔼可亲的长者。令我印象很深的是1991年他给我们上研究生课时的事。当时他刚从美国进修回来不久,

---

① 单片机,又称单片微控制器,是一种集成电路芯片,产生于20世纪80年代。

因研究生较少,他就把我们带到他家里去上课。他家里布置得简单、朴素,但是有一台进口音响。他给我们放了卡朋特①的爵士乐,还给我们介绍了国内与西方的一些差距。

与来访的美国犹他大学 Leventhal 教授合影
(1990 年 10 月 6 日拍摄于物理楼视觉实验室,右 1 胡兵,右 3 寿天德教授,左 2 周逸峰)

1992 年我硕士毕业留系工作。1993 年,我又开始读在职博士,挂名导师是中国科学院上海生理研究所杨雄里所长,实际仍由寿老师指导。寿老师当时还不是博士生导师。当时的博士生导师含金量很高,是国务院授予的,不是"地方粮票",而是"国家粮票"。1994 年,由寿天德老师牵线搭桥,我到了香港,在香港大学做博士论文。在港大我有两位导师,其中一位是苏国辉②教授,他现在在暨南大学任职。

熊:您对杨雄里先生有哪些印象?

胡:杨先生要求很高。刚接触他时感觉他很冷峻,让人望而生畏。虽然我读的是在职博士,但也得面试,还是他亲自考。面试是在上海岳阳路 320 号生理所那栋"日"字形楼二楼杨先生的小会议室进行的。首先考英语口语和听力,其次是翻译英文专著,他随便翻一页,限定半个小时,能译多少算多少。然后他

---

① 卡朋特,美国乐队,在 20 世纪七八十年代风靡一时。
② 苏国辉(1948—),神经解剖学家,中国科学院院士(1999)。1948 年生于香港,1973 年毕业于美国东北大学生物系,1977 年获美国麻省理工学院博士学位,香港大学医学院讲座教授、暨南大学粤港澳中枢神经再生研究院院长。

再问一些跟专业相关的问题,前后持续了一个多小时。我的博士论文答辩也在那儿举行,当时我的三位导师,杨雄里、寿天德、苏国辉都在,答辩委员会的主席是细胞生物学研究所的一位资深研究员。答辩是在1998年春节前夕进行的。因为生理所一年只授一次博士学位,我错过了这个时间,所以在答辩完,过了11个月才被授予学位。

2000年我在科大升任副高(副教授),2001年5月再次离校,先后在香港大学医学院解剖学系、美国加州大学(UCLA & UC Irvine)等机构从事研究工作,2007年才回来。

熊:您在美国多年,您觉得那儿的教育与科研跟国内相比有什么区别?

胡:美国科学家做事很直接。我留学的目的就两个:第一是学新的技术,第二是让自己有更好的发展平台。第二次留学时,我主要研究发育神经生物学,可香港大学医学院缺乏激光共聚焦的技术,我看到一位做这个方向的美国教授的招聘广告,就联系了她。我晚上在香港给她发的邮件,不料第二天就收到了我的香港导师的质问。他当时正好在美国加州大学旧金山分校做学术访问,美国那位教授通过我的信息找到了他。我导师就打电话问我为什么没跟他讲就联系美国的博士后工作。我吓坏了,因为我确实没跟他讲,我也就是尝试一下,没想到这位美国教授在看过我的资料后就立即直接联系了我的导师。美国人做事就是这样,只要他相中了,他就会第一时间抓住机会,而不会拖延。他们具有很强的主动性,甚至"侵入"性,这一点与我们不一样。当然我的香港导师也没真的责怪我,后来他还是推荐我去美国。因为我当时在香港,美国的导师就用电话对我进行面试,谈了半个多小时。她是墨西哥籍犹太裔美国人,我适应了一段时间才能听懂她带有西班牙口音的英语。她年龄其实与我相差无几,平易近人,很少发脾气,平时我和她聊天比较多,这对提升我的英语水平有很大的帮助。

当时国内与美国确实存在明显的代差。首先体现在科研环境上,无论是硬件,还是学术会议上讨论的那些科学知识,美国毫无疑问地都是位于世界前沿的,因此我能在那里学到许多新的知识与技术。我在美国所处的那个科研平台效率很高,每年都举办众多高质量的学术会议,在这个平台历练之后,我的学术才得以迈上更高的台阶。在香港,尤其是在美国的学习还影响了我的性格。我过去是一个比较内向的人,不太善于言辞,身处异域,我的表达能力提高了,也更乐意于表达了。

17 守正和创新
——周丛照教授访谈录

受访人：周丛照
访谈人：熊卫民、贺崧智
整理人：贺崧智、熊卫民
访谈时间：2017 年 12 月 19 日
访谈地点：中国科学技术大学东校区老图书馆

受访人简介

周丛照教授

周丛照，男，教授，博士生导师。1968 年出生，1987 年至 1995 年就读于中国科学技术大学生物系并先后获得学士和硕士学位。1999 年 1 月至 2000 年 2 月作为联合培养博士生在法国巴黎南大学 IGM 研究所学习。2000 年获生命科学学院博士学位。2000 年至 2003 年分别在法国科研中心及巴黎南大学遗传学与微生物学研究所和结构基因组学实验室做博士后研究。曾任中国科学技术大学生命科学学院副院长，现任中国科学技术大学教务处处长。

在本次访谈中，周丛照教授回顾了自己于 20 世纪八九十年代在中国科学技术大学生物系学习、工作以及随后在法国留学并于 21 世纪初回母校任教的经历。作为曾经的生命科学学院教学副院长，周丛照教授介绍了他在学院里参与和推动的一些教学工作，并对生命科学学院这十几年来的科研成就和各方面的巨大变化表达出感叹与自豪！

1. 从山沟沟考入黄冈中学

熊卫民(以下简称"熊"):您在科大生物系从本科读到了硕士,出国深造后回到母校任教多年,还曾担任生命科学学院副院长,想必对科大的生物系、生科院非常地了解。这次我们想请您介绍一下您个人的成长之路,尤其是您在生物系以及后来的生科院的经历。先从您的自身经历讲起,好吗?

周丛照(以下简称"周"):好的。我于1968年生于湖北麻城,那儿属大别山区。我就在老家农村上的小学和初中,高中考进黄冈中学,1987年考进了科大。

小学就在我们村里上的。我开窍很晚,在6岁时都数不明白10个数,当时我爸觉得我是个傻子。到小学二年级下学期,不知为什么我突然一下全明白了。那个学校的师资力量不是很好,大概从小学三年级起,数学老师做题便比不上我。我的初中是在我们乡里的一个中学上的,我们那一届有两人考上黄冈中学、两人考上麻城一中,创了空前绝后的记录。为什么说绝后呢,因为那个初中后来没有了,被合并进了一所更大的中学。

熊:黄冈中学很有名啊!

周:是的。我明年就50岁了,到目前为止,我人生中最大的一次转折就是我从我们老家一个很小的初中考上黄冈中学,其他的事情相对于这次转折而言都是微不足道的。

黄冈中学是个比较自由的地方,我们在一年级就把高中所有的课都学完了,从二年级起开始参加数理化竞赛等。我的英语一直比较差,高考前几个月突击学习,最后英语考得还行,就上了科大。

熊:我读过您的文章,感觉您文笔很好,这是不是在黄冈中学打下的基础?

周:可能有一点。我是黄冈中学校记者团成员。在黄冈中学,我属于理科生里面比较奇葩的——理科生中只有我一个是记者团的。当然我也参加各种竞赛。高中三年,数学竞赛、物理竞赛、化学竞赛我都参加过。我可能是黄冈中学唯一一位什么竞赛都参加过的学生,但是得的奖不高,都是二等奖和三等奖之类的。

2. 就读科大生物系

熊:您的高考分数是不是特别高?因为当时科大录取线在全国排名靠前。

周:我在省里的名次挺靠前,当时科大的录取分数线全国排第一。
我上生物系有点阴错阳差,其实我第一志愿选的是12系——应用化学系。

可我的班主任老师说,12系在湖北招6个人,生物系在湖北只招两个人,那肯定招两个人的系好,就把我的第一志愿跟第二志愿对调了。志愿改了我事后才知道,就这么上了生物系。

周丛照高中毕业照

刚进大学时我连普通话都不会说,我的普通话还是同宿舍的室友教的。因为存在很多声调错误,高考时我的汉语拼音恐怕是一分都没得(当年高考还考汉语拼音,10分)。进大学后,我的数学依然很好,物理也还不错,我特别喜欢实验,是生物实验课代表。

熊:当时你们1987级有多少人?

周:生物系1987级有64至68个学生。人数有变动,是因为有的同学在二年级就出国了,中间还有很多进进出出的同学。从全校来说,我们1987级有810人,其中包括现在大名鼎鼎的潘建伟、庄小威和邓中翰。

熊:科大当时一年只招800来人?

周:1987年只招了810人。1989年招得更少,仅仅500多人!1989年应该是招生最少的年份。

熊:我还以为科大从建立到现在,每年的本科生招生数都是1000多呢。

周:第一届招了约1600人,中间曾降到1000多、900多、800多。我们那届就810人,这个数字我记得很清楚。1989年跌至谷底,只招了500多人,后来又有所上升,近些年招1800多人。

1987年刚入学,我们就在蚌埠坦克学院进行了为期5周的军训,非常严格,每天都有拉练,所有的男生、女生都被晒得黑不溜秋的。他们给我分配个任务——负责出宣传栏,之后我 2/3 以上的时间都是在宿舍里写宣传稿,最后我得了一面锦旗。所以我跟同学们开玩笑说:"你们那么多人累得要死也就得了一面锦旗,而我们两个人就得了一面锦旗。"和我一起负责出宣传栏的那个同学叫张树忠,他是湖南人,后来在辉瑞工作,前几年因病过世了。他的字写得特别好,但是我的文笔比他好,我负责写,他负责抄到黑板上。

时任科大党委书记的彭珮云看望军训学生

除了军训,当时还规定所有人都要参加体力劳动。1988 年春天,我们把西区现在称作也西湖的池塘给挖了出来。现在只要带人去西区参观,我都会非常骄傲地指着也西湖说:"这个池塘是我们 1987 级 800 多个同学花了两个礼拜挖出来的。"回想起来,我们的大学阶段过得还是挺开心的。

熊:施蕴渝老师等人回忆说,她们在五六十年代上科大时功课特别重。

周:我们上大学时课程也非常多。拿数学来说,我们学的科目很多,从单变量微积分、多变量微积分、复变函数到数理方程,全都有。但我并没有觉得课程很重。我的数学成绩一直比较好,在我们班上基本上都是前几名。

熊:你们生物系学生学的数学跟数学系学生学的课差不多?

周:单变量微积分和多变量微积分差不多。我们也做吉米多维奇的《数学分析习题集》。晚上回到宿舍后,我们最兴奋的事就是几个数学好的男生找吉米多维奇《数学分析习题集》后面最难的一两个题目做,然后看谁能够以最快的速度说清解题过程。我们住在西区 2 号楼的 4 楼,晚上 11 点钟宿舍关灯,东头有一个教室灯还开着,我们经常去那个教室比谁的解题步骤最简练,有时觉得还不过瘾,就比谁有更多的解题方法。大学前 3 年基本上就是这么过的。

2005 年与赵惠民同学在也西湖旁
(背后黄色的 2 号楼就是我们当年的学生宿舍)

熊:这是对数学的学习,其他功课如物理和化学呢?

周:物理,我们力、热、光、电、原子物理全学;化学,无机、有机、分析、物化全学,其中有机化学我们学上、下两册。大学阶段我成绩最差的就是有机化学,印象中,我分别只得了 62 分和 72 分。我们学得非常全,但是也没觉得多累。我们当时毕业要修 240 个学分,而现在生科院的学生只需修 160 个学分。当然,我们当时是五年制①,比现在多一年。

从大二起我就进了神经生理学实验室,因为在实验室有计算机可用。现在看来,80 年代的计算机都很差、很土,但当时可是很高大上的设备。我在薛晋堂老师和陈林义大夫的指导下做了一些弱视和斜视相关的测试数据收集工作,在神经生理实验室待了大概一年多时间。

在四年级、五年级时,有一半以上的同学分批出国,成绩最好的几个同学都出国了。1992 年毕业,我留校工作。我们那一届全校共留了 19 个毕业生,包括潘建伟和蒋一,都算工作身份,同时保留免试研究生的资格。第二年,我们开始读在职研究生。同班同学每月拿六七十块钱的研究生补助,我们拿工资,每月两三百块钱,比他们高多了,可以不时地请他们吃饭。

---

① 中国科学技术大学注重基础课教学,重视培养学生扎实的数理基础,自建校始长期实行五年制本科学制,2003 年改为四年制。

熊：您本科做毕业论文了吗？

周：做了，大五时我跟着李振刚①老师做了一年的毕业论文。后来我念硕士、博士，也都是在他的名下。我的本科、硕士、博士论文都是研究家蚕。李振刚老师是做分子遗传学的，主要研究家蚕。他的理论水平非常高，我和他合作发了不少论文。我建立起自己的实验室后，也一直在做家蚕，研究家蚕怎么吐丝、怎么调控的，我现在还指导一个学生做点家蚕研究，等她做完了，我可能就要把这个研究方向关掉了。

熊：在本科和硕士阶段，有哪些老师的课程给您留下了深刻印象？

周：王水老师给我们上力学课，胡友秋老师给我们上电磁学课。生物类课程中，同学们评价比较高的是李振刚老师的课。他的分子遗传学课讲得非常好，思路十分清晰。他的《分子遗传学》教材出过几版，在全国影响很大，可能他那本书是我们生科院出版的教材中影响最大的。吴赛玉老师给我们上生物化学的代谢部分，讲得特别细，也给我留下了深刻印象。

3. 留学法国

周：1995 年，我硕士毕业，然后开始了教师生涯。先带本科生的课，1996 年起带硕士生的课。我怕有水平高的同学把我给问傻了，通常会花相当长的时间备课。1997 年，我升为讲师，然后又读在职博士研究生②，1999 年 1 月，我去法国读中法联合培养的博士研究生。我在法国巴黎南大学 IGM 研究所待了 13 个月，于 2000 年 1 月底回国。

熊：您最后拿的是哪里的博士学位呢？

周：我拿的是科大的博士学位。我 1 月 8 日到法国，印象最深的是，大概 2 月初他们就给我发了两个月的工资，当时法国用的还不是欧元而是法郎。我当时的工资是 8000 多法郎一个月，当时法郎兑人民币的汇率为 1∶1.5，一次收到 1 万几千法郎，这可是我从没见过的巨款啊，然后我就请几个同学去吃了一顿。在 2000 年年底，我又得了一笔奖金，叫中法科技交流协会生物技术奖，是在法国开超市的陈氏兄弟③资助的，由时任的吴建民大使亲自给我颁的奖，奖金为 1 万

---

① 李振刚（1935—2015），山东省青岛市人，1952 年考入北京师范大学生物系，1958 年从该校化学系生物化学专业研究生毕业，1978 年调入中国科学技术大学生物系，曾任中国科学技术大学生物系细胞生物学教研室主任、国家教委生物学科教学指导委员会成员。著有《分子遗传学》《分子遗传学概论》等。参见：胡敦骅.中国当代教坛名人传略选[M].北京：航空工业出版社，1993.

② 中国高等教育体系于 1997 年设置了在职工程技术人员攻读的工程硕士专业学位。

③ 法国陈氏兄弟集团是当今西欧最大的华商企业之一，由陈克威、陈克光兄弟俩创办。

法郎,我请当地几乎所有的中国人,一共二三十人,到我的"Apartment"(公寓)大吃了一顿。

在法国的那 13 个月,我给自己施压了很大的压力——我是研究所内唯一一个周末还去干活的。当时人类基因组计划特别热,美、英、法等国的主流科学家和克雷格·文特尔的公司在竞争。我所在的机构隶属于法国 Genopole 基因组中心,我们只有一台测序仪,很宝贵,我只能在他们不上班的周末或者晚上来用这台仪器。这种老测序仪的大玻璃板必须擦得很干净,用异丙醇擦,再等它慢慢挥发,玻璃板上不能有一个脏点,也不能有水滴。两块玻璃板板拼起来,中间灌胶。那个板子女孩子基本拿不动,而且水洗擦干净之后很滑。每次洗的时候我都特别紧张,一块板子 8000 多法郎,如果掉到地上,一个月工资就没了。灌完胶之后如果胶里有一个气泡或一粒灰尘,那就白灌了,又要重新去洗干净,重新灌,每弄一次就得折腾两个小时。我周末天天去实验室测编码家蚕丝的基因序列,后来在《核酸研究》上发表了我的第一篇 SCI 论文,那篇论文也是迄今为止我的引用率最高的论文,单篇文章快 600 了。

熊:这么高!为什么引用率这么高?

周:因为这是第一次把蚕丝基因的序列测明白。论文草稿我在回国之前就写完了,2000 年 2 月,在过春节之前我将其改好投了出去。5 月,我顺利通过博士论文答辩。

答辩之后,我开始联系博士后工作。本来联系好了美国佐治亚理工学院一位姓段的教授,连签证都已经办完,准备动身了,我突然收到我后来的博士后导师 Joel Janin 的一封邮件,他刚拿了一个关于"结构基因组(Structural Genomics)"的很大的项目,问我愿不愿意到他那儿做博士后。2000 年结构基因组是全世界最热的研究方向,我就改变主意,把段教授给拒了。我于 2000 年 9 月去法国,在 2003 年的最后一天,也即 12 月 31 日回到北京。

熊:您在法国时的博士生导师是谁?

周:他叫 Andre Addoute,是法国科学院院士,做果蝇遗传学的,60 几岁突发脑出血在突尼斯去世了。他是一位特别潇洒的老头,总共就发了 30 几篇文章,其中 20 几篇是封面文章,包括《Science》《Nature》《Cell》等刊物的封面,他不像我们这样在办公室门口把发表的所有文章的"List"列出来,而是直接把杂志封面剪下来贴在一个展板上。他的实验室很小,但找的都是非常聪明的学生。

熊:你们的实验室是不是在法国科研中心?

周:法国科研中心的研究所跟巴黎南大学是"镶嵌"在一起的。我所在的实验室实际是由两个机构合办的,经费主要来自于法国科研中心,但实验室的博士学位都由巴黎南大学授予。法国科研中心没有授予博士学位的权力。

熊:您在那边讲什么语言?

周：虽在法国多年，但我不会说法语，只能听懂一些。实验室最繁荣的时候有8个博士后，其中6个是法国人，另一个来自南美，但已在法国生活了一二十年，法语讲得很流利，就我一个人不会讲法语。比较奇葩的是，在组会上，他们用法语提问，我用英语回答，我用英语提问，他们用法语回答。科学上的关键词英语、法语基本一致，比较容易听懂，听不懂时比划一下也就懂了。我其实学过几天法语，但是坚持不下来，因为我是博士后，要天天拼命干活。

熊：您觉得中法两国在教学方面各有什么特点？

周：我感觉法国的教育注重挖掘和发挥人的天性，早期教育尤其如此，很随意，不给学生多少压力，就让他们做自己喜欢的事。因为法国是发达国家嘛。我想我的孙辈基本也可以如此。

4. 回到科大

熊：2003年年底归国时，您是不是也有一些别的选择？

周：是的。由于施蕴渝老师特别希望我回来，当时的科大人事处处长鹿明老师也希望我回来，我也就回来了。

刚回来时，我既没有办公室，也没有实验室。我就在滕脉坤教授办公室的外侧加了一张电脑桌、一把椅子，作为临时办公室。滕老师喜欢抽烟，而我是一个坚决的禁烟主义者。在一个房间待了近一年时间，我免费吸了滕老师大量的二手烟。由于没有实验室，我只好把我指导的两位本科毕业班的学生何永兴和周叶云安置在现在已不复存在的结构基因组实验室简易房。2004年10月，生命科学实验大楼落成交付使用，我分到了约200平方米的实验室和一个独立的办公室，这才终于结束被迫吸二手烟的时代，并开始搭建自己的科研平台。在不到半年时间里，我的实验室就充满了各种实验室仪器和试剂耗材。

2004年12月，我申请的科学院"百人计划"项目进行择优答辩。这是科学院第一次对"百人计划"进行择优，先备案再择优，通过了再给你经费。择优时要淘汰掉25%的人，这是我独立工作以来第一次感觉到真正的压力，因为要是没有通过，我就拿不到200万元的科研启动经费。

印象中有88个人在北京答辩，要淘汰掉22个，大家都是忐忑不安、脸色凝重。上回合肥的火车时，我感到出奇的冷，在火车启动后，我和孙宝林接到校人事处老师的电话，告知我们通过了择优，马上心情大好，无边的寒意烟消云散。随后，在科学院"百人计划"择优经费和国家自然科学基金委面上项目的支持下，我的实验室建设和各项科研工作得以更加顺利地展开。

实验室建好后，我去做过一天实验，结果好多学生都烦我，说我去过之后，好多试剂就找不着了。他们在讨论之后，以集体的名义告诉我不要再去做实验

了,我就负责跟他们讨论实验结果、写项目申请书、改论文等。所以 2004 年回来后,我就基本没亲手做过实验了。现在我和我太太两个实验室,加起来有三四十人,配有上千种试剂。我们要求试剂共享。这是件很难的事情,要求每个人都必须非常的严格、认真。这是我在法国学到的东西,在我做博士后时,实验室的试剂就是事先配好、大家公用的。法国人做事特别追求细节,做出的东西很精致。他们也讲究生活品位,喜欢吃好点、喝好点,有空多出去玩玩。

熊:刚回国独立建实验室时,您主要开展哪些研究?

周:我继续做结构基因组研究。施老师也在做结构基因学研究,而我是从国际上最早成立的几个结构基因组中心出来的。

熊:结构基因组学是不是您从法国带到科大来的?

周:不是,之前科大已有老师在做,但法国的相关工作启动更早,方法更完备一些。2006 年,我作为首席科学家获得了科技部重大研究计划项目的资助。这段经历对我的锻炼非常大,对我而言是个里程碑式的事件。我们刚搬进新生物楼时,大楼还很空,现在则根本就挤不下。我刚回来时生科院只有 20 个左右的 PI,现在有 70 多个了。又建了一幢新楼,我估计新楼很快也会挤不下了。

熊:70 个 PI 的规模,在当前各高校生科院中排什么位置?

周:算中等偏小的。复旦生科院我刚去过,有 120 个 PI;北大、清华的生科院都有 120 个以上的 PI;中山大学生科院的 PI 规模更大;上海交大的生科院也比我们的大,他们偏医学。我觉得我们将来会有 100~120 个 PI 的规模。现在科大生科院的人均产出还是可以的,不但老同志还在继续发力,而且新回来的年轻人也都很厉害。

5. 教学及管理工作

熊:回国之后您还继续带课么?

周:我一直带生物化学课。我早年还带过研究生的分子生物学课,后来就不带了。基本上每年我都带 60 个学时左右的本科生生化课,现在还加一个 20 个学时的科技与社会新生研讨课。我最近几年主要带创新班的学生,这样我可以保持跟十七八岁的一年级小朋友有直接接触。上个星期已经开了第一次课,孩子们每个人都做了自我介绍。我发现创新班的孩子们一届比一届好,这 18 个孩子都非常阳光,每个人都敢说,都可以侃很长时间,还有三四个孩子非要请我去看电影,还要教我玩动漫。

2004 年春天,生科院教学副院长徐卫华找我,让我担任主任整合生科院的实验教学中心。这是我做的一件比较得意的事情。2007 年,我们被评为国家级示范中心。在我们申请时,同行评议遥遥领先,居然是第一名,不用去北京答辩,直接就成了国家级示范中心。我一直负责这个中心,直到2009年我做了生科院教学副院长。从2014年5月起,我被安排到教务处。开始时我是非常犹豫的,因为担心各种行政事务会耽误科研,可陈初升副校长和蒋一副书记都想让我过去。犹豫了一个多月,我还是服从安排了。现在看来,要是不来教务处,我的科研应该会比现在做得好一点。

熊:有失的同时也有得。您在教学管理方面肯定有很多体会。您能讲讲您管理生科院教学工作的情况么?

周:关于生科院的教学工作,我们当时做过几件比较实在的事。第一件是整合实验教学中心。生科院有动物学、植物学、解剖、神经、生化、细胞等许多实验课程。之前全是分散的,我们建立网站、共享设备,让老师们在一起集中办公,把全院的实验教学工作整合到一起。

熊:老师们不是各有各的办公室、实验室?

周:实验教学中心有支撑岗和教学岗。带实验课的老师属教学岗,他们上课时就去,平时不用在办公室待着。

2011年5月24日生命科学学院实验教学中心参观鹞落坪实习基地

第二件事就是本研贯通,即打通本科生、研究生的课,把很多"水课"挤掉。现在像分子生物学、细胞生物学,我们本科生课与研究生的课已经完全贯通了。课程分为Ⅰ、Ⅱ、Ⅲ类三类,Ⅰ是必修的;学有余力的本科生可以选Ⅱ或Ⅲ;贝时璋英才班的学生Ⅰ、Ⅱ、Ⅲ类都是必修;外面考来的研究生如果底子比较差,就可以跟本科生一起上Ⅰ类,但是Ⅱ类和Ⅲ类是必修的。

还有一件事,我们硕士生转博士生的流程做得比较合理。我们学院每年招收近 200 名硕士生,每年会有一半左右的硕士生转博。我们定出方案,在第四学期五一节前后,全院申请转博者被分成几个组,每个人都做报告,然后老师打分,去掉一个最高分,去掉一个最低分,取平均分,再全院大排序。这样一来,大家都觉得比较公平。以前录取名额比较宽松时还好一点,现在博士生指标越来越紧张,所以得有一个相对公平的办法。这个体系还在进一步优化之中。

6. 印象深刻的人和事

熊:您在生物系、生科院学习工作这么长时间,让您印象深刻的人和事肯定不少吧? 能不能做一些介绍?

周:从小小的生物系到现在有一定规模的生科院,我觉得贡献最大的是我们的施蕴渝老师。经她坚持不懈地推动才建成生物楼,然后引进包括田志刚、吴缅、姚雪彪、向成斌等老师在内的很多人才。在我来生物系后的这 30 年中,施老师肯定是贡献最大的。在生科院的规范化管理方面,牛立文老师做出了非常大的贡献。他在全校首先推行 PI 制,花了很多心思设计生物楼的布局,建立起各种管理体系,使生物楼成为全校运行最好的公用楼宇之一,虽跟国外比还有提升空间,但在国内肯定已是非常好的了。这栋楼用了 14 年了还非常好,这离不开他的心血,当然还有我们行政办公室干将潘文宇主任的功劳。

在我回国后的这 14 年中,我还见证了生科院科研水平的迅速提升。我国的科研经费增长了很多。经费增长后,我们的实验条件、科研环境比以前好了很多,这进一步导致整个中国的科研,包括科大和生科院的科研在内,都出现爆发式增长。我去法国读联合培养的博士时,看到一个德国科学家发表了 100 篇文章,顿时觉得这是我这辈子都不可实现的目标。我上学时,觉得《美国生物化学杂志》和《核酸研究》就是"神刊",这辈子能在上面发一篇文章就很了不起了。现在,稍微灵光、中等偏上的博士生就可以很轻松地发一篇。不管是数量,还是质量,我们的进步都非常大、非常明显。这么大的变化就发生在短短的十几年时间内,以前都不敢想象。

熊:这是为什么呢?

周:我觉得主要是因为国家的经济发展起来了,大环境发生了变化。

熊:国家加入 WTO,经济得以飞速增长,而科研投入增长得更快。

周:对,我 2003 年年底回来,正好赶上国家的飞速发展。

7. 所系结合

熊：现在你们培养这么多的研究生，还进行所系结合吗？

周：依然进行。我们跟生物物理所、上海生命科学研究院结合得非常多，跟昆明动物所、广州生物医药健康研究院也有结合。

熊：跟那么多研究所结合？

周：对，我们每年培养的200个左右的硕士中有30多个是在各个研究所进行科研工作的。

熊：研究所委托你们培养的？

周：不是。学生是科大学籍，导师是所里的老师。学生第一年在科大上课，第二年起直接去所里做论文，导师是所里的老师，他们同时是我们学院的兼职导师。

熊：他们过来上课吗？

周：我们贝时璋英才班在星期六有一门固定的课。许瑞明、徐涛、陈霖、郭爱克、陈润生……很多所里的专家都来上过课，星期五来，星期六晚上走，从2009年开始办英才班到现在，已经坚持了十年。

熊：研究所的专家来学院上课，同时学院也给研究所培养人才，双方结合得还是蛮密切的。在所系结合方面，八九十年代和现在相比变化大吗？

周：八九十年代，校内的实验条件比较差，整个生物系没几个实验室能开展比较规范的实验，经费不够、空间也不够，大部分只是教学性质的，所以，我们班有大约一半学生是去所里做的本科毕业论文。现在，去所里做毕业论文的学生比例比那时少多了，因为科大本身的科研条件比30年前好多了，从80年代到现在，变化非常大。

熊：那时候同学主要去哪些研究所？

周：去生化所、细胞所、生理所、生物物理所、微生物所、动物所、植物所、遗传所等机构，以上海和北京的生物类研究所为主。

熊：现在中国科学院大学也在和研究所进行"科教融合"，这会不会影响科大的"所系结合"？

周：没什么影响，因为科学院非常大。他们合作他们的，我们合作我们的。

8. 现在的研究工作

熊：您的研究方向有改变，现在不怎么做蚕丝研究了，对不对？

周：对，现在我太太和我的实验室主要做肺炎链球菌和蓝细菌的研究。

熊：这方面的研究是不是有很大的实用性？

周：蓝细菌研究当然有很大实用性。我给自己定的下一个目标是做点真正有意义的研究，比如用生物学的手段改善巢湖的水质。巢湖离我们很近，它的水很臭，8月份尤其令人难以忍受。为什么？因为它的水富营养化，蓝细菌即蓝藻大量生长，温度高时，蓝细菌生长尤其快，它进行光合作用、分泌毒素，把水里面的鱼虾都给弄死了，鱼虾死了水就臭了。现在在中庙附近花了三亿元搞了个藻水分离系统，把几平方公里湖面中的水抽出来过滤。做工程的人愿意那么做，认为短期就可以看到成效，可蓝藻直径只有两微米，是很难过滤的，且回收的蓝藻也没想好怎么去利用。因此，我们需要用生物学的手段来控制蓝藻。

熊：你们具体怎么用生物学的手段来控制蓝藻呢？

周：我们的初步想法是用噬藻体。其实原理很简单：被噬藻体侵染后的蓝藻会裂解，释放出更多的噬藻体，它们又可以吃掉更多蓝藻，从而形成一个快速放大的级联反应。蓝藻密度达到一个临界点后就会爆发水华，蓝藻就分泌毒素把鱼虾杀死，水就臭了。在这个临界点到达之前，我们可以在局部范围投放噬藻体，这种侵染蓝藻的病毒会非常快地被级联放大，然后干预水华的爆发。虽然原理比较简单，但噬藻体跟蓝藻之间有非常严格的种属特异性，所以要采集水样，要确定水体中哪种蓝藻是优势种群，然后分离出对付它的噬藻体。

熊：现在你们的研究进展如何呢？

周：今年夏天我们在巢湖中取了十个点的水样测各种参数，现已有一些初步的进展。明年夏天我们应该会有一些初试结果。

熊：有没有可能将几种噬藻体一起放出，把不同种群的蓝藻一起干掉？

周：很难，微生物世界同样存在种群平衡，你把这些种杀了，另外一些低丰度的种群就可能成为优势种群，所以这时候你要先监测，然后适时适当干预。投放噬藻体会产生生态学方面的问题，还需进行生态风险评估，当然还需经过政府部门同意。

9. 生科院的特点

熊：看来，现在生科院的研究方向非常广泛啊！

周：对。我们学院做的主要微观生物学，即利用生物化学、分子生物学和细胞生物学的手段来解决神经生物学、免疫学、微生物、植物学、动物学方面的问题。我们学院现在大的方向就是生化、神经生物学、免疫学、细胞生物学，还有植物学，总共就这几块。

熊：是不是分类工作做得比较少？

周：对，做得很少。传统的分类学属宏观生物学。

熊：科大有生态学专业吗？

周：我们有生态学学科，没有生态学专业。专业是本科的概念，学科是研究生（硕士生、博士生）层面的。我们有37个本科专业、29个一级学科，生态学是一级学科。我们本科人才培养有生命科学和生物技术两个专业，将来如果有可能也会建立生态学专业。现在生态学在全国都萎缩得很厉害，大家没有真正重视起来，尽管生态学是一级学科，跟生物科学是平行的。

熊：在您看来，生科院有哪些特点？

周：科大的生科院是从8系，即生物系发展过来的，比较好地传承了8系的理念。作为一个学院，它整合得很好，跟其他由多个系合并而成的学院明显不同。

熊：具体传承了什么呢？

周：传承8系的很多优秀理念，生科院的教学框架、管理运行体系基本还是原来的。

熊：您的意思是说，从50年代建系时起形成的办学理念、教学体系一直传承到了现在？

周：是的。因为我们首先要守正，然后才能创新。

18 一代应胜过一代

——姚雪彪教授访谈录

受访人：姚雪彪
访谈人：熊卫民
整理人：熊卫民
访谈时间：2018年2月5日
访谈地点：中国科学技术大学生命科学学院

受访人简介

姚雪彪教授
（熊卫民拍摄）

姚雪彪，男，1963年生于江西南昌，1984年从江西中医学院获得药学学士学位，1995年从美国加州大学伯克利分校获得细胞分子生物学博士学位，其后在美国加州大学圣地亚哥分校从事细胞分裂调控博士后研究。1997年后被聘为美国威斯康星州大学医学院助理教授，莫尔豪斯医学院生理系兼职副教授、教授。1999年后任中国科学技术大学教授。2002年被聘为"973计划"项目"调控细胞增殖重要蛋白质作用网络的研究"首席科学家，2017年被聘为国家科技部"着丝粒蛋白质机器调控细胞命运抉择的分子机制"项目负责人。他还是教育部"长江学者"特聘教授、"国家自然科学杰出青年科学基金"获得者。

在这次访谈中，姚雪彪教授介绍了他的学术之路，他选择来科大生命科学学院工作的原因，在科大建设实验室的经过以及中间的波折，他们实验室的一些研究工作及所取得成果，他的教育理念，他对研究生、本科生、高中生的培养及感悟，等等。他还从自己的亲历出发，比较了美国、欧洲、中国的技术支撑系统，并对中国现行的PI制的优点和可进一步提升之处提出了自己的观点。

熊卫民(以下简称"熊"):姚老师,作为科大生科院最早引进的人才,您亲历了生科院的大发展,对后面20年的历史是非常清楚的。而且,您不但自己很有创造力,在培养学生方面也很成功。我想请您谈谈这方面的事。先从您的成长经历讲起,然后重点谈您和生科院,好不好?

姚(以下简称"姚"):好的。

熊:您是哪一年出生的?

姚:我于1963年生于江西南昌。1980年,我考入江西中医学院药学专业。

熊:您本科是学中医的?

姚:我本科学习的专业是药学,在学药物知识的同时,对中医、西医的基础课程也都要进行比较学习。1984年毕业后,我去北京工作了几年。

1. 在加州大学伯克利分校攻读博士学位

姚:1991年,我去美国加州大学伯克利分校念博士研究生,从事胃肠分子生理学、病理学的研究。我研究生读得稍微快一些,大概三年半就读完了,然后去加州大学圣地亚哥分校做博士后。

熊:仅三年多就从学士变成博士,确实很快。

姚:相对于美国速度可能比较快些(事实上,英国的博士学位通常是三年制)。我曾跟我的学生分享自己这段经历,告诉他们,搞科研创新有点像骑自行车,刚开始是老师教与扶持,一旦放单(骑),你就得有自己对方向独立的判断与速度的掌握。为了日后的工作拓展与转换式研究,有些人会把研究生阶段的学习适当延伸。

赴美国留学前,我申请了三个研究生院,结果都被录取了,其中两个是分子药理学方向,一个是细胞分子生物学方向。这就让我面临一个抉择,到底是追求最热门的分子细胞生物学,还是做传统的药理研究?考虑到自己以前做的是药学方面的工作,为了未来个人职业的发展及对传统药理学的拓展,最后我选择了学习分子细胞生物学。

熊:您的博士论文具体是什么方向的?

姚:我出国前,澳大利亚两位病理学家发现了一种特殊的螺旋状的病原菌——幽门螺杆菌。这就给我们领域提出了一个科学问题:幽门螺杆菌如何干扰胃酸分泌及其如何导致胃癌的发生与发展。在伯克利分校念博士研究生期间,我师从现代消化分子生理学奠基人 John G. Forte 教授,研究了这个问题。读研期间,我和导师合作发表了十几篇文章。毕业之后,我还和他合作发表了近十篇论文。

现在我负责的实验室仍然在做胃酸分泌研究,只不过针对的是新的科学问题,在方法上也有较大的提升。目前,我们正在结合类器官技术与超高分辨成像,解析胃酸分泌的细胞动力学特征及胃壁细胞的细胞器在类器官环境中如何应答幽门螺杆菌的"访问"与"客居",为消除幽门螺杆菌的病理作用提供新视角与干预策略。

虽然我们课题组在这个方向上的研究只花了大概10%的科研时间与投入,但我们的研究工作做得非常有特色。我曾应邀在2003年的《Annual Review in Physiology》上撰写有关胃酸分泌的细胞生物学进展。2012年出版的四卷本《Gastrointestinal Physiology Handbook》中也有我们撰写的一章《Cell Biology of Parietal Cell Secretion》。这是医学院胃肠病学最传统、最经典的教材,每十年出一新版,理论上说,这是全世界的医学生、住院医生、临床主治医生必读的著作。胃酸分泌研究的继续与深入是我的博士生导师在去世前交给我的任务。他一辈子总共培养了40多个博士研究生,这些人后来大多都成为教授,但继续做胃酸分泌研究的基本没有,他希望我能把这项工作传承下去并发扬光大。

事实上,人最基本的功能就是承上启下。今天早上我还在问同学们,如何去定义成功,定义人生价值的实现?我的答案是:专业上,我们应当做得比导师更好,然后我们又培养出比自己更好的学生。若能做到这一点,我们就成功了一半。另一半是我们在职业上应当比父母更强,然后,再培养出职业上比自己更为优秀的子女。这是社会发展的动力。

2. 在加州大学圣地亚哥分校做博后

熊:博士毕业后,您去了哪里?

姚:加州大学圣地亚哥分校。

熊:在博后期间,您跟的是哪位老师,做的又是什么方向呢?

姚:他叫 Don W. Cleveland,是位大科学家,刚拿了美国的一个科学大奖——2018年生命科学突破奖(2018 Breakthrough Prize in Life Science)。突破奖奖金很高,是诺贝尔奖的3倍。在基础物理学、数学领域也有科学突破奖,都是奖励那些取得巨大突破的科学发现。

Cleveland 教授同时做两个方向的题目,一个是从他的导师那儿继承下来的,另一个是他独立以后自己开创的。我到他那里以后,他让我做一个题目。3个月以后,他发现结果不像他想象的那么巨大,有点浪费时间,就让我重新定位。我决定研究有丝分裂马达蛋白 CENP-E。当时实验室已有4个博后在做此马达蛋白,把我加上就5个了,我们在5个不同的模式动物中做,有做果蝇的、有做非洲爪蟾的、有做酵母的等。

熊：5个博后做同一个蛋白？

姚：对。我们研究同一个蛋白在不同物种中功能的差异,而且技术方面大家也在竞争,看谁能最早发掘它的功能。马达蛋白功能研究至今仍非常受重视,已有拉斯克奖(2012)颁发给相关工作。

熊：拉斯克奖,诺贝尔奖的风向标？

姚：是的,拉斯克奖的颁发说明其重要性,期待诺奖委员会能早日认可他们的发现。在5位研究马达蛋白CENP-E的博后中,我是最后一个进入此领域的,其他4位博后主要用遗传学技术来做,我后来独辟蹊径,利用自己在生化和细胞生物学上比较强的知识积累来做,我只花了两年时间就做完了这项工作,并率先拿到"Tenure Track"(长聘)助理教授职位。几年之后,我和较早从事马达蛋白CENP-E研究的同事不期而遇,我们两个人同时以马达蛋白CENP-E作为靶点,发掘出新颖的CENP-E小分子抑制剂。我们科大的专利跟他们(GSK)的专利是同一年的,他们是50人的研究团队,而我们的化学生物学团队只投入了6个人。

熊：您博士阶段的工作完成得很顺利、很快,博后工作也是如此。

姚：是的。这主要是因为发挥了自己的长处。所以我当老师后,在人才培养方面,也很重视个性化培养。每个人都有他的优点和弱点。我希望能尽量发扬优点、缩小弱点。现代生物学研究已从对大自然的由衷探究逐步转变成一项竞争性的"科学运动会"。为此,我们在选题和研究方法上都得思考如何扬长避短。现代科学范畴不断拓展并快速向前推进,每个领域都能消耗掉一个科学家所有的能量。因此,你必须做出适合自己的精准选择,否则会事倍功半。

3. 选择来科大生命学院的原因

熊：博后出站后您去了哪里？

姚：1997年博后工作完成后,我被美国威斯康星州大学医学院聘为助理教授,后来又担任了美国摩尔豪斯医学院生理系兼职副教授、教授,分子影像中心主任。

熊：那您是哪一年来到科大的？为什么选择科大？

姚：虽然我实际来到科大建独立实验室是2000年的事,但我是1998年中国科学院"百人计划"入选者,1999年的第一批"长江学者"入选者,还是1999年基金委的"杰青"获得者。因为科大生物系变成生命学院是1997年年底的事,所以,我有幸参与并见证了科大生命学院的大部分发展历史。1998~2003年,施蕴渝老师当院长的这五年,是科大生命科学飞速发展的一个时期。评价发展的快慢需要参照物,我用的参照物是国内同期生命科学发展的速度。国内别的

大学也建立与发展了生命学院,而当时科大生命学院的发展速度尤为突出,是一匹黑马。

为什么当时科大生命学院在系转院的过程中能发展得更快?施老师起了非常关键的作用。首先,她能敏锐地发现人才,并在引进工作过程中事无巨细地亲自处理,从而保证了引进人才的顺利到位,建成了有效的团队,并长期、稳定地工作。此外,在引进人才的总体布局上,她有较为前瞻的考量。例如,她在脑科学、细胞生物学及免疫学领域分别引进了周江宁教授、吴缅教授和田志刚教授,他们均对科大生命科学的发展做出了重大贡献,田志刚教授还于去年当选为中国工程院院士。引进科大第一批"长江学者"时,面对众多非常优秀的申请人,科大选择我的一个主要原因是认为细胞有丝分裂研究是生命科学的重要领域,其终极科学问题的解析有待多学科交叉集成,而多学科交叉也是科大的文化与优势。事实上,对细胞有丝分裂调控重要机器着丝粒的研究,已逐步从我们细胞动力学实验室的主要研究方向变成了生命学院乃至合肥微尺度物质科学国家科学中心的集成点之一。现在我们还组织了一个创新群体,由生命学院五六个老师合作起来做这方面的研究——主要是解决有丝分裂中的蛋白质机器的可塑性与动态组装问题,这项工作得到了国家自然科学基金委的资助(2017—2022)。

说到这里,我就可以回答您的问题了。我为什么选择来科大?这是因为我在伯克利分校接触到了包括庄小威在内的很多科大校友,我觉得科大是个很大的人才智库,它的科研文化是当时国内高校中最好的。做好细胞生物学研究需要两个条件:一是良好的环境,包括资金和文化;二是足够多的巧手,PI只有一个脑袋,需要20双或者更多的巧手去实现他的思想。他的假设可能正确,也可能错误,需要经常试错,才能得到优化的方案。而做这些实验,是需要巧手的。科大科研文化好,有很多巧手,潘校、杜校和我们科大其他许多杰出科学家之所以成功,都得益于这两点的最佳结合。

实际上,早在1995年我博士毕业时我就联系过科大的主管机构——中国科学院。当时中科院和德国马普学会有一个合作计划,我投了一份申请。中科院生命科学与生物技术局王贵海副局长还给我回了一封信,说希望我继续学习深造,把博后做完再回来报效祖国。

1999年入选教育部"长江计划"之后,我与科大生命学院有了更进一步的接触。我了解到,尽管设施条件不是特别好,但科大生命学院在结构生物学方面确实有优势。我更多的是做功能研究,而结构和功能关系密切。实际上,科学上有个争论,到底是结构引导功能,还是功能引导结构?我认为两者是相辅相成的,就像走路需要用两条腿一样。至于哪只脚先走,哪只脚后提,这得看课题的走向以及当时的状况。比方说,如果功能研究已经进展到一个需要弄清楚结构的地步,那就是功能推动结构;如果结构生物学家基于各种理由认为某蛋白的功能非常重要,并想方设法把其结构解了,然后他需要功能研究作为佐证,那就是结构引导下的功能解析。所以谁先谁后并没多大关系,重要的是合作共赢。施老师他们在结构生物学方面有优势,她希望我能过来,一起合作做研究。这也让我怦然心动。后来,施老师与牛立文教授、滕脉坤教授等建立了结构生物学创新群体,我和吴缅教授都加入了进来。

所以,是科大的学生优势、文化优势、学科优势以及施老师对人才的重视等,把我给吸引了过来。如果允许时间倒流,让我重选一次,科大仍然是我的第一选择。当然我可能会做得更好一些。我来到科大,承载了很多人的期望,我自己也渴望在科大的校园里做出一些有特色的转换式研究成果来回报信任与支持。

4. 抓住了国家发展所提供的机会

熊:科大有哪些文化优势?

姚:科大文化比较精粹简洁,抗周边文化干扰的能力较强,在人才培养方面也有一套很成功的方法。我经历了施老师做院长的五年、牛立文教授做院长的五年、田志刚教授做院长的五年,然后是薛天教授做院长以来的三年多时间。我觉得,科大生命学院一直在发扬其务实求真的科研文化,不断前进。回过头来看,关键的一个转折是施老师当政时由系转成院,我们从力学楼搬到了这座生物大楼来,并在牛立文院长的带领下逐步把 PI 制给建立与完善起来,为学院的未来发展提供了一个巨大的空间。

这段时间,国家也增大了对科研的投入,发生了很大的变化。其中一个关键是 1998 年李嘉诚先生资助的"长江学者奖励计划"的实施。长江学者的税后年薪是非常可观的,这意味着,学者的才识进一步得到了社会的尊重和认可。在这之后,又出现了一系列的人才计划和科研管理制度的调整。譬如,以前外籍人士是不能在(国家自然科学)基金委申请基金的。吴缅教授回来时是新加坡籍,他就不能申请基金。是施老师给基金委做了大量的工作,才导致一些政策有了有效与合理的改变,使得外籍人士可同等地申请基金,包括重点基金。现在申请"杰青",连国籍也不问了。要是没有吴缅教授这种案例,要是没有施老师这种能够发声的资深科学家去推动,当时的一些制度是难以在短期内发生改变的。

5. PI 制

熊：生命学院具体从哪一年开始实行 PI 制？

姚：在施老师当院长时，就已经建立了 PI 制框架。牛立文教授接任院长后，进一步推进了 PI 制的实施与改革，明确了科研岗、技术支撑岗的职能与职责，较大地调动了科研人员与技术支撑岗人员的积极性。我觉得，PI 制本身是一个很好的制度，但如果能够在它的基础之上，允许有些研究组更大一些，几个 PI 联合起来，有机地形成一个科研项目群，围绕一个大的科学目标攻关，取得的成就可能会更大一些。原因很简单，集中优势兵力嘛。量子通信研究是一个例子，这方面的事业比较大，不是一两个 PI 在较短的时间内能够独立完成的。

熊：您在美国的时候做过 PI 吗？

姚：我回来之前就是 PI 了。我 1997 年就开始做 "Tenure Track" 助理教授。美国的助理教授有两种，一种是在大的正教授团队里工作，没有 "Tenure Track"，也就是说他的合同是每三年签一次或者每一年签一次，这不算独立的 PI；我是另一种，有 "Tenure Track"，是独立的 PI，签五年的合同，五年完了，进行评估，要么升为终身（Tenured）副教授，要么走人。现在中国的 PI 制还没有那么严格。当然，现在清华已在推行这个制度，浙大、北大也在试着推行，其要点是非升即走，要是五年、六年后你没通过评估，你就得换地方了。科大文化比较宽容，到现在还没有这个意义上的精准 PI 制度。

熊：PI 制的引进和实施有一个过程。

姚：对。美国的 PI 必须有外来的基金资助，用系里的资源来资助的科研人员都不能叫 PI。你如果是 PI，在你的实验室内，科学研究与人事管理由你说了算，因为你的实验室的资源是你争取来的，不是系里提供的。如果你跟系主任在科学理念或人事管理思路方面有冲突，他不能在五年合同期内让你走人。即使他想这么做，也必须在合同期满后的下一个环节再做，而你有外来基金资助，可以带着你的基金去别的研究机构。也就是说，没人能用简单的行政手段干预到你的科研活动。从资源来自外部的角度看，我们科大生命学院实施的确实是 PI 制。我们科研团队建设的大量经费都是从科学院、基金委与科技部渠道争取来的。我们用的生命学院公共平台设施应该是学校利用教育部"985 工程"等建设的。

另外，我想补充一点的是，现在科大实施的 PI 制还有优化与集成的空间。例如，年轻 PI 到位后的辅导与指导。美国研究型大学对入职后的前三年会有一个指导委员会。帮助年轻的助理教授顺利获得第一个 RO1 基金及一些建立独立实验室的建议。

熊：也就是说，在美国做 PI，首先要独立申请到外面的研究经费。

姚：对。在美国申请基金拼 PI，首先是看你申请的科研项目有没有意义，其次看你的方案有没有独特性，你能不能跟你原来的导师竞争。也就是说，看你在他的基础之上有没有新的东西。你如果竞争不到基金，发了再多文章也做不了 PI，因为你不能独立生存下去。我拿 PI 的"Offer"时，我博后阶段的工作还没发表，我是利用我念研究生时的那三年半的工作，申请到的 NIH 的 RO1 基金，而且第一次申请（1998年）就拿下来了。

熊：您基于一些认识选择来科大。到科大之后，您实际的遭遇和当年的预期符合吗？

姚：大的科学发现需要好的硬件（在很大程度上体现为平台技术与科研经费）、科研文化来支持，也需要很多比较巧的手去尽快实现。我选择来科大，一个重要考虑是在这里能招募到不少优质、有志的学生，这方面是实现了的。在美国，我有再多的经费也不可能招到很多优质、有志的学生。我在威斯康星州立大学医学院时，每年平均每个 PI 只能招 0.75 个学生，即我可在前三年每年招一个学生，第四年就得轮空了，因为学校对学生的量控制得很紧。学生的工资前两年是由系或研究生院支付，第三年以后就由各自的导师来支付，一个正常的 RO1 基金通常一年只能支持 2～3 个学生。现在我的实验室内有 20 个研究生（含留学生），这在美国是很难想象的。中国大学中研究生工资的 75% 是由学校支付的，只有 25% 由基金支付，而美国高年级研究生的工资全部都由基金支付。这是很大的不同。

1999年、2000年我回来的时候，国内对科研的投入还非常少，所以在硬件方面我感到了一些压力，这实际上也是我一直保持国际合作的重要原因。我会利用国际合作伙伴的设备，譬如去美国、日本使用我们所没有的显微镜之类。创新与协同性的科研当然离不开国际合作。所以，尽管短期的发展可能会比较缓慢，但从长远看，回国发展依然是一个最好的选择，你可以有足够的时间与空间选择一些转换式的研究。

6. 技术支撑系列

熊：刚回来时，得重新建实验室，肯定得花一些时间。

姚：对，建实验室要花时间，培养人才也如此。第一代学生都是手把手教的，从很多基础的东西教起。后面的学生，也有不少东西得手把手教。不允许在实验室内建立技术支撑系列的岗位，事实上是对 PI 制的一个弱化。研究生念三年、五年就毕业走了，有些技术从师兄师姐传给了师弟师妹，而有的技术你又得重新教给学生。这是 PI 制在管理上一个可以并必须提升的地方，当然这

不是我说了算的事。

熊：但我们可以探讨一下这方面的问题。美国PI的实验室内也没有技术人员吗？

姚：美国的实验室通常有一个技术员。在公立学校，这个技术员的工资大概有70%是由学校或系里发的。我在伯克利分校读博士研究生的时候，导师实验室的那个技术员跟着我导师工作了35年，跟着他一直干到退休。事实上，在美国与德国杰出实验室，跟随PI毕生的技术员比比皆是！

熊：也就是说，美国PI的实验室有技术支撑系统，尽管人很少，但咱们这边没有。

姚：是的，咱们这边没有。我曾经招了一个技术员进来，后来她提出要读研究生，与实验室在科学研究上同步发展，结果学校当年的政策非得让她辞职后再念。她对我们实验室的文化比较喜欢，读完研究生后继续在这工作，现在是我们这里的特任副研究员。技术是要传承的，尤其像我们这种交叉学科，很多技术与理念都需要专门的培训，并非新人来了就会。

熊：实验离不开操作，心灵手巧的技术人员是实验成功的关键因素之一，且他们对于技术传承也起着很重要的作用。

姚：是啊，在科研方面，咱们中国更多的是在学美国，而美国在技术方面的文化不是太好。相比而言，德国、英国等地的技术支撑系统要强大得多。他们的技术人员很有敬业精神，待遇也很好，跟教授之间差别不是那么大。他们有一套激励机制，所以他们的技术人员一干就是几十年，很少有人换工作。

不过美国也在改，新建立的一些研究机构，譬如霍华德-休斯研究所（HHMI），就有公共的技术平台，买了很多新设备，并配备有专门的技术人员，研究人员任何时候都可以去用那些设备，且那里的技术人员会帮你做优化实验策略与数据处理。

熊：近年来，随着对科研投入的进一步加大，我们国家也建设了一些大装置、大科学中心，这里面的技术系统是非常重要的。科大生命学院也建了多个公共支撑平台吧？

姚：对呀，但其优质服务的深度与广度还有很大的提升空间。比方说，在我们学校，学期一结束，公共支撑平台的人就休假了，然后我们就得不到全方位的技术支持了。这方面得进行一些改革，应当提高技术人员的薪酬与认可度，让他们感觉到社会的期待与尊重，这样他们会更敬业一些。

熊：提高薪酬是很实在的举措。不得不承认，关键在于待遇，技术人员的待遇高了，社会认可程度自然也就高了。

姚：很多人在学期结束之后，随着教学任务的完成，有更多的时间投入到科研方面，由于此时有些同学、研究人员去度假了，此时公用设施的使用空间会更大一些。只要有激励机制，技术人员也会乐意在寒暑假上班。这方面的事情，在不能改变技术人员整个工资体系的情况下，大学、学院这种基层机构也可以做，譬如给加班费什么的。

当然，更重要的是，国家在技术支撑体系方面该下一些功夫。作为科研大国和未来的科研强国，我们应当把技术支撑体系发展起来。当前，技术人员普遍认为他们的聪明才智没有得到足够的认可，一方面是体现在薪酬上，另一方面是体现在文章的发表上。如何采取措施激励这部分人努力工作、高效工作，是值得研究的问题。我去香港科技大学、新加坡国立大学访问并做过实验，那里的技术支撑岗位的人员经常加班，但仍非常敬业，没有将大片时间用于闲聊的。这些大学的实验室经常共用技术人员和秘书，效率非常高，有时三个助理教授的实验室共用一个秘书。这样做的好处是管理起来透明、工作效率高。由于秘书在这个体系中已经做了很长时间，熟悉政策，所以他能帮助新来的助理教授尽快进入体系。我觉得实验室共用辅助人员是提高工作效率的一个好办法。

7. 科研产出既要有量又要有质

熊：您回国之后跟在美国时相比，在科研产出、科研效率方面可有差别？

姚：我在美国做助理教授的时间并不长，实际上也是起步不久。论发文章的数量，肯定是回国之后发得更多——从2000年至今，我已发了100多篇研究论文。之所以如此，是因为学生多，学生毕业需要发文章。我刚来生科院的时候，正逢学校与学院扩大研究生规模，而当时学院有基金资助的老师并不多，所以在前面三到五年，我每年都招5～10位研究生。刚开始是一篇《JBC》(《美国生物化学》)论文，可以有一个学生毕业；后来是一篇《JBC》，可以有两个学生毕业。如此一来，我们发的文章总数当然也就变得很大。我们很可能是在这个档次的期刊上发文章最多的实验室之一。当然，为了学生能够准时毕业，我们给学生的课题均是风险较低的传统细胞生物学与生物化学课题。

若论产出的质量，可能是现在与未来几年更好一些，因为建立了平台与团队，有较好的工作积累，并确立了新方向，给转换式研究留的时间充裕了一些，有可能做出更重大的产出。重大转换式研究产出也有一个积累的过程，我们实验室在努力将量和质结合起来，在保持学生准时毕业的同时，希望能在重要理论与转化基础研究方面有更大突破。

熊：在您看来，何谓更重大的产出？其标志是什么？

姚：衡量成果价值的，有两个标志：一个是高档次的文章，通常即在高档次的刊物发的文章，这里包含着同行的认可；另一个是对所发现的规律的运用，如

申请专利之类。譬如,我们对马达蛋白的运作机制有新发现,将论文投给了《Nature》,还在送审阶段时,《Cell》上登出了一篇同主题文章。很多好期刊都是这样,一旦有类似的东西在其他地方发表,它就不要你了,因为它觉得你不是第一个发现者。然后,我们将论文改投《Cell Research》,将文章发在那里。当然,《Cell Research》也是很好的杂志。后来,国际专利申请下来了,我们跟葛兰素史克(GSK)是同一年(2010年)获得专利批准。又过了四年,美国的Pfizer出了针对同一个靶点的另外一个药物。所以,你看论文的话,人家发表在《Cell》上,我们发表在《Cell Research》上,他们的文章档次要高些;但看专利的话,我们和他们是同步的,各有特色,都可能对未来的新药的研发起推进作用。上个星期Bayer(公司)还为这个专利的事找我,对中国自主创新的这个新靶点很有兴趣,希望能研制出一个针对新靶点的一线抑制肿瘤转移药物。我们是做基础研究的,没有精力,也没有能力去做后期开发,所以还只是把早期的、原始的科学发现发表出来,并把基于发现而产生的一些新想法用专利的形式推出来,至于将其产业化,那是其他环节、其他同行的事了。

上个月还出现一个类似的情况:NIH、德国马普研究所和我们(臧建业、周正红、毕国强与我实验室组成的联合团队)在竞争,结果NIH比我们快一步,投递到《Science》的论文被接收了;德国马普的实验室本来是要把文章投给《Nature》的,也因为《Science》的文章影响了它的发表,就将其改投给了HHMI/MRC/Max Planck合办的一个叫《eLife》的刊物。我们则在《Science》上网前将论文投给了科学院创办的著名国际期刊《Cell Research》。要论影响因子,《eLife》比《Cell Research》要低,所以我们等于是位于中间。但要论科学发现,美、中、德三个团队的工作基本上是同步的。未来大家引用这项发现,相信这三个团队的工作均会被提及。

8. 有丝分裂研究和干细胞质量控制

熊:老一辈科学家中,施履吉院士很早对有丝分裂也做过一些研究。

姚:对。有丝分裂研究有一些瓶颈,第一个是染色体的着丝粒与端粒的精细分子构架,这是光学显微镜看不见的黑匣子,实际处在从液态到固态再回到液态的动态转变过程中。一种学说认为,这里的蛋白质特别致密;另外一种学说则认为,存在一个由小分子调控如翻译后修饰的过程,导致固态与液态之间的转变。我们倾向于认为这是一个调控的过程,在努力找调控物及其位点。施老师也在做这方面的工作。着丝粒实际包含150种不同的蛋白,有可能是细胞里面最大的一个非膜性蛋白质机器体系。90年代末,解了蛋白质结构的着丝粒蛋白可能就1个,到现在解了结构的也没超过30个。我们科大人想解其他

100多种蛋白质的结构,如果能做到,科大生命学院就很厉害了。一种一种地将蛋白质的结构解完以后,你还得把它们拼凑在一块,然后看完整着丝粒在细胞周期过程中的动力学,就像你把飞机拆卸以后,还得将它们组装到一起,让飞机重新飞起来一样,只有如此,你才算对着丝粒的构架与功能有了充分的了解。

熊:着丝粒的结构这么复杂!

姚:对。我们的研究思路是先把它拆开,弄清楚各部分的规律后再把它组装起来,组装完了以后它还得能用。这么做有一些好处,其中一个是判定干细胞的质量。由于着丝粒是维系基因组稳定性的基础,我们对着丝粒动力学研究成果有利于制定干细胞的质量控制标准,令干细胞的应用有更好的前景与安全保障。

如何进行干细胞的质量控制呢?第一是实验操作的标准化,要用同样的方式来诱导产生干细胞。要把干细胞作为药物用于医疗,就需要如此。第二是得有一个可见的、直观的标准。究竟什么样的细胞是健康的、能够植入的,就像产品离开工厂之前需要有个质量控制程序一样。

9. 因材施教

熊:我在大学时也学过一些生物学,还发表过这方面的论文。但由于后来改了行,已很多年没读过生物学前沿的论文了。想不到你们的研究已经如此深入。我想向您请教的另一类问题是关于人才培养方面的,您指导过全国百佳博士论文,在这方面肯定有很多心得。

姚:我注重因材施教。2002年,我回国后招收第三批学生的时候,咱们科大化学院有一个叫薛宇的同学陪同他的同班同学来我们实验室面试。他的同学被我们录取了,但是化学院不放,说:"这么优秀的学生怎么去生科院了?"然后,薛宇就自己来找我,说:"姚老师,我对有丝分裂很感兴趣,您看我能不能来你们实验室学习?"我跟他聊了以后,觉得他很聪明,有热切的求学之心,就把他招了过来。来我们实验室后,他非常刻苦,每天都干得挺晚,但他对做生物学实验没多大的感觉。一两年后,他跟我说:"我时间花得挺多,我也挺想成功,可实验显然是做得不怎么好,我该怎么办呢?"我问他:"你会不会玩计算机?"他说他会,而且可以说是精通。我说:"那我们干脆做计算生物学吧!"他不懂什么叫计算生物学,我就详细地跟他解释,结果他很感兴趣并即刻领悟。然后,我们就跟计算机系的人合作,来做计算生物学。薛宇非常的聪明与投入,转到计算生物学方向后,做得出类拔萃,毕业后他没有去国外做博后,而是直接到我们这儿应聘,被破格提拔为副教授。后来,他去了华中科技大学,29岁就成为正教授。去年又拿到了"青年长江"。

熊：若是换一位老师，冲他吼："你的实验做得这么烂，还是走人吧！"他很可能是另外一种命运啊！

姚：是啊。他现在不但科研做得好，在网站上也非常活跃。他还在博客中谈过我们实验室的事呢。教育嘛，就应该因人而异，扬长避短。还有一个例子。2016年，有一位华人代表研究生在哈佛大学的毕业典礼上发表演讲……

熊：何江。有媒体说，他是有史以来第一位在哈佛大学毕业典礼上演讲的中国人、"影响世界的青年领袖"。

姚：对。何江是我的学生。最初我把他介绍给庄小威的时候，着重向她介绍何江的长处。何江很喜欢做实验，但那并不是他的最大长处，也不全是他的兴趣之所在。他的长处是涉猎很广、知识全面、情商很高，喜欢接触多个领域的杰出人士，善于从那些人那里获得前瞻性思维方式，且擅长写文章，在传播科学知识、科学文化等方面有独到之处。我的结论是，他绝对是个特殊人才！后来小威就把他给招去了，而他在哈佛也是如鱼得水，学业非常好，成为一代青年的领军人物，2016年入选福布斯（Forbes）"世界30位30岁以下值得关注的新星"。

熊：何江是您的硕士生？

姚：不，他是我指导的本科生。他本科毕业后，被我们送到哈佛，直接去庄小威实验室读研究生。因为在美国有两种机制：一种机制是进一个大的"Program"做轮转，然后选一个实验室；另一种无需轮转，直接进某个实验室，因为他知道他要做什么。何江属于第二种，定向直接进小威的实验室。这种学生也要通过综合测试，理论上一年一个教授只能招一个。

从我来科大到现在，我们实验室先后送了11个学生去哈佛大学，这在国内生物类实验室中很可能是较多的。有人因此对刚进实验室的本科生说："只要你进了姚老师的实验室，就等于一只脚已经踏入美国（的著名研究室）了。"在我们的学生申请哈佛大学、斯坦福大学等美国著名高校之前，我都会辅导他，告诉他如何把我们实验室的科研理念和他自己的研究心得写下来。因为我熟悉面试的过程，所以我会让学生读一些来自面试老师的科学发现并找出共同感兴趣的科学问题。在面试之前，我还会陪练一下，除了演练老师可能问的问题外，还让学生问老师一些问题。科大本科生的科研本来就做得很好，有了这些准备，成功率就更高了。

10. 实验室的过程管理及效果

熊：在培养学生方面，您非常投入啊！

姚：我花在学生身上的时间远远超过花在我孩子身上的时间。尽管现在实验室大了,我花在各种评审上的时间多了,但我还是会认真阅读每人每两周一页纸的报告,并保持和每位学生每两周进行一次一对一的谈话。所以,他们在想什么,我大部分时候都能够知道。

熊:两周写一页纸的报告?

姚:一页纸就够了,不需要太长。年终时每个人还都要写一个年终总结,也是一页纸。这一页纸不是随便写的,除工作进展外,还要讲工作中的不足、他需要帮助的地方、他认为实验室可以改进的地方以及他在新的一年里的打算。每两周一次的报告我是要批改的,批改完以后我还要求他们给出反馈。过程管理原来是我自己做,现在有一个副教授在帮我。在下一次报告前两天,他会提醒学生说,"上次姚老师提到的3个问题,不管你解决没解决,你都需要回答这3个问题。也许老师的见解是错的,但你需要回答。"

熊:你们对学生管得很紧啊!

姚:十年前不是这样的,那时的学生都很独立,虽然我们也实施过程管理,但不需要盯得这么紧。

熊:您现在一届招几个学生?

姚:通常是3~4个硕博连读生。正常情况是一届可招3个,生科院有一个政策,如果发了一篇CNS(《Cell》《Nature》《Science》)及子刊论文,可以奖励一个,那就是4个,我们通常是3~4个,奖励获得较多时偶尔可以招5个。3个硕博连读生中,通常有一个会被淘汰,即只有两个能进入下一流程攻读博士学位。硕博生通常是5年毕业,这些年我们的文章做得大了一些,念6年也正常,但若到了7年,我就会出来干预——若他(她)的大文章需要更长的时间,我们会协调一下,让他(她)先合作发一篇小一点的文章,获得答辩资格,拿到学位,然后再安下心来做完他(她)想做的研究。那些确实有重大创新的,拿到博士学位后还可能继续在生科院做博后,做完博后以后他可能成为科大在聘的副教授。

我们实验室培养的研究生出国留学后回来的,已有4个"青千"。他们建实验室很"溜",因为他们当年和我一起经历过建设实验室的过程。除了学到科学研究的方法外,他们当年也学到了如何建设和管理实验室。

我们还将一些本科生送到了哈佛、剑桥这类世界上最好的大学去读研究生,只是他们之中还没有回来做"青千"的,尽管他们之中已有人在美国做了教授,可能他们还想在国外再发展一段时间吧。

熊:同时带这么多学生,不但要读他们的报告,还要对报告进行批改、提出问题,您投入的精力很大,培养的效果也挺好。

姚:育人嘛,还是需要花时间与精力的。

11. 英才计划

熊：除了带研究生,您还开课吗?

姚：开,近几年我主要给本科生开细胞生物学、细胞动力学课。我们还培养高中生。

熊：高中生?

姚：我是中国科协"英才计划"的导师,今年还作为生物学科的代表,在中国科协的"英才计划"会议上做大会发言。每年大概有4~5个高中生到我们学院来学习。他们会在好几个老师的实验室里流转一下,我们给他们讲讲课,教他们一些实验,然后,他们选一个题目来做,做完了还要答辩一下。前面两年,都有我们培养的高中生拿了国家的优胜奖。2015年的那个叫姚伊涵的同学,是合肥一中的,非常优秀,对生物学特别感兴趣。她本来想去清华施一公那里读本科,你知道,一中的好学生大都喜欢去北大、清华,结果进了我们实验室以后,她迷上了细胞有丝分裂研究,一心要考到我们这里来读大学,以至于她妈妈来找我们:"你们是不是把我女儿给洗脑了?"她参加科大的自主招生考试,由于科大不考虑生物、化学方面的竞赛成绩,只考虑数学、物理的竞赛成绩,结果她没能成功,后来她去英国剑桥大学念书去了。因为她的事,我还跟包(信和)校长建议,应当允许在国内英才论坛拿优胜奖的同学参加科大的自主招生考试,优胜奖很难拿,相当于在奥赛中拿了奖。2016年的那个获奖的叫曾吴喆楷,除国家的优胜奖外,他还拿了英特尔冬令营的决赛奖,只是最后没拿到一等奖。

12. 站在前人的肩膀上

熊：我过去主要做中国当代生物学史研究,与邹承鲁、沈善炯、施履吉等50年代归国的老一辈的生物学家有一些接触。我感觉,你们现在的工作比那些科学家五六十年代的工作要深入得多。

姚：我们是在他们的基础之上前进。2013年,我应《Nature》之邀,写过一篇综述文章[①],介绍分子细胞生物学在中国的发展历程。因为篇幅的限制,对老一辈细胞生物学家,我主要提了贝时璋、朱洗和陈瑞铭。

熊：我也比较熟悉上海细胞所老一辈科学家的工作。陈瑞铭先生是国内第一个做肝癌组织培养的。

---

① Xuebiao Yao, Dangsheng Li & Gang Pei. In Focus: Molecular and Cell Biology Research in China[J]. Nature, 2013(14): 600-606.

姚：对。朱洗先生、陈瑞明先生都是上海细胞所的，贝老也曾在那工作过一段时间，后来到北京，建立生物物理所。

熊：对。他们研究胚胎、研究组织、研究细胞，你们研究细胞器、研究分子。在深度上，我是感觉你们深多了。

姚：前辈们解决了一些问题，而科学又不断提出新的问题，再加上仪器设备的进步，让我们走到了现在的地步。

熊：做科学研究，本来应当是一代胜过一代，下一代理当比上一代站得更高，做得更深入。只是我们国家有几十年不正常，一度弄得下一代还不如上一代。

姚：对。我觉得文化传承比较重要。我跟学生说，他应当比我厉害。当然我们还得给学生指引方向，教学生方法，因为有一些弯路不需要他们再去体验。我希望学生树立这种理念，承上启下，做得比我好，并把我们实验室好的东西传承下去，不好的东西尽早放弃。

19 从生命科学学院到生命科学与医学部
——田志刚院士访谈录

受访人：田志刚
访谈人：熊卫民
整理人：唐朝舜、熊卫民
访谈时间：2018年8月3日
访谈地点：中国科学技术大学生命科学学院田志刚院士办公室

受访人简介

田志刚院士
(2018年8月3日熊卫民拍摄)

田志刚，男，1956年生于新疆，中国工程院院士(2017)。1989～2001年，历任山东肿瘤生物治疗研究中心副主任、主任，山东省医学科学院基础医学所所长；1994～2001年，作为访问学者多次短期赴美国国立卫生研究院(NIH)的癌症研究所工作；2001～2002年，任日本金泽大学国立癌症研究所访问教授；2005～2014年，任中国科学技术大学生命科学学院副院长、院长。现任中国科学技术大学生命科学学院免疫学研究所所长、医学中心主任，中国科学院天然免疫与慢性疾病重点实验室主任，中国免疫学会理事长，国务院学位办学科评议组专家，国家基金委医学部咨询委员会委员，中国科协全国委员会委员，《Cell Mol. Immunol》执行主编、《中国免疫学杂志》主编、《Cytokine》和《中国肿瘤生物治疗杂志》等刊物副主编，2008年获国家自然科学二等奖(首位)、2011年获国家科技进步二等奖(第二位)，参加国际会议或访问作学术报告30余次，获国家发明专利授权20余项。

在这次谈话中，田志刚院士从自己的经历出发，介绍了肿瘤的生物治疗在山东医学科学院和中国科学技术大学的发展概况，以及在他担任科大生科院院长期间的发展思路，学院领导班子在人才引进、平台建设方面所采取的一些举措，科大发展医学学科的过程等。

熊老师，我看了你的访谈提纲。刚好上月我应邀做过一个相关报告，我就一边展示我特意补充过的报告 PPT，一边回答你提的这些问题吧。

1. 梦开始的地方

我于 1956 年生于新疆。我父亲是山东人，从解放济南到解放南京，一路打仗，后来随王震将军解放新疆，然后屯垦戍边便留在了那里。我母亲是湖南人，当年随"八千湘女上天山"到了新疆生产建设兵团。1 岁时，我被送到湖南长沙姥姥家，在那一直生活到 10 岁。长沙城给我留下的最深印象是夏天经常有洪水。一发大水，大家就搬到楼上去住。卖东西的人划着船过来，买东西的把钱放在筐子里，再把筐子从楼上吊下去；卖东西的拿了钱就把东西放在筐子里，买东西的再将筐子扯上来。

1966 年"文革"开始，还在上小学三年级的我回到了父母身边。我在新疆生产建设兵团继续念书，1974 年高中毕业。先是在战备连待了两年，后来又去团场中学当了两年的语文老师。所以说我是当过兵的，并且还是班长，拿的枪都和普通士兵不一样。那个年代的人比较爱好文学，喜欢写点东西，我在高中的时候也写过一些东西，我所在的兵团 2 师 36 团离乌鲁木齐是很遥远的，已经和青海、西藏交界了，我那时候还是新疆广播电台的通讯员。

1977 年恢复高考，我上了大学，到了太原（山西医科大学）；从太原毕业以后，应届考了研究生，到了济南的山东省医学科学院，期间因为做课题，大概有两年时间待在上海第二医科大学，即现在的上海交通大学医学院；毕业以后，我去了长春，读了博士学位；然后回到济南工作了 12 年；2001 年施老师把我招到了科技大学，然后就一直工作到现在。

我当年待过的地方名叫若羌，对外叫米兰农场。这里讲个故事，科大招生办觉得我在同龄人当中做得还算可以（那时还不是院士），就问我说，你要不要招生办组织一帮年轻人到你上中学的地方去宣讲宣讲，也是为了招生的需要。我一听我觉得挺有意思，我说："可以啊，你跟我去，我那个地方可是左脚踩着塔克拉玛干沙漠，右脚踩着罗布泊，背后靠着昆仑山的支脉阿尔金山。它现在变成国家的保护区，翻过这个山就是青海的地界。都说新疆很偏远，那儿又是新疆最偏远的地方。"后来那小伙子打电话说："噢，那我们英雄不问出处，就不上你那去招生了。"

我父亲是团长,家里的房子是用土坯盖出来。因为新疆比较干燥、不下雨,土坯不需要烧成砖。我复习考大学时,在墙上挖个洞,打个台子,放一个煤油灯,就着灯光读书。新疆比较冷,在东北是烧火炕,我们那里用火墙,这个墙里面是空的,烧了灶以后这个墙就是暖和的。

当时年纪小,不知道这里还是一个很有名的地方,《西游记》里面的女儿国和子母河讲的就是这个地方。不可想象,当年那么的繁华,现在却变得荒无人烟。不管怎么样,我对兵团的印象是:遥远并不闭塞,荒凉并不寂寞,贫穷而不落后,艰苦不缺快乐。

关于上大学,我也有个故事。当时对科学不了解,我的录取通知书中写的是卫生系,现在叫预防医学,当时搞不清楚这个卫生系是干什么的。说这个打扫卫生还要用五年时间来学习?家里人坐在一起商量来、商量去,就觉得五年时间肯定有东西可学。"不管这个专业你喜欢不喜欢,最关键的一点是,上大学并不是你的最终目标。"现在回想这句话,它对40年前的我触动很大,按照现在的说法叫志存高远。就是说有了这么一个志向,或者说不觉得上了大学或取得一个学历就到了头,还有很多事情可以继续做。

那个时候可以讲是一个梦开始的时候,那个梦很朦胧,也不知道将来具体会干什么,但是知道前景一定是一片光明,有太多不知道的事情可以去试着做,所以在那个时候就想着大学毕业不会是一个终点。

2. 梦想不是梦

上了大学以后,从没想过这就到了终点。我是应届考上研究生的,那个时候我们一届学生120人,考上研究生的不到10人,而且这已经算录取比例比较高的了。我考上的山东省医学科学院,那一届就招了7个研究生。那时的风气和现在不太一样,现在学医出来都想到医院当大夫。我们那个时候是"科学的春天",学生毕业后的第一选择是去做研究、读研究生,做临床大夫那是第二、第三选择。不过近些年随着医患纠纷增加,医生成了危险职业,风气又有些变了。

在西方国家,医生和律师的社会地位很高。都是智商最高、考试能力最强的人才能考上医学院。美国有医学行业协会,像哈佛大学一年就招50个学生,多伦多大学也是50个学生,这个行业它就不让你人数过多,实际上就是一群高精尖的人聚集在了一起。而中国的医学教育已经成了普适教育,现在很多医学院成百上千地招人。学生毕业以后,有很多人并不从事医疗行业,因为多数人不能留在省城,有的人稍微"屈就"一点,能到市、县级的医院,别的地方便都不愿意去了,所以基本上就去搞药品推销或者换个行业。这在西方国家简直不可思议,一是你很难考上,二是学医花钱很厉害。西方国家不知道中国的情况,医学院的本科生毕业以后到美国,别人会把你对等起来,直接把你当博士后对待。国外认为中国的五年制医学本科相当于他们的医学博士,所以医学院的学生出国很容易,而且直接就做博士后。而我们国家学化学、物理的本科生,要先去美国读博士,然后才能做博士后。

我是在白求恩医科大学(现为吉林大学医学部)读博士的,我在那里待了三年,做的是免疫,直到现在,我一直在做免疫,且一直在医学口。博士毕业后,我便回到山东省医学科学院(以下简称为"山东医科院")。这里有个故事,从1986年到1989年,我在东北读博士的期间,在我发表的论文中,排在我后面的作者都是我原来的硕士研究生导师,署名单位都是山东医科院。因为我那时候还在山东医科院承担一些研究工作,这叫"身在曹营心在汉"吧。

那个时候,癌症的免疫治疗是一个全新的领域,当时我才30出头,从实践来讲,这在当时国内应该是最早的。现在30年过去了,世界发生了巨大变化,美国在2016年启动了"癌症登月"计划,就是要在癌症治疗方面有重大技术突破,要把免疫治疗作为第一线治疗方法,把放疗和化疗作为第二线治疗方法。

我们每个人身上都有免疫系统,免疫系统既有器官,又有细胞、分子,它像警察一样,随时监管人体的异常情况。为什么人体每时每刻都有癌细胞产生,但却不会长肿瘤呢?因为肿瘤细胞一出现就被免疫系统吃掉了,这就说明免疫系统监管得很好。因此,肿瘤病人的这套免疫系统肯定有问题,监管得不到位了。所谓免疫疗法,就是利用这个免疫系统的工作原理、还有现代生物技术,来人为地操控免疫系统,让它去抵抗肿瘤。原来这只是第四线治疗模式,现在已成为第一线治疗模式了。

所以说,读博士期间我是身在长春、心在山东。我刚才没有介绍读博期间的成绩,应该说我在那里算是最好的。80年代,国内的研究工作都是用中文发表文章,基本上没有发英文的。在我们医学口有两个系列的杂志很厉害,一个叫中华医学系列,它分很多学科,如《中华内科杂志》《中华外科杂志》《中华肿瘤杂志》等,中华医学系列上发的是研究论文;还有一个叫国外医学系列,其专门发国外的最新成果,以综述性文章来介绍国外的研究进展。这个系列的杂志订购量要远远大于中华医学系列。由此能看得出来,那个时候我们基本上是跟随国外的研究方向在做科研。当时,国内最强的肿瘤杂志是《国外医学肿瘤分册》,我写过两个专辑,系统地介绍了肿瘤的免疫治疗。1989年年初我毕业的时候,山东省科技厅正式批准成立山东肿瘤生物治疗中心,这在当时是全国第一块牌子,是最早的肿瘤生物治疗机构。这是我回山东的原因,因为我在那时候就选择了这个方向。

3. 两次艰苦创业

山东医科院当时在全国非常有名,其中最有名气的就是消灭三大寄生虫病。山东济宁有一个世界卫生组织合作中心,王兆俊老先生回国的时候得到周总理接见,他要求奋战在疾病防治第一线,所以把他安排在济南做研究时他不干,而是直接去了济宁。山东医科院率先消灭黑热病、丝虫病和疟疾,还获得了国家科技进步一等奖。在我来科大之前,山东医科院已经有两位院士了,一位是眼科学院士,全国唯一的一位眼科学院士,还有一位曾应我邀请来过我们学院,他是全国唯一的放射肿瘤学院士。

1994年,我在《中国肿瘤临床》发表了一篇文章,实际上我从1990年就开始了这项研究。1989年我在山东医科院组建实验室,之后用了两年多时间,我们用首先掌握的基因工程技术生产出一个很重要的药物——白细胞介素2。我们现在在科大做的这个技术转让,就是把白细胞介素12的生产技术转给了安徽丰原药业。白细胞介素12和白细胞介素2是不同的蛋白质,根据发现时间的先后不同编号,那时叫白细胞介素2,现在这个叫白细胞介素12。

当时,从病人身上抽取血液并分离白细胞,然后和白细胞介素2放在一起培养,白细胞会变得对肿瘤有很强的杀伤力,然后再给病人输回去。这就相当于把病人的免疫系统拿到体外,"上个学、训练训练",在能力增强后再把它输回去。这是当时发的文章,叫《LAK细胞治疗38例晚期恶性肿瘤疗效观察》。此时,实验室已经称为"山东肿瘤生物治疗中心",所以这个工作是很有价值的。

还有"同种异体"这几个字,你就记住是异体就好。美国的"癌症登月"计划,大部分都是针对T淋巴细胞,那就只能用自体。我们发现体内有另外一类细胞——自然杀伤(NK)细胞,它在同种异体中也有杀伤肿瘤细胞的能力。换句话说,就是你的细胞培养好了以后也可以输给我。有一种治疗方式叫成分输血,给贫血的病人输红细胞,他们的红细胞低、呼吸很困难,因为红细胞是携带氧气的;给血小板低的病人输血小板,有些病人血小板低了以后就容易出血,包括脑出血,这是会要人命的;剩下的细胞就会扔掉,其中扔得最多的就是白细胞,而白细胞里面就有我们所要的淋巴细胞。淋巴细胞一扩增,就可以给病人用,如果能解决异体问题,这个来源就好办。否则,对于晚期的肿瘤病人来说,他自己本来就很虚弱,再加上放疗、化疗,淋巴细胞的数量和功能都不行。

所以在30年前,我就开始研究异体的免疫细胞了,现在这个异体NK细胞的免疫治疗已经为大家所公认。但那个时候还不行,所以这篇文章的价值很大,却直到现在才真正体现出来。那时候中国没有做实验的条件,这也是我后来要去美国学习的一个原因。我们用这种治疗方法曾经治疗过一个胰腺癌晚期的病人,胰腺癌病人是很疼的,尤其是夜晚最疼,有的病人甚至熬不下来,到凌晨四五点钟就跳楼。这个病人在第一次使用 LAK 细胞治疗后,当晚就好好地睡了一觉,由于治疗费用太贵,病人一好转就闹着要出院。我们前前后后做了十次治疗,病人又存活了两年多。当时我们就想知道原理,但在病人身上你不能做别的试验,只能将细胞抽出来培养,然后再输回去看疗效,也不知道这个疗效是怎么一回事情,在病人体内到底发生了什么?

你要详细地去观察,就得有一个好的动物模型,所以我就去了肿瘤免疫治疗的发源地——美国国立卫生研究院,它设有国家癌症研究所,并特设了一个生物反应(也称生物治疗)专题,大概有七八个实验室从事这方面的研究工作。我在那里待了两年,就是把异体治疗在小鼠身上进行重复,并分析其中原因。当时,还做过其他一些抗肿瘤的实验,然后我就回来了,接着写了很多关于免疫治疗的文章。因为在国外待了两年,自己除了做实验以外,知识面也得到拓宽,知道整个学科是个什么状态。于是,就把免疫治疗聚焦在我们自己的研究方向 NK 细胞上。所以知道了原先那些治疗中起作用的,就是里面含有的这群 NK 细胞。到目前为止也是这样,30 年来只是不断地用生物技术提高培养基质量,目的是为了使 NK 细胞的含量提高、扩张倍数增加。30 年前的细胞只能扩增大概几十倍,里面的 NK 细胞含量只能达到百分之三四十;现在我们已经达到了上千倍的扩增,并且含量可以达到百分之八九十。

我在山东医科院工作了 12 年,怎么会想到来中国科学技术大学呢?当时,山东省的投资、人员队伍都是很庞大的,已建立的平台也很好。对我触动最大的是国家启动"973 计划"以后,省级的科研单位参与度较低;加之地方科研机构改革,难以全力开展基础免疫学研究。我就觉得这与我钟情于科学的初衷有些距离,也担心和免疫同行相比,再有 3~5 年就会被拉开距离。

尽管我们在山东医科院才刚搬了新楼,刚新装了实验室,由原来的一层楼变成了两层楼,花了很大的精力。当时施老师为了把我引进来科大,还去那里看过。那个时候我们就有了 1000 多万元的设备,你可以想想 20 多年前的 1000 多万是个什么概念?新楼装修好,我工作不到半年,就动了离开的心思,再不走科研的梦想就越来越远了。

来到科大是我的第二次创业。1998 年安徽省立医院承办当年的全国血液肿瘤学术交流会,我是被邀请的专家之一。会议期间安排我们上科大看看,当时是施老师、刘竞和牛立文接待,然后还请周专做了一些介绍。说心里话,实际和我想象当中的科大差距太大了,至少比我当时在山东的那个实验室的条件和规模差了不少。楼也破、过道也破,也没有什么像样的宣传。但是和这几位教授谈了后,你会感觉到很热情,而且很专业,至少一看就是很安静地做科学的地方,且没有那么多其他的讲究。实际上当时根本没想到要来中科大。我来科

大还有一个原因,1996年山东省医科院党委书记给我打电话,非得叫我从美国回来做基础医学研究所所长,劝了我好久,我就答应回来做一届所长。尽管我反复讲:我只做一届,再做下去,就把我耽误了。他们可能认为你只是嘴上这么说而已,结果2001年又公示续任。当时我和夫人还在美国,我回国一看已经公示了,所以我很不高兴,触动了我很快迈出这一步。我有点赌气,当天晚上发了邮件,第二天一早施老师电话就打到家里,也没说什么,就说能不能来一趟,然后我就过来了。当时邮件发给两个单位,还有一个是清华,清华虽然希望我去,但是不能安排我的助手魏老师。施老师通过和学校领导沟通,回复说我们认为你一个团队来更好,你还有别的人带着一块来都行。所以学校的这个承诺也很重要。我当时来的时候已经45岁了,按照现在的人才引进标准都是老人了,像我们已经成长到这个程度,你让我重新建团队,我不知道能不能很好地配合,大家能不能把这个事情做好。所以施老师以后多次在很多场合说,这种团队引进的思路是正确的。因为当时有些从国外引进的PI,开始一两年很难做成事情,都还处在一个慢慢地打基础的过程,而我们三五个月就干起来了。我印象最深的是,在西区青年公寓四号楼,我有一套三室一厅的住房,是我来的时候住的地方,离实验室也比较近。我、魏老师加上其他同学,最多住过七八个人。那个时候,同学们轮流负责做饭,无论白天、黑夜,还是吃饭时,在一起讨论的全是关于免疫学的问题。和同学在一起的这个密切程度,现在找都找不回来了。所以,那个时候创业虽艰辛,现在回想起来却是人生中最最快乐的时候,尽管那时候也说不上有什么产出,但这个过程让人很难忘。

4. 任重道远任院长

我当院长时恰逢中国科学技术大学在推一项改革举措——全球公开招聘院长。当时国家刚开始启动"千人计划",公开招聘的生命科学学院院长候选人到最后恰巧有两位是入选国家"千人计划"的美国教授,并且这两人都是和我一个专业的,都是做免疫学的。2009年那一年正巧是我首次申请院士,并且第一次就进入了终审答辩。其实我不太想做这个行政工作,当初从山东跑到安徽,就是因为我不想做行政。当时施老师一直对我是高看一眼的,动员我出来做行政工作,我就推辞,最后推不掉了,我就说我想当院士,这需要时间,其实我就是想把这个时间往后推,之前我已经协助牛院长做了五年的副院长。所以那一年的全球招聘,我根本没有申请院长候选。校长和书记根据他们了解的情况,来找过我很多趟,希望我参与后续应聘。另外,还有一个很大的原因就是在2009年学校已经开始调研成立医学院的事情。因为我是医学背景,当时陈晓剑副校长、戚巍处长和我三个人组成一个小组,一直在调研成立医学院的事情。也就是在这个节点上,侯建国校长非得让我参加最后一轮答辩。我说我前面没有申请,学校说前面一轮函评主要是资格审查,现在你院士都进入最后终审答辩了,这个资格足够,结果我也就参加了最后的竞聘答辩。

既然参加,我还是挺认真对待的,我在当年竞聘答辩时提出:

第一,作为院长"任重"。这主要有三个方面:首先,因为中国科学技术大学在国内的位置那么高,我们生命学院的全国排名和科大的地位很不相称;其次,是中科院和科技大学领导的期待;当然还有学院全体教职工、同学和校友的期望。

第二,作为院长"道远"。我希望努力发展的生命学院是一个和谐社会,大家在一块过得比较融洽。即使现在我不做领导了,我还是不太喜欢大家因为什么事情搞得气氛很紧张。科学家的普遍特点是相对来说都比较独立,而且不太喜欢别人干涉自己。可是你作为一个集体,大家要不互相帮衬点,互相不融洽一点,不能构建一个和谐社会,就不能去做更大的事情。那和谐社会包括什么?一是要有民主氛围,充分发挥院务委员会的决策职能,与副院长及其对口办事机构协商办事,发挥学术委员会、学位委员会、教学指导委员会的咨询指导作用,最后院长要敢于承担责任。二是要管理高效,提高办公室对内的各种办事效率和与上级对口部门沟通能力,建立学院一级的规章制度,提升每个管理人员的责任和团队意识。科技大学最大的优点之一就是大家比较自由和民主,但是在一起集中办事情的时候,你会感觉到有些不顺畅,这是我当时的判断。所以说,办公室好比司令部,如果不能让司令部内部很融洽,同时司令部的职权不清楚,你有大事情想干的时候就没有办法把整个队伍调动起来。三是建立友好社会,这就涉及社团工作、组织工作、党团工作的沟通,这里面还有很多事情,包括提倡尊老爱幼、同舟共济、干群融洽、权益互惠等高尚风气。客观地讲,我到了生命学院以后,开始是有点不适应的,不管是当副院长还是在学术委员会时,一开会就"争论",我这个"争论"是打引号的,就是大家不太善于用温和语言说话,口气都很重,调门都比较高,我是觉得很不习惯的。好的是大家吵完了都不互相计较,但心里面是不是很难受?我觉得每个人都是有感觉的,所以我希望这个友好社会要建立起来。四是领导要自律,这一条尤其重要。

再下来就是我的发展思路,当时学院教授不到30人,我的想法是至少要翻一番,达到60人。这就要加大人才引进的力度,同时还要进行国家层面的课题经费申请、国家层面的实验室建设。这是一系列的设想,包括科研与队伍、学科与教学、基地建设。我们当时的学科相对都比较窄,过去生命学院从生物物理开始,在整个生物学里面是一个相对有特色的学科,但不是一个主干学科,结构生物学和神经生物学在早期的生物学里面也是一个特色学科,现在可能会越来越大。真正的生物学的主干学科是遗传学、动物学、植物学,以及细胞生物学、生物化学,等等。所以说学科要发展,就有太多的事情需要做。基地建设也很重要,因为当时新楼建成的时候,面临的最大问题就是人太少、很多地方都空着,担心学校往这里派其他学院的研究人员进驻。另外,还要把仪器中心做大做强,现在来看是成功的,学校经常带人参观我们的仪器中心。

第三,管理理念。在我当院长以后,领导班子开碰头会。第一条,要把生命学院从小做大。因为当时正好赶上"985"高校建设,这是很好的一个机遇。对比其他高校,我们当时是很小的一个学院,整个生物医学的板块在各个大学里占的比重都很大,国内国际都是这样,所以我们要做大。第二条,要统一思想。因为我们学院的领导班子成员是没有专职的,全是业务人员。除了丁丽俐老师分管学生工作相对来说专职一些外,我、滕脉坤、周江宁、周丛照都是有很重的科研任务的,每个人压力都很大。如果不能统一思想、不能全力投入,这会很麻烦。当时除了周丛照外,我们三个都是1956年出生,都是出于奉献,因为这一届干完就退下来了。第三条,人是第一位的。我首要的工作就是人才引进,这个我后面会详细地说,几任院长都是特别重视人才引进的问题,但是原来没赶上那么好的时机。

我做过行政,我觉得领导班子成员没有明确分工,就很难有高效率的工作,尤其是学院面临着从小做大、从弱变强。如果司令部不能快节奏地运作,那就做不成事情。所以当时就分别成立了行政办公室、科研办公室、教学办公室,特别是专门成立了人才引进办公室,使任务更加明细。我当院长以后,我希望能科学化管理。发展高于一切,议事时批评性的意见多,建设性的意见少,事情就很难办。所以要提意见,但是更多的是要提建设性意见,如果需要做成一件事情,我们就想办法、出主意,全力把它做成。如果永远都是批判,那就什么事也做不成,所以就针对性地提出发展高于一切,并且重在行动,不要空谈,要提高效率。

学院的管理部门要开展管理工作,不能那么自由,在这期间形成了学院的管理特色。每年年底召开PI战略研讨会,每年暑期召开研究生全院学术大会,每年年底出学术年报,以上称"两会一刊",当时整个学校里面很少有学院出学术年报的,所以在行政管理上还是形成了一整套的方案,如院长办公例会、院务工作会、教职工大会、年终教职工大会、学院学术年会、PI战略研讨会、各研究部学科发展研讨会等。当时滕院长负责行政、周江宁院长负责科研、周丛照院长负责教学。当时在学校没有一个学院设置人才办公室,我们请吴缅教授担任院长助理,又把俞红云从办公室调出来,他们两人专门负责人才工作,我是直接分管的院领导。其他几位院长都很能干,平常我基本上不过问他们的工作,他们都干得很好,到年末对全体教职工汇报他们分管的工作。我只负责人才工作、学科建设和平台建设,这样事情理清楚了,每个人分别要干什么都很明白,管理方面就变得很规范。

同时,我对整个学院的科研教学机构做了一个梳理。学院里面当时长长短短的机构名很多,我直接负责梳理。有国家实验室研究部、中国科大生命科学实验中心、分析测试中心、实验动物中心,把它们都分清楚,让教授们出来做各个部门的主任,到年底主任们都要出来讲讲今年负责的板块做了哪些工作。以前生命学院只有两个系(分子生物学与细胞生物学系、神经生物学与生物物理系),但人才引进多了以后,学科变得很宽了,不是那两个系能涵盖的,于是我们整合了七个研究单元,有生化和分子生物、细胞和发育生物、神经生物和生物物理、微生物和免疫、系统生物、生物医学工程、医药生物技术。有的研究单元人暂时不多,有的人比较多,但是为未来的学科发展和学科建设搭起了这个架子。学院还包括五个重点实验室/工程中心、四个专家委员会,加上上述七个研究单元,这些由周江宁负责。教学机构由周丛照负责,包括原来的两个系、当时新建的系统生物学系和医药生物技术系、生命科学实验教学中心和五个国家级教学/人才基地。

这样做的好处就是每个人该负责什么、该干什么都很清楚。我可以集中精力抓人才引进的事。每个副院长都很尽心,我当院长的那几年大家相处得也很愉快,我很想借此机会谢谢我们领导班子的各位成员。

5. 主抓人才大发展

现在可以专门谈谈人才引进的事了,原来人才引进和人事是放在一起的,人事一会儿评职称、一会儿人事调动、一会儿工会事务,还有工资待遇,一大堆的事,根本忙不过来。人才引进面对的是国际高端人才,我们现在做人事工作的做不了人才引进工作,吴缅教授既有公心,也有国际视野,所以请他来做分管人才引进的院长助理。俞红云老师在管理口也是少有的,她在美国读的博士,在英文方面很强,英语口语和英文写作都没有问题。当时俞红云的工作压力很大,一方面是海外人才的联系,另一方面是学院的英文网页,包括学院的英文简介,还有国家实验室、国际合作这些事都她来负责。成立人才引进办公室这个专门机构,这是我做的第一件事情。

第二就是明确人才引进是院长的第一工程,这是第一任务,是我的主要任务,其实有很多具体事情要做。当时科大引进的占全国的10%,是超过北大清华的,前四批我们生命学院引进的数量,包括入选但没入职的,在科大占了较大的比重。按照时间顺序来讲,我刚当院长时还没有"青年千人",那时是"百人计划"。从国际上,尤其是美国的好的大学来看,生物医学的教授应占全校教授总数的40%~50%,而我们生命学院只有30位教授,在科大这个比例只有1/20

（5%），我们和国外差得太多太多，所以我就到处去游说。由于我是校长和书记请我出来做院长的，所以在担任院长的头两年，学校的"百人计划"指标有一半被生命学院拿来了，这方面侯校长和窦校长还是非常支持的。举个例子吧，2010年，学院"百人计划"就有9人通过了，这9人都很优秀，我们都评选通过，然后和学校多要了一些指标。像周荣斌，现在是"杰青"了，今年还成为创新群体的首席。当年还有达到"百人计划"水平，但没有指标，只能先进来，像蔡刚、吴清发、单革。我对这3个人印象很深，他们和那9位通过"百人计划"申请的人才同一批答辩，虽然因为各种原因没有得到"百人计划"支持，但是我觉得他们很优秀，当时就和3人谈，生活待遇我没办法争取到和"百人计划"一样，但是科研经费我可以和学校争取，也可以在中科院、基金委、科技部协助争取经费，短期内达到"百人计划"一样的支持力度。如果愿意干就留下来。现在来看这几位都发展得很好。例如，单革取得的成就反而超过很多当年获得"百人计划"支持的人，目前已经获得国家杰青支持了。关于"青千"，我担心记忆不准确，还上网查了一下数据，当年总共通过了20名"青千"，除了一些没来的，大概有十二三位"青千"在学院工作。这里面有3人获得"杰青"项目支持，有6人获得"优青"项目支持，还有5人成为"973计划"的首席，当年引进的人才，现在都成为了学院的主力部队。

  在人才引进的过程中，有许多细致的工作要去做。当时，我、吴缅和俞红云面对所有对生命学院感兴趣的人才，就像当年施老师对我一样，只要有信件来，我第一时间就会把电话打到他的家里，这是必须做的。如果他本人有意想回国，第二项工作就是要和他的夫人商量，包括他夫人有什么顾虑、生活条件、医疗条件等，这也是要做的工作。然后就是邀请他们来。我那时经常开玩笑，我成了典型的"三陪"：第一陪，就是陪着他们看学院最亮点的公共平台，我在当院长期间花了很多功夫做这个平台，没有好的平台，就吸引不了优秀人才；第二陪，就是陪他们看科大花园，我们学院哪些教授家装修得比较好，我都记着，然后领着人去参观；第三陪，就是陪着他们去看看政务新区，后来滨湖新区起来了，就带着他们去滨湖新区。所以，想要引进人才，不花时间是不行的。

  在这些交往过程中，不管来不来，很多人都慢慢地成了朋友。因为在引进过程中，还要调动我个人很多力量来帮忙其解决生活困难。比如家里人生病，我要帮忙找医生、帮忙安排床位住院，人家到北京去，还要安排朋友在北京接，这些我都没有对外说过，主要是感情的投入。其中花精力最大的，是一个50多岁的美国教授，他是英国国籍，搞生态进化的，水平很高。他申请了国家的"外专千人"并且拿到了，那时外专对单位的定向不是那么死。我们想把他引进来，我不光是做了"三陪"，还要解决他和他家人的外籍人士就医问题，陪他去安医附院第二附属医院的国际医疗中心，这一陪陪的时间很长。当时中科院基因组研究所和我们竞争此人,因为和他最熟的是中科院基因组研究所的所长,要把他拉到中科院基因组研究所。为了这件事情,我还借在美国开会的时间,专门跑到芝加哥大学,找到做免疫学的好朋友,请那位所长到家里吃饭,做他的工作,那位所长当时还不是全职在国内,希望他不要和我们争这位外专千人,做了半天工作,最后他同意了。不过最后这位外专千人还是没来科大,他夫人觉得合肥没有国际氛围,最后他去了广州。但是你能看得出来,我们在每个人身上花的功夫都是巨大的,如果你不花功夫,可能不知不觉当中人才就从你手缝里面溜走了。关于人才引进我的体会就是,第一你要高度重视,第二光喊口号还不行,还有一个很重要的工作是引进这些人才以后怎么安顿好,因为他们在你这里待得是否愉快,他们就会把这个信息传递给后面想来的人,别人一听就能听出来。如果觉得这里的领导很关心他们,有困难都能帮助解决,答应的条件都能兑现,这都是他们要来的前提。现在有很多单位出的价很高,但是人才就是不去,也是因为承诺的东西不兑现。反正我接待的生命学科的人都说,海外传科大的生命学院,或者整个科大,是最能兑现承诺的,往往进来以后可能还有惊喜,除了兑现答应的条件之外,还可以额外拿到其他的条件。当时,很多大学前面答应得很好,去了以后很多条件不能兑现或者不能很快就位。所以从这一点来讲,科大做得不错。不过还需要每个学院的负责人去盯着,我那时候经常自己去联系学校的相关部门,学校实在有困难不好解决的事情,我就领着这个人,直接找到校长慢慢谈。申勇是大千人进来的,我为了给他去谈启动经费和个人待遇的事情,和他一块想各种计谋,去和学校相关领导谈,花了很多功夫。

要站在人才的角度,多为他们考虑。因为我的年龄比他们大很多。你说那些引进的年轻人是孩子吧,也差不多,拖家带口换一个新的环境,两眼一抹黑,得有人出来关心和关照他,得有人和他说些心里话。特别是他后期的学术发展,拿不到课题经费,在国内没有露脸的机会,这些你都得要想办法去铺垫,每个人的事情都是很具体的。你不做他成长起来困难许多,他就感到很孤单,感到很冷,所以从这个意义上来说,人才引进是一个很容易喊口号,但是能否落实到行动上,这就是另外一件事情了。比如别的一些机构,它们引进的人走的比例非常高,因为引进人是一方面,留住人又是另外一回事。但是咱们这边走得不太多。人才引进方面主要是有侯建国和窦贤康两位校长的支持,后面也和褚家如处长打了很多交道,很多地方他们不仅帮忙,也理解生命学院。我们的人才引进工作得过"第一届人才引进先进单位",学校还发了一个大的奖牌给我们。

6. 平台建设引凤来

人才的事情谈完了,再谈一下科教平台的建设。如果人才进来了而我们没有科教平台,人才是留不住的。别人到你这来是要干事情的,如果你没有好的平台,他干不了事情,就不会来。我的第一陪就是陪这些准备引进的人在学院参观各个平台。

我在任的时候,从学校拿了不少资源。比如我们的实验动物中心,当时建设实验动物中心光设施就花了3000多万元。在原来的西区规划中,生命学院的地下被做为全西区的地下车库,实际上多少年也没用过。学院想把这个地方用起来,但是一拿到学校讨论就被毙了。我们上任以后,实际上从建设"985"学科和国际一流学科开始,就谈生物医学如果不发展,整个大学的发展都会受到影响;生物医学要发展,生物医学发展要引进人才,没有动物中心不行。开始其他学科的人听不懂,最后我就跟他们讲,动物中心就相当于医院的住院部,我们各个教授的实验室就相当于门诊部。一些表浅的现象是在实验室发现的,如果你要证明是不是那么回事,就一定要让这个病人去住院部做系统的检查、系统的研究、动态的研究。动物中心的设施是全套从意大利引进的,正在使用的动物有SPF级的小鼠、大鼠,清洁级小鼠、大鼠,等等。可用于各类科学研究,比如肿瘤、免疫、感染、发育分化等。没有动物中心,别人一看就不敢来,他们的主要研究工作最后都是通过动物来展现的,没有它就做不了。就像你要请他来当大夫,没有住院部,让他光看看门诊,那他在街上随便找个门诊部不就行了吗!为什么大医院的医疗水平很高,那是住院部的水平高。所以这件事情花的功夫非常大,左一种方案右一种方案,先要一块资金,然后再去要第二块资金,然后再去融资,中间还融了1000多万元。想了各种办法,总算是把这个动物中心给做成了。

第二就是现在三楼的分析测试中心,原来的设备是有限的,且分散在各个小房间,这个房间两件仪器,那个房间两件仪器。所以当时我提出集约化、数字化管理,所谓集约化就是仪器都放在一起,数字化就是能够24小时开放并实时监控。原来在一小间房子里面放两台仪器,然后是管理仪器人员的办公桌,有的人在房间里面抽烟,你也看不见。现在的仪器中心原来是一排教室,学校当时要把这个楼里面的教室都去掉,集中到教3楼的大教室里去。当时为了引进人才,要把那些房间做成人才实验室,赶上这么个机会,所以我们当时就下决心,要把所有的仪器设备搞成通透式的,现在建成的仪器中心1000多平方米,整个是通透的,从前看到后。这件事情要感谢张淑林副校长,当时她是整个学校平台建设的牵头人。我们反复说,这一定会成为学校一个亮点,最后学校投了几百万元,终于建成了。你看都已经建成了四五年了,至今仍然是学校的一个亮点。而且这里面效率明显提高,仪器变成集中化管理,一个人可以分管很多台套,大大提高了使用率。

再下来就是生物医药中试基地。它的建设过程也比较坎坷。生命科学里应该有两个板块——生物科学和生物技术,特别是生物技术,它是解决各种转化最关键的一个平台。实际上在建这个楼的时候,施老师和牛立文院长是有远见的,当时就设计建中试基地。我过去在山东专门搞过基因工程蛋白质药物,这个具体方案由我们来画图设计。为了建这个中心,我们使出了很多的力气。我们做的这个蛋白质药品(现在转让给了丰原药业),在科大做了十几年,就是因为有这个中试基地。早期中试基地只是一个空壳,里面没有相应的设备,我们靠自己存下的科研经费买些设备放进去,以后慢慢地想各种办法加以扩大。动物中心和中试基地早期都不归张淑林副校长和鲁非主任管,他们只管仪器中心,后来我们想各种办法打通关节,动物中心和中试基地也成了学校科研平台的一部分,归他们管了。当然,归他们管就可以找他们要钱发展。所以,中试基地现在进了很多设备,我们可以在此完成整个中试工艺研究。很多大学是没有这样的中试基地的,所以他们来参观时就感觉很震撼。生命科学楼有这么一个中试基地,对学生培养也很重要,学生要知道从小的实验室做研究和到大规模生产是个什么样子,是怎么过渡的,很多学生去见习,都开了眼界。这不仅对学生有好处,对教授的转化研究也非常有帮助。一个平台在那放着,你的基础研究一旦有名堂,你就可以到那里去扩大你的生产。

由于我们现在有成功的例子,科大成为了国家创新成果转移转化全国试点单位之一。试点那年学校的压力很大,因为我们科大的特点是基本上以发论文为主,那年我们一下转让了一个多亿,校领导是很高兴的,在年底开大会时,也给予了表彰。

还有一个平台也花了很大的功夫,它就是生物安全实验室。当时赶上SARS和禽流感,科学院系统作为国家队感觉压力"山"大。国家有个科技重大专项——传染病重大专项,中科院很难参与。"十一五"期间,整个科学院系统就只有我一个人,在这个大项目里面作为首席科学家,重大国家科技专项总共十项200多亿元,十个专项里面有两个是民口的。这个项目是国家最大的项目,整个科学院掀起一个要建生物安全实验室的高潮。赶巧我们这个楼建的时候,在动物中心楼上,我们就设计有这么一个生物安全实验室。当时科学院系统有四个地方在建,我们这个也是记录在册的,是发改委批准立项的,它意味着在整个传染病研究体系中你处于最高水平。生物安全实验室里面分了几个平台,孙宝林教授做病原微生物研究,所以由他负责这个平台。前前后后也纳入了整个科学院的传染病生物安全实验室平台来进行建设,建成的实验室并不大,但是它的意义确实重大。因为传染病涉及社会稳定等重大民生问题。所以,万一未来出现大规模的传染病疫情,这个实验室便可以开放,就能解决大家的问题。所以,在我当院长期间,这个平台设施建设是花了极大的功夫的,在平台设施这一块我要感谢张淑林副校长和鲁非主任。

7. 高瞻远瞩谋医学

我是在国内成长起来的，早期更多的是做病人的临床研究工作，到科大后才做基础研究，这是第一；第二，我的学术圈子都是在医学口，所有的学术头衔、各种立项、各种评审、各种获奖都是在医学口，所以我对医学非常熟悉。我也是科大第一个在医学口被评选为院士的，而且是偏应用的工程院院士，所以对科大来讲，这也算是一个标志性事件。因为我一直从事医学研究，对医学学科建设的重要性也体会得深刻些。如果我不当院长，我也许不会特别操心这件事。因为我在生命学院继续做免疫学研究并不会受影响，毕竟我在国内免疫学界已经有较高的认可度了，我不会特别在乎是在生命学院还是在医学院开展免疫学研究。但是在院长的位置上，我就觉得自己不做这件事情，就要变成历史的罪人。当时侯校长说服我出来竞聘院长时，跟我讲过三个理由：第一个理由，大家还是要有情怀，你是党员，要有奉献精神；第二个理由，一个单位管理好了，才能做好科研，交给一个管理不好的人，你的科研也做不好，所以你这个院长既是给大家做，也是给自己做的；还有最核心的第三条理由，你把我们两个主要领导要办医学的这个火都点起来了，你不来当这个院长，谁来实现这件事情？我们也下决心要做了，现在我们要找一个对医学和生物科学两方面都熟悉的院长，才能把它做成。

我觉得他们的考虑是有道理的。首先，国际上的一流大学一般都有一流医学学科。其次，从国内看，中国从发展中国家向中等发达国家过渡，最大的投入将在人口与健康领域，全世界都是这个规律。所以整个医学、药学的发展速度是很快的，十个民口的科技重大专项，其中有两个和医药有关。我参加了整个国家自然科学基金委医学部的筹建过程，当时它要从生物学部里面出来也是有争议的，我是坚定地支持成立医学部。结果医学部成立以后的发展速度比所有的部都快，现在医学部每年申报项目的数量占到了基金委的40%，客观来讲就是医学的队伍很庞大。中国科学院的生物学部变成了生命科学和医学部，中国工程院专设医药卫生学部就更不用多说了，所以全国的医学板块资源在那里放着，生命学院或者科技大学自己把自己的路堵住，有资源你不去取，这是不合理的。中科院更是这样，中科院由于没有医学，喊了很多年进军疾病却走不下去。赶巧在我当院长前后，就是2011年的时候，白春礼院长和卫生部长陈竺签了第一个合同，就是双方要共建三个临床医学转化中心，分别在北京、上海、合肥，那时候就把我们列进去了，这和我在中科院汇报有关系。我当时讲过一个说法，科技大学要再现当年在整个中科院那么大的影响力，重要举措就是成立医学院，因为只有科技大学可以办医学院（那时候还没有中国科学院大学）。办医学院的好处就是全国各地的医院都可以挂牌变成你的附属医院,附属医院就可以为生命科学相关的中科院研究所所用,医生可以到我们科技大学来当教师,由那个研究所代管。各个研究所就都有了自己的附属医院。你想想这个学科的辐射力有多大,可以把科大的影响力扩展到中科院很多研究所。这不仅对科技大学的学科建设和发展、人才引进有好处,还对科技大学辐射到整个科学院,以及科学院真正向疾病进军都有好处。当时科学院讨论过几次,说科学院现在向疾病进军没有机会了,北京所有的医院,就是像我们科大校医院这样的二甲医院,都被各个医科大学给弄成了附属医院。也就是说,这个地盘已没有你科学院的机会了。但是我说,如果由科技大学来成立医学院,那么很多大学肯定是没法比的。我们愿意把它变成我们的附属医院,那个附属医院和我们现在这个附属医院不太一样,实际上是非隶属关系。很多大学的附属医院都是这种非隶属的形式,你聘他为教授,让他带研究生,他就整个变成你的人了。对于这个观念,学校和中科院还是很认可的。当然这要做很多的舆论准备,要找很多的理论依据,要对很多文献进行调研,拿出客观的数据,才能得到认可。

有相当部分的合肥病人跑到南京、上海看病,总之出去看病的比例很大,医疗资源流失很厉害。科大过去和本地来往不够密切,实际上吃了很多亏。从侯建国校长开始,他们和合肥与安徽加强了联系。我认为科大能够给合肥的最大贡献就是真正办一个医学院,然后给它做好一两所附属医院,可能用个十年、八年,这个附属医院就会变成国家级的了。这样科技大学在合肥就真正地坐稳了。否则的话,科技大学在整个安徽省就像是一个中科院的派驻机构,在合肥待待而已。要是能把这事情做好了,就真给安徽的老百姓造福了。

从必要性来讲,大家都觉得没问题,问题的关键在操作层面。这是我当院长时主要努力的事情,也是最难办的事情。其实,现在想来也不应该是生命学院院长能出头办的事情。当时学院主页上有个院长致辞,我在其中写道:从1958年到1977年,第一个20年,我们从生物物理扩展成生物学;从1978年到1997年,第二个20年,我们从生物学扩展成生命科学;从1998年到2017年,第三个20年,我们开展了医学学科的建设,从生命科学学院扩展成生命科学与医学部,应该说这是科大生物医学的里程碑。此事最早正式启动于2009年3~4月间,学校当时成立筹备组,由陈晓剑副校长、规划处的戚巍处长和我组成的三人组去调研,花了两年多的时间。

我当时在学校学术委员会做了报告,报告列出了筹备过程及众多时间节点。2009年年末的时候,由陈晓剑副校长负责的调研小组和省立医院展开为期两年多的接洽讨论;2011年7月,科学院与卫生部签署"十二五"战略合作规划(武汉),"在北京、上海、合肥等地合作建设转化医学或临床医学研究中心";2012年3月23日,时值两会期间,由安徽省副省长谢广祥和中科院副院长张亚

平两人主持,侯建国校长和许戈良院长两人签署《中国科学技术大学-安徽省立医院战略合作框架协议》,然后我和省立医院书记胡世莲教授分别介绍了两边的情况和筹建的过程,这是一个很正规的会议,在中科院的会议室里举行,媒体做了很详细的报道;2012年10月10日,第九届校学术委员会第九次会议一致同意成立"中国科学技术大学医学中心",并提请学校适时启动医学院建设,这是很关键的一个节点;2012年12月26日,校长办公会正式下文成立"中国科学技术大学医学中心";再以后朱长飞副校长就医学中心的机构组建、领导成员组成、日常运行和科研用房等问题召开多次会议,因为中心是直属学校的一个科研平台,所以由他来主抓机构建设,现在中区有独立的一栋医学中心楼,已经进去十几个PI了,还有三四个PI的位置,就基本上满了;2013年9月7~8日,学校夏季工作会议工作报告正式提出中科大"理、工、医"均衡发展战略,年底的党代会再次正式提出来;2014年3月28日,张淑林副校长就医学中心研究生教育有关事项,在安徽省立医院召开现场办公会,实际上从2012年开始就已经每年给医院5~10个研究生招收名额,这是医学中心的单列指标;医学中心由两边领导担任主任、副主任,我担任主任,然后有几位副主任,并成立学术委员会。

医学中心成立以后,当时就努力扩大医学中心在国内的影响力。请来了樊代明院士,他是中国工程院副院长,分管医药卫生学部;邀请中国科协副主席陈赛娟院士办中国科大论坛——陈赛娟院士学术报告会,因为她负责整个生物医学板块;再下来基金委医学部主任王红阳院士也来过。所以,从基金委到中国科协,从工程院到科学院,我们为医学中心成立做了很多的铺垫工作。先后有一二十个院士来做各种学术报告,搞得还是挺红火的。

前面讲的是当时做的一些事情,还有一个非常重要的就是基金委医学部聘请我主笔起草"国家基金委医学科学部十三五战略规划"。当时没有做特别多的宣传,我们整个学术委员会的教授们不知道我们医学在全国还是很有地位的。我们还做了很多调查,如各个大学的医学院怎么建的,我们怎么找自己的特色,等等。2014年年底、2015年年初,侯建国校长进入第二届任期,他和许武书记下决心要做这件事情,于是生命学院15位教授联名提交了新建医学院的建议书,总共8500字,内容比较齐全。在这个建议书的基础上,学校召开了学术委员会会议,我去汇报,并得到一致同意。由于之前的基础,医学中心到2014年底运转近三年,是时候启动医学院建设了。学校下发了《关于成立医学院筹备组的通知》,这个文件一下来侯建国校长就调走了。

过去我给侯校长汇报,有两个最大的困难:一是你愿不愿意拿出比较多的研究生指标来聘省立医院的导师,很多有类似合并经历的大学在没有明确医院的行政归属之前,实际上就已经把一批做得好的教授的心拢了过去,都是这么先走个三五年;二是一定要把这个行政归属问题解决。这一次包校长就任,上来就把这两件事情一块落实了,大幅度地聘了很多附属医院的导师、给研究生指标、落实行政归属。这个架子搭得更大了,变成卫计委、科学院和安徽省三家共建,主要领导科技大学可以任命,等等,一下就把它做实了,这个恰恰又是20年。我认为倡导发展医学是我在生命学院当院长期间干的第三件大事:第一件是人才引进,第二件是平台建设,第三件是学科建设,既有前面说的生命学院学科建设,即对内部学科进行布局,分成七八个研究单元,但那只是小小的调整,真正大的学科建设就是医学学科的建设,这是一个大的结构性布局。

  前前后后为什么会搞这么多年?因为这个里面还是有很多的困难,最核心的问题是大家担忧实力不够,担心由于分家而削弱生物学科。认为再建一个医学院,生命学院有被淡化的可能。所以从内部来讲,怎样做到没有矛盾、对各种担忧都有很好的解释实际上很难。一个担忧是认为生命科学里面应该包含有医学,我说这个观念是错的,这件事情辩论了很长时间。有的人认为生命科学应该包括农业、医学,什么都包括,我说你可以这样去理解,但现实是什么?现实是国外大学很少有叫生命科学学院这样的机构,实际上就是个生物系。我们自己的学科不就是生物学嘛!所以国外的生物学都是在医学院里头,很少有独立的生命科学,都是医学院里面包含有生物系,然后再有基础医学,实际上生物是基础医学的基础,这是一个潮流,这是第一;第二,生物学单独一个板块不易做大,生物只是理科这个板块里面的一个学科而已,医学是一个独立板块,理、工、农、医四大板块,医学是和整个理、工并列的板块,它自己就有十几个一级学科。为解决这个矛盾,我花了许多时间去做工作,国家层面的、中科院层面的、学校层面的都做通了,最后做学院的工作却较为困难。另外,我们有很多教授由于科大没有医学、药学学科而在学术发展上受到限制,我知道他们感觉很憋屈。比如前面提到的整个中科院系统,为什么科技重大专项,还有国家的和医药口相关的新药创制重大专项,我们都很少有人能去牵个头,那些项目经费都是很多的。人家认为你没个学科,你这单位没这个学科,最后你都变成拿点钱帮别人打工,实际上是很不划算的。所以,我一直在讲发展是硬道理,学科布局要用发展的眼光来看,如果你为了发展去做,你就抓住先机、占便宜了,但是你发展不了就完了。

  学校在正式要下文之前开过一次教授的论证会,由侯校长、许武书记和张淑林副校长(分管医学院和生命学院工作)牵头召开的。那一次辩论得很激烈,我因为是院长,两拨教授在那辩论,我就不好参与,尽管我是赞成医学院成立的。他们争论到最后,校领导非得要我出来说话,我没有说别的,就说了两条:大家看到我们有结构性的缺陷,各位教授都知道,我就给大家提个醒,第一,生命学院的教授数量很快要超过本科生,各位教授没有课上,你最后就不是个学院了,变成研究所了,这个矛盾怎么解决?现在生命学院的学生太少了,如果你

另外支一个锅,再办一个医学院或药学院,大家不就都有课上了吗?这是一个结构性的矛盾,实实在在的摆在这里,必须想办法解决。第二,大家注意没有,今天一开会,就请人事处长来公布,科大生命学院的教授总数现在已经排在全校前三了,学校不会无限制地让这个学院的教授数这样扩大下去。如果我们真想像国外那样,实现生物医学板块在全校的地位,要达到百分之四五十,那还早得很,你说你不成立别的学院,学校有可能让你一个学院无限制这么扩大吗?我没有讲医学多么重要,我也不能讲生物学多么重要,这是实实在在的结构性矛盾。所以我们要另外支一个锅,一个锅不够就支两个锅。其实到最后,我和有些教授私下里谈话,大家都认可,但就是感情接受不了。说如果办医学院,可能就把很多教师都带到医学院去了,我们这边的分量就很轻了。我说如果大家为了这点感情而去影响整个科大的发展就不够大气了。这不仅仅是生命学院的发展,科技大学应该作为全国人民的大学,我认为科技大学这么有特色,就应该在国内做得更好。生命医学的短板这么大,只有把它发展起来,你才对得起这个学校,医学院不仅仅是学院自己的、不仅仅是学校本身的,更是全国人民的,如果能这样想,有些事就没那么难了。当然,对这件事的不同看法还是会持续许多年,是否正确待后人评判。

  我从院长退下来的时候,因为正好中间学校没动这个事情。当时很多人还给我开玩笑说:"你这事情要说做成了,有文件在那里;要说没做成,医学院这个机构没搞起来。"我说如果让我继续干,我的压力是巨大的,可能是个挨骂的人物。因为你再怎么干,那些过去不认可这件事情的人都觉得你没干好。我现在不干别人也要来干,任何在位的生命学院院长,如果医学院不建你是肯定会挨骂的。因为校友回来都问怎么科大还不建医学院?所有到我们这里来的院士一看,没想到生命学院做医学还有这么强的力量,你们不搞医学院太可惜了,这个压力拖得越久就越大,而且最后迟早还得办,趋势在那里,规律在那里,能拖到什么时候?所以说你办得早还好,你不办就永远还不了账。你办的时候还会说,田老师当年花了心血还真是对的。我自己不主导这个事情,反而对我是好事。现在包校长的做法是对的,我十分同意。我说这件事情不能从基层做起,这应该就是顶层设计,学校层面办医学院,要办就办了,所以这一次顶层设计了,很快就达成建设框架,最后这事情走得就比较顺利了。

后　　记

2018年6月18日，《中国科学技术大学生命科学访谈录》最后一篇访谈稿改定，我不禁轻松起来，大概有半年没有休过假的我居然陪家人在电视机前完整地看了一场电影。回想这项工作的整个历程，我真有如释重负之感。

此事得从2016年说起。当年3月，我从中国科学院大学调到中国科学技术大学。4月，突然接到中国科学技术大学新创校友基金会刘志峰秘书长的电话，他说想和我见见面。我有些困惑，但还是答应了他的要求。不久，刘志峰先生到了我的办公室，说读过我的不少作品，建议我为中国科学技术大学做一些理科史研究工作，先从生命科学学院的院史做起，由新创校友基金会提供资助。

说心里话，我当时对此提议并不是很感兴趣。因为我更想做的是，从科学技术史上的事件和人物入手，研究中华人民共和国史。与这种主题密切相关的，当然是大成果、大事件、大人物，而不是某个机构的历史。而且，我知道我所在的科技史与科技考古系已有同事在研究中科大生科院院史，我也不宜插手。

考虑到学科发展需要学校的支持，而我们也应当努力满足学校的需求，经刘先生和生科院领导几次劝说，并同科技史与科技考古系相关同事商量，我最后还是决定参与到生科院院史研究与编撰项目中来，并具体负责一些访谈工作，为《中国科学技术大学生命科学六十年》一书提供素材。

刚开始我想得很轻松：年轻同事已根据生科院老领导的要求，带着研究生对6位老校友进行过访谈，并整理出了约10万字的访谈稿。我要做的，不过是一点指导和补充工作而已。

但随着研究工作的开展，在生科院现任领导的要求下，院史访谈工作越来越超出我最初的预期：不仅要访谈机构成立之初的校友，还要访谈近年来的校友，虽不求60年每年都有代表，但至少每个阶段都得有代表；访谈录单独出一本书，且篇幅远远超出了初定的约25万字（现为42万字）。我还发现，因为经验不足等原因,在正式立项前做的那 6 个访谈,深度普遍不够,难以达到发表的水准。换句话说,我本来以为自己只是给同事帮个忙,却不料要写一本厚重的书,且这本书基本得从头做起。

既然把任务接了下来,也就没有什么可推脱的。于是,我带着研究生开始了访谈工作。不仅访谈生科院所开名单上的人,也访谈受访人所建议的人。一次访谈没谈完,会做两次、三次,甚至四次访谈,乃至和某些受访人谈了 8 小时、10 小时之久。到项目完成时,受访人总数增加到了 27 人,而访谈时长增加到了约 80 小时。

将 80 小时的访谈录音变成文稿,是一项不小的工程。在整理访谈稿时,我们采用如下步骤:① 先将录音转写成文字,获得誊录稿(主要请速记员来做,1 小时的录音通常被转写成 1 万~1.5 万字)。② 由研究生、年轻同事和我本人将语病众多、错误不少、含混发散、逻辑性较差的誊录稿变成顺畅、准确、精炼、有味的整理稿,有些地方还会增补一些有待受访人回答的问题。③ 再将整理稿送受访人审定,形成审定稿。在修改的过程中,整理人和受访人有多次互动,并形成了众多中间版本(有的多达 9 个)。④ 将审定稿交给出版社和生科院,根据他们的意见我们再做一些微调。譬如,生科院将其中几篇访谈在微信公号上发布出来后,我们根据生科院转来的读者反馈意见,更正了一些人名和时间。完成一篇平均录音时长为 3 小时的访谈稿的整理,光其中第②、③步,就得花掉我们 150 个工时以上。这也是近半年来在出版倒计时的压力下,我不得不取消所有节假日的原因。

之所以如此投入,还一个重要原因是,我发现这项研究很有价值。出于种种原因,很多中国史学者选择研究古代史;即使有选近代史的,也选做晚清史或抗日战争史研究。而我则把主要兴趣集中在现当代史上,因为对这个时段的研究,不仅有学术意义,还有较大的现实意义。尽管如此,我在 2000 年进入科学史或历史领域以来,做得更多的还是对改革开放前的研究,只是在近 10 年,为培训年轻人,才涉猎对 20 世纪八九十年代的研究。而中国的科研环境,在近 40 年,尤其是近 20 年,发生了恍如隔世的巨大变化,深入访谈中科大生科院的老院友,听他们讲述自己 60 年来、40 年来或 20 年来亲历的往事,又何尝不是对不同时代科学教育界的精神风貌、面临困难和后来的变化过程、当前的所处位置、未来的改革方向的探索呢?当前的科学教育体制及其问题,不仅受到中国传统文化的影响,不仅留有改革开放前打下的烙印,不仅是三四十年前的科技体制改革、教育体制改革的产物,更是近20年来一系列变革的结果。通过对20余位深谙体制利弊的一线科研教学人员的访谈,我对"钱学森之问"、新时期的科技体制改革这些难题,有了更深入的思考。

在书稿杀青之际,请允许我对我们的受访人表示衷心的感谢。他们分别为(按访谈时间排序):刘兢教授、寿天德教授、庄鼎研究员、王大成院士、王溪松先生、徐洵院士、沈俊贤研究员、丁丽俐副教授、王志珍院士、施蕴渝院士、蔡智旭副教授、雷少琼副教授、滕脉坤教授、王贵海研究员、周丛照教授、薛天教授、胡兵教授、朱学良研究员、周逸峰研究员、蒋澄宇教授、牛立文教授、陈霖院士、姚雪彪教授、陈惠然高级工程师、陈润生院士、田志刚院士。本来我们还计划访谈饶子和院士、庄小威院士,他们也比较配合,可在联系了多次之后,却因时间关系等原因,没能谈成。

需要说明的是,有一些访谈,因为我们准备不充分等原因,谈得不够深入,或者内容基本雷同,所以也就不收入此书了;还有一些访谈,虽然谈出了受访人的特点,却因种种原因,也不收入此书了。不当之处,还望这些受访人谅解!

我还要借此机会,感谢刘锐副研究员、任安波副研究员、姚琴同学、高习习同学、张云涵同学、贺松智同学,他们或参与了访谈,或参与了整理,或参与了两方面的工作,都付出了大量的劳动。本书的誊录工作,主要是王丽娟女士完成的。她的录入既全面又比较准确,显然下了很大的功夫。她的敬业精神和业务素质,令人佩服。

我还要感谢生科院施蕴渝院士、滕脉坤教授、薛天院长、潘文宇主任、丁丽俐副书记和李旭副教授,他们提供了访谈名单和相关资料,多次召开会议帮助解决困难、推动研究往前进行,还做了不少联络工作。

最后,感谢新创基金会刘志峰秘书长的信任和支持。没有他的多次劝说和慷慨资助,我是不可能参与到这个项目之中的,而这本访谈录大概也就不会面世了。希望我们的工作没有辜负刘秘书长的期望,希望新创基金会能继续支持中国科学技术大学的理科史研究。

熊卫民

2018年8月